災害対応の地域研究 ③

国際協力と防災

つくる・よりそう・きたえる

牧 紀男
山本博之
編著

京都大学学術出版会

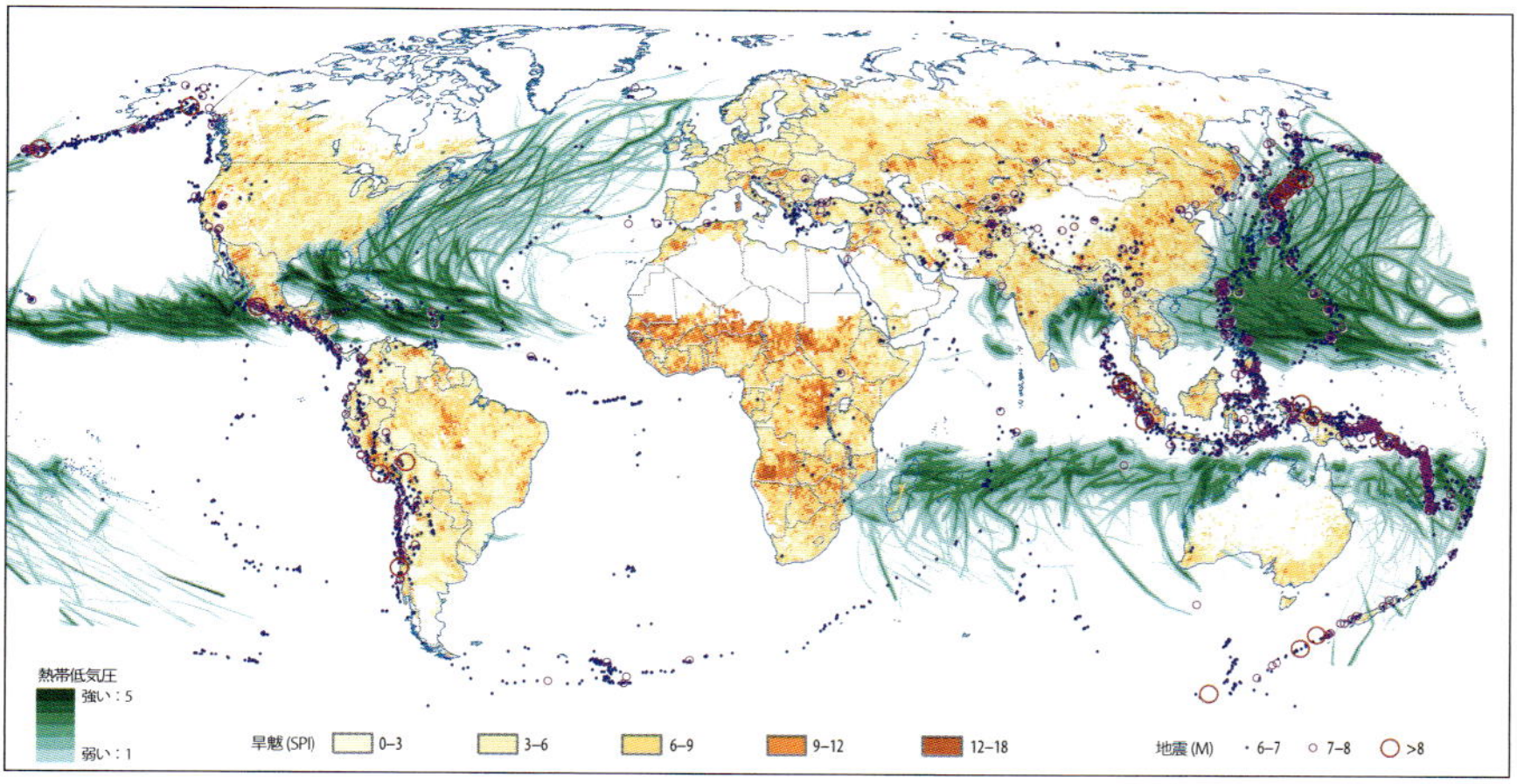

災害が発生しやすいアジアの自然環境（本書208ページ参照）［*Natural Hazards, UnNatural Disasters*（『天災と人災』）より］

アジアの災害で日本が止まる

経済成長が著しいアジアでは、災害による人的被害だけでなく経済的被害も深刻になりつつある。国境を越えたアジア域内の流動性が高まり、災害の影響がアジア全域に及ぶようになったいま、アジアにはどのような防災モデルが必要とされているのか。

アジアの産業拠点の被災（タイ・アユタヤ県ロジャナ工業団地、2011年タイ大洪水災害、写真：AP/アフロ）

地震被災地の仮住まい（インド、2001年インド西部地震）

洪水はなぜ工業地帯を襲ったか（二〇一一年タイ大洪水）

タイでは、かつては農村部の水田を冠水させることで都市部の洪水を回避していたが、工業化に伴って農村部の生活様式の都市化が進むと、洪水時にどこを冠水させるかが問題になる。「農村の人々は洪水に慣れている」で済ませない洪水対策をどう見つけるか。

バンコクの上流約400キロメートルに位置するプーミポンダム。下流には勾配が緩やかなチャオプラヤーデルタが広がる

ナワナコン工業団地への浸水を食い止めようと土嚢を積む工場従業員ら（2011年10月17日）。この翌日から翌々日にかけて、工業団地のほぼ全域が冠水した。アユタヤとバンコクの間に位置する同工業団地はタイで最も古く、多くの日系企業も進出している（写真：AP/アフロ）

土嚢を壊して溜まった水を流そうとする人々。土嚢は下流バンコクを守るために設置されたもので、結果として上流側市街の冠水期間を長引かせることとなった。2011年大洪水の際には、こうした水を巡る地域対立が各所で発生した（バンコク・ドンムアン地区、写真：AP/アフロ）

2011年10月22日時点におけるバンコク北方市街地の冠水状況。市街全体が1メートル程度の深さに冠水している。この約10キロメートル北（上流側）にはナワナコン工業団地が、40キロメートル南には政府対策本部が置かれたドンムアン国際空港がある。上の写真の土嚢破壊が生じたのはドンムアン国際空港の付近

台風で犠牲になるのは誰か（二〇一三年フィリピン台風災害）

毎年のように台風に襲われるフィリピンでは、政府による公的支援が十分でないかわりに、家族・親戚の助け合いや教会の慈善団体やＮＧＯを中心とした支援のネットワークが発達している。選択的とならざるをえない助け合いの網目からこぼれ落ちる人を誰が助けるのか。

台風時の高潮で道路に乗り上げた漁船

上左）台風に吹き飛ばされた住居跡に廃材で再建した家

上右）防犯用の鉄格子が施された二階建て住居。台風時の高潮被害では、浸水する屋内からの避難を鉄格子が妨げた事例も見られた

左）外国の被災調査チームに情報提供する地域住民とそれを取り巻く人々

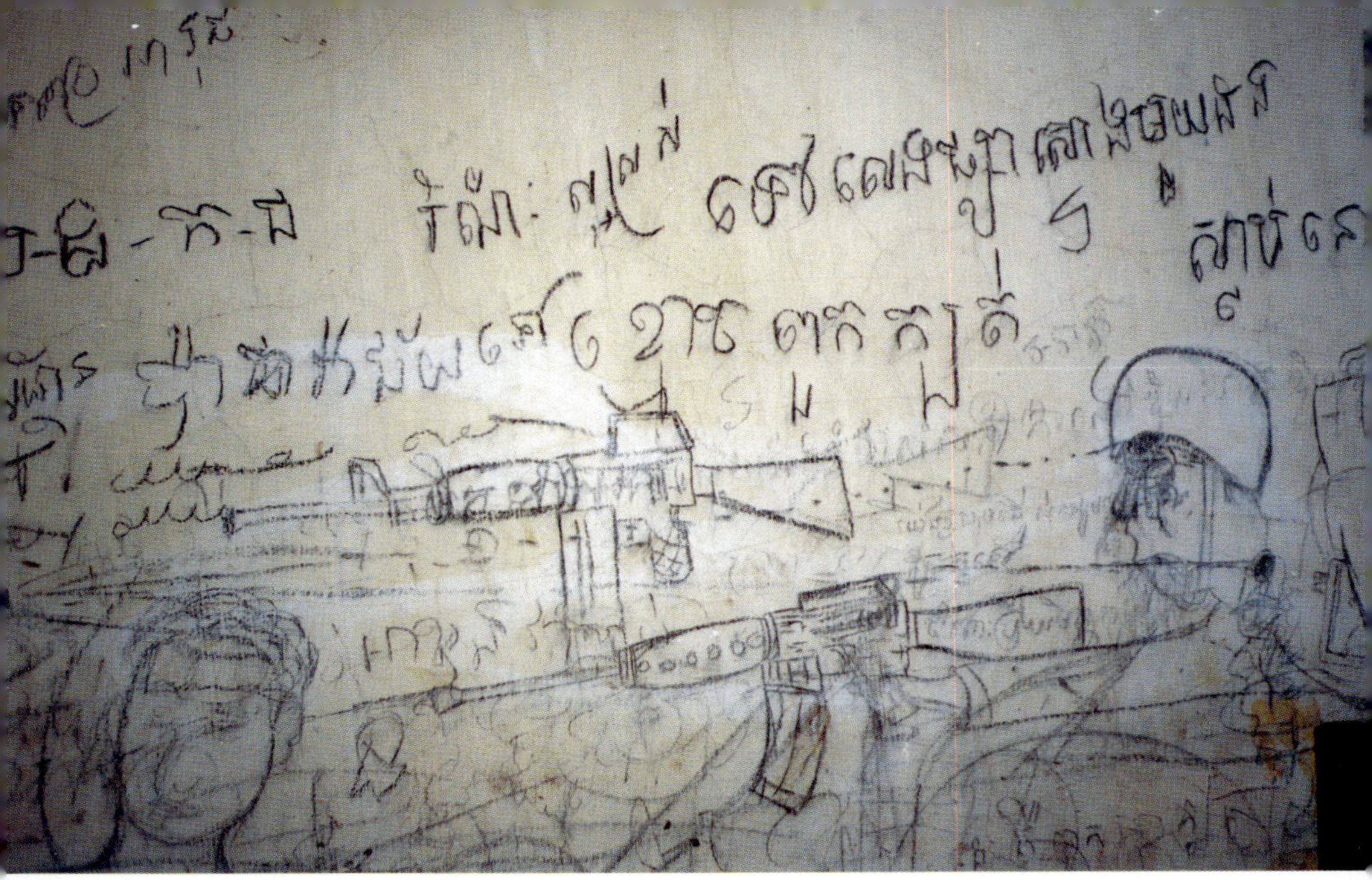

民家に残されたポル・ポト政権の関係者による落書き

ポル・ポト派による虐殺からどう立ち直ったか
（1970〜1993年カンボジア紛争）

自然災害と同様に、人為的災害である紛争もまた環境にも心にも長期間にわたって傷痕を残す。様々な立場の関係者がともに暮らす村では、地雷を探り取り除く地道な作業の裏で、当事者自身によって傷痕が乗り越えられようとしていた。公の場では「誰が加害者か」と過去を問わない知恵が人々の暮らしを支えてきた。

右）カンボジア＝タイ国境地域の農村で発見された不発弾
下）国境を越えてカンボジアの寺院で寄進するタイ人たち。草の根の民衆のネットワーク

東ティモールの歴史を語るのは誰か（東ティモール紛争）

住民投票を経て二〇〇二年に独立国家となった東ティモールでは、短期間に独立が実現したため、独立後も住民の分断を抱えたままとなった。東ティモール社会を支える共通の記憶をつくるために、外部の人を含めた様々な人によって自分たちが生きた歴史を語る取り組みが続けられている。

住民投票の３年後、ある村で開かれた対話集会（アラス、2002年）

インドネシア時代の強制移住村（フィロロ、1996年）

左）サンタクルス事件に関するモニュメント（中口尚子氏撮影）
右）カトリック教会が運営する寄宿舎の生徒たち（サメ、2006年）

災害に強い家はどうつくるか（インドネシア住宅支援）

住まいは時代や地域を問わず人の生活の基本だが、置かれた環境で得られる建材、資産価値を含めた好み、災害に対する強さなどの兼ね合いのため、人が選ぶ住まいはそれぞれ異なる。災害に強い家づくりの技術は、現地の人と協働で防災意識を育みながら伝える必要がある。

大工道具の使い方を住民に教える（パプア州ビアク県、1996年）［国際協力事業団『インドネシア共和国イリアンジャヤ地震災害救済国際緊急援助隊専門家チーム報告書』より］

上）地震で倒壊した煉瓦造住宅と被害を受けなかった木造住宅（西ジャワ州マジャレンカ、1990年）
下）地震により損壊した小学校校舎の復旧支援（パプア州ビアク県、1996年）［国際協力事業団『インドネシア共和国イリアンジャヤ地震災害救済国際緊急援助隊専門家チーム報告書』より］

住宅の再建を支援するために全国から集まった住宅ファシリテータの研修風景（アチェ州ムラボ、2006年、ファシリテータ撮影）

地域防災を支える企業

新たな防災の担い手として企業の役割が注目されている。特定の地域を拠点にしながらもサプライチェーンを通じて他の地域との結びつきもある企業は、経済成長を遂げるアジアにおける地域防災の要となる。

被災後に日本企業の支援で再建された診療所では、支援への感謝を表すために診療所が支援企業のロゴを壁面に掲げた（インドネシア、バンダアチェ）

日本企業から古タイヤをリサイクルしたサンダルの支援を受けるインドネシアの地震被災地の子どもたち

コミュニティ防災研修風景（神戸市）

アジア太平洋経済協力（APEC）のサプライチェーン会議の模様（インドネシア、バリ、2013年）

アジアの回復力を支えるものは何か

災害に対するアジアの回復力の源は、自助・共助・公助そして外助が同心円状に重なるのではなく、自助や公助とは直接結びつかなくても共助と外助が融通無碍かつ柔軟に結びつくところにある。国境を越えた共助や外助のもとになる日頃の関係をいっそう豊かにすること、そして災害対応を通じて国どうしが連携してより広い範囲での公助を実現していくことがアジアの防災力の向上につながる。

上）被災翌日から米を天日で乾燥させて出荷を準備する農家（インドネシア、2009年ベンクル地震）
中）ありあわせの建材を集めて住まいをこしらえる（フィリピン、2013年フィリピン台風災害）
下）外国の支援団体から科学教育を受ける被災地の子どもたち（インドネシア、2006年中部ジャワ地震）

「災害対応の地域研究」シリーズの刊行にあたって

山本　博之

東日本大震災と福島原発事故が発生した二〇一一年、日本社会は大きな変容を迎えた。震災と原発事故からの復興への長い過程が始まったことだけではない。「正しさ」に対する信頼が大きく揺らいだためである。

高さ一〇メートルに及ぶ頑丈な防潮堤が津波で破壊されることや、中東諸国で「民主化」運動が起こって長期政権が倒されることは、各分野の専門家にとっても想定外のことだった。私たちは自然現象でも社会現象でも想定外の事態が生じうることを改めて思い知らされた。また、震災と原発事故への対応を通じて既存の権威への信頼が崩れ、政府、マスコミ、学者、大企業などが発表する情報は常に信用できるわけではないという認識が広まった。現実社会の諸問題に対して誰もが納得する正解はもはやどこにも存在せず、私たちはどの選択肢にもリスクがあることを承知した上で自己の責任で一つ一つ決断していかなければならない状況に置かれている。そこでは、宗教や国家・民族といった古くからある規範も、科学技術のような客観性と合理性に重きを置く立場も、さらには個人的な信念や妄想までもが対等に扱われ、議論を通じて立場の違いが解消されることはほとんど期待できない。しかも、社会が深刻な亀裂を抱えているだけでなく、その亀裂ゆえに今の社会を次の世代に渡せるかどうかも危ぶまれている。

これは日本国内に限った問題ではない。今日では世界から孤立して生きていくことは不可能だが、だからといってボーダレスでフラットなグローバル人になれれば幸せになれるという考え方にも現実味は感じられない。世界は繋がっているため、自分だけよい生き方をしようと努力しても幸せが得られるとは限らない。場の成員の出入りが激しく、考え方が互いに異なる人が常に隣り合わせに存在する世界で、何が正解なのか誰にもわからないまま、私たちは生活の場を築き、発展させていく術が求められている。

世界は災いに満ちている。しかし、逆説的だが、災いのなかにこそ、今日の世界が抱える問題を解消する可能性が秘められている。その意味で、二〇〇四年は日本社会にとって大きな変化を迎えた年として記憶されることだろう。自分たちの生活を守る上で国が頼りになるとは思えないが、そうかといって国にかわる現実的な選択肢も見当たらないという思いが、従来に増して強く印象付けられたのがこの年だった。その思いは、今世紀に入って米国同時多発テロや小泉純一郎による「構造改革路線」およびそれに伴う「格差社会」意識の浸透によって感じられはじめ、二〇〇四年になって年金未納問題や「自己責任」論などの登場により、国は何もしてくれないことがもはや仮説ではなく前提となった。その一方で、災害発生時のボランティアによる救援・復興支援に見られるように、国によらない人々の助け合いの輪は確かなものとなり、国境を越えた人と人との繋がりもいっそう現実味を増している。一九九五年の阪神淡路大震災で見られた被災地でのボランティア活動は二〇〇四年一〇月の中越地震ですっかり定着し、さらに同年一二月のスマトラ島沖地震・津波では海外の被災地に対しても多くの支援の手が差し伸べられた。東日本大震災では国内各地からのボランティア活動に加え、外国からも多くの支援が寄せられた。想定外の、いつ起こるともしれない災害に備えるためにも、そして起こってしまった災害を契機とする繋がりをより豊かなものにするためにも、二〇〇四年から一〇年を迎える今、救援・復興、防災・減災を含めた災害対応の全体を社会的な面に注目して捉え直すときが来ている。

災害は、特殊な出来事ではなく、日常生活の延長上の出来事である。私たちが暮らす社会はさまざまな潜在的な課題を抱えている。災害とは、物を壊し秩序を乱すことでそれらの課題を人々の目の前に露わにするものであり、社会の中で最も弱い部分に最も大きな被害をもたらす。災害で壊れたものを直し、失われたものの代用品を与えることで被災前に戻そうとすれば、社会が被災前に抱えていた課題も未解決の状態に戻すことになってしまう。災害への対応は、もとに戻すのではなく、被災を契機によりよい社会を作り出す創造的な復興でなければならない。災害時の緊急対応の現場はさまざまな専門家が集まる協働の場である。その機会をうまく捉えて創造的な復興に取り組むには、被災前からの課題を知り、それにどう働きかければよいかを理解する「地域研究」の視点が不可欠である。

復興には、街並みや産業、住居などの「大文字の復興」と、一人一人の暮らしや心理面を含む「小文字の復興」の二つがある。大文字の復興は目に見えやすく、達成度を数で数えやすいのに対し、小文字の復興は目に見えにくく、数えにくい。そして、大文字の復興と小文字の復興は必ず進み方にずれがあり、多くの場合、大文字の復興が先行して小文字の復興はその後を追う。小文字の復興は人によって長い時間がかかり、内容も個人差が大きいため、外から見てわからなくても内面で問題を抱え続けていることもある。災いを通じて人と人とが繋がるためには、目に見えにくく、数えにくい一人一人の復興の様子を読み解く力が求められる。

日本社会は今後、東日本大震災と原発事故からの復興に加え、他の災害や戦争を含む過去の出来事をどう捉えてそれにどう臨むのかを含めて、何重もの「復興」に取り組んでいくことになる。しかも、その「復興」は日本社会のなかだけで考えて済ませることはできない。本シリーズでは、世界にこれまでにどのような災いがあり、それに巻き込まれた人々がどのような経験をしてきたかを、被災直後・被災地だけではない時間と空間の広がりの中において捉えている。

災害対応は一部の専門家に任せるだけでは完結しない。協働の輪の欠けた部分を繋ぐのは、社会のそれぞれの立場でそれぞれの専門や関心を持つ私たち一人一人である。災害対応の現場で何が起こっているかを知り、それをどう捉えるかを考える手がかりを示すことで、協働がより豊かになることを期待して、ここに「災害対応の地域研究」シリーズを刊行する。

国際協力と防災 —— つくる・よりそう・きたえる

凡例

写真の撮影者名は、その章やコラムなどの執筆者が撮影したものについては省略した。

また、掲載したウェブサイトのＵＲＬは本書執筆時のものである。

目次

はじめに――アジアと災害・防災

牧　紀男

アジアは災害で繋がっている

本書の目的は、アジアにおける災害・防災と国際協力のあり方を考えることである。まず、「なぜアジアと防災・国際協力」なのかということについて、私とアジアの関わりをお話することから始めたい。建築を学んでいた私が、面白くもない、と個人的には思っていた防災の研究をするようになった理由は、アジアと災害の関係に起因する。今は防災研究所というところに勤めているので、防災という社会に役に立つ研究をされて素晴らしいですね、とお褒めの言葉をいただくことがある。しかし、いわゆる防災研究者の中で、はじめから防災を研究しようと思って、防災研究を始めた人は案外少ない。防災研究というのは幅が広い分野で、地震学、工学、社会学、心理学、さらには人類学、そして最近では地域研究といった様々な分野の専門家が参画している。それぞれの分野で研究をやっている間に、なぜか防災の研究をするようになっていたというのが一般的な防災研究者の姿である。

私が元々研究していたテーマは、インドネシアの都市や集落の構成原理である。修士論文のテーマは「インドネシア・チャクラヌガラの都市構成に関する研究――ヒンドゥーの都市理念の比較考察」というものである。その後、博士課程に進学し、博士課程二年の一九九二年一二月にインドネシア・フローレス島で津波が発

1992年インドネシア、フローレス地震・津波の揺れによる被害

生した。私がインドネシアの研究をやっていたのと、博士課程の指導教員が防災の研究者であったということで、フローレス島に調査に行ったのが、私と災害との最初の関わりである。その後、災害後のすまいが研究テーマとなり、フィリピン・バギオ地震（一九九〇年）、フィリピン・ピナツボ火山の噴火災害（一九九一年）、さらには雲仙普賢岳噴火災害（一九九一年）、北海道南西沖地震（一九九三年）の事例調査をするようになる。しかし、関心があったのは人々のすまいであり、災害はその次、防災には全く関心がなかった。その頃は、アジアでは災害がよく起きるな、災害はアジアに通い続ける上で良い研究テーマだな、と漫然と思っていた。

昔は知らなかったのであるが、アジアで地震、津波、噴火災害が頻発するのには理由がある。アジア地域は、プレート境界沿いに繋がっているのである。日本／台湾／フィリピン／インドネシア／パプアニューギニア／ニュージーランドといった地域は、太平洋プレート／フィリピン海プレート／ユーラシアプレート／オセアニアアプレートのプレート境界に立地する。地震はプレートの潜り込みにより発生するため、この地域は地震の頻発地帯となっている。この地域で近年発生した大きな地震災害としては、一九九五年阪神・淡路大震災、一九九八年パプアニューギニア・アイタペ津波災害、一九九九年台湾・集集地震、二〇〇四年インド洋津波（スマトラ島沖地震・津波）、二〇〇六年ジャワ中部地震、二〇一〇～一一年ニュージーランド・カンタベリー地震、二〇一一年東日本大震災などがある。二〇〇四年インド洋津波災害は、マグニチュード九と非常に規模が大きい地震のため、津波がタイ、インド西岸、スリランカ、モルジブという地域まで到達し、インド洋沿岸で二二万人以上の死者・行方不明者が発生した。もう一つの地震頻発地域もアジアであり、ヒマラヤ山脈を形成するインドプレート／ユーラシアプレートの境界に、中国／インド／イラン／トルコといった地域が立地する。この地域で近年発生した地震災害としては一九九九年トルコ・マルマラ地震、二〇〇一年インド西部地震、二〇一三年中国・四川地震がある。人口稠密であることに加え、建物の耐震性が低く、ひとたび地震に見舞われると、この地域では建物の倒壊により多くの人的被害が発生する。

海岸部が居住禁止になったために建設された再定住地（フローレス地震・津波）

プレート境界はアメリカ大陸の西海岸、またギリシャ、イタリアへも続いており、こういった地域でも地震災害が発生しているが、地震災害の多くはアジア地域で発生している。アジア地域はプレート境界に立地し、地震災害が頻発するという面で共通性を持ち、地震がほとんどないヨーロッパ、アメリカ大陸東岸とは異なる地域性を持つ。

アジア地域は、プレート境界で繋がっているだけでなく、経済活動の面でも深く繋がっている。一九九九年台湾・集集地震で台湾・新竹に集積するコンピューターのメモリ工場が電力停止のため操業できなくなり、日本の製造業が影響を受けた。同年発生したトルコ・マルマラ地震では、震源近くのアダパザリという町において、日本の自動車会社が組み立て工場を建設中であった。幸いなことに断層を避けて工場を建設しており、既存の建物には大きな被害はなかったが、建設中の建物に被害が発生した。地震ではないが、二〇一一年のタイ大洪水災害では、タイに工場を持っている日本の主要な自動車会社の間で、工場の浸水被害や、浸水被害がなくても部品の納入が滞り、製品の生産が停止した。その影響はタイの工場から部品供給を受けているインドネシア、フィリピン、ベトナム、パキスタン、マレーシアの工場にまで伝播した。タイの水害は自動車の生産だけでなく、アジア地域の電化製品、さらにはコンピューターの生産にも影響を与えた。タイの事例は水害であったが、アジア地域は地震の多発地域であり、アジア地域を考える上で地震災害は重要なファクターである。アジア地域と日本との関わりはますます強くなっており、「アジアの災害で日本が止まる」可能性は格段に高まっている。アジアの災害を防ぐことは、日本にとって非常に重要なテーマである。

アジアの災害の変化

アジアは、地震が多い・地震災害で多くの人が亡くなる、という共通性を持つ。実は、この文章では「地震」という言葉と「地震災害」とを意図的に使い分けている。それは「地震災害」が発生する原因は、第一義

1991年フィリピン・ピナツボ火山噴火災害でNGOにより建設されたシェルター

的には、そこに人が住んでいるからであり、さらに地震が発生する地域で社会活動を営んでいるにもかかわらず、地震で壊れるような弱い建物、地震で影響を受けるような社会システムを構築していることにあると考えるからである。「地震」は自然現象であり、「地震災害」を発生させるトリガーとして機能するだけである。もう少し分かりやすく説明すると、人が住んでいない砂漠で、東日本大震災を発生させたマグニチュード九の地震が発生しても、それはあくまで自然現象としての「地震」であり、被害が発生しないため「地震災害」とはならない。「東日本大震災」「阪神・淡路大震災」は「地震災害」の名称であり、それとは別にそれぞれ「東北地方太平洋沖地震」「兵庫県南部地震」という自然現象としての「地震」名が存在する。

　地震でどれだけの被害が発生するのか、さらには地震でどんな被害が発生する可能性があるのかは、一、地震の強さ、二、どれだけの人が住んでいるのか、どれだけの社会活動があるのか、三、建物や社会システムの地震に対する強さ、という三つの要素によって決まる。どんな被害が発生する可能性があるのか、ということは「リスク」という言葉で表現され、自然災害のリスクは、影響を受ける対象の量（exposure：曝露量）、大雨・台風／サイクロン・地震・噴火といった自然現象の大きさ（hazard：外力）、各地域の各自然現象に対する防災力（裏を返せばvulnerability：脆弱性）の関係で決まる。

　リスクは、理科系的に数式で書くと、$R = f(h, e, v)$ であるが、社会的観点・防災の観点からは注意すべきポイントがある。それは、「何を曝露量とするか？」ということである。言い換えれば、何に対する被害を考えるのか、ということである。さらに難しい問題は、何をもって被害を考えるのかということである。アジアの大都市では、大雨が降ると、しばしば建物や住宅への浸水が発生する。日本では洪水災害と認識される規模の浸水でも、地域によっては水害と認識されていない場合もある。さらに、カンボジア・トンレサープ湖のように雨期と乾期で数メートルも水位が変化する地域では、雨期には地面は完全に冠水してしまうが、高床式の住宅に住むことでそういった環境に上手く適応している。何をもって被害とするのかは、物理的現象だけで簡

国が建設した再定住地（ピナツボ噴火）

単に決まるものではなく、本来、社会的な条件によって決定される。そのため、アジアの都市や世界の都市のリスク比較をするというような場合には、分かりやすい被害指標である死者や経済被害についてのリスクだけが評価される。

リスクを考える上でのもう一つのファクターが「脆弱性」である。脆弱性とは、ある外力が地域を襲った場合に、どれだけの被害が発生するのか、ということであり、どれだけの防災力があるのかという指標である。この場合も、どういった被害に対する脆弱性かということが問題となる。先述のトンレサープ湖の高床式の住宅は洪水と共に生きるための知恵であるが、日本は地震と共に生きるために建物の耐震化を進めてきており、地震発生時の人的被害は年々減少してきている。アジア各国では数千人単位の死者が発生するレベルの地震動でも日本では全く人的被害が発生しない場合が多い。「地震の建物倒壊に伴う人的被害」に対する防災力は向上してきている。しかし、地震に対する総合的な防災力が上がっているかは別の問題である。

何をもって被害と考えるのか、何を脆弱性と考えるのかについては後で議論することとし、まずは人的被害、物理的被害という観点からアジアの災害リスクについて概観したい。アジア地域の災害と日本・米国といった先進国の災害では、被害の発生状況が異なる。一九七五～二〇一〇年の統計[*1]をみると、世界の災害の三七％、死者の五四％、被災者の八八％がアジア地域で発生している。しかし、被害額になるとアジア地域は四五％に過ぎず、米国を含む南北アメリカは、人的被害は一五％程度にも関わらず、被害額では三五％を占めるようになる。ヨーロッパについてはより顕著で、人的被害は四％に過ぎないが、被害額では一五％を占める。米国を含む南北アメリカ大陸、ヨーロッパで被害額が大きく・人的被害が少ない理由は、先ほど説明したリ

*1 Asian Disaster Reduction Center, *Natural Disasters Data Book 2010* (An Analytical Overview) Asian Disaster Reduction Center, 2011.

1998年パプアニューギニア・アイタペ津波で
内陸につくられた避難所

スクの概念で説明可能である。アジア地域は人口稠密で、さらに災害の人的被害に対する脆弱性が高いため、一度災害が発生すると大きな人的被害が発生する。その一方で、米国やヨーロッパでは資産の集積が進んでいるため大きな経済被害が発生するが、人の命を守るという最低限の対策は実施されており、人的被害はそれほど発生しない。インド洋津波の死者・行方不明者が二二万人であるのに対し、東日本大震災では二万人であり、明治三陸津波（一八九六年）では岩手県で一万八〇〇〇人近い人が亡くなったのに対し、同じような浸水被害であった東日本大震災時の同県の死者は、決して少ない数ではないが四七〇〇人となっている。このように災害による被害について、人的被害小・経済被害大の先進国型と、人的被害大・経済被害小の開発途上国型という二つのタイプが存在する。アジア地域では、現在、経済活動が活発になり、経済活動という面での曝露量も急速に拡大してきている。一方、構造物の脆弱性は大きいままであり、一度、地震に見舞われると、人的被害に加えて、経済的にも大きな被害が発生することが予想される。

どのようにして災害とつきあうのか

災害の被害は、外力と曝露量と脆弱性の関係で決まる。しかし、自然現象である地震を止めることはできず、防災対策を考える上で操作可能な要素は、曝露量と脆弱性である。人的被害に対する曝露量を減らすということは、危険な地域に人が住まないようにする、ということである。東日本大震災後の集落の高台移転は、曝露量を減らす対策である。しかし、この考え方を突き詰めると、地震危険性の高いアジア地域には人間は住まない方が良い、ということになる。また、経済被害に対する曝露量を減らすということは、経済活動を低下させる、成長をしない、ということになる。曝露量を操作するということは議論の上では成立するが、現実の防災対策として難しく、我々が災害の被害を減らすために取り組むのは、主として脆弱性を減らす・防災力を高める対策である。

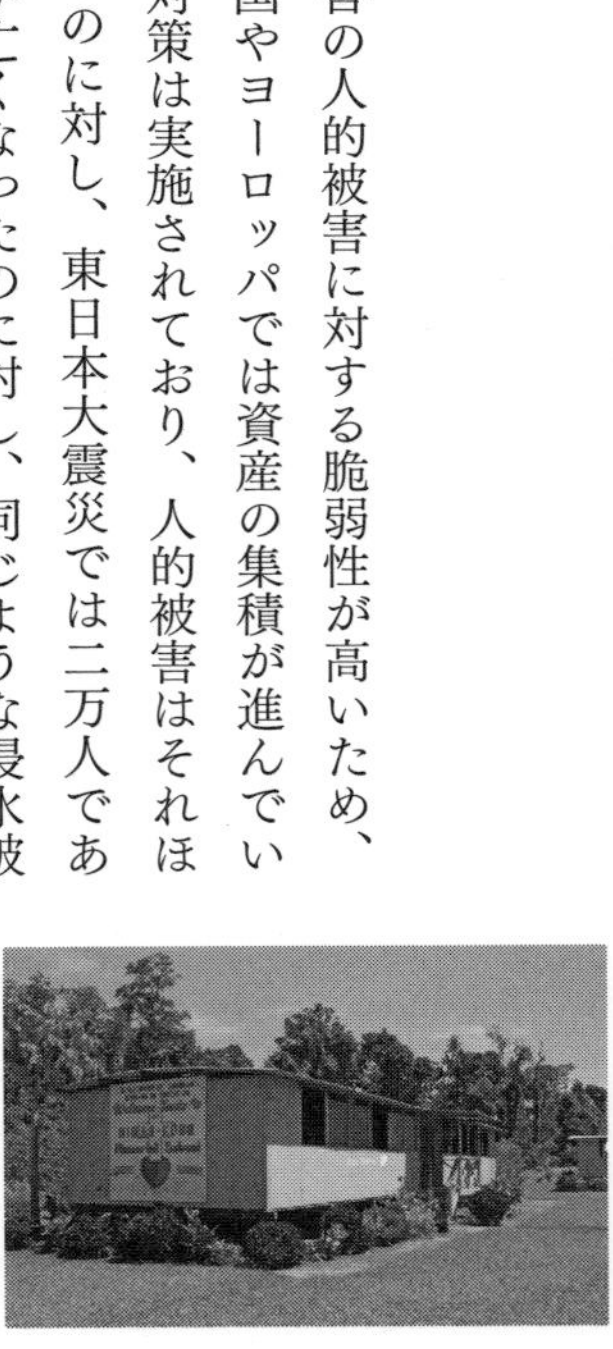

神戸からの支援で建設された小学校（アイタペ津波）

防災力を高める対策は、防災サイクル（Disaster Management Cycle）という考え方で説明される。防災とは「災害対応 response」→「復旧・復興 recovery」→「被害抑止 mitigation」→「被害軽減 preparedness」という一連の対策の流れで構成され、このサイクルをまわすことで、次の災害が発生した場合には、その前の災害よりも被害が小さくなると考える。また、防災対策は、事前の対策と事後対策から構成され、「災害対応」「復旧・復興」が事後対策、「被害抑止」「被害軽減」が事前対策となる。「災害対応」は命を守るための対策の緊急対応（emergency response）と応急対応（relief）から構成される。応急対応は、最低限の寝る場所の確保、食料・水の提供であり、その目的は最低限の生活を確保することにある。「災害対応」に引き続き、被災した地域を元に戻し・より良い町に再建する「復旧・復興」活動が行われる。大きな災害の場合、復興完了までに少なくとも一〇年程度の時間が必要となる。

「復旧・復興」が終了すると、次の災害が発生するまでの間、事前対策として「被害抑止」と「被害軽減」が実施される。「被害抑止」とは、被害を出さないようにする対策である。地震が多い日本で、地震で住居が壊れないように耐震性を高めているのはこういった考え方に基づくものである。どこの国の建物も耐震性が高いわけではなく、耐震性の高いすまいは地震国日本特有の文化である。「被害軽減」とは、発生した被害の影響を最小限に留めるための対策であり「災害対応」を上手く実施するための準備である。地震対策との関連で言うと、倒壊した建物から迅速に救助できるように救助チームを養成する、シェルター用のテントの準備をしておく、事前にまちの復旧・復興のあり方を検討しておく等々の対策となり、世界的に見ると、発生した被害に上手く対応していく（「被害軽減」）という方法で災害に対処している地域が多い。

また、防災対策を総合的に考えるための概念として「レジリエンス（Resilience）」という言葉が、近年、防災を考える際のキーワードとなっている。レジリエンスとは「弾性、回復力」（研究社新英和大辞典、第六版）と訳されるが、ようするに形状記憶合金のように、通常の力では折れないが、折れても簡単に直すことができる、

1999年台湾・集集地震の被害

という意味である。これまでの防災は、折れないこと、すなわち地震、津波、といった大きな自然の外力に見舞われても被害が発生しないこと、「抵抗力」を高めること、すなわち被害抑止を目標としてきたが、それに加えて、被害に見舞われても速やかに復旧できるように「回復力」を高める、被害軽減も考えるというのが、レジリエンスという考え方である。被害を減らし、復旧までの時間を短くすることにより災害の社会的影響を総合的に減らすのが「レジリエンス」を高めるという防災対策の考え方である。

レジリエンスという概念は、頑強性（Robustness）、冗長性（Redundancy）、甲斐性（Resourcefulness）、迅速性（Rapidity）という四つの要素から構成され[*2]、頑強性が、これまでの防災が目指してきた物理的被害を出さないという社会の「抵抗力」に該当する。また、冗長性、甲斐性、迅速性が「回復力」を構成する要素となっている。冗長性とは、家を二軒持っている、共働きで生計を立てる手段が二つあるといったように代替機能を持つことである。甲斐性とは、基本的には災害から復旧するための資産を持っているということであるが、お金だけではなくて、災害から立ち直るための知恵も重要な要素となる。迅速性とは、どれだけ迅速に元の生活に戻れるのかということである。今後のアジアの防災を考える場合、レジリエンスという考え方は重要であり、建物だけを強くするのではなく、回復力も高め、しなやかに災害に対処することが重要である。

ここまで、人の命を守る、経済被害を減らす、という、非常に単純化したモデルで災害リスクの低減について説明してきた。しかし、実際に防災対策を考える場合には「何を守るのか」ということが大きな問題となる。「世界標準防災モデル」では災害から守るべきものは「人の命」と「経済活動」ということになっている。しかし、このモデルが世界のどこでも適用可能かというと、はなはだ怪しい。以前、人類学の研究者から、自分が調査をしている村に生命保険の販売員が来たが、どうも村人には「その価値・意味」が理解できなかったようだ、という話を聞いたことがある。また、パプアニューギニアでは「自分の命」より「クラン（氏族）」の生き残りが大切という話も聞いた。防災を考える際に何を守ることとするのかは、本書の重要なテー

応急仮設住宅（集集地震）

マの一つである。世界標準モデルから見た場合、アジアのリスクは確かに高い。しかし、インドネシア、フィリピン等の東南アジアでの災害調査の実感とは異なる。確かに物理的な被害は発生しているが、発生した被害に人々はしたたかに対応している。回復までの時間は非常に早く、災害という現象が与える影響がそれほど大きくないような印象を持つ。我々日本人が起こってはいけない事態＝災害と考えることと、アジア各国で考える災害とは、どうも違っているようである。レベッカ・ソルニットの『災害ユートピア』[*3]では、一般の人々は落ち着いているのに、災害が発生するとあたふたし、被災社会に害を及ぼすようなことをする支配階層の姿が描かれている。アジア地域の災害リスクについて我々日本人が語るのも、同じ構図であるような気がする。

しかし、アジアの中でも世界経済とつながる企業で働き、銀行からローンを借りることが可能で、銀行ローンを使って建てた二階建て以上のコンクリート造の家に住み、生命保険に入ろうか、と考える人、すなわち中間層の人々は世界標準モデルの防災の世界に生きている。こういった人々の住宅も今なお耐震性が低いことが多い。まずは「被害抑止」対策を実施し、災害に対する抵抗力を高める必要がある。その一方で、アジア各国は、災害に対する高い回復力を維持している。これは、日本が、災害に対する抵抗力を高める中で失ってしまったものである。日本は、基本的には被害は発生しないという前提で社会を作ってきた。そのため災害について自分で考える・備えることを放棄してしまい、被害が発生するという前提で備えができなくなっている気がする。日本の反省をふまえてアジアの防災を考える場合は、被害抑止に特化するのではなく、回復力の強さを最大限に活かした「アジアの防災モデル」を考える必要がある。本書では、様々な分野の専門家の経験をもとに、新たなアジア防災モデルのあり方について考えたい。

＊2 MCEER's Resilience Framework. http://mceer.buffalo.edu/research/resilience/resilience_10-24-06.pdf

＊3 レベッカ・ソルニット著、高月園子訳『災害ユートピア――なぜそのとき特別な共同体が立ち上がるのか』亜紀書房、二〇一〇年。

1999年トルコ・マルマラ地震の被害

打たれ強いアジアを目指して

私とアジア・災害の関わりについては書いたが、私と防災の関わりについてはまだである。防災の研究をしようと思ったのは一九九五年の阪神・淡路大震災以降のことである。近隣地域で発生した災害であり、当時の自分が研究していた仮設住宅に関して、何か役に立てることは無いのか、「良い仮設住宅」の提案を行わなくては、と考えた。しかし、いろいろ考えたすえに、どうも「良い仮設住宅」という命題自体がおかしい、ということが分かってきた。防災とはもっと総合的に考えなくてはいけないものだと気づいて、今のような防災研究を行うようになった。防災を総合的に考えるための、私の理解の体系が、ここまでの文章である。

今も時々、仮設住宅はどうあるべきですかね、と聞かれることがあるので、なぜ「良い仮設住宅」という命題はおかしいのかということについて書いておきたい。災害復興の目標は生活再建であり、さらに突き詰めると大きな地震に見舞われても被害を受けないようにすることである。したがって、仮設住宅での生活はできるだけ短い方が良いし、短期しか使わないものの居住性能を上げるということはナンセンスである。本来的には災害前に耐震改修して家が壊れないようにするのが一番である、ということになる。このように防災対策は全てが関連を持っており、仮設住宅だけをなんとかすれば良いというようなものではない。

防災研究というと、「世界標準防災モデル」である命を守る、被害を減らすことを目的とした研究を行っていると思われているが、決してそれだけではない。東日本大震災の後、京都大学としてどう東日本大震災に取り組むのかについて話し合う大シンポジウム（「大規模自然災害対策・復興 全学大会議」、二〇一一年四月二八日）が開催された。教員の多くは、人の命を守り、被害を減らすことだけが防災の目標だと誤解していた。しかし、日々の営みを守る・回復することも防災の目的であり、被災した地域にとっては、日々の営みを回復することが重要な課題となる。

私が主に研究の対象としているのは日々の営みの回復である。日々の営みの回復のありようを知るために災

テント（マルマラ地震）

害が発生すると調査に出かける。自然現象や物理的な被害を扱う研究者の場合、世界のどこであっても調査に問題は無いが、私のように日々の営みの回復といったことを対象にすると、被害を受けた社会のことが分からないと全く調査にならない。以前から調査していたインドネシアの場合（とはいっても地域は限られるが）は、どのような社会で、調査の着眼点はどこか、ということが分かるが、パプアニューギニアに調査に行く、ソロモン諸島に行くとなると、社会に対する基本的な理解が全く欠如している。そのため、海外の災害調査を行う場合、必ず、その地域の専門家と一緒に行くことにしている。地域の専門家も被災社会を見るのは初めての経験であり、被災社会の専門家である私と、地域社会の専門家が協力し、お互いに見たことのない社会について調査を行ってきた。一緒に調査することで、気の使いどころ・調査の視点（地域の文脈と災害の文脈）について相互に補完することが可能であった。いつも災害が発生すると人類学者や地域研究者に連絡し、地域の専門家を紹介してもらい共同調査を行ってきた。

最初に共同調査を行ったのは一九九八年パプアニューギニア・アイタペ津波災害である。国立民族学博物館の林勲男と被害、復興プロセスについて調査を行ってきた。共同調査を行う中で、クラン（氏族）という単位で社会を見る必要があることを教えられ、また、生物学的な親も親の兄弟も現地の言葉では同じであり、生物学上の親を失っても社会概念上は「孤児」とは成らない、というのにビックリした。

次に共同調査を行ったのは二〇〇一年インド西部地震である。国立民族学博物館の三尾稔と一緒に被災地に入り、カーストと政党が被災地社会を理解する上で重要なファクターとなっていることを教えられた。中でも、高いカーストの人は支援物資を受け取ることができない、というのには驚いた。

二〇〇四年インド洋津波災害では、山本博之（当時、国立民族学博物館）・西芳実（当時、東京大学）と特に被害の大きかったインドネシア、アチェ州の復興過程について共同研究を行う機会を得た。NGOや政府が供給した州都バンダアチェ郊外の復興住宅地には空き家が多くあり、私は問題だと考えていた。しかし、アチェの人

2001年インド西部地震の被害

は、他のスマトラ島の人々と同様、通常、出稼ぎで生計を立てており、家が空いている方が普通の状態なのだ、ということを教えてもらい、災害復興の仕事が沢山あったためアチェに帰って仕事していることが「非常」で、出稼ぎに出て、空き家が多くなることが、災害前の状態に戻ることなのだと理解した。

二〇〇七年ソロモン諸島津波では、古澤拓郎（当時、東京大学）と被害調査を実施した。被災した人は、津波後、安全な高台への移住を希望したが、土地を確保することができない、という問題が発生していた。その原因は、被災した人々は、イギリス植民地時代にキリバス島から移民してきた人々であり、新住民が確保できた土地は、津波の危険性が高い海岸部の低地のみだったということに由来することが分かった。

災害調査だけでなく防災研究も同様で、社会の仕組みが分からないと、本来は上手く研究ができないはずである。日本の耐震技術を持っていったところで、現地社会で利用可能な技術であり、かつその重要性が認識されないと、使われるようにはならない。防災研究においても地域の専門家との協働は重要であるが、そういった事例はまだまだ少ない。その一方、防災の目標は地域の生活を守ることであり、地域の専門家が意識していないままに、実は防災に役に立つ、防災の研究を行っている可能性もある。防災の専門家、地域の専門家が上手く協働することは、今後のアジアの防災を考え、防災力の向上を支援する上での鍵となる。本書では、地域の抵抗力をつくる、回復力によりそう、支援力をきたえる、という三つの視点からアジアにおける防災と国際協力ということについて考えていきたい。

第一部「地域の抵抗力をつくる」では、二〇一一年タイの大洪水災害、二〇一三年にフィリピンを襲った台風「ヨランダ」を事例に、①被害を出さないための対策（被害抑止）、②発生した被害を最小限におさえるための対策（被害軽減）といった防災対策と、地域社会の関わりについて考える。第二部「回復力によりそう」では、二〇〇二年に独立した東ティモール、カンボジアの紛争を事例に、災害からの復興にどのようによそものが関わるのか、人・社会を正しく理解することの重要性について考える。第三部「支援力をきたえる」では、

2004年スマトラ島沖地震・津波後に建設された津波避難ビル

防災の伝統的なプレーヤーである工学の専門家が、アジア地域の防災力向上を支援するためにどう活動してきたのかについて、長年にわたるインドネシアでの防災の国際協力の事例から考えるとともに、アジアの経済成長とともに新たな問題となってきた企業防災のあり方、打たれ強いアジア地域のあり方について考える。[*4]

では、新しい「アジアの防災モデル」を見つける旅へと出てみよう。

---

*4　本書は防災と国際協力というテーマについて考えるものであるが、防災についてさらに学びたいという人は、以下の書籍を参照してほしい。

Ben Wisner, Piers Blaikie, Terry Cannon & Ian Davis. *At Risk: Natural Hazards, People's Vulnerability and Disasters*, Second edition. Routledge. 2003（岡田憲夫監訳、渡辺正幸・石渡幹夫・諏訪義雄ほか訳『防災学原論』築地書館、二〇一〇年）：防災と国際協力を考える際の定本。貧困が地域の脆弱性を高めていくことの問題点を指摘している。

林春男『命を守る地震防災学』岩波書店、二〇〇三年：地震防災の基本的概念、さらには復旧・復興についてどのように考えるべきかについて阪神・淡路大震災を事例に分かりやすく解説している。

牧紀男『災害の住宅誌――人々の移動とすまい』鹿島出版会、二〇一一年：災害とすまいの関係を「移動する」という観点から分析している。海外の災害事例についてもいくつか紹介を行っている。

2007年ソロモン諸島津波災害の被害

第一部

地域の抵抗力をつくる

「生物学というのは何じゃ。」「それは慣習を重んずる、俗に言えば、そういうわけなんだ。とにかくひらめの目をにわかに鯛のようにしろと言ったって、できるものじゃない。慣習を重んじなければならんというのは、生物学の原則から来ている」

（鶴見祐輔、『決定版正伝後藤新平　3　台湾時代　1898〜1906年』、藤原書店、p. 39、2005年）

第1章

水害は不平等に社会を襲う

二〇一一年タイ大洪水

自然の恵みと災い

星川 圭介

右：バンコク北方地域の浸水の様子
（2011年10月22日）

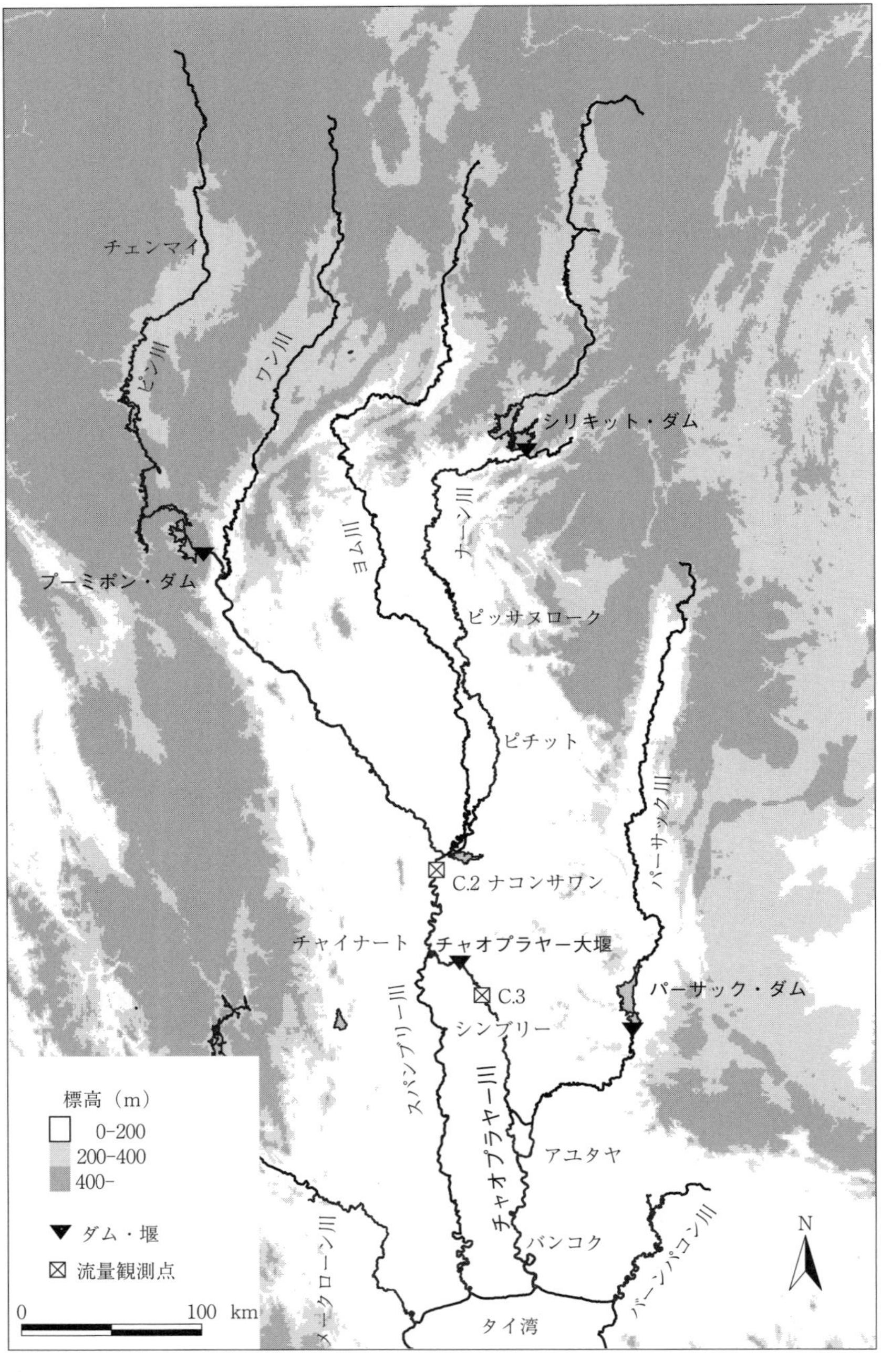

チェンマイ
ピン川
ワン川
ヨム川
ナーン川
シリキット・ダム
プーミポン・ダム
ピッサヌローク
ピチット
パーサック川
C.2 ナコンサワン
チャイナート
チャオプラヤー大堰
C.3
パーサック・ダム
シンブリー
スパンブリー川
チャオプラヤー川
アユタヤ
メークローン川
バンコク
バーンパコン川
タイ湾
標高（m）
0-200
200-400
400-
ダム・堰
流量観測点
0
100 km
N

1 水害の特質と社会対立

愛知と岐阜の県境を流れる木曽三川（木曽川、揖斐川、長良川）は、明治に近代的な治水工事が行われる以前は頻繁に氾濫を起こす暴れ川であった。江戸時代、この木曽三川に沿う堤防は、尾張（愛知）側が美濃（岐阜）側より高くなるよう築かれたという伝承がある。洪水時、どこかで堤防決壊が起きて水があふれれば、川の水位が下がってその他の場所は安全になる。美濃側を先に破堤・浸水させることで御三家尾張藩を守るというわけである。河川氾濫を完全に抑え込むことは難しくとも、川の左岸・右岸、上流・下流で堤防の高さを変えることによって氾濫の危険性配分を人為的にコントロールすることは可能であって、木曽三川の伝承以外にも、堤防の高さを巡る地域間不平等や対立の例は史実として日本各地に存在する。

現代の日本とて治水を巡る地域間対立と無縁ではない。大阪の人口密集地を流れる淀川の流域は、「琵琶湖・淀川流域」と呼ばれるように、その面積の約半分を琵琶湖と琵琶湖にそそぐ河川の集水域が占める。豪雨の際、この琵琶湖から淀川（瀬田川）への出口の堰（瀬田川洗堰）を閉じてしまえば下流の氾濫危険度は下がる。こうしたいわば琵琶湖を治水ダムとして活用する洪水時全閉操作は国の治水方針の中で規定され、現在に至るまでしばしば実施されている。この操作で下流の安全度が高まる一方、一つしかない水の出口を全閉することで琵琶湖の水位は上昇し、沿岸の住居・田畑の浸水危険性は高まる。このため琵琶湖を抱える滋賀県はこれを「屈辱」として強い不満を抱いてきた。[*1]

＊1　洗堰が完成したのは一九〇五年。それ以前には瀬田川を拡幅して琵琶湖周辺の浸水被害を軽減したい滋賀県側と瀬田川（淀川）流量増加に伴う氾濫を恐れる下流側との対立があり、洗堰はその解決のために建設された［国土交通省近畿地方整備局琵琶湖河川事務所 2014］。近年では二〇一三年九月に全閉操作が実施されている。

琵琶湖の唯一の自然流出河川、瀬田川にある瀬田川洗堰（滋賀県大津市）

このように、地震や噴火などと異なり、氾濫[*2]はある程度人為による制御が効く場合が多く、それゆえにしばしば地域対立や社会対立の火種となる。自然災害は社会の矛盾や潜在的な対立を表出させるといわれるが、水害はその最たるものともいえる。

二〇一一年、タイ各地で大規模な水害が発生した。五〇年ないし百年確率といわれる大量降雨[*3]に伴うもので、山地では土砂崩れが発生したほか川沿いでは河川氾濫に見舞われ、とりわけ首都バンコクが立地するチャオプラヤーデルタ地域では広い範囲が最大三か月にわたって冠水状態となった。チャオプラヤーデルタだけで三百人近い死者[*4]（タイ水資源農業情報センター集計）が出たほか工業部門への打撃も大きく、損失額は四五七億米ドル［クンタナクンラウォン 2013］に上った。日系企業が進出する工業団地も水没するなど日本への影響も大きく、ご記憶の方も多いだろう（第6章参照）。この水害でもまた、治水方針を巡って深刻な社会対立・地域対立が生じた。タイをはじめとする東南アジア大陸部の氾濫常襲地域では、氾濫の深度上昇に合わせて丈を伸ばす浮稲や、床上浸水を回避するための高床式住居など、氾濫水に適応した暮しや生業が発達してきた歴史がある。日本でも気候変動の影響もあり、氾濫を完全に抑え込むことは難しく、タイの知恵に学ぶところも多いという声もあるが、あえてそれに異を唱えようというのが本章の一つの狙いである。本章では、二〇一一年大洪水下のタイにおいてどのような地域対立が生じたのか、そして洪水後、治水対策が進む中で被災地周辺の社会がどのように動いているのか、被害が特に集中したチャオプラヤーデルタを対象として報告する。結論を先に言えば、現在のタイ社会は水害の負担、あるいは治水対策の恩恵について平等ではない。これはタイにおいて河川氾濫が必ずしも害ではなく自然の恵みともとらえられてきたこととおそらく関係する。生活が現代化し、氾濫が害の側面を強めていくなかでも、「農村や郊外は氾濫を受容

バンコクを流れるチャオプラヤー川。西岸ワットプラケオ寺院より都心方向を望む

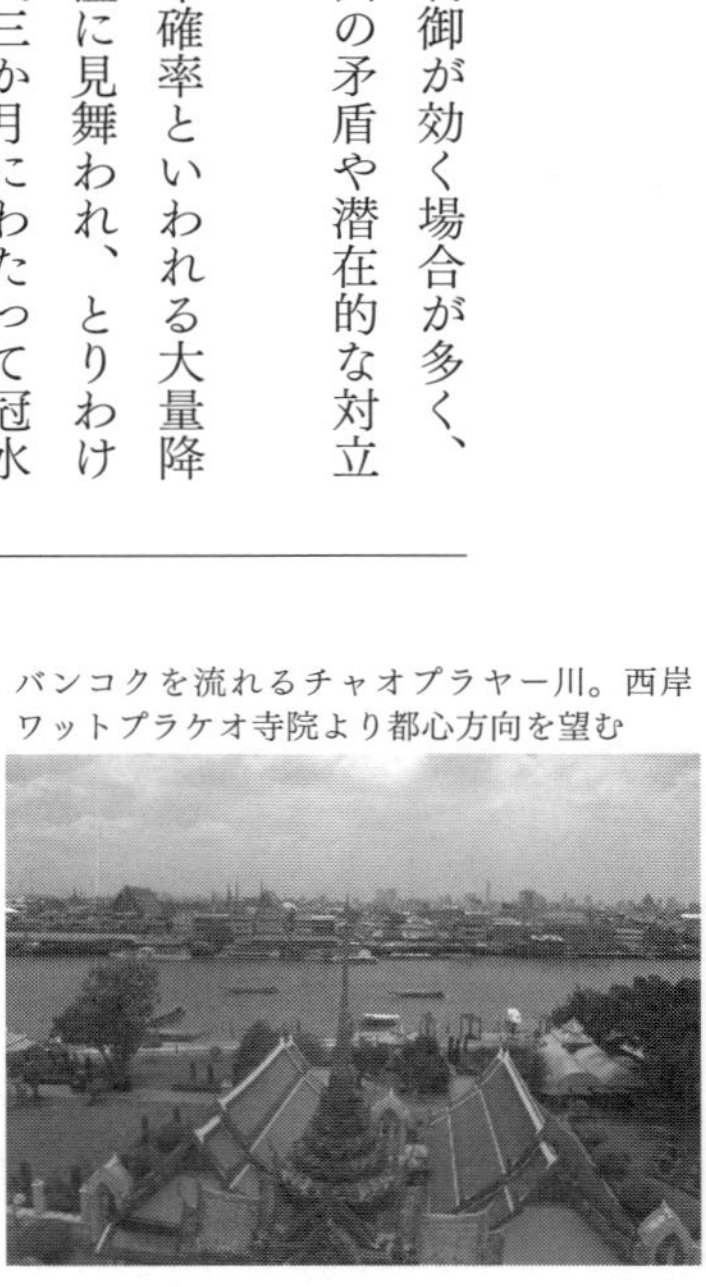

＊2　本稿では「洪水」、「氾濫」、「水害」という用語を使い分ける。洪水とは河川氾濫等を引き起こす大量の河川流出、氾濫とは陸地に水があふれること、水害は洪水や氾濫により発生する被害のことである。

＊3　当該地域において統計的に五〇年、百年に一度の確率で発生する降雨。

＊4　最も多い死因は溺死、次いで電気系統浸水に伴う感電死とされる。

する（べき）地域」という意識が根強く残り、施設整備や洪水発生時の対策にも影響した。その矛盾が噴出したのが二〇一一年大洪水であったといえる。

現在、タイ国内の日系企業は七千社以上、二〇一三年の日本からタイへの投資額は九千億円近く（タイ国投資委員会（ＢＯＩ）認可ベース）に上る（いずれも日本貿易振興会調べ）。二〇一一年の大洪水による工業部門の最大の被災者は日系企業であり［助川 2013］、日本経済にも大きな影響を与えた。日本をはじめとする海外からの投資を重視するタイ政府は大洪水後の治水対策でも工業団地の治水を重視している。つまり、川の両岸や上下流のように地理的に繋がっているわけではないが、日本人はタイの治水や水害の利害関係者となってしまっている。タイの治水対策を巡る問題について無責任ではいられないのである。

2　タイの洪水の特徴と社会

河川氾濫と人々の暮らし

私がタイと深くかかわるようになったのは一九九〇年代末、カンボジアやラオスに近い東北部（イサーン）と呼ばれる地域の伝統的な河川水利用システムを対象とした研究がきっかけである。東北部は主に浸食作用により形成された平原で、こうした平原の河川は、降雨直後にゆったりとした水位上昇を見せるほかは安定した流出というものがない［星川 2013］。このため日本のような堰で取水して水門で水量を調節しながら水路で送水する緻密な水利用は極めて難しい。こうした状況に対して現地の人々がとってきた方法とは、土や木組みで堤（現地の言

バンコクの北隣、パトゥムターニー県の工業団地。工場の他に商店街などもあり、一つの街が形成されている（2012年９月）

図1-1　タムノップの一例。右側が上流で画面奥で川を横切っており、周囲一面が冠水状態となっている

葉で「タムノップ・ディン」や「ファイ・ディン」、あるいは単に「タムノップ」）を作って川をせき止め、河川を人為的に氾濫させる、あるいは氾濫を増幅させて水田に水を供給するというものであった。氾濫水は広く水田地帯を覆い、その範囲は数キロメートル離れた隣村に及ぶこともある（図1-1）。もちろん一部の低い水田や河川からの強い水流を直接受ける水田では稲が枯死するなどの被害は出る。氾濫自体は人為によって生じる（あるいは増幅される）のだが、被害面積と受益面積は毎回の洪水時の自然流量に規定され、人為によるコントロールはほとんど及ばない*5［福井ら 2009］［Hoshikawa et al. 2003］。

分かってしまえばこれだけのことなのだが、日本の灌漑の基礎を学んだばかりの私にとってこうした半自然ともいうべき水利システムは知識の枠を超えるもので、調査を始めたころは、タムノップがなぜ建設され、どのように機能するのか、タイ東北部各地の様々なタムノップを前に頭をひねった。建設から数十年から百年近くが経過したタムノップがほとんどで、堤の上には木が生い茂り、外見上も自然のものか人工物か見分けがつきにくい。現地の人も存在は知っていてもその目的や機能についての見解はあいまいであった。建設に携わった地域の古老からの聞き取りをはじめ、地形測量や稲の収量調

*5　タムノップの堤の一部を削るなどという調整は行われるが、一度氾濫が生じてしまえばあとは自然任せである。

工業団地周辺。2012年の洪水期にも冠水が発生した（2012年9月）

査を交え、なぜタムノップのようなものが建設され、どのように機能するのか、手探りで探って行かざるを得なかった。

タムノップにみられる半自然・半人為、言葉を変えれば不確実性と不随意性は、現地の生業全般に及ぶ。稲の収穫は洪水や干ばつで年々大きく変動し、中にはほぼ毎年河川氾濫で稲が全滅し、川で獲った魚で暮らしを立てていたような村もある。氾濫が生じれば河川のみならず冠水した水田も漁場に代わる。東北部の人々は自然の不確実性と不随意性を受け入れつつ、それらにうまく適合した施設・制度設計、生存戦略を構築してきたのである。

チャオプラヤー川は流域面積一六万平方キロメートルの大河川である（本章扉裏の地図参照）。その堆積作用でできたチャオプラヤーデルタは、洪水の頻度や規模において東北部の比ではない。規模の変動はあれども毎年雨期の半ばに定期的な氾濫が生じる。反面、その氾濫の広がり方はタイの東北部と比べても穏やかである。毎日数～数十センチメートルのゆっくりとしたペースで水位を増しながら冠水域を広げていく。人や家財が押し流される危険も少なく、人間が氾濫に適応することで逆に氾濫を恵みとすることもできる。タムノップは稲作のために人為的な氾濫を生じさせるものであったが、チャオプラヤーデルタでは自然が氾濫水を水田に運んでくれるのである。

チャオプラヤーデルタの氾濫と水門

上述したチャオプラヤーデルタにおける氾濫の特徴は、河川流出の特徴とデルタ特有の地形的特徴とが合わさって形成される。そしてその氾濫を語るにあたり、水門は極めて重要なキーワードとなる。氾濫は不随意に発生するものの、水門は氾濫水をかなりの部分随意に操るツー

バンコク北方地域の浸水の様子（2011年10月）

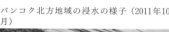

ルとして機能するのである。

デルタは河川が運搬してきた泥が海底に堆積することで形成された場所で、非常に低平である。デルタの中でも上流側では陸地形成後の堆積物によって自然堤防などもある程度発達するが、デルタの下流端はまさに陸になりたてほやほやでほとんど傾斜がなく、標高も海面とほぼ等しくなる。こうしたデルタで生じる氾濫は、ちょうどテーブルの上に水をこぼすようなものである。水は平坦面をするすると広がっていくが、目に見えないほどの窪みや膨らみがあれば、その場所にたまったり、その場所を回り込んだりする。地表面のわずかな凹凸に支配されるデルタの水環境は、人為の影響を非常に受けやすい。灌漑の導入や排水路の掘削はもちろんのこと、道路もテーブルの上におかれた箸のように氾濫水の広がりを妨げる存在となる。

運河などの水路や自然河川の流れも同様である。川に堰やダムを設ければ上流側の水位が上昇し、上流に向かって水面勾配の緩やかな部分が生じる。これを背水というが、デルタでは運河や自然河川の河床勾配も極めて緩やかであるため、この背水の影響が相当上流側にまでおよぶ。たとえばチャオプラヤーデルタ上部におけるチャオプラヤー本川とほぼ同じ勾配〇・〇一％（一万メートル進むごとに一メートル標高が下がる）を持つ水路の水位を一メートル堰上げたとすれば、その影響による水位上昇は二〇キロメートル以上上流にまでおよび、七キロメートル上流でもおよそ五〇センチメートルの水位上昇を生じる。[*6] こうした条件下で多大な影響力を持つのが運河に設置された水門の操作である。

水門は運河や用水路といった水路に設置され、その扉で水の通り道を絞り込んだり広くしたりすることにより、流量の調節を行う。チャオプラヤーデルタの水門の扉は鋼鉄等でできた長方形の板を門の上から水面に向けて吊り下げ、上下させる形式のものが多く（図1-2）、扉の

＊6　流量毎秒一〇立方メートル、幅二〇メートル、水深二メートルの水路の場合。

洪水のさなかのチャオプラヤー川。水位は非常に高く沿岸の家屋が水没しているが、水流が穏やかなため破損はしていない

下端と水門部分の水路底の高さの差をもって水門の「開度」としている。扉の下端が水門上流側の水面の下にあるとき、水門通過流量は流れてくる量（流入量）より少なく、開度が小さいほど流入量と通過量の差が大きくなる。水門は通常、水路が分岐する地点の直下流に設けられ、この通過量の差は分岐水路に流れこむ。

問題は氾濫が生じているときである。分岐水路がすでに十分な受け入れ能力を失っている場合、水門上下流の流量差は水路内にどんどんたまっていくことになるので上流側の水位上昇が生じる。水位が水路の岸を超えれば当然あふれるし、それ以外にも上述したような背水の効果により、相当上流側の支線水路・河川の水位にも影響を与える。すなわちこれら水路・河川からの排水を妨げ、あるいは逆流を生じさせることにより、広範囲にわたって氾濫を生じさせることになる。水門としては水路の流量が少ないほうが氾濫の発生や悪化を抑止できるので水門の開度を絞りたい。ここに本章のテーマである地域的対立と不平等の問題が浮かび上がってくる。チャオプラヤーデルタの、ある水門の管理人の言葉を借りれば、「洪水のたびに水門上下流の住民のグループが政治家を連れて水門の管理小屋に押しかけ、水門の開度増

図1－2　サームワー運河の水門。2011年大洪水ではこの水門の開度を巡って対立が生じた（第3節で後述）

ゲートが全開された水門の様子

加あるいは減少をそれぞれに要求する」のである。

チャオプラヤーデルタの環境変化

チャオプラヤーデルタの農村部ではいまだに河川氾濫が毎年生じ、広大な面積が冠水する。これが自然を受け入れた伝統的な状況なのかといえば、少し違う。堆積作用によって形成されたチャオプラヤーデルタが洪水常襲地であったことはすでに述べた。冠水深に合わせて数メートルにわたって背丈を伸ばす浮稲も伝統的に栽培されてきた地域である。しかし上記のように水利施設の整備や操作によって水文状況がたやすく変わることから、過去一世紀にわたるデルタ各地への水田や居住地の広まりと共に河川氾濫や冠水の状況も刻々と変化し続けてきている。その最たるものが、バンコク周辺で氾濫が生じないように、あらかじめバンコクより上流の農村地域にチャオプラヤー川の水を流し込む操作である。

チャオプラヤー川の流下能力*7は、デルタの上端部のナコンサワン（C.2流量観測点）で毎秒約三六〇〇立方メートルであるのに対し、その約一〇〇キロメートル下流のチャオプラヤー大堰では毎秒約二八〇〇立方メートル、さらにその下流約五〇キロメートルのシンブリー（C.3流量観測点）では実に毎秒約一三〇〇立方メートルと、デルタ上端から中央部にかけ、下流に行くにつれて急激に小さくなる（本章扉裏の地図参照）。さらに下流に位置するバンコクを氾濫水から守るためには、たとえ上流で河川氾濫が起きる状況になくとも、下流の流下能力を上回っているようであれば上流で先に水を溢れさせる、あるいは水路に分岐させることにより、本川の流量を絞り込んでやることが必須なのである。日本では特に明治期以降の近代土木技術の導入によって放水路*8や堤防の建設など治水工事がすすめられ、いわば力ずくで河川氾濫を抑え込むこ

＊7　河川の通水容量。これを超える量が上流からもたらされればすなわち氾濫となる。

＊8　洪水流量が生じて河川があふれそうになったとき、その流量の一部を分水させ、海や十分な容量を持つ他の河川へ放流する水路のこと。

プララーム６堰。支川パーサック川とチャオプラヤー大堰からの送水路（チャイナート・パーサック水路）とが交差する部分に設けられたもの

とにより、河川沿いの低地が冠水する頻度は激減した。[*9] これに対してチャオプラヤーデルタでは氾濫を抑え込むことはせず、[*10] 冠水する地域と冠水させない地域を[*11] 切り分け、人為的に氾濫を制御することで対処を図ったのである。

　こうした洪水期におけるチャオプラヤー川からの分水により、西岸の流し込み対象地域では洪水期に稲作を行うことが不可能なほど深く冠水するようになる。農業省灌漑局は、洪水期（九月から一一月ごろ）を含む五月から翌一月にかけて行われていた従来の雨期稲作をやめるよう指示し、代わりに灌漑用水を用いて洪水が引いた後の一月から五月の間に稲作を行うよう提案した。これに対して現地の農民は当初難色を示したものの、乾期の端境期に収穫されるコメは高価格で出荷できることから、次第に歓迎するようになっていった［高谷 1985］とされる。その後灌漑局による灌漑施設整備も進み、短期収穫品種の導入も相まって、現在、デルタの氾濫常襲地域の大部分では非洪水期の二期作（一月から五月、五月から八月）が実施されるに至った。こうしてみると、河川氾濫に対する新たな適応の形ともいえそうである。

　しかし現実は、流し込まれた水を巡って住民間の対立が頻発している。その背景として挙げられるのは土地利用や生業形態、生活の変化である。特に過去半世紀、それは多くの場合、氾濫水と共存しえない都市的な土地利用、生業、生活形態の拡大であった。こうした矛盾が膨らむ中で二〇一一年の大洪水を迎えることとなる。

＊9　渡良瀬川遊水地のように人の居住しないところで氾濫を生じさせる洪水制御も例外的には存在する。

＊10　上流には二つの大きなダムがあり、これが治水にも一定の効果を有している。一つは一九六四年に完成したピン川のプーミポンダム。もう一つは一九七七年に完成したナーン川のシリキットダムである。二つのダムの総貯水量を合わせると二三〇億立方メートルとなり、琵琶湖の容量二七五億立方メートルに迫る。

＊11　氾濫させせない側の対策として後述の輪中が構築された。

チャオプラヤー大堰。チャオプラヤー本川に設けられた唯一の堰で1957年建設

3　二〇一一年大洪水と氾濫水を巡る対立

二〇一一年、八月上旬ごろからチャオプラヤー川流域の各地で氾濫が生じていた。この時点ではまだ、毎年のこととしての受け止め方がなされていたが、実はこの年の流出量は例年を大きく上回っていた。その流出量は確率的に五〇年に一度の規模とも百年に一度の規模ともいわれている。これは例年より多数の台風・熱帯低気圧がタイに接近したことによる。九月中旬から下旬にかけてチャオプラヤー川沿いで堤防決壊や水門の破損が生じ、通常とは異なる規模の河川氾濫が生じた。その氾濫水は新たな氾濫水を巻き込みつつ燎原の火のごとく広がり、一〇月初めには世界遺産の遺跡公園を含むアユタヤ中心部を水没させた。一〇月一八日にはアユタヤとバンコクの間に位置し、多くの日系企業が進出するナワナコン工業団地が水没（口絵iiページ参照）。二二日は政府の洪水被災者救援対策本部が置かれていたバンコク北部のドンムアン空港にも浸水し、対策本部は移転を余儀なくされる。以後、一一月中旬まで首都バンコクは陸上の氾濫水とチャオプラヤー川からあふれようとする水の両方に脅かされることとなった。その中で、冒頭に述べたような治水を巡る対立が様々な構図で生じてくるのである。

都心と近郊の対立

チャオプラヤー川東岸（左岸）のバンコク都心部は、その北側（上流側）と東西を逆U字状に伸びる輪中*12状の堤防に囲まれている（図1-3）。一九七八年の水害を受けて建設されたもので

バンコクの北、ドンムアン空港付近の高架上から見た冠水の様子。自動車の水没を避けるため、ランプウェイなどの高架上に避難させている（2011年10月）

*12　輪中とは集落などを堤防で取り囲み、周囲からの氾濫水を防ぐもので、本章冒頭に紹介した木曽三川沿いに発達したものが有名である。

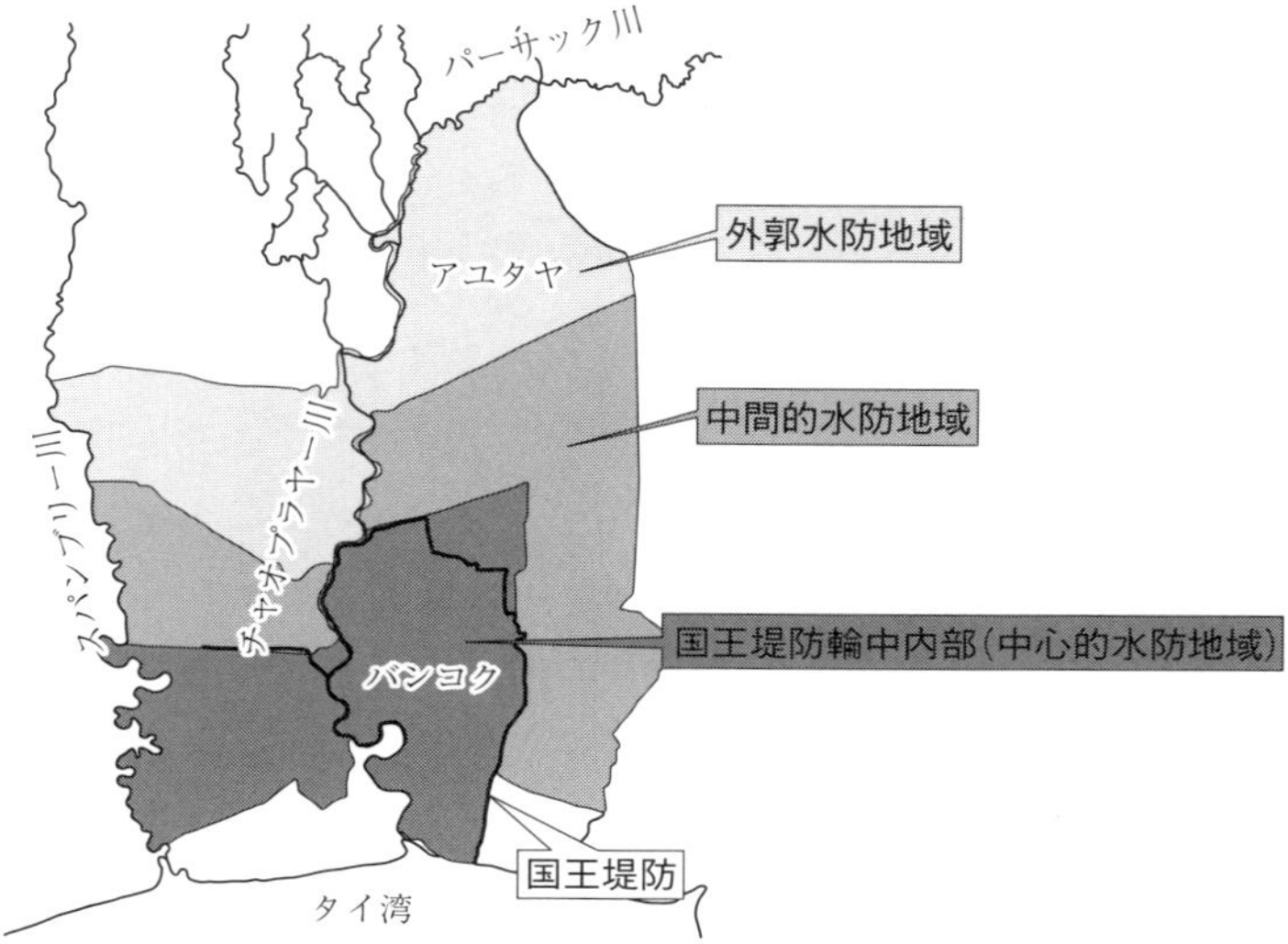

図1－3　バンコク周囲の輪中。国王堤防と2011年大洪水後の新規輪中計画
（［タイ国家経済社会開発庁ら 2013］をもとに作図）

一九八五年に完成した。チャオプラヤーデルタの氾濫水対策は、冠水する地域と冠水させない地域を切り分けることであるのは上述した通りであり、この輪中の内側は冠水させない地域に該当する。国王事業によることから日本では「キングズ・ダイク（国王堤防）」などとして紹介されることもある。チャオプラヤー川沿いの区間を除けば車道を兼ねており、堤の高さは海抜約二メートル（二〇一一年当時）と周囲の地盤から取り立てて高くもないことから普段は目立たない存在なのだが、氾濫水がバンコクに押し寄せた一〇月下旬ごろから治水を巡る争点として徐々にクローズアップされていく。本来は河川氾濫の際に役立つはずの輪中であるが、バンコク都心部周囲の国王堤防輪中は二つの点で問題を抱え

国王堤防。右側が輪中外側で、2011年大洪水の際にアスファルトによる臨時のかさ上げがなされている

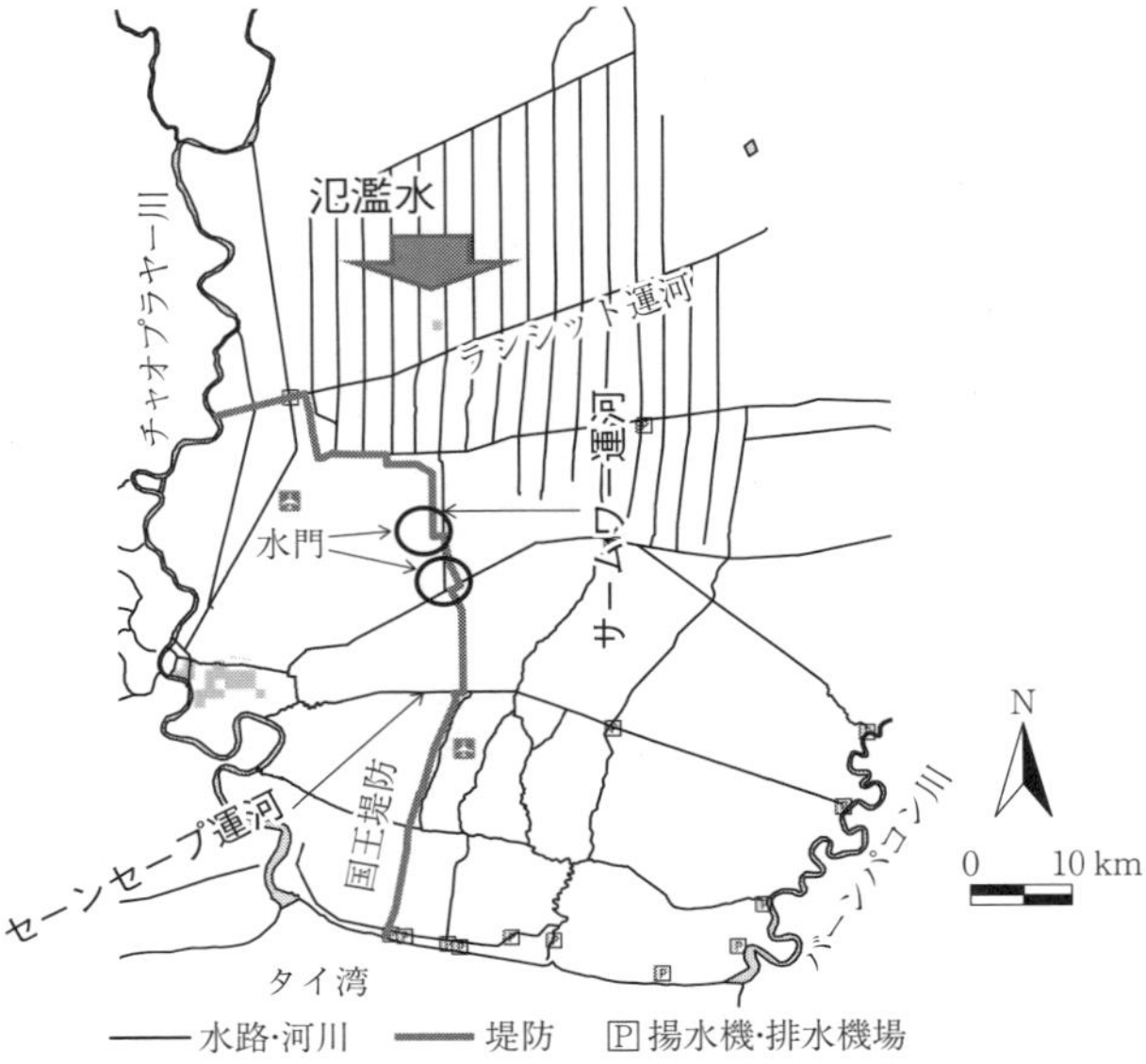

図１−４　バンコク周辺の運河網

ていた。一つはチャオプラヤー川東岸（左岸）の排水経路に栓をする形となったこと、そしてもう一つは、二〇一一年当時、「何を守る堤防か」についてやや合理的な説明を欠く存在になっていたことである。

チャオプラヤーデルタには、一九世紀以降舟運や利水のために建設されてきた無数の運河が縦横に張り巡らされている。いくつかの運河幹線はバンコク都心部を通過しており、これらは輪中を形成する国王堤防と必然的に交差する。国王堤防に分断された運河の代表的なものがセーンセープ運河とサームワー運河である（図1-4）。セーンセープ運河はチャオプラヤー川とバンコクの東方約五〇キロメートルを流れるバーンパコン川とを東西に結ぶもので、バンコク北東に位置する灌漑農地などからの水を海や河川に排水する上で重要な幹線である。また南北方向に走るサームワー運河は、上述の灌漑農地とセーンセープ運河をつないでいる。

二〇一一年大洪水時、運河や地表面を流下してきた大量の氾濫水がこれらの運河に殺到し

セーンセープ運河。バンコクの中心部を通り、今も市民の足となっている

た。国王堤防と運河との交差部分には水門が設けられており、通常はチャオプラヤー川への排水が妨げられることはないが、二〇一一年一〇月中旬以降、輪中の外側の浸水が深刻化していたにもかかわらず、国王堤防と両運河の交差点に設けられた水門の管理者であるバンコク都知事はこれらの水門の開度増加（通過流量増加）をかたくなに拒んだ。セーンセープ運河からバンコク東方のバーンパコン川への排水も試みられていたが、これにはポンプが必要であり[*13]、当時のポンプの容量は氾濫水の流入量をはるかに下回るものであった。一一月上旬時点で水門を挟んだ輪中内外の水位差は八〇センチメートルに達した。ほとんど傾斜のないデルタでは、八〇センチメートル程度の水位上昇でも上流数十キロにわたって影響することはすでに述べたとおりである。氾濫水はバンコク北東パトゥムターニー県のランシット地区からセーンセープ運河周辺にかけ、深く、長期にわたって輪中の外側を冠水させることとなる[*14]。

バンコク都知事が水門の開度増加を拒んだ理由は「経済的に重要で、住宅が密集する」輪中の内側を守るためであった。バンコク側へセーンセープ運河の水を取り込んだ場合、水路末端の水門か運河途中に設けられた地下排水施設（通称「巨大トンネル」）を通じてチャオプラヤー川へと排水することになるが、いずれにしてもバンコク周辺でもすでにあふれ始めているチャオプラヤー川への排水量を増やすことには限界がある。このためセーンセープ運河が輪中内側であふれることを懸念したのである。

輪中の外側にほとんど住居や工場などがなく、輪中の内外の重要性が明らかに異なる場合、バンコク都の水門操作は何ら問題を引き起こさなかったであろう。しかし一九八五年の国王堤防建設当時ほぼ輪中の内側に限定された市街地は二〇一一年時点で輪中をまたいで外に広がり工業団地も立地するなど、輪中の内外で治水対策を分ける妥当性は揺らいでいた。輪中外側の

*13 チャオプラヤー川東岸にはバンコクとバーンパコン川の間にきわめて緩やかながら分水嶺があり、セーンセープ運河が横切る地点には揚水機場（ポンプ）が設置されている。

*14 タイの県知事は内務省からの出向であるが、バンコク都知事は都民による選挙で選出される。当時の首相（インラック・チナワット）はプアタイ党（タイ貢献党）、対する都知事（スクムパン・ボーリパット）は政権野党の民主党であり、このねじれもバンコク周辺での統一的な洪水対策を妨げたとされる。

バンコクの北、ランシット地区の街並みの壁にくっきり残る冠水痕

住民らは水門開度を増加させるよう路上封鎖デモ等を交えながら要求していたが、一〇月三〇日にはついにサームワー運河・国王堤防交差部分の水門を破壊する実力行使に至った。デモや破壊活動参加者の多くはバンコク都の北東に隣接するパトゥムターニー県の人々であったといわれる。水門の修理は数日中に完了したものの、その後も一一月下旬に冠水状況が改善するまで同様の実力行使が散発する。*15

農村部間の対立

デルタの下部バンコク近くでのチャオプラヤー川氾濫が懸念される場合には、上流であらかじめ両側の水路に取水し、水田地帯に水を拡散させることは上述した通りである。主にそれを担うのは、チャオプラヤー川本川に設けられたチャオプラヤー大堰（チャオプラヤーダム）上流から西岸と東岸に分岐するスパンブリー川およびチャイナート・パーサック水路である（図1-5）。前者は最大毎秒二〇〇〇立方メートル、後者は最大毎秒二一〇立方メートルの容量を持つとされるが、洪水時にはしばしばそれを上回る量を受け入れる。スパンブリー川はチャイナート県やスパンブリー県などを経由して海へ、チャイナート・パーサック水路はデルタと丘陵の際を通ってランシットの灌漑水田地帯に至り、そこからいくつかの水路に分かれて東のバーンパコン川や海に至る。当然これらの河川・水路への分水量が多いほど、チャオプラヤー川流量のピークカット効果は大きくなる。

ところが二〇一一年大洪水の際には、チャオプラヤー川の流量がナコンサワン（C.2流量観測点）で毎秒三五〇〇立方メートルを超え、さらに急速に増えつつあるさなかの九月一六日から一七日にかけて、スパンブリー川への分水量を制御するポンテープ水門の開度を下げる操作が

*15　一二月三日になってバンコク都知事はサームワー運河の水門を含め国王堤防部分に設置された二か所の水門の開度をそれぞれ一〇センチメートル上げることを認めた。

ドンムアン空港におかれた対策本部（救援物資の整理）

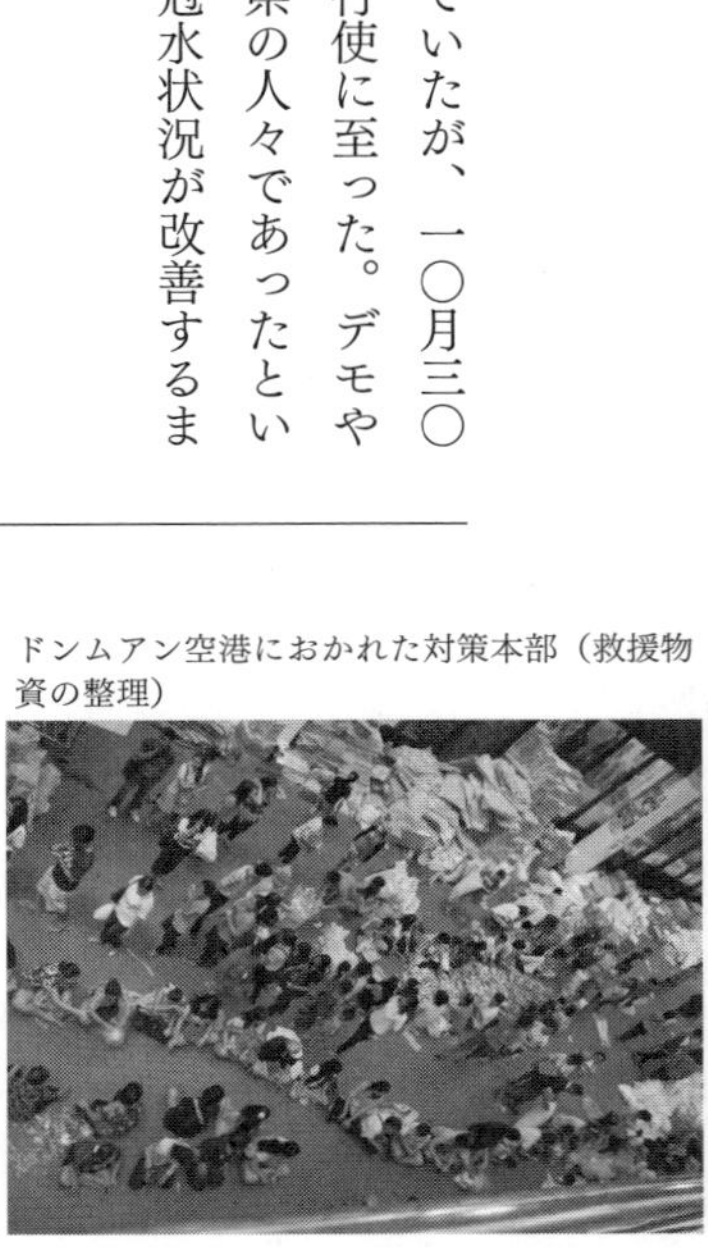

行われ、分水量が毎秒二八〇立方メートル程度から一〇〇立方メートル程度へと大きく低下した。この水門操作については、有力政治家バンハーン＝シラパアーチャー元首相[*16]が、スパンブリー川の下流に位置する自らの地盤、スパンブリー県の洪水被害を軽減するためにその影響力を行使したものと受け止められている。タイ社会ではバンハーン氏がダムや水門の操作に影響力を行使していると広く信じられており、あるタイ人の言い回しによれば、「バンハーン氏が水門の鍵を握っている」ということになる。

誰が行わせたかはともかく、このポンテープ水門の操作の目的は、農業被害の軽減というより、居住地やその他都市的土地利用地域の洪水被害軽減のためであろう。九月一五日ごろ、スパンブリーではガオホン市場[*17]など観光名所や都市部などでも洪水被害が深刻化しつつあった。未収穫の稲を守るためにバンハーン氏が水門を開けるのを遅らせたといううわさもあるが、すでにポンテープ水門を通じては九月八日から一週間にわたって毎秒二八〇立方メートルの分水が行われていた。稲を守るためであれば稲の収穫が間に合うよう

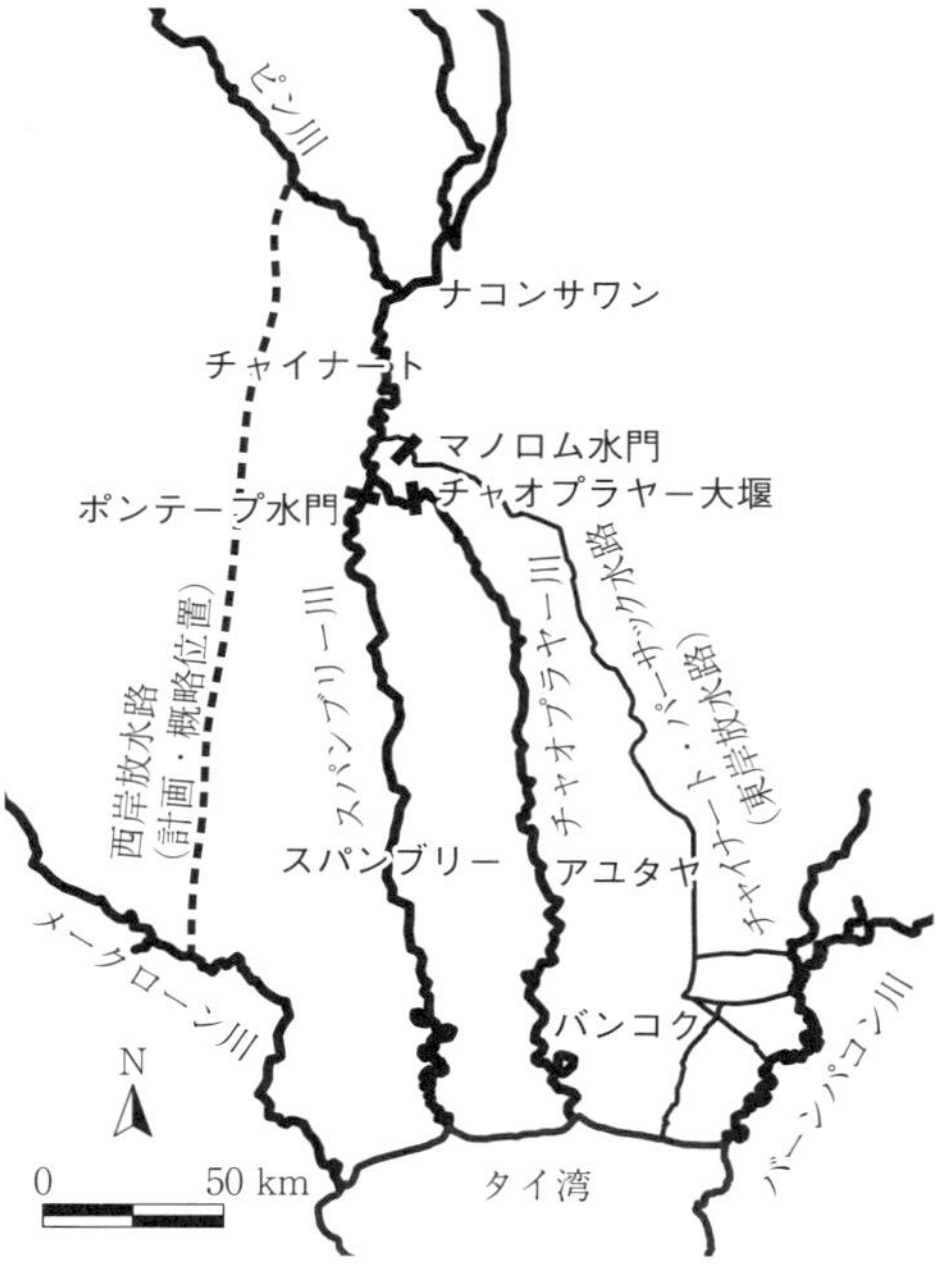

図1-5　チャオプラヤー本川からの分岐水路

*16　タイ国二一代首相（一九九五～九六年在任）。それ以前には農相、内務相、運輸相、財務相など要職を歴任。

*17　スパンブリー川沿いで百年以上続くといわれる市場。昔ながらの木造商店が並び、観光名所となっている。

スパンブリー川

九月前半の分水こそ低減されねばならなかったはずである。また現地では洪水期を避けた稲作の普及が進んでおり、二〇一一年大洪水の際、スパンブリーなどの洪水常襲地では稲の収穫がほとんど終わっていた。

このポンテープ水門の操作に対して抗議の声を上げたのは水門上流側チャイナート県の住民たちである。チャオプラヤー大堰は下流バンコク側への水量が規定量となるようゲートをコントロールしているので、ポンテープ水門の通過流量が減ったからといって、その分、通過流量を増やすわけではない。また、スパンブリー川の分岐点とチャオプラヤー大堰までのチャオプラヤー川右岸沿いには堤防が築かれているか自然地形によりやや高くなっているため、この区間では水があふれない。結果としてポンテープ水門の上流側に広い冠水面を生じることになったのである。九月二四日にはチャイナート県の約五百人がバンハーン氏を批判するプラカードを手にポンテープ水門に押しかけ、水門管理所を守る土嚢を撤去するなどの実力行使に及んだ。タイの有名ニュースキャスター[*18]も取材に訪れるなど、周辺一帯が騒然とした雰囲気となったという。ここでも住民らが訴えたのは農業被害の救済ではなく「一〇日に及ぶ家屋の冠水状況の緩和」であった。二六日にはチャイナート県とスパンブリー県との間で国会議員と住民を交えた話し合いが行われ、毎秒二二〇立方メートルにまで増加させることで一応の合意をみる。以後、バンコクに洪水が迫りつつあった一〇月五日からはチャオプラヤー川 C.2流量観測点流量が三五〇〇立方メートルを下回る一〇月三一日までの実に四週間近くの長きにわたり、連日毎秒三五〇〇立方メートル前後をスパンブリー川に受け入れ続けたのである。

チャイナートはバンハーン氏のスパンブリーに勝ったといえるのだろうか。あるいはチャイナートはバンハーン氏による恣意的水門操作の被害者なのだろうか。二〇一一年大洪水による

*18　テレビ局「チャンネル3」のソラユット＝スタサナジンター氏。

ポンテープ水門

スパンブリー県内の死者は三九人、チャイナート県内の死者は二三人と、両県ともチャオプラヤーデルタにおける県別死者の上位グループに入る（図1-6）。水門操作と死者との直接的因果関係は不明だが、家財の浸水のみならず死者も増え続ける中で、お互い切迫した気持ちで水を押し付けあっていたというのが実情ではないだろうか。スパンブリー県のある集落の村長に、二〇一一年当時の水門操作についてバンハーン氏の名前を出さずに話を向けたところ、「あのお方には大変感謝している」と、タイ社会一般からの批判を意識した、しかしはっきりとした口調の答えが返ってきた。

図1－6　2011年大洪水の県別死者数

治水対策のどこに問題があったのか

まず、氾濫発生時にバンコク都心部の治水のみが最優先されてしまうという制度的な問題があげられる。タイの治水は灌漑局が主体となって進めているが、タイで唯一知事が住民の選挙で選ばれる[*19]バンコク都については例外で、都知事の権限の下、都の排水局が事業を進めることになっている。このためバンコク都は管轄内の重要地域のみをとにかく守ればよいという姿勢になりがちで

＊19　他の県は内務省からの派遣。

この水門にも多くの住民が政治家を伴って押しかけ、開度を上げるよう要求した

ある。都心部を輪中で囲い込み、雨水による内水氾濫を防ぐための巨大地下排水路の建設も進めている。道義的には周辺県の治水への配慮も求められるが、制度としてバンコク都とその周辺県の治水の調整を行う回路が十分に用意されていなかった。

つぎに、より本質的な問題として、農村の人々が氾濫水と共存するものだと、タイ政府がやや安易に考えていたことを指摘せねばならない。農村の人々も今や多くが農外収入に依存し、都会の人々と同様にテレビや冷蔵庫といった家電の便利さを享受し、バイク、車といった陸上交通手段にたよっている。これらは当然浸水により被害を受けるし、浸水しないまでも周囲が冠水している間は使用不能になる。また、伝統的な高床式住居ではなく平屋、あるいは一階部分も居住空間としてつくられた住居に住む例も増えてきた。さらにアユタヤのように工場が数多く進出している地域では、水田に囲まれた集落であってもすでに多くが土地を売って離農し、農業に従事する世帯は一～二割程度にとどまる。運河を小舟で移動し、浮稲を栽培していたころとは何もかもが変わってしまっているのである。

それでも洪水期に水田のみが冠水するような年については住民も問題にしない。「洪水はいつものことだから」とか「我々は洪水に慣れっこだから」という言葉が住民自身からもしばしば発せられる。しかし水田より一～二メートル以上地盤が高い集落用地や道路が冠水するような年については話が異なる。そうした事態は二〇一一年をはじめとする大洪水の年に限られ、農村部の住民にとっても特殊な事態である。彼らは水上生活者ではない。洪水期に氾濫水を受け入れるといっても、それは道路を車やバイクで移動し、乾いた家で生活することを前提としている。一階部分が冠水した住宅での暮らしや、避難生活を長期間強いられることが苦痛であることにおいて、都市住民と農村住民の違いはない。もちろんチャオプラヤー川からの分水を

集落冠水時に使用される浮上式トイレ

受け入れるチャイナートやスパンブリーをはじめとする地域には、氾濫が生じた際にも住民生活への影響が軽減されるよう、政府も様々な対策を進めているが、家屋の冠水頻度はバンコク都心や近郊に比べて格段に高いままである。チャイナートとスパンブリーの間でみられた農村部での水の押し付け合いの理由は、バンコク周辺でみられたような居住地の冠水の長期化であった。このことはバンコクと地方、都市と農村を分けて治水対策を講じることが限界にさしかかっていることを示唆するものではないだろうか。

4 被害を踏まえた治水対策

タイ政府は洪水の収束直後から新規治水対策の立案と実施を進めた。海外投資の流出を防ぐうえでも二〇一一年と同様の事態が繰り返されないようにすることが至上命題であった。[*20] これにより、二〇一一年と同規模の流量が生じても、その六割を上流側で制御できる体制が二〇一二年の間に整った［クンタナクンラウォン 2013］とされる。また大規模な施設を伴う長期的な対策もタイ政府と日本の国際協力事業団（ＪＩＣＡ）との協力のもと立案された。バンコク都や各企業なども独自の対策を進めている。これら治水対策にはダムの操作規定の改定といった運用面での対策や、堤防の建設・強化、遊水地の他、放水路というこれまでタイで実施されてこなかった治水対策も含まれている。

次にそうした治水の対策が上記の問題点をどのように解決しうるのか、あるいは解決しえないのかを検討したい。

---

*20 タイ政府はインドネシアやベトナム等への日系工場の移転を懸念し、被災直後から日系企業の要望に応えて様々な支援策を実施した［助川 2013］。

2011年大洪水後に工業団地の周囲に設置された防水壁（2012年９月）

都心および近郊の治水対策

バンコク都は二〇一一年大洪水直後に内側と外側の激しい対立を招いたバンコク都心部周囲の輪中を形成する国王堤防の強化・かさ上げを打ち出した［バンコク都 2013］。より明確に都心部を守る意思を示したものである。輪中の範囲を北東側に拡大し、サームワー運河の水門など氾濫水がたまりやすい部分を輪中内に組み込む対策は取られたものの、当然、バンコク都の管轄外であるバンコク北側の主要工業団地やその周辺の新興住宅街は相変わらず外側に残された。

ただしその一方で、近郊部を守る手段も打ち出された。二〇一三年二月にタイ政府が日本の国際協力事業団と共に出した治水対策事業計画では、国王堤防による輪中の内部を「中心的水防地域」としたほか、その周辺に「中間的水防地域」および「外郭水防地域」を設定し、工業団地を含むバンコク近郊を治水対象とすることとしている。具体的な対策は、外縁の既存主要道路のかさ上げによる堤防化であり［タイ国家経済社会開発庁ら 2013］、つまりはこれら地域の階層輪中化である。輪中の中と外とで二分するのではなく、外郭から中心に向かって徐々に治水レベルを上げることで、一部地域に矛盾が集中することのないように設計されている。バンコク都と周辺県の間の治水を巡る対立構造についての制度的な改善策はまだ見えないが、近郊も物理的に守る対策により、二〇一一年に起きたような都市近郊と都心部との問題は大幅に緩和されるといえるだろう。*21

農村部における治水対策

一方、農村部の冠水については大きな方針変更は盛り込まれていない。*22 上記の洪水対策事業

*21 外側の輪中から順次内側に氾濫水を導入し、各輪中内外で水位差が大きくなりすぎないよう配慮されるという。

*22 上流のダム操作規定変更によって、二〇一一年のような大量流出がチャオプラヤーデルタに至る確率は減少しており、この点では農村の浸水被害が軽減されているとはいえる。

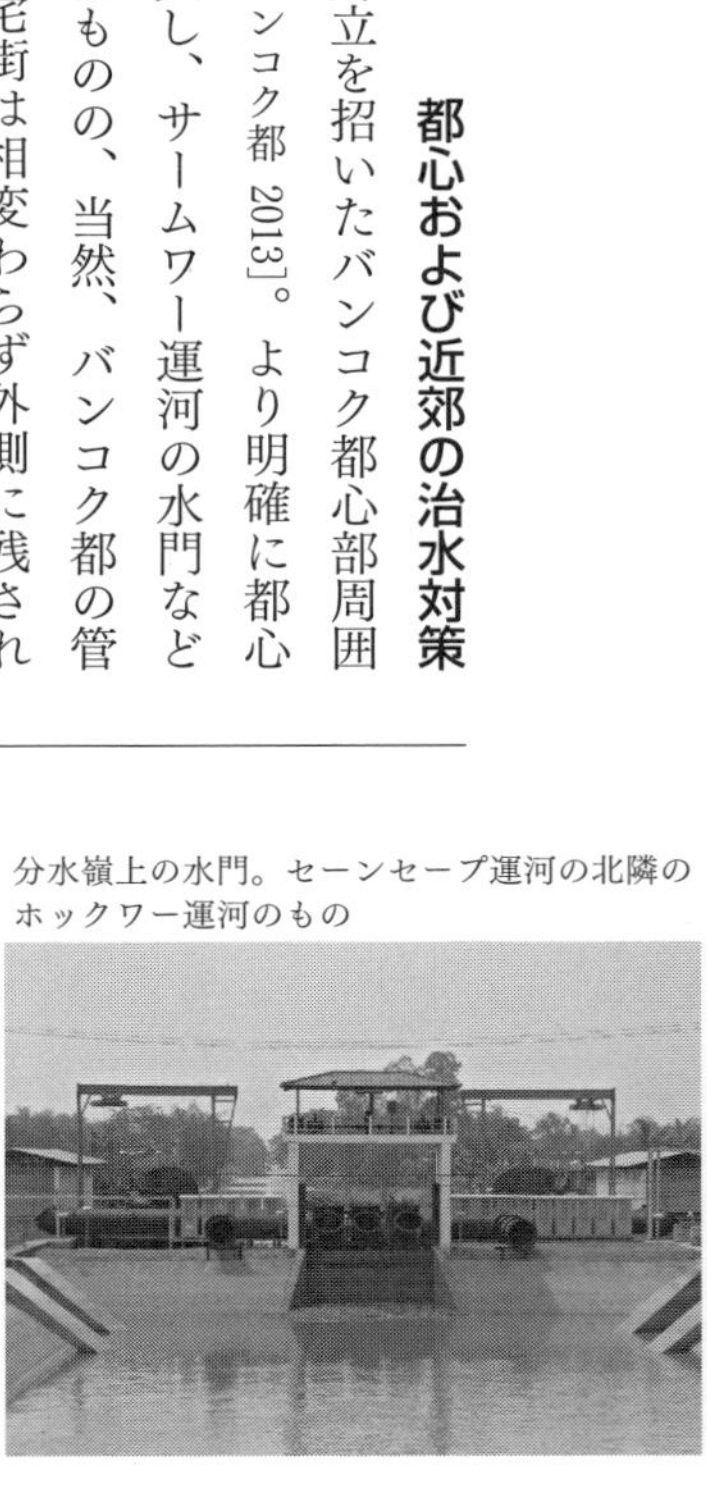

分水嶺上の水門。セーンセープ運河の北隣のホックワー運河のもの

計画の中で、「外郭水防地域」外側の水田地帯は「洪水との共存が避けられない地域」に指定された。さらにこれらの地域の水田を、これまで以上に積極的・体系的に遊水地として利用していく方向性が打ち出された。これは従来型の治水対策を拡充させるもので、デルタ農村部は今後も当面は洪水を受け入れつつ生きていくことになった。

今回「洪水との共存が避けられない地域」に指定されたアーントーン、チャイナート、シンブリー、スパンブリー県での二〇一一年大洪水における死者は合計で百人以上に達する。[*23] 浸水による生活の質の低下の問題解決は先送りされたが、人的被害の軽減は何としても図られねばならない。二〇一一年大洪水後、氾濫・浸水が生じることを前提に、二〇一一年大洪水からの復興と今後起こりうる洪水から農村コミュニティを守るための事業として行われたのが、国際協力事業団とタイ政府農業省による集落減災パイロット事業である。「タイ農業部門のための洪水対策事業（"the Project for Flood Countermeasures for Thailand Agricultural Sector in the Kingdom of Thailand"）」と銘打たれたこの事業では、氾濫常襲地の行政区をパイロット事業地区として、住民参加によるハザードマップや洪水時の行動計画作成、住民向け研修会などが行われた。二〇一一年大洪水被災地のうちチャオプラヤー川流域八か所の行政地区を対象としたもので、デルタからは六か所の行政区が選ばれている。この事業は二〇一一年大洪水からの復興事業との位置付けで、二〇一三年に終了している。河川氾濫や津波被害の中で住民避難計画の整備やコミュニティ再建などを試行錯誤の中で行ってきた日本の経験は、河川氾濫が不利益の側面を強めるチャオプラヤー川流域においても非常に有益なものをもたらしうるはずで、今後も何らかの事業が継続的に行われることが望ましい。

上記のパイロット事業が農村のための事業ならば、水田の遊水地化の促進は言うまでもなく

---

*23 これには工業団地や大都市を抱え、二〇一一年以降の対策で一部が水防地域に指定されたアユタヤ県における死者一三九名を含めていない。

2011年大洪水後の対策として、運河の堤防かさ上げが行われている（2013年3月）

バンコクやその近郊のための事業である。

「遊水地とされることに不満はないが……」と前置きしたうえで、「これはバンコクの人々のための事業なんだ」と、遊水地[*24]事業地域にある自治体の職員は何度もそう繰り返した。二〇一一年大洪水後、遊水地となる水田に対して補償金を支払うだとか、洪水時には遊水地として利用するため水田を借上げるといった案が政府側から出されたものの、その後立ち消えとなった。いずれにせよ二〇一一年以前から補償金なしに氾濫水を受け入れてきたし、現時点で稲作に悪影響が出ているわけではないのだが、そうした補償金に関する話を政府の役人から直接聞かされていた現地の人々は、振り回されたという思いがある。上記の自治体職員はこうも話した。「遊水事業地にするのであれば、政府は遊水事業地であることを生かした観光振興など、何か我々自身のためになることもやってほしい。」

現時点においては遊水地事業それ自体が人命財産や農作物に影響する状況になく、灌漑施設の整備も受けられることから稲作農家からは歓迎の声も多く聞かれる。ただし長期的に見れば水田に水を流し込むことによる治水対策自体がいつまで続けられるかにも疑問が残る。農民たちが非洪水期二期作を行う大きなインセンティブになっていたのは、過去一〇年間以上にわたって政策的に高く維持された、タイ国内の米価であった。しかしこの米価政策は、農家票を取り込むために深い思慮を欠いたままに実施されてきたと言われ、最後はインラック政権崩壊（二〇一四年五月の軍事クーデター）の大きな要因となった。今後の政権が新たな価格支持政策を行うにしても、これまでのような大盤振舞は難しい。コメ価格が低迷すれば、冠水を許容しない養魚地やさらには宅地・工場など都市的土地利用への転換圧力も高まりかねない。チャオプラヤーデルタでは一九九〇年代末以降、雨期一期作から非洪水期二期作への変化をはじめ、諸政

*24 サルが頬に食べ物をたくわえて少しずつ食べる様子になぞらえ、「サルの頬」事業とも呼ばれる。現国王発案の呼び名とされる。

遊水地における水制御施設（ポンプと水門）

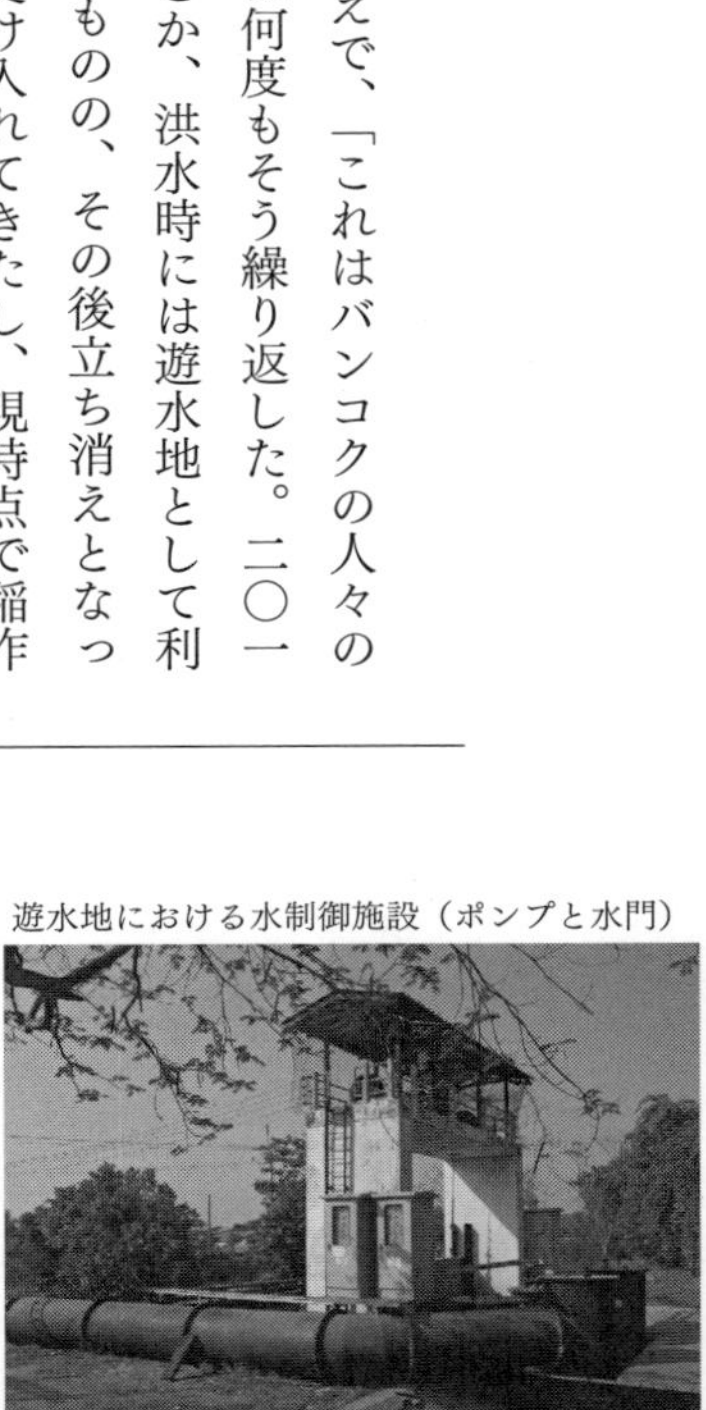

策を契機とした様々な変化が急速かつドラスティックに進行している。政府による国内米価押上げ政策[*25]は、県をまたぐ農民同士の土地の貸し借りや大規模経営化などをもたらしたし、一九九〇年代の好況[*26]を受けた地価上昇期に土地を売り払って小作化した農民も多い。今後も些細なきっかけで政府の治水事業に影響をもたらすような変化が農村に生じる可能性がないとは言い切れないのである。そうなれば、二〇一一年のような大洪水時のみならず、毎年の洪水期に氾濫水の扱いを巡る農村間の激しい対立が生じる事態になりかねない。

新しい治水対策：放水路計画

大洪水時にも農村の居住域を浸水から守り、加えて遊水地事業に依存しないのであれば、チャオプラヤー川流域で選択しうる対策はダム（貯水池）の新設または放水路の建設しかない。このうちダムの新設については、二〇一三年二月にタイ政府が日本の国際協力事業団と共にまとめた計画［タイ国家経済社会開発庁ら 2013］の中で、「提案されている場所ではプーミポン・シリキットダムほどの貯水量を持つか不明であり、チャオプラヤー流域の治水への寄与は小さい」とされた。一方、放水路とは一種のバイパスで、デルタで氾濫を生じさせるような流量が生じた際、それを直接海に流すか、他流域の河川に移してしまうのである。放水路に十分な容量を持たせれば、根本的な解決につながる。こうしたチャオプラヤー川を対象とした放水路計画はこれまでも浮かんでは消えてきた歴史がある。

二〇一一年大洪水後にタイ政府が策定した治水計画には、放水路開削が治水事業の一つ「A5モジュール事業」として盛り込まれた。二〇一三年三月にタイ政府の水管理治水委員会が競争入札のために発表した委任事項書（TOR）によれば、チャオプラヤー川の東岸と西岸に各

*25 農家が収穫した籾米を政府に預け入れ、一定期間終了後に籾米の返却か代金かのどちらかを受け取る籾米担保制度など。これは質屋と先物取引を合わせたような制度で、担保価格（代金）を一定以上に設定すれば市場価格下落時の農家所得保障となる。近年、担保価格が高く設定され、市場価格との逆ザヤによるコメ余り問題などが生じていた。

*26 インドシナ半島では東西対立や地域紛争が解決に向かう一九九〇年代、経済自由化や経済交流が進み、市場が活気づいた。タイ国内でも内外資本による様々な投資がなされ、年一

遊水地における灌漑水路

一本の放水路を建設することとなっている（図1-5）。このうち東岸の放水路はチャイナート・パーサック水路など既存の灌漑水路を拡張しつつ、一部を新規開削するもので、容量も毎秒三〇〇から四〇〇立方メートルと比較的小さい。これに対し西岸に予定されている放水路は排水容量は毎秒一二〇〇立方メートルにおよび、その後の詳細な事業計画のなかで延長二八九キロメートルの水路を全面的に新規開削されるものとされた。*27 日本の荒川放水路は延長二二キロメートルで、この建設にも一九一三年から一九三〇年まで一七年の月日を費やしていることと比較すれば、いかに巨大な事業であるかが理解いただけよう。チャオプラヤー川主要支流のピン川から取水し、メークローン川に合流する。幅は並行する堤防・道路も合わせて二〇〇メートルとも二五〇メートルともいわれており、路線全体の事業面積は約六三〇〇ヘクタールで、うち農地が六〇〇〇ヘクタール、住宅地が二五〇ヘクタール程度である。沿線の利点としては放水路を利用した後に水路内に残る三億立方メートルの水を乾期に利用できることとされている。インラック政権下で策定された計画では、この西岸の水路について二〇一四年末に着工し、二〇一八年の完成を目指すこととなっていた。放水路が建設されれば、河川氾濫を受容する地域と守られる地域を分けることに頼った従来の治水計画からの大きな変化となる。タイの治水政策の根本を変えるものといってもよいだろう。しかしこれら水路開削事業はいずれも現地住民の強い反対もあり、現在は宙に浮いた状況にある。

　二〇一四年二月、西岸放水路の建設予定地となっているウタイターニー県サワーンアロム郡のある自治体を訪れ、事業の状況について話を聞いた。対応してくれた職員によれば、ウタイターニー県では県知事、県選出国会議員から住民に至るまで皆、放水路の建設に反対しているという。そして反対の理由として、第一に土地を失うこと、そして水路が通ることにより生活

〇%近い経済成長率が続いた。アユタヤ周辺の水田も多くが投資家に買収されたという。

*27 上述の計画［タイ国家経済社会開発庁ら 2013］には、アユタヤの下流で東岸側に分岐してタイ湾に至る、延長九八キロメートル、容量毎秒五百もしくは千立方メートルの放水路が示されていた。これはA5モジュールの計画とは大きく異なっている。一方ダムについては「A1モジュール」として一八か所への新設が盛り込まれた。こうした変更の経緯は不明。

排水改良策としての水路の浚渫

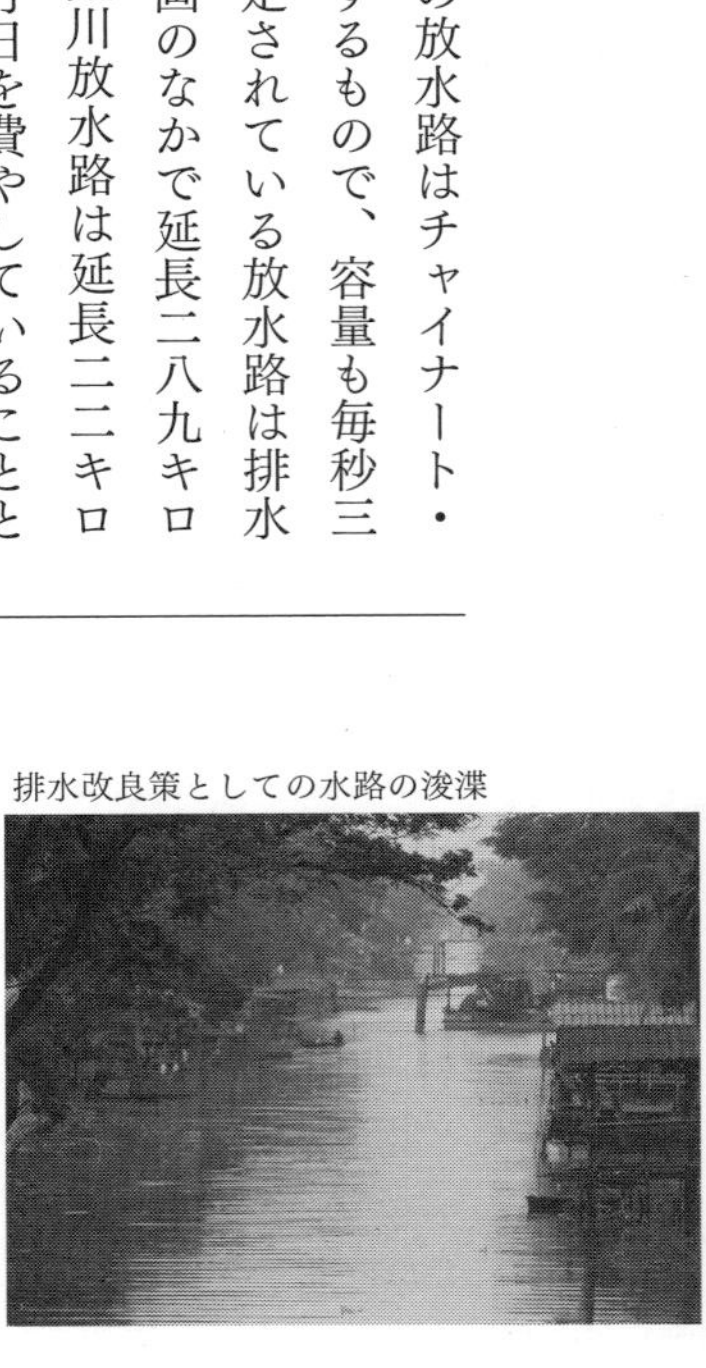

が大きく変わってしまうことを挙げた。「生活が変わる」とは、チャオプラヤー川に匹敵する幅の水路が横切ることによって往来が困難になり、地域が二分割されてしまうことを指す。水路に橋を架けるとはいえ、二八九キロメートルの延長に七一本の橋（灌漑局の説明パンフレット）だから、平均して四キロメートル間隔になる。それまで隣合って暮らしていた人々が両岸に分断され、互いを訪ねるのに何キロメートルも車を走らせることになるわけである。「灌漑用水はすでに十分足りているので、水路が通ることによって自分たちが得られる利益は何もない。バンコク人を助けたい気持ちはあるが、自分たち農民も大変なのだ」とその職員は言った。このほか県内を西から東に流れる河川を放水路が南北に横切ることにより生じる、放水路の東側の水不足も懸念されている。

二〇一四年五月のクーデター以降、クーデターで権力を掌握した国家治安維持委員会は六月九日、西岸放水路を含む事業の一時差し止めを命じるなど（『ポストトゥデイ』二〇一四年六月九日報道）[*28]、実現の可能性はかなり低くなっている。二〇一一年以降、雨期の降雨が毎年少なく水害よりも干ばつが問題になることが多い。前政権の色が付き、汚職のうわさも多かったこの事業を引き継ぐ政権が現れる可能性は、短期的には少ないかもしれない。

5　望ましい治水とは

現代の日本では洪水時にどこを氾濫させるかを巡って両岸や上下流で対立する状況はほとんど生じなくなっている。これは近代以降、治水ダムや堤防、放水路等の建設により河川氾濫を

＊28　その二日後にはタイ工学会が、「工学的に不可能」なことを理由に挙げ、西岸放水路計画の中止を同委員会に申し入れた(MCOT news)。

水路開削に反対する立て看板。これはアユタヤ県のバイパス水路開削に反対するもの。「中止しろ！我々は困っている」

かなりのところまで抑え込めるようになったためである。河川氾濫が人命財産を脅かす存在であり続け、治水は社会全体にとっての共通命題であったため、明治期以降、治水に必要な技術を手にしてからの変化は非常に迅速なものであった。

それではなぜチャオプラヤーデルタでは農村部で氾濫を生じさせるという形での対応が図られ、それが現在に至るまで維持されてきたのだろうか。これは日本の河川氾濫に比べてはるかにチャオプラヤーデルタの氾濫が穏やかで、さらに氾濫水が稲を育てる恵みの水であったからに他ならない。

その後、タイでは生活や生業が大きく変化し、氾濫水に対する考えかたも変化、多様化した。小舟に乗って浮稲を収穫していたデルタ農村部の人々も、今や多くがバイクや自動車に乗って工業団地に働きに行く。一方で近代化したとはいえ河川氾濫に適応した水田農業を営んでいる人々もおり、こうした人々は今のところ河川氾濫をそれほど否定的にはとらえていない。また、バンコク都心部の人々[*29]のイメージの中では、チャオプラヤー川農村部の人々はいまだ河川氾濫を自然の恵みとして生きる人々なのかもしれない。河川氾濫の穏やかさゆえの治水に対する考え方の多様性と齟齬は、皮肉なことに社会全体にとって望ましい治水に対する合意形成を非常に難しいものとしている。

図1-7と図1-8にはタイで著名な世論調査機関であるニダポール（NIDA Poll）とドゥシットポール（Dusit Poll）が、インラック政権下の二〇一三年二月と一〇月にそれぞれ行った、洪水や政府治水対策事業に関する調査結果の一部を示している。いずれの調査結果においても、治水事業に対する三五〇〇億バーツ（一バーツ＝三・六円として約一兆二六〇〇億円）もの財政支出について容認する向きが多数派ではある。しかしその一方で容認派も含む回答者のほとんどが

*29　タイはいまだに階級社会だと感じることも多い。都会の中流以上の階級にとって田舎の人々は純朴で時に憐れむべき対象であり、それは蔑みと表裏一体である。タイ語で「村の人」を意味する「チャーウバーン」という言葉には、その両方の意味が込められる。

首相官邸前の路上デモ。政治の不安定さも治水対策を難しいものにしている（2014年2月）

汚職による浪費を懸念し、さらに事業の実効性を疑問視する向きも少なくない。根絶できない汚職文化が事業に対する不信感を生んでいる形だが、「洪水は解決できない問題」とする、治水事業に対する根本的疑念や、「政府にはほかにやることがある」という意見も見受けられる。そもそも「どの程度の治水安全度を実現するために、どのような施設をどの程度の予算で整備するか」という社会的合意形成がないことも、「不必要に高価で実効性のない物を建設しようとしている」という疑念を生んでいる原因ではないだろうか。治水に対する世論が総論賛成各論反対といった状況の中で、人々の頭越しに事業計画が作られる。二〇一一年大洪水後の政府治水対策の迷走も、こうした社会的合意の欠如をよく物語っている。

現在のチャオプラヤーデルタの治水が、氾濫の不利益を一部地域が受け止めることによって成り立っていることは、繰り返し述べてきたとおりである。チャオプラヤー川の氾濫水を農村部が受け止めるようになったのはたった半世紀前、一九六〇年代以降のことであり、バンコクを守るための人為的な措置によってであった。氾濫水と生きてきた人々の知恵や文化のようなものを否定するわけではない。しかし氾濫水との共存の名のもとに現在の構図を固定化するのならば、それは公平とは言えない。繰り返すが、二〇一一年大洪水時、バンコクは一人の死者も出さなかった一方、チャオプラヤーデルタ全体では農村部を中心に三百人近い死者を出したのである。

もちろんこうした不平等に対し、地方の住民はもはや昔ながらの物言わぬ田舎者（チャーウバーン）ではなかった。特にバンコク周辺では、二〇一一年大洪水時、長期の浸水被害にさらされる自らと乾いたままのバンコクとの格差を問うデモが頻発し、行政訴訟にまで発展した。今は表立って不満を示さない地方住民も、周辺で行われる治水事業や洪水被害をバンコクと関

洪水常襲地の高床式住居。ベランダには多くの漁具があり、今も氾濫水との生活が残っていることがうかがえる

連付けながら見ている。二〇一一年の大洪水は、既存の制度と社会のギャップを通じて社会が変わったことを見せつけ、タイ社会全体に対してその変化の受容を突き付けているといえる。

もし仮に堤防やダム、放水路といったインフラによる洪水抑止を前提とした社会へとタイ社会が転換すれば、それは単にタイ一国の社会変化にとどまらず、自然適応型の社会を構築してきた熱帯社会全体にとっても大きな転換点となるだろう。チャオプラヤーデルタと同じく氾濫

治水事業のための予算3500億バーツを政府が許可したことに賛成か。

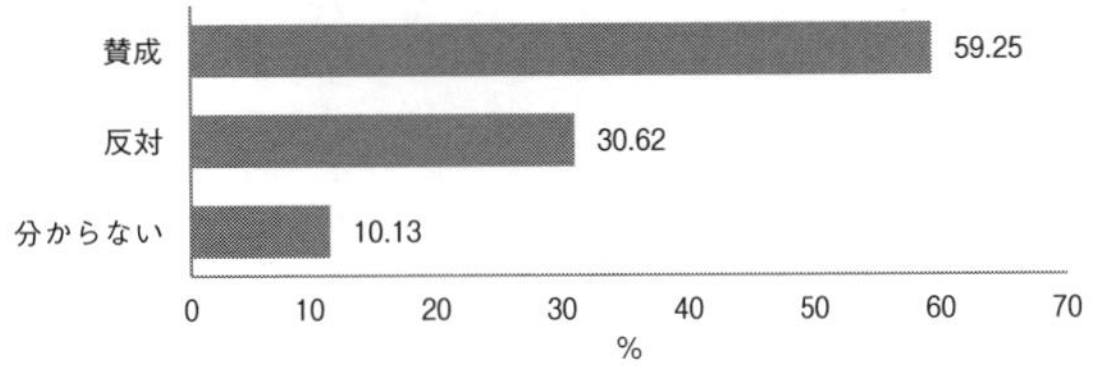

賛成理由：洪水や干ばつを軽減してくれると信じるため。また政府を信じているから。
反対理由：予算が多すぎ、汚職の温床になりかねないから。また事業についてはっきりした情報がないため。

政府の治水事業はタイの洪水を防ぐことができるか。

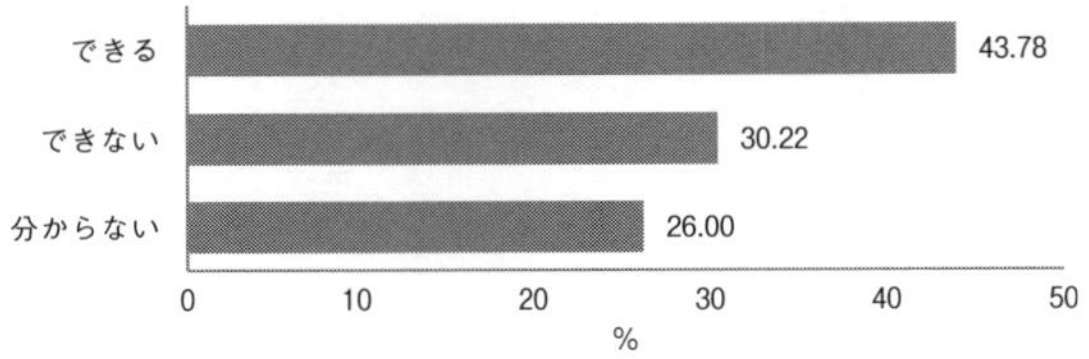

できるとした理由：最善の水管理をすれば洪水防止が可能だろうと思うから。昨年も防止できたから。
できないとした理由：汚職によって事業が骨抜きになってしまうから。もう一つは自然災害であり防止が困難だから。（上流に）植林でもしたほうが良い。

図1-7　ニダポールの調査結果より
2013年２月11日発表（2013年第17回調査、テーマ「政府と水管理」）。2013年２月６日から８日にかけてタイ全土1254人を対象に調査。
http://nidapoll.nida.ac.th/multimedia/Myfiles/Poll%202556/17-56/FullText_NIDAPoll_17-2556.pdf

洪水常襲地の高床式住居。すでに床下浸水しておりボートが係留されている

常襲地であったベトナムのメコンデルタでも、二〇〇〇年代半ば以降、洪水完全排除型の稲作が広がりつつある。社会平準化への欲求と技術の向上が相まって、画一的な居住・生産環境が広がっていくことは普遍的で必然的なことなのかもしれない。

しかし、明治以降、河川氾濫を抑え込む方向で治水対策を進めてきた日本でも、治水計画を超えるような降雨等による氾濫までは当然ながら防ぎきれていない。近年の大規模土石流被害

現在起きている洪水の状況をどう思うか。

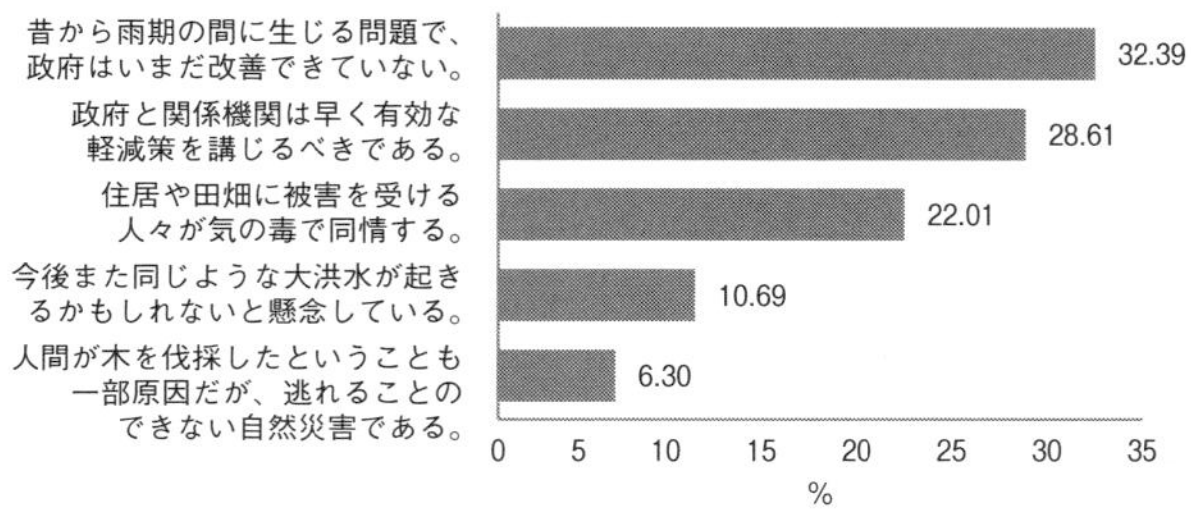

治水事業に政府が3500億バーツを投資することに賛成するか。

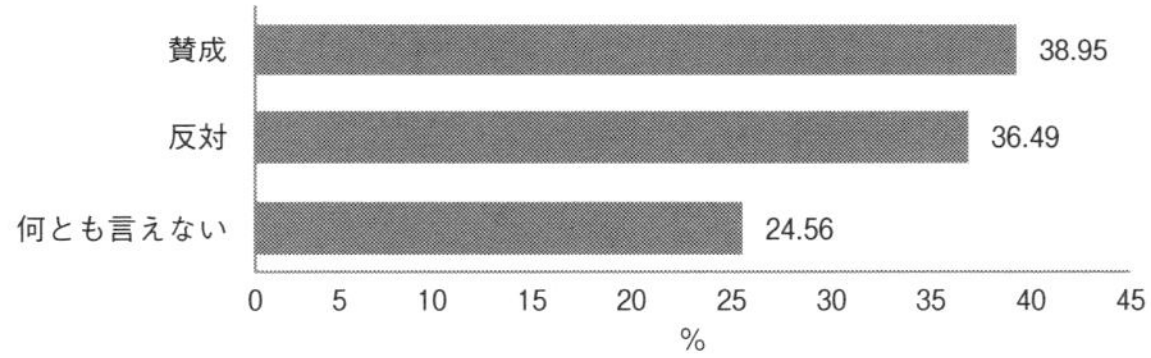

賛成理由：長期的に洪水を軽減できると信じる。事業に技術と知識を持った人々が数多く参加している。

反対理由：事業の長所・欠点についてもう一度精査すべき。巨額の予算執行は汚職を招く。政治状況も不安定で、事業に影響する可能性がある。等

何とも言えない理由：政府にはほかにもやるべき事業が多く、予算をつぎ込むべき先も多い。

図1-8　ドゥシットポールの調査結果より

2013年10月4日付発表（テーマ「一般市民は洪水の状況についてどう考えているか」）。2013年9月29日から10月3日にかけてタイ全土1454人を対象に調査。http://dusitpoll.dusit.ac.th/polldata/2556/25561380855915.pdf

チャオプラヤーデルタの運河で行われるボートレース。運河は今も人々の暮らしに根付いている

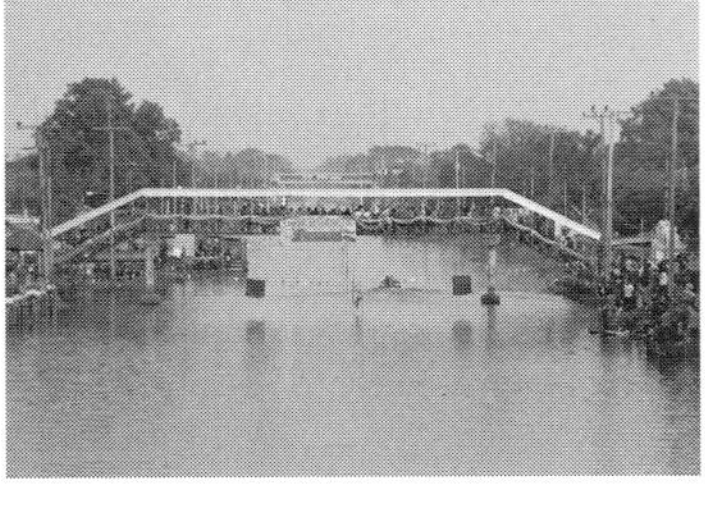

にみられるとおり、災害に対する安全度というのは場所によって異なり、どうしても平等にはならないのである。また、気候変動によって降雨量や降雨強度が増加すれば、求められる治水施設の容量も膨らんでゆく。それに対処していくと財政的な負担が大きいし、自然を過度に改変する弊害ももたらす。日本も今、新しい治水のあり方を模索しているところである。私個人としてはタイには独自の道を見つけてほしいと考えている。

社会は変容しても、東南アジアやチャオプラヤーデルタにはそれぞれ独自の自然環境や水文条件がある。冒頭に触れたように、昔の人々はタムノップのように日本の常識では考えられないような独特な利水システムを作り上げてきた。タイの自然条件に適応し、かつ現代社会にも合った治水体系というものがきっとあるように思う。少し残念なのは、タイ社会における議論の大半が、今のところ治水事業を巡る汚職や巨額の財政支出、環境破壊を巡る話に終始し、「洪水とどのように向き合う社会を形成していくか」という大局的な視点を欠いているように見えることである。

こうした中でわれわれ日本人がなすべきこと、できることとは何か。現地に住む人々の生命財産的被害や地域間対立関係に大きな影響を与える治水のあり方を、部外者が左右することには慎重にならねばならない。しかし多くの日系企業がタイの氾濫常襲地に立地し、タイ政府も日系企業の洪水被害防止に配慮している現状において、タイの治水のあり方にすでに影響を与えてしまっているのは紛れもない事実である。我々はよそものであっても部外者ではない。なにもなさない、何も知ろうとしないことは無責任である。我々よそものに求められていることは、資金援助をすることでも、日本の「進んだ」方法を伝えることでもない。やや逆説的にはなるが、我々にできることは、過去の社会構造や既存の治水・利水の枠組みといったものにと

2011年のチャオプラヤー川堤防決壊の代名詞の一つ、バーンチョームシー水門。全面改修で不要になり記念碑として保存された。中央の看板には水門の名前と「1960-2011」の文字

らわれたタイ政府に対して疑問を呈し、現在のタイ社会に望まれる新しい治水構造を作り上げていくような議論を広くタイ国民の中に起こしていくことであろう。そこから、日本の望ましい治水のあり方も見えてくるのではないだろうか。

参考文献

日本語

大熊孝 2007『〔増補〕洪水と治水の河川史 ― 水害の制圧から受容へ』平凡社。

クンタナクンラウォン・スチャリット 2007「タイ二〇一一年大洪水後の治水対策」『タイ二〇一一年大洪水 ― その記録と教訓』アジア経済研究所、pp. 181–201.

国土交通省近畿地方整備局琵琶湖河川事務所・独立行政法人水資源機構琵琶湖開発総合管理所 2014「瀬田川洗堰操作規則制定までの道のり」http://www.water.go.jp/kansai/biwako/sousakisoku-araizeki.pdf

助川成也 2011「タイ二〇一一年大洪水の産業・企業への影響とその対応」「タイ二〇一一年大洪水後の治水対策」『タイ二〇一一年大洪水 ― その記録と教訓』アジア経済研究所、pp. 73–96.

高谷好一 1985『東南アジアの自然と土地利用』勁草書房。

福井捷朗・星川圭介 2009『タムノップ ― タイ・カンボジアの消えつつある堰灌漑』めこん。

星川圭介 2013「東北タイにおける河川の流出特性と伝統的灌漑の技術様式」『東南アジア研究』第50巻第1号、pp. 211–238.

英語

Hoshikawa, Keisuke and Kobayashi, Shintaro. 2003. Study on structure and function of an earthen bund irrigation system in Northeast Thailand. *Paddy and Water Environment*, 1(4): 165–171.

チャオプラヤー流域でプーミポン、シリキット両ダムに次ぐ貯水量を持つパーサックダム

タイ語

〔ＰＤＦネット資料〕

バンコク都 2013『バンコク都洪水防止・水害対策計画二〇一三年版』（タイ語）http://dds.bangkok.go.th/News_dds/magazine/Plan56/plan56.pdf

タイ国家経済社会開発庁・灌漑局・水資源局・国際開発事業団（ＪＩＣＡ）『タイ王国チャオプラヤー川流域における洪水対策計画実務者向け要約』（タイ語）［ラーチャモンコン工科大学「水害に関する知識のための情報システム」（タイ語）http://www.flood.rmutt.ac.th/?wpfb_dl=4048 に転載されたものを参照］

〔非公刊冊子体〕

灌漑局第一〇管区（作成時期不詳）『チャオプラヤー流域中大規模洪水軽減策のための農地遊水地化整備パイロット事業 —— 王室プロジェクト「猿の頬バーンバーン事業地区（１）」』（タイ語）

〔タイ語ウェブ新聞〕

『クルンテープトゥラキット』二〇一三年六月二七日報道「灌漑局、西岸水路についてモジュールＡ５事業に決定」http://www.bangkokbiznews.com/home/detail/politics/analysis/20130627/ 513822/กรมชลฯเปิดฟลัดเวย์ตะวันตก-รับโมดูลเอ 5.html

『ポストトゥデイ』二〇一四年六月九日報道「西岸放水路事業凍結」http://www.posttoday.com/สังคม/สิ่งแวดล้อม/299511/ชลฯยกเลิกฟลัดเวย์ตะวันตก

バンコク北方地域の浸水の様子（2011年10月）

第2章

自然災害のリスクとともに生きる

——二〇一三年フィリピン台風災害とサマール島

近隣地域間の共助

細田 尚美

右：台風で鐘塔の先端が曲がったカトリック教会（フィリピン・バセイ町）

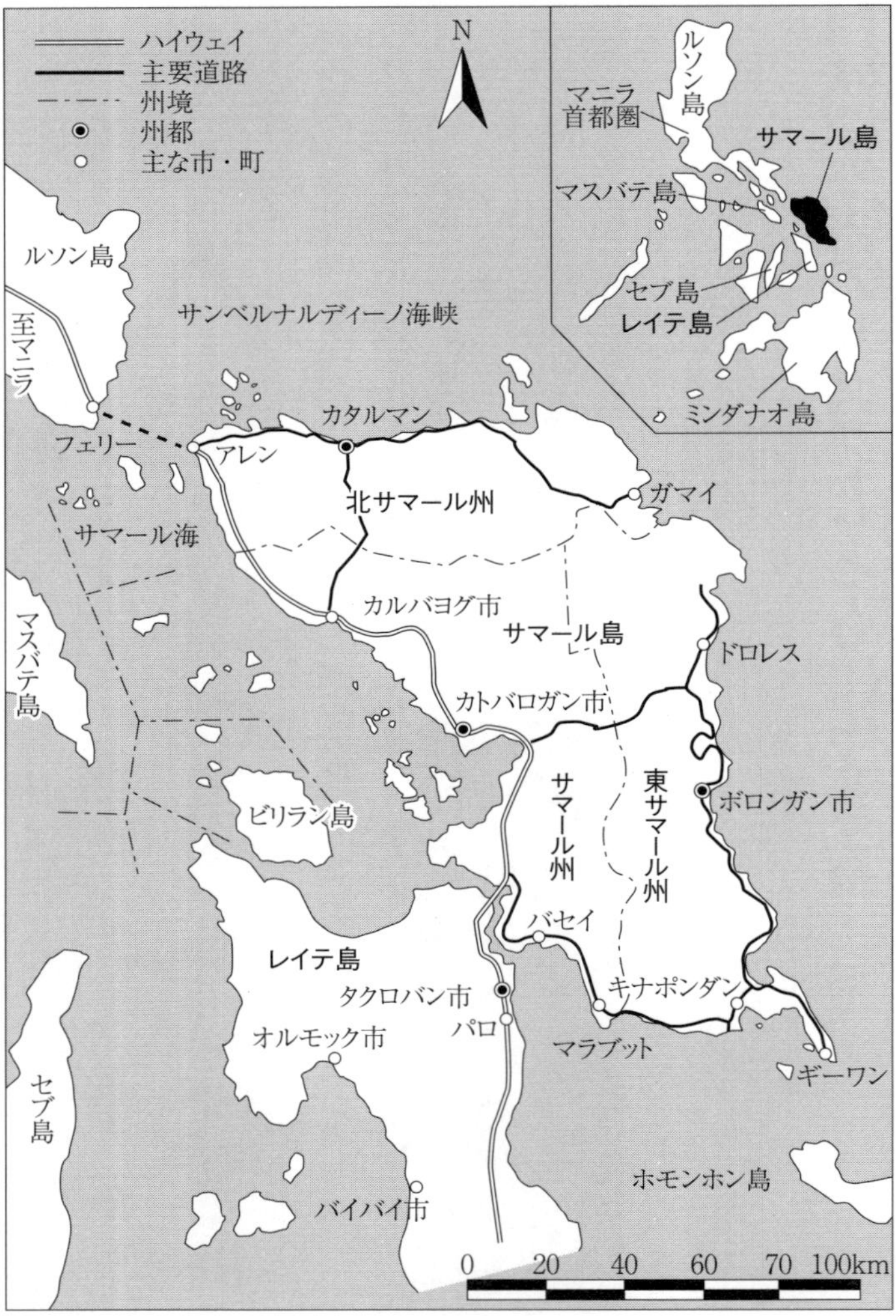
ハイウェイ
主要道路
州境
州都
主な市・町
N
ルソン島
マニラ首都圏
サマール島
マスバテ島
セブ島
レイテ島
ミンダナオ島
ルソン島
至マニラ
サンベルナルディーノ海峡
フェリー
アレン
カタルマン
ガマイ
北サマール州
サマール海
マスバテ島
カルバヨグ市
サマール島
ドロレス
カトバロガン市
ビリラン島
サマール州
東サマール州
ボロンガン市
バセイ
レイテ島
タクロバン市
パロ
キナポンダン
マラブット
オルモック市
ギーワン
セブ島
ホモンホン島
バイバイ市
0 20 40 60 70 100km

1　実践から読み解く共助のありかた

本章は、二〇一三年一一月八日にフィリピン中部を直撃した台風三〇号（国際名「ハイエン（Haiyan）」、フィリピン名「ヨランダ（Yolanda）」、以下ではヨランダと記す）の際にみられた災害対応のなかで、特に共助の実践とその背景について論じる。

最大瞬間風速が九〇メートルに及んだこの巨大台風による死者・行方不明者は七三五四人、被災者は一六〇五万人（二〇一四年四月現在）に上った。フィリピンの人口は約一億人であるから、六人に一人が被災した計算になる。さらに一一四万棟の家屋が損壊し、経済被害額は三九八億ペソ（九六四億円）という大惨事となった［NDRRMC 2014］。被災地の光景は、「インド洋津波以来目撃したことのない」（被災地を訪れた国連人道問題調整事務所の災害評価調整チーム代表）といわれたほどである。*1 世界のメディアも、被災地で苦しむ人々の様子、フィリピン国内外の政府機関やＮＧＯ／ＮＰＯ、国際機関による人道的支援の様子を映し出し、国際的関心が集まった。

一方で、報道ではあまり取り上げられなかった事柄も多い。本章では、そうした報道されなかった側面の方に注目したい。つまり、おそらくもっと小規模ながらも、地域の人々の間で行われていた助け合いの実践である。

大規模災害時の援助を分析する考え方に、援助を行う主体別に、自助（自分自身や家族・親類等の身近な人による援助）、共助（地域社会など共同体内の援助）、公助（政府による公的援助）、外助（外

*1　二〇一三年一一月一〇日付『日刊マニラ新聞』の記事より。

レイテ島側から眺めるレイテ湾（対岸はサマール島のバセイ町）。この湾に面した一帯が高潮に襲われた

国など外部組織からの援助）の四種に分けて、それぞれのレベルで何ができるかを検討する方法がある［山本2014: 10］［JICA国際協力総合研修所 2003, JICA国際協力総合研修所 2008: 1からの引用］。日本の防災活動を振り返ってみると、日本では長年、公助を中心とした防災が進められてきたが、一九七〇年代からは自助が強調されるようになり、さらに共助による救出者が八割に達した阪神・淡路大震災以降は、共助のありかたに注目が集まった。*2 そして東日本大震災後には、日本のいたるところで「絆」が強調される現象が起きたように、共助の重要性は、防災に直接にかかわる人々の間に限らず、多くの日本人の意識にも浸透し始めたといってよいだろう。

しかし、現実をみると、共助（ないしは防災のソーシャル・キャピタル）*3 に関する実証的な研究は端緒についたばかりであり、いかなる共助の形を育成したらよいのかについては模索が続いている［砂金2008］。自助や公助と比べ、共助の場合、緊急時に助けを望める範囲を定めにくいという問題がある。そして範囲が不明な集団のなかで、いつ起こるかわからない災害のために日ごろから体制作りをして備えるというのは現実問題として難しいといわざるをえない。日本では、都市部と農村部のコミュニティのありかたの違い、救助や復興など災害対応の段階による違いなどを考慮しながらも、基本的には小学校区・中学校区、あるいは町内会や自治会などの行政上の単位を基本として、そのなかで地域コミュニティ活動を盛んにすることで常時からの信頼育成を図る考え方が一般的だろう［消防庁国民保護・防災部 防災課 2009］。

対して、フィリピンでは災害時の公助の力が弱いといわれる。それは、しばしば「フィリピン＝弱い国家」論と称されるように、公としての中央政府の力が弱く、逆に経済力を持つエリート家族や、市民社会の力が強いという傾向をもつフィリピン社会の特徴と関連している。実際、フィリピンの人々の日常生活を観察していても、フィリピン政府の提供する医療や社会

*2 消防庁国民保護・防災部防災課［2009: 1-2］によると、阪神・淡路大震災発生時に、瓦礫の下から市民によって助け出された人は二万七〇〇〇人以上で、警察・消防・自衛隊によって救出された人（約八〇〇〇人）の三倍以上、別言すれば全体の八割近くに達している。一般に大災害時には、発生から七二時間以内は公助は期待できず、自助や共助に頼らざるをえないといわれる［砂金 2008: 118］。

*3 地域社会における絆や相互扶助の規範、あるいはそのネットワークをソーシャル・キャピタル（社会資本、社会関係資本）と呼ぶ。ソーシャル・

首都マニラとサマール、レイテ両島を結ぶ長距離バス

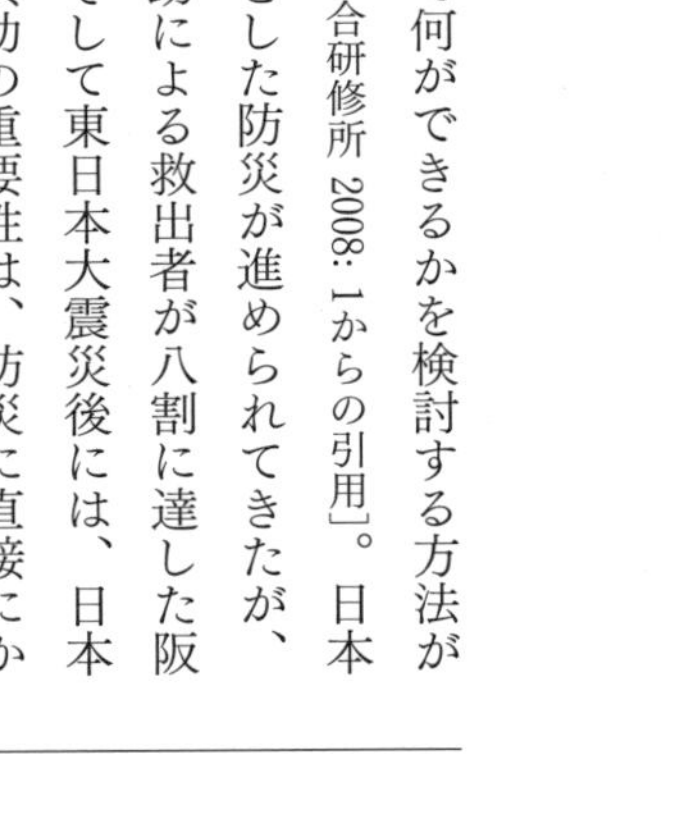

福祉サービスのみで自分の生活がある程度安定すると考えている人は、国家公務員など極まれであり、ほとんどのフィリピン国民は、緊急時に頼りになるのは家族や親類、あるいは個人的つながりだと考えて行動している。さらに、フィリピンは多数のＮＧＯ／ＮＰＯが存在し、市民社会のプレゼンスが大きいとも称される。

そうだとすれば、フィリピンでは災害発生時にどのような自助や共助が行われているのだろうか。私が被災地を訪れた際に気付いた支援に、被災地周辺の人々が行っていた支援の様子があった。被災地周辺の人々は、もちろん国際救援部隊のような装備や物資、大規模災害時における訓練や経験はないが、被災地に地理的に近く、土地勘があり、個人的な知り合いもいて細やかな情報が得られるうえに、文化・言語的なコミュニケーションがとりやすいという強みがある。一方で、公助や外助と同様、共助も被災地でネガティブな影響を及ぼす可能性があると指摘されており［原田 2013］［Aldrich 2012］、そうした側面にも注意を払う必要があるだろう。いずれにせよ、日本における共助のありかたを考えるうえで、フィリピンの事例から共助に対する考え方について学べる点があるように思う。

本章は、台風ヨランダ被災地の周辺地域にあたる、サマール島カルバヨグ市（Calbayog City）で調査した事例をもとに、周辺地域と被災地との、あるいは周辺地域を通した外部と被災地との連携の可能性と限界について探る。後述するが、台風ヨランダはカルバヨグ市から南へ一〇〇キロほどの地点を通過していったために、同市における被害は比較的少なかった。筆者は、二〇〇〇～二〇〇三年の間にカルバヨグ市におよそ二年間、博士論文執筆のための調査で滞在したことがあり、台風ヨランダによる災害後は二〇一四年三月を中心にサマール島と隣のレイテ島において現地調査を行った。

キャピタルが蓄積された社会では、人々の間に信頼関係があり、制度化されていなくても互いに協力が得られやすいといわれる。

サマール島で農業を営む一家

2　フィリピンの地域社会と防災

頻発する自然災害と防災体制

災害について考えるとき、日本とフィリピンはよく似ていると思わずにいられない。両国は環太平洋火山帯上に位置し、地震、火山噴火、津波から逃れることはできない。そのうえ、両国とも台風の通り道にあたることから、毎年台風に伴う暴風、洪水、土砂崩れ等による災害が多発している。くわえて、ともに島国であり、人口規模も国土面積も似ている。

フィリピンで最も頻発する自然災害は、熱帯サイクロン（台風）である。*4 フィリピンの東方に位置するマリアナ諸島海域では、六月から一二月にかけて、海水温度の関係で「台風の巣」と呼ばれるほどに熱帯低気圧が多発する［梅原 1995: 44］。熱帯低気圧は北緯二〇度以南では普通北西あるいは西に進むため、フィリピン中部のビサヤ諸島以北はこの時期、台風の襲来を受けやすい。実際、年平均二〇の熱帯サイクロンが到来し、そのうち五～七つは大きな災害につながっている。数百名以上の死者・行方不明者が出る台風災害は、フィリピンではあまり珍しいことではない［中須 2011: 88］。

ただし、両国の間には違いもある。最も目立つ点は、災害対応の現状であろう。たとえば、台風に関していえば、台風災害のリスクにさらされている人口は、日本では年間二二五〇万人、フィリピンでも一六〇〇万人と見積もられている。ところが、フィリピンにおいて台風で死亡するリスクは、日本の一七倍という分析結果がある［United Nations ESCAP/ISDR 2009、中須

ココナツと並ぶサマール島の特産品、アバカ（マニラ麻）を背負って運ぶ少年たち

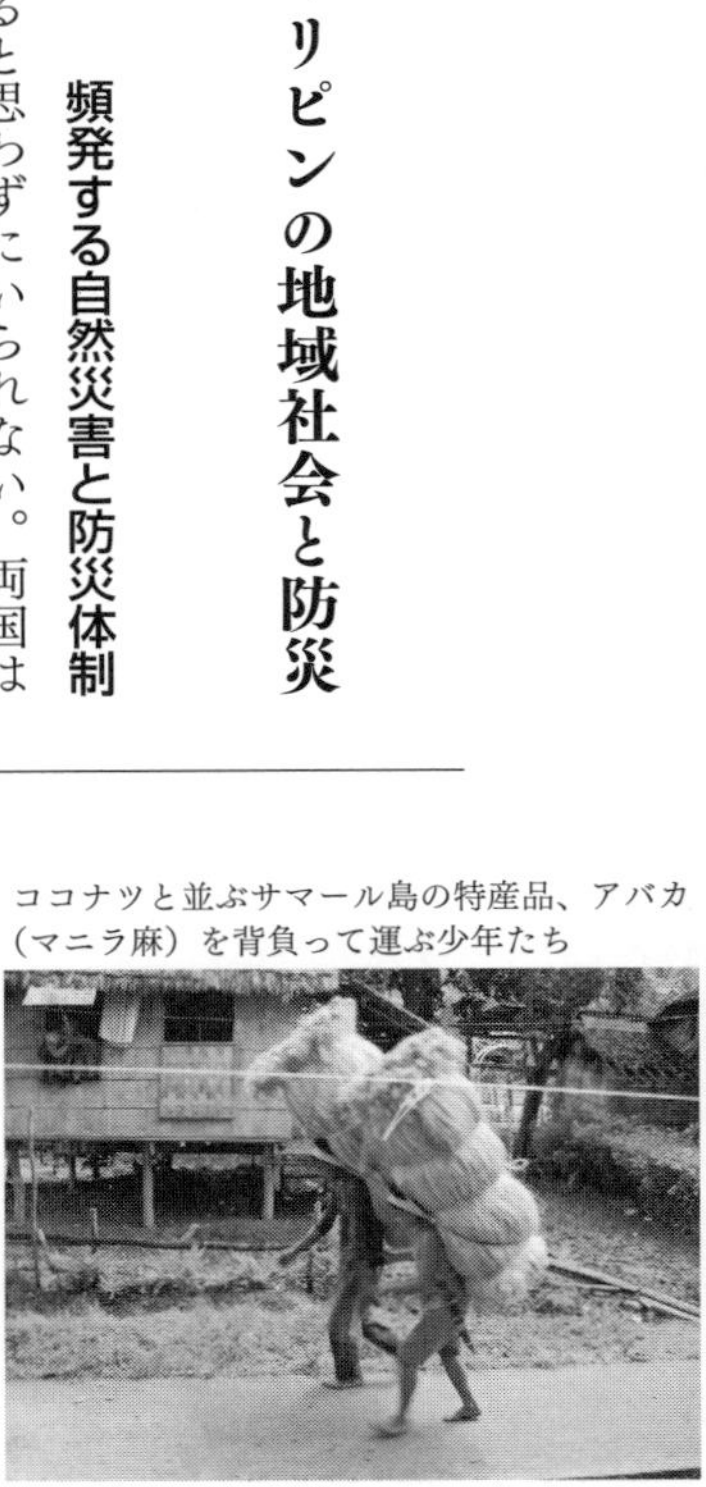

*4　フィリピン気象庁によると、フィリピンでは、最大風速が時速一一八キロメートル（秒速三三メートル）以上に達した熱帯サイクロンを台風と呼ぶ。日本では最大風速が時速六三キロメートル（秒速一八メートル）以上の熱帯低気圧を「台風」と定義している。

2011: 88からの引用」。

その主な理由としては、次のような点が挙げられる。第一に、日本のような公的機関が主導する防災設備や人材育成がまだ十分に整備されていない。日本の官民さまざまな組織がフィリピンにおいて災害に関係する援助を行い、同国の災害対応の制度の充実化を図っているが、ソフト、ハードの両側面でフィリピンの公助は日本と比べるとまだ整備途中といってよいだろう。

第二に、貧困や急速な都市化といった社会的条件も関係している。北西太平洋または南シナ海で発生する台風防災に関する国際機関「台風委員会」によれば、フィリピンでの台風犠牲者の多くは、洪水と土砂崩れによるものだが、その理由には次のようなものがある。まず、都市部の低所得者層は、川岸など天災の被害に遭いやすい危険地帯にしか住めないことが多い。また、避難した家を狙う泥棒がいることから、警報が出ていても避難したがらない人々が少なからずいる。農村部でも同様に、貧困のために高波や土砂崩れの危険性がある地域にしか住めない人々がいる。さらに、漁に出ないとその日の食べ物もないと、台風が到来しているにもかかわらず、危険を冒して漁に出る漁民がおり、海の惨事も絶えないという[*5]。

第三に、急速に進む環境破壊も自然災害に対する脆弱性と深く関係している。その顕著な例が一九九一年一一月にレイテ島を襲った熱帯低気圧ウリンである。ウリンは、同年にルソン島北部を襲った大型台風トリニン（死者約一〇〇人）に比べて勢力は小さかったが、レイテ島西部で鉄砲水や土砂崩れを引き起こし、死者約六〇〇〇人という大惨事をもたらした。その背景には、同島において商業伐採・違法伐採による山地林の極端な減少・劣化があったとされる。犠牲者が特に多かった川の中州には、森林伐採とサトウキビ農園開発によって土地を追われた

*5 「台風委員会」フィリピン担当官ナネット・ロマルダ氏へのインタビュー（一九九五年一一月九日）。

カルバヨグ市の中央を流れるヒバタアン川。サマール島で河川は内陸部へ行く重要な交通路

人々が住んでいた［加藤 1998］。

つづいて、フィリピン全体での防災体制の組織を概観しよう。前提として、同国の行政単位について整理しておく。フィリピンは一七の地方（Region）に分かれる。その下に、日本でいえば県に当たる州（Province）が置かれ、州には市（City）と町（Municipality）がある。*6 市と町は最小行政単位のバランガイ（Barangay）によって構成されている。フィリピンでは、州からバランガイに至るまでの各行政単位の長と議員が、住民による直接選挙によって選ばれる。そのため、各行政単位の長や議員となる人たちは、資金力や集票のための組織力のみならず、地域住民の間での日ごろの評判にも十分注意しなくてはならない。

フィリピンは中央集権国家だが、他の東南アジア諸国と同様に、一九九〇年代から地方分権の動きが進展した。一九九一年に制定された地方自治法により、従来よりも大きな自治権が地方政府に付与され、それまで農業省、保健省、環境天然資源省、社会福祉省等が行ってきた地域に特化した現場業務の機能の多くが地方自治体の管轄下に移管されている。

そこで、フィリピンにおける防災の仕組みだが、まず防災に関わる基本法として、大統領令一五六六号「フィリピン災害対策強化並びにコミュニティ防災対策に関する国家計画の策定」（一九七八年制定）がある。この大統領令によって、防災に対する中央政府、地方自治体の役割が定められ、国家レベルから地方自治体やバランガイのレベルまでの災害調整委員会（ＤＣＣ）の設置が決まった。さらに二〇一〇年には、同法を改善・強化する大統領令一〇一二一号「フィリピン災害リスク軽減・管理法」が制定された。それに伴い、かつての国家災害調整委員会（ＮＤＣＣ）は国家災害リスク軽減・管理評議会（ＮＤＲＲＭＣ）へと改称し、防災に絡む関係省庁や各行政組織の連携の強化が図られた。同時に、コミュニティ・アプローチを重視した

バランガイ選挙の時のポスター。フィリピン農村部では自治会レベルの選挙でも選挙戦は激しい

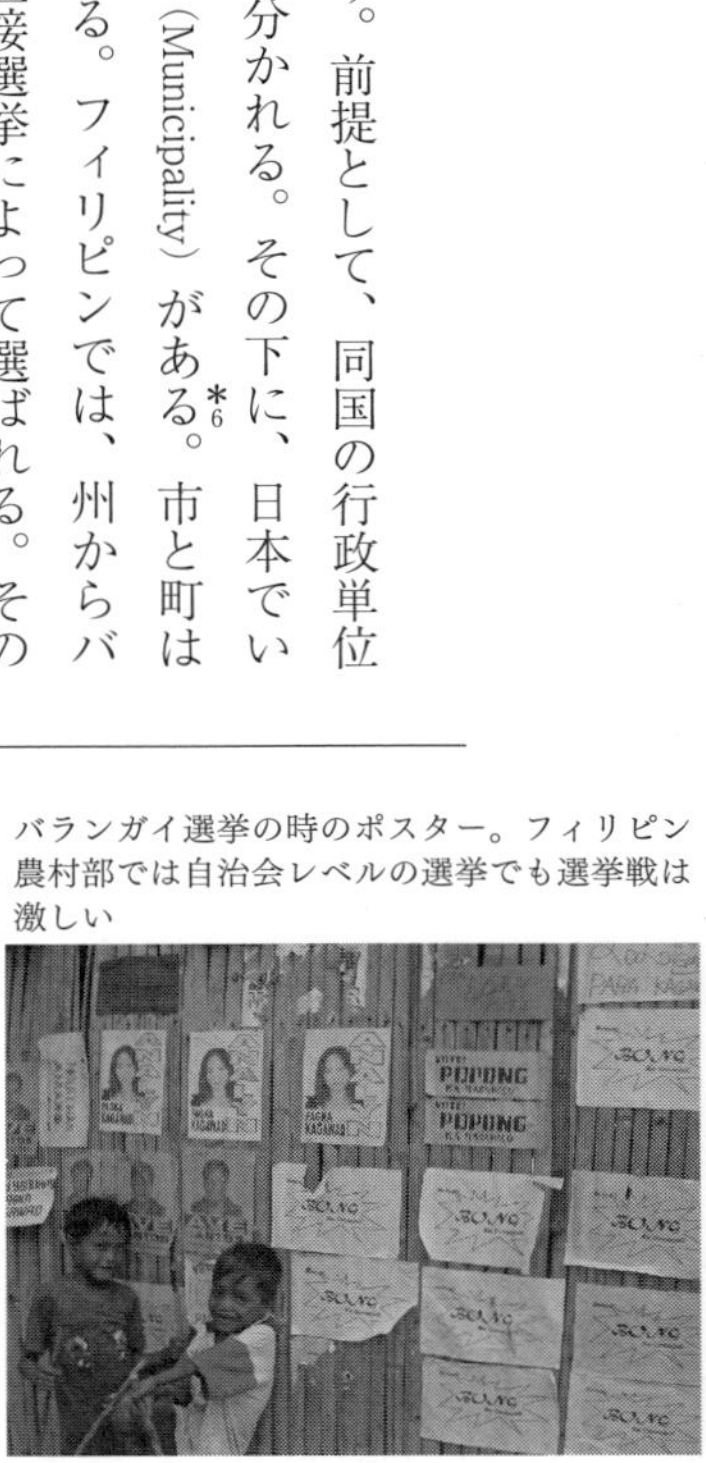

*6 ただし、市のなかには、州の管轄外にあり、その意味で州と同格とされている「高度都市化市」（highly urbanized city）および「独立構成市」（independent component city）も存在する。州の監督下にある市は「構成市」（component city）と呼ばれる。町はすべて州の監督下にある。構成市や町と同様に、高度都市化市および独立構成市もバランガイから構成されている。

*7 ＮＤＲＲＭＣは災害対応を担当する大統領の直轄機関である。防衛省を中心に内務省、社会福祉開発省をはじめとする政府各省庁及び関係機関の代表者から構成される。地方、州、

個人・組織・制度の各側面のキャパシティ・ビルディングも重視されるようになった。

そして災害時には災害の規模に応じて次のような段階的体制で対応することになっている。バランガイのレベルで対応できる場合は、バランガイが危機管理や災害対応を行う。災害がこのバランガイのレベルを超える場合は市・町レベル、さらに市・町レベルを超える場合は州レベルあるいは地方レベルへと対応の主体が移動する。地方レベルでも対応不可である大災害の場合は、NDRRMCが対応する。*7

台風の予報と避難勧告に関しては、「シグナル・システム」がフィリピンのほぼ全土に浸透しているといってよいだろう。日本では、気象庁が台風の進路や暴風雨圏の位置を天気図上に示して、注意報や警報、特別警報を発令し、住民に災害対応を呼びかけるのが一般的だが、フィリピンでは通常、天気図は用いずに、各地域における暴風予測を基準にして、シグナル1～4を発令する。たとえば、シグナル2の段階で災害対応機関は緊急態勢に入り、シグナル3の段階では危険地域に住む人々の避難勧告となり、シグナル4では災害対応機関は大惨事に備え、人々には外出禁止を勧告するというようになっている［PAGASA 2014］。ただし、テレビやラジオ、あるいは自治体によるアナウンスを通じてシグナル情報を聞いていても、実際に避難するかどうかは最終的に個人の判断による。台風ヨランダの際にも、いわゆる「正常性バイアス」*8のために避難せずに被災した例が多々あったことが報告されている［玉置 2014: 117–9］。

サマール島でみられる自助、共助

以下で事例として取り上げるサマール島は、ビサヤ諸島の東端（北緯一二度、東経一二五度）にあり、レイテ島の東隣に位置する（本章扉裏の地図参照）。東側は太平洋に面し、西側は内海と

市・町の自治体レベルに設置されたそれぞれの災害リスク軽減・管理評議会と連携しながら被災者の救出、避難所の設置、救援物資の配給、インフラの復旧などの救援活動を行う。また、市・町の評議会は、バランガイの役員と連携して、地域コミュニティで防災活動、緊急援助、復興活動を実施する仕組みになっている[NDRRMC 2014]。

*8 正常性バイアスとは、異常事態が発生していても「今回は大丈夫」「自分は大丈夫」などと思い込み、事態を過小評価してしまう人間の傾向のこと。日常生活における心理的なストレスを軽減するため無意識に行われるとされるが、災害発生時

バランガイ議会で議論を交わすバランガイ議長と議員たち（カルバヨグ市）

なっているサマール海である。マニラからは五〇〇～六〇〇キロメートルの距離にあり、移動する際には、ルソン島北端からミンダナオまでをつなぐ高速道路か、飛行機を使う。サマール島にはサマール（西サマール）、東サマール、北サマールの計三州がある。

サマール・レイテ両島は行政上、東ビサヤ地方（Eastern Visayas Region あるいは Region VIII と呼ばれる）に属する。同地方の人口は四一〇万人（二〇一〇年センサス）で、フィリピンの全人口の四％程度に値する。このうちサマール島の人口は一七五万人である。言語的にみると、サマール島とレイテ島東部という同地域の大部分において、ビサヤ諸語の一つのワライ（Waray）語が話されている。

サマール島は、二〇一三年の台風ヨランダによる被害が大きかった地域の一つだが、フィリピン国内においてサマール島はそもそも「タイフーン・ベルト」（台風の通り道）の島と呼ばれるほど、台風被害が頻発することで知られている。実際、サマール島に関する過去の新聞・雑誌記事などを遡って読んでみると、一九五〇年代と一九八〇年代に大型台風が複数回サマール島に襲来していることが確認できる。当時の被害状況の全容はわからないが、比較的資料が残っている一九八〇年代後半の状況をみると、一九八七～八八年には大型台風が続けてサマール島を直撃し、数百名の犠牲者がでたほか、農作物や住宅も大きな被害をこうむった。さらに一九八九年二月には、島の北部と東部を中心とした地域で集中豪雨による河川の氾濫と土砂崩れが起こり[*9]、再び一〇〇人を超す死傷者や農作物被害が発生した。これらの災害に耐え切れなかった村々では飢饉が発生し、餓死していくサマール島の子どもたちの姿がメディアを通して全国的に報じられた[*10]。また、サマール島各地の市民からも、大型台風の襲来が続いた時期に生計を立てられなくなった島の住民たちが次々と島から離れていったという語りをしばしば聞

の初期対応の遅れを引き起こす心理状態と指摘されている。

*9 サマール島を含むフィリピンの太平洋岸に面した地域は、年間を通じて降雨量が多いことで知られる。季節風の影響で、島の南西部は六～九月に降雨量が特に多くなる反面、北東部では十～三月ごろを中心に降雨量が多い。

*10 なかでも注目を浴びた報道は、一九八九年八月二一～二四日に全国紙『フィリピン・デイリー・インクワイアラー』に掲載されたD・ペティリャの「サマール：苦悩の島」という連載である。ペティリャは、サマール島で近年起こった災害や

フィリピンの台風警報、シグナル１～４を説明するポスター（カルバヨグ市の市庁舎）

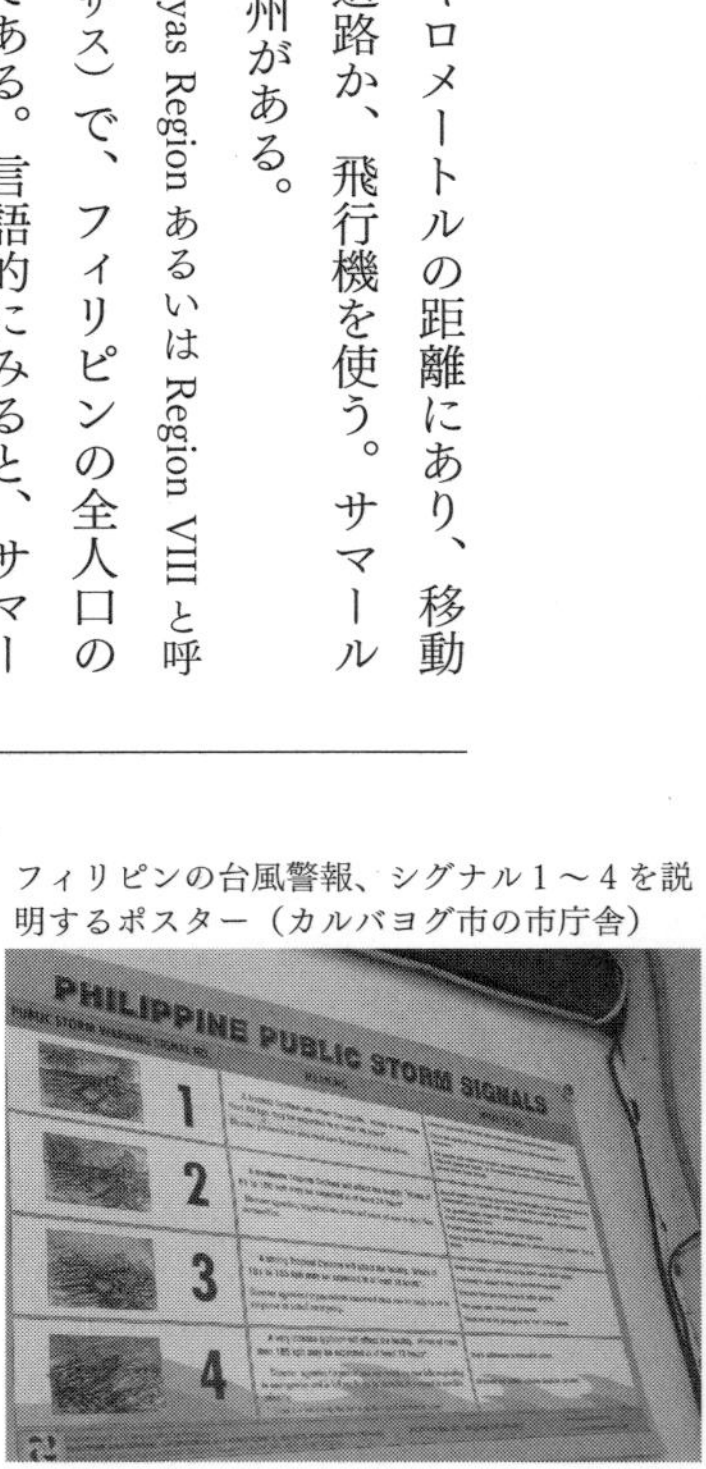

く。

島のもう一つの特徴は、貧困率の高さである。フィリピンにおける貧困率は、全国平均で二二・三%、マニラ首都圏が三・八%なのに対して、東ビサヤ地方では三七・二%と、東ビサヤ地方はフィリピンのなかでも貧困率が最も高い地方の一つである。特にサマール島を構成する三州のうち、東サマール州五九・四%と北サマール州四三・七%(サマール州は三六・〇%)では著しく高い[NSCB 2013]。その背景には、先に述べた台風の通り道といった地理・気候条件にくわえて、交通の便の悪さもある。サマールには目立って高い山や山脈はないが、「多くの島からなる島」と言われるくらい起伏の激しい地形になっている。そのため、今でも車両が通行できない村が多数存在する。山間部の村を訪れるには河川を船で上り、その後、徒歩となる。降雨量の多い島では、大雨など悪天候の際、こうした村々は孤立してしまう。

このように災害に対する脆弱性が極めて高いと見られるサマール島で、住民はいかに大小の自然災害に対処しているのだろうか。この点を考える上で重要と思われる地元の言葉にワライ語のブオタン(buotan)がある。日常生活におけるブオタンという言葉の使われ方についてはコラム1で詳しく述べるが、簡単にいうと、困っている人を見捨てずに助けようとする心を持っていることを指す。人々はだれがブオタンで、だれがブオタンでないかを日常の行動から監視し、ブオタンな人とは懇意にし、そうでない場合は近づくのを避ける。このようにして、困っている周囲の人を助けることが社会のモラルとして強く作用しているのだといえる。これは、親族との間柄でも、村人同士の付き合いでも、政治家など地域の有力者との関係でもみられる。ブオタンとみなされる人の周りには多くの人々が集まり、ブオタンでないと評されると孤立する。公的な社会保障制度が庶民の間でそれほど浸透していないフィリピンでは、親族

餓死は、長年の森林乱伐や鉱山からの有害物質の垂れ流しなどの環境破壊、そして中央および地方政府の怠慢や失政の結果だとする非難の声を拾い上げた[Center for the Relief and Rehabilitation of Samar 1993][Petilla 1989]。翌一九九〇年になると、当時のコラソン・アキノ大統領は、サマール島開発プログラム局を大統領府内に設置し、日本をはじめとする外国政府からの援助のもと、農村の経済振興を重視した総合的開発事業に乗り出した。

サマール島農村部では多くの家が高床式になっており、小規模の洪水は防げる

ネットワークがセイフティネットといわれるが、その親族ネットワークの要は「親族同士は助け合う」である。すなわち、親族を助けない場合、セイフティネットからはずされることを意味する。

以上のような社会関係が張り巡らされていることを前提に、自然災害のような緊急時にいかなる援助が届けられるかについて、災害規模と、災害援助の段階を考慮しながら考えてみたい。本節では、局地的な土砂崩れのような比較的小規模の災害を想定する。緊急援助等、災害対応の初期段階では、助け合いの精神が重視される親族や村内はもちろんのこと、災害を知った周辺の人々も救助、避難誘導、救援物資の調達などのボランティア活動を行う。市や町などの行政当局も専門家を派遣して支援を行う。ニュースを聞きつけた見知らぬ人も、何かしらの助けができると思ったら、見知らぬ人やコミュニティであっても、熱心に支援を行う例がたびたびみられる。そのような意味において、サマール島（おそらくフィリピンの他の地域も）では、初期段階の援助に関し、自助（親族間の互助も含む）や共助（地域社会による支援）の精神が広く根付いているといえよう。

つぎに、復旧・復興の段階になると、多くの場合、自助のみとなる。短期間に生活が再建できない場合、家族の一部が別の土地へ移動し、新たな活路を見つけようとするパターンがよくみられる。一般的に、親族またはブオタンな知り合いがいる場所へ向かい、その家に身を寄せながら仕事を探す。仕事が見つかれば地元の家族へ仕送りをし、なければ地元に戻るか、別の場所へとさらに移動する。このような対応の仕方をするためか、サマール島で、自分の子どもの一部は村に残し、他の子どもにはマニラなど別の土地で生活してもらうことが理想、と述べる母親の声を聞いたことがある。家族の成員を一箇所に集中させずに、何箇所かに分散させて

降水量の多いサマール島では土砂崩れが頻発し復旧作業は追いつかない

いれば、家族全体の生存維持につながるというリスク分散型生存戦略である。

被災後、長期にわたる復興支援となると、被災者の視点からすれば公的支援は期待したいが、貧困状況が広範囲にわたって存在する島の農村部では、現実にはそう簡単に期待できないため、被災者は親族や村内などのネットワークを頼りながらの自助努力を続けていく。農村部の人々の多くは、自分たちの生活を「イサン・カヒグ・イサン・トゥカ」と表現する。*11 直訳すると、ニワトリが足で地面をひっかくごとに一つの餌を食べるという意味だが、蓄えも保険もなく、その日をかろうじて食いつなぐような貧しい暮らしの比喩である。被災者以外にも島には、その日暮らしに近い生活を送っている人々が大勢いる。そのような状況で、台風の被災者のみに長期にわたる復興支援を行うのは現実的に難しいといわざるをえない現実がある。

では、地域社会一帯が被災する大災害の場合は、どのような共助がありうるのか。次節以降で探っていく。

3　台風ヨランダとサマール島

台風ヨランダ：その経過

台風ヨランダは、二〇一三年一一月八日現地時間午前四時四〇分にサマール島南端のギーワン町に上陸した。そしてフィリピン中部を横断し、全一七地方のうち九地方の四四州に被害をもたらしながら、翌九日午後に南シナ海のフィリピン海域の外へと移動していった［NDRRMC 2014: 1］。台風の勢力は上陸時点で中心気圧八九五ヘクトパスカル、最大風速六五メートル、

*11　このフレーズは、フィリピンでよく知られているタガログ語の曲「ドゥク八」（極貧者）の歌詞の一部でもある。

土砂崩れ後、復旧工事が終了しなくても車両は通行していく

最大瞬間風速は九〇メートルまで達していた［日本気象協会2013］。到来前日の七日午後一一時時点で、台風の通り道になると考えられた一二州の住民に対して最高レベルの警報シグナル4が発令されており、テレビやラジオのニュースでも巨大台風に対して当該地域の住民は十分に警戒するようにと呼びかけられていた。大統領ベニグノ・アキノ三世も七日夕方にテレビ演説を行い、最新情報の収集や早期避難などを自治体関係者や住民に訴えた。

台風上陸翌日の九日の報道では、八日午後六時までに確認された人的被害は死者三人、負傷者七人と伝えられた。大統領府は、巨大台風通過にもかかわらず被害が比較的小規模にとどまったのは、自治体などが危険地域の住民を避難させたためとの声明を発表している。

ところが、実際には広範な地域で災害が発生していた。被災地では飛行場、道路、電気、通信網といった全てのインフラが破壊され、被害状況が外部に伝わらない事態に陥っていたのだった。自治体職員など救援・復旧活動をするはずの人々さえ被災し、行政機構がまひしてしまった地域もあった。その代表が、被害が最も大きかった東ビサヤ地方の中心、レイテ州の州都タクロバン市（人口二〇万人）である。同市は台風の目の通過地点のすぐそばに位置し、猛烈な風による被害のほか、五メートルの高潮が発生し、約二五〇〇人が犠牲になっている。今回の台風では、高潮に対する警戒情報も出されていたものの、フィリピンにおける台風による災害は通常、暴風、大雨による洪水、土砂崩れ、鉄砲水であり、高潮への警戒はそれほど重視されていなかった。そのうえ、次項の聞き取りにもあるように、住民は高潮を意味する「ストーム・サージ」（storm surge）という英語の意味を知らなかったために、高潮による大災害が起きたと考えられる。

被害の概要については、本章の冒頭に記したとおりである。現地の被災状況が伝えられるよ

バランガイごとに組織されるタノッド（警備員）は災害時の警備や救出を行う（カルバヨグ市）

うになると、瞬く間に国内外の組織による救援活動が始まった。アキノ大統領は一〇日にタクロバン市の被害状況を視察し、翌一一日に国家災害宣言を発令し、一九八億ペソ（約四五〇億円）を被災者支援のために支出することを決めた。さらに、NGO、テレビ局、学校、有名人などが全国の人々に支援を募り、救援活動を開始し、各地の市民がボランティアで支援物資の調達などの協力を行った。多くの国際的な支援も届いた。[*12] フィリピン政府によると、これまでに各国政府から届いた援助は一五二億ペソにのぼるという［FAiTH 2014］。

　このように、さまざまな方面からの支援が提供されたが、緊急支援が全地域に行き渡ったとは言いがたく、住宅再建も遅々として進んでいないとの批判の声も出ている。資金の大部分が被災地へ届く途中で、政府関係者のポケットマネーに消えたり、政治がらみの不公平な配布の仕方が行われていたりするとの噂が被災直後から後を絶たない。[*13] さらに、被災から一年後のある報告では、タクロバン市などでは街の活気が戻ってきたといわれる一方で、被災者のための住宅再建は、予算支出の遅れや移転先用地確保の問題で、未だに著しく遅滞し、一年以上もテント生活を強いられている被災者がまだ二万人もいると指摘されている。[*14] アキノ大統領は二〇一四年一〇月、台風ヨランダ被災地の包括的復興計画（CRRP）に署名し、行政手続きの遅れからくる復興事業の遅延を防止するなどして復興事業の迅速化を促しているが、その効果については依然、未知数である。

高潮による被災地の経験

　では実際、住民のレベルでは、台風ヨランダをどのように経験したのだろうか。以下、聞き取り調査を行ったサマール州バセイ町（Municipality of Basey）のバランガイの例をみてみよう。

＊12　日本政府の場合、国際緊急援助隊医療・専門家チームや自衛隊を派遣し、緊急無償援助など合計五三・一億円の資金協力を実施している［外務省南東アジア第二課 2013］。

＊13　『日刊マニラ新聞』二〇一三年一一月二二日、一一月二六日や玉置［2014: 122–124］を参照。

＊14　国連難民高等弁務官事務所報告、"1-year on from Typhoon Haiyan, thousands of people still rebuilding lives"（二〇一四年一一月七日付 http://www.unhcr.org/545c9da6.html）参照。

高潮で鉄骨も曲がった魚市場の建物（バセイ町）

バセイ町はサマール島南西部に位置する、人口約五万人の町である。レイテ湾をはさみ、対岸にタクロバン市を臨む。バセイ町の大半は、ココヤシ畑を中心とした田畑が広がるが、この町はバニーグ（banig）と呼ばれるゴザ作りの伝統手工業でも知られる。女性は副業として、バニーグ作りに従事することが今でも多い。

今回、バセイ町では五四バランガイのうち沿岸部の二三のバランガイが大きな被害を受けた。特に被害が集中したのは、海沿いにある四つのバランガイである。サマール島における被災地の多くは、台風の強烈な風による災害に巻き込まれたが、バセイ町は風よりも高潮による大きな被害が発生した。犠牲者の数は三〇〇人を超えた。

バランガイA（人口七八二人）は、同町で特に被害が集中した四つのバランガイの一つである。バセイ町の公設市場があったところで、バランガイの住民の多くは商店経営など商業やそれに関係する都市の雑業、あるいは漁業で生計を立てていた。その公設市場もバランガイ集会場も観光情報センターも含み、海岸線から二〇メートル以内にあった建物は柱など建物の一部を除いてすべて流されてしまった。訪問した二〇一四年三月時点でも、海岸付近には、ユニセフなどの国際機関のロゴの入ったビニール製のシェルターが多数並んでいた。三月はフィリピンでは最も気温が上がる夏季にあたるため、シェルター内部では暑すぎると、外で涼む人たちの姿が目立った。

バランガイAでは、二〇人が高潮の犠牲となった。聞き取りによると、バランガイでは前日、大きな台風が近づいているとのアナウンスを行った。海辺の竹製の家は軽くて壊れやすいため、避難の指示が出たとき多くの住民は避難した。海辺であってもコンクリート・ブロック製の家は丈夫だから大丈夫と思って逃げない人がいた。住民はいつものように暴風雨が来るだけで、

被災木造家屋の修繕や建て直しが自助で行われている（バセイ町近郊）

高潮の心配をする人はだれもいなかった。七日夜のニュース番組では、台風に対する注意喚起の呼びかけもあったが、フィリピンの放送局は政治家の汚職スキャンダルの話題を大きく取り上げており、人々の関心もどちらかというとそちらにあった。「ストーム・サージという言葉はニュースで聞いたかどうか覚えていない。その言葉自体、今回被災するまで知らなかった。でも今はストーム・サージと聞いただけで丘に逃げる」（バランガイ議長）という。学校教育の一環で火災の避難訓練はするが、バランガイでは避難訓練をしたことはなかった。台風襲来時、一部の人はカトリック教会のある丘に避難し、他の人はバランガイ内にある三階建ての商業施設に避難した。このうち商業施設の建物は二階まで水かさが増したため犠牲者を出すこととなった。

バセイ町では、台風通過直後、救援を求める人々でいっぱいだったが、翌日まで外部からの援助はなく、自力で何らかの食料や水、医薬品を地元の知り合いから譲り受けるしかなかった。だが、助けを求める人の数が多く、品物を手に入れるのは大変だった。一〇日になると、カルバヨグ市をはじめとする近隣地域からの自治体やボランティアたちが救援に訪れ始めた（後述）。続く一一日になって、赤十字が救援活動を開始し、フィリピン政府の救援物資も届き始めたという。

調査時の二〇一四年三月時点では、次節で紹介するカトリック教会の団体組織をはじめ、いくつかの国内外の組織が支援活動を行っていた。だが、復興の道筋が見えてきたわけではない。救援物資はある程度行き渡っていたが、緊急支援がだんだんと打ち切られるなか、生活再建へと導く新たな生計手段の確保については見通しが立っていない。さらに、海に面した同町では、他の被災地域同様、海岸線から四〇メートル以内の地帯は建設禁止区域に指定されたことから[*15]、住民の再定住の問題も出ている。海岸近くで再定住地用の土地を売ってくれる地主は

*15 アキノ大統領は、今回の台風災害を受けて、二〇一三年一一月末にフィリピン全土で海岸線から四〇メートル以内を建設禁止区域（No Build Zone）と指定することを決めた。バセイ町に限らずフィリピン各地で、大統領のこの突然の決定に、沿岸の住民や沿岸で生計を立てる人々の間で戸惑いが起きている。

バセイ町で避難施設にされていた商業施設。この2階天井近くまで高潮が押し寄せたという

見つかっていない。内陸ならば再定住地の土地の確保は比較的容易だが、今度は漁業や商業に従事する住民が彼らの住居が働く場所から遠くなることを懸念し、海岸から離れた土地には再定住したくないと反対している。

周縁地域における「被災」

サマール島の西岸に位置するカルバヨグ市は、島で最も人口の多い（一七万人）自治体である。同市は、島の第一の産品であるコプラ*16の集積地、海上交通の要所として発展してきた。一九九〇年代以降に経済的発展を続け、市街地には全国規模のフランチャイズ・チェーンが次々と現れるようになった。政治面では従来から二大政党の対立が激しいが*17、二〇〇〇年代あたりから経済的発展や環境保護を重視する革新的市長が出現し始めた。ただし、こうした経済的発展が感じられるのは市街地とその周辺であり、市の八割を占める農村部では、換金作物としてのコプラ生産と自給用の小規模農業や漁業で暮らす小農たちが暮らしている。台風ヨランダは同市から一〇〇キロ以上南を通過したために、同市内ではバセイ町が経験したような大きな被害はなかったが、様々な形の被害や影響はあった。

調査で訪れたのは、市の中心部から北へ二〇キロほど離れたバランガイBである。人口一二〇〇人のこのバランガイの産業の中心はコプラ生産を中心とした農業と沿岸漁業である。バランガイBでは、数日前からテレビやラジオで巨大台風がサマール島に近づいていることを聞くと同時に、カルバヨグ市の災害リスク軽減・管理局（CDRRMO）からの通達も受けて、台風到来一日前に住民に対して自宅などの補強、船の陸揚げ固縛、外出は絶対に避けることを呼びかけた。さらに、海辺に住む住民は指定の避難所に避難させた。通過後、台風による高潮はな

*16　コプラとは、ココヤシの果実の胚乳を乾燥させたもので、圧搾してココナツ油をとり、食用油、マーガリン、石鹸などの材料とする。ココナツ産業はフィリピンの主要外貨獲得産業の一つである。

*17　ここでいう二大政党とは、自由党と国民党である。両党は一九四六年の独立後から一九七〇年代までフィリピンの中心的な政党だった。その後この二大政党システムは崩れ、現在では多政党が乱立する時代へと移り変わっているが、カルバヨグ市の地方政治では依然として首長や議員など政治に関係する人はすべて、自由党か国民党のいずれかに属し、選挙のたびに対立

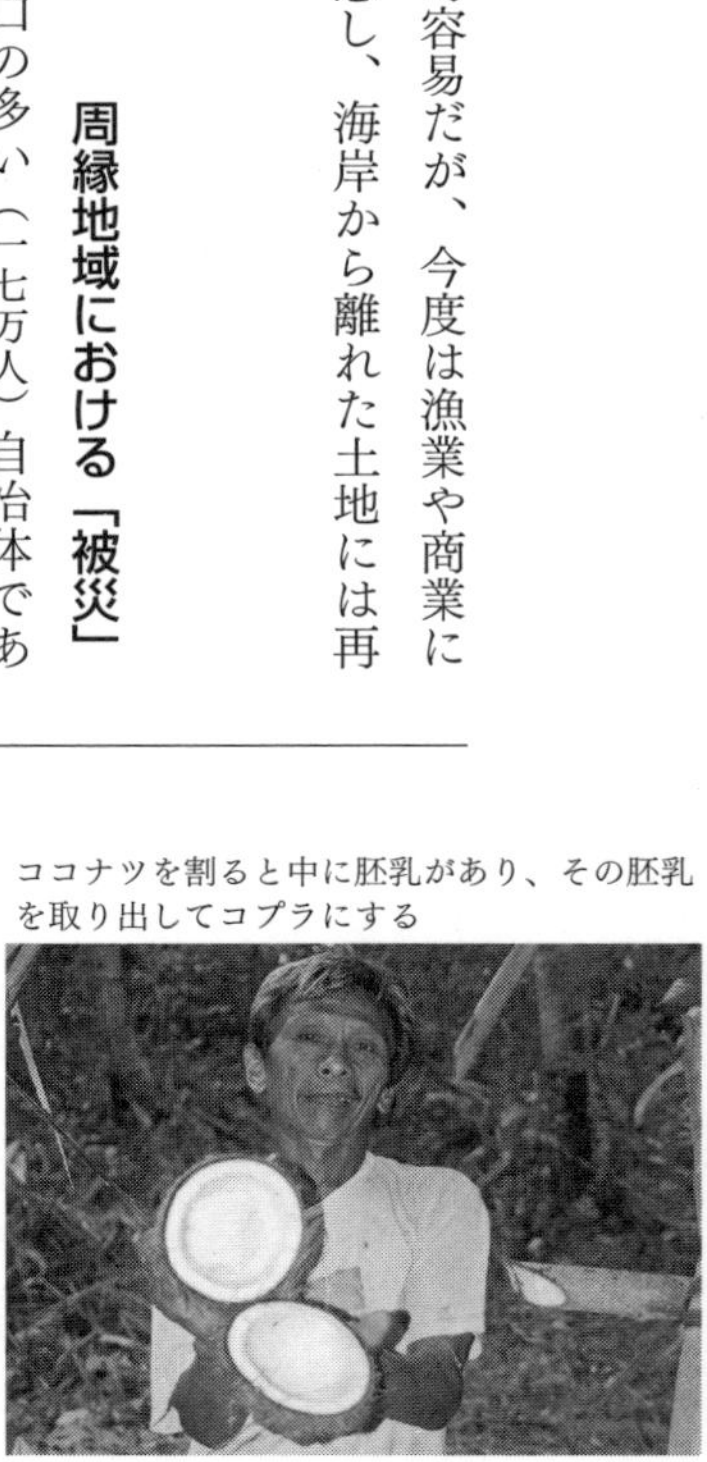

ココナツを割ると中に胚乳があり、その胚乳を取り出してコプラにする

く、強風で海辺の小屋が壊されたほかは、目立つ被害は確認されなかった。

だが住民に話を聞くと、次のような出来事があった。まず、台風通過から五日経った一一月一二日にデマが発生した。「ツナミがカルバヨグに来る」という内容で、携帯メールを通じて瞬く間にカルバヨグ市とその周辺の市・町に広がった。バランガイBでは携帯電話の電波が通じないが、口伝てで伝わり、住民はパニックに陥り、子供や老人を背負って高台に駆け上ったという。市の広報局などが、その情報はデマであると打ち消したが、市内の海岸部は混乱に陥った。

また、村人の一人は直接被災した。受験でレイテ島タクロバン市近郊を一時的に訪れていた三〇代の女性である。[*18] 女性は助産師の資格試験のため、予備校での復習クラス参加も含めて一一月五日から八日間の予定でタクロバン市に隣接するパロ町（台風ヨランダの多くの犠牲者が出た地域の一つ）に滞在していた。予備校の寮にはテレビもラジオもなかったため、携帯メールで従姉妹から強い台風が来ていると聞いただけで、そのまま寮に滞在していた。台風通過中に停電となり、携帯電話も使えなくなった状態で、八日、寮の管理人から食事も水も出せないと言われ、寮内で他人が残していった食料を探して飢えをしのいだ。かなり先まで行けば救援物資の配給所があるという情報を口伝てで聞いたが、初めて滞在する町で再び寮に戻れなくなることを危惧して配給所に行かなかった。パロ町から戻らない娘を心配した女性の家族から頼まれ、バイクを持つ親族がパロ町に向かい、五日後の一二日に女性は救出されたが、それまで彼女は水もなく取り残されていた。

さらに、バランガイの漁師によると漁業にも一部悪影響が出たという。漁師たちは船を陸揚げ固縛したため船の被害はなかったが、台風通過後は廃材などの浮遊物が多く、灯油の値段も

するだけでなく、日常においても反目し合っている。なお、自由党、国民党という政党名はカルバヨグ市の地域的文脈で用いられる通称であり、必ずしも政治家個人が正式にこれらの党に所属しているわけではない。

*18　タクロバン市は東ビサヤ地方の中心であり、同地方の行政機関が置かれているほか、教育機関、商業施設、医療機関なども多い。そのため、レイテ・サマール両島の住民はタクロバン市を訪れることが多い。

乗り合いオートバイ。7〜8人を乗せる（カルバヨグ市）

急騰したため、数か月間は漁ができなかったという。また、台風の影響かどうかは分からないが、漁獲高は減少したという。くわえて、台風直後には魚は人間の死体を食べているという噂が起きたために魚を買い控える現象もあったらしい。

一見、台風の影響がなかったように見える地域にも被災者は存在する。景観自体が変わったという見えやすい状況ではないため、援助の現場では見落とされやすいかもしれない。しかし、周辺地域には支援側にかかわる人だけでなく、支援が必要な人もいるという視点を忘れてはならないだろう。

4　近隣地域からの共助の諸相

現地での聞き取りから、即効性のある緊急援助として近隣地域からの共助の姿が浮かび上がった。小規模で、通常、災害救助のために特別訓練された人々の集団ではないため、目に留まりにくいが、今回の台風被災地のように地域のインフラが壊され、社会的機能までがまひしてしまった場合に、極めて有効な活動を行っているケースがある。

そこで、本節では、カルバヨグ市に存在する三つの組織に焦点を当てて、それぞれがどのような活動を行ったのかを検討しよう。

自治体による支援

市・町は一般的には、公助を行う主体とみなされる。実際、台風ヨランダがサマール島を去

アジア・中東向け家事労働者の募集広告。海外出稼ぎは被災後の自助の一例

るまで、カルバヨグ市は緊急態勢に入っており、起こりうる惨事に備えていたが、先に述べたとおり台風はサマール島南部を通過したために、直撃による惨事は免れた。しかし、台風通過直後から大惨事に見舞われた周辺地域に対する共助の主体となり支援活動を続けている。

台風ヨランダに対する注意喚起がフィリピンで本格化した約一週間前から、市では市災害リスク軽減・管理局が中心となって他の関係当局とともに台風に備える準備を市民に呼びかけた。緊急時の備蓄品を用意し、危険地帯に住む市民にはバスを出して避難させた。さらに、台風が近づいた七日には二四時間体制の対策本部を市庁舎内に設けて緊急対応に備えた。

八日朝に台風がサマール島南岸を通過すると、市は職員を派遣して各バランガイと連絡をとり、被害状況を確認した。その結果、強風で家屋や農作物の一部に被害が出たが、死者・けが人はいないことが分かり、市では同日夕刻に大きな被害がなかったことに対する感謝のミサをカトリック教会で行った。

そのようなとき、一七〇キロ離れたタクロバン市方面から来た人から、タクロバン市では多数の死者が出ているという情報が入った。*19 この情報を聞いたロナルド・アキノ市長は即座にタクロバンを支援することを決め、翌日、自らを含む救援隊がタクロバンに向けて出動した。部隊に加わったのは、同市の災害リスク軽減・管理局長、警官、看護師、医師、技師らである。彼らは、もともとカルバヨグ市での災害に備えて待機していたチームである。ミネラルウォーターなど災害時備蓄品のほか、チェーンソーなどの器具を積んで、スクールバス二台と給水トラックで現地へ向かった。

タクロバン市に近づくと道路はがれきで埋もれており、戻って別のルートを探したり、倒れた木や材木をチェーンソーで切って道を開いたりしながら進んだという。タクロバン市の中心

*19 当時は交通および通信網の断絶により、救援物資運搬どころか、被害状況の特定もできていない状況にあり、情報伝達手段としてこうした口伝てが大きな役目を果たしていたと考えられる。

カルバヨグ市のロナルド・アキノ市長

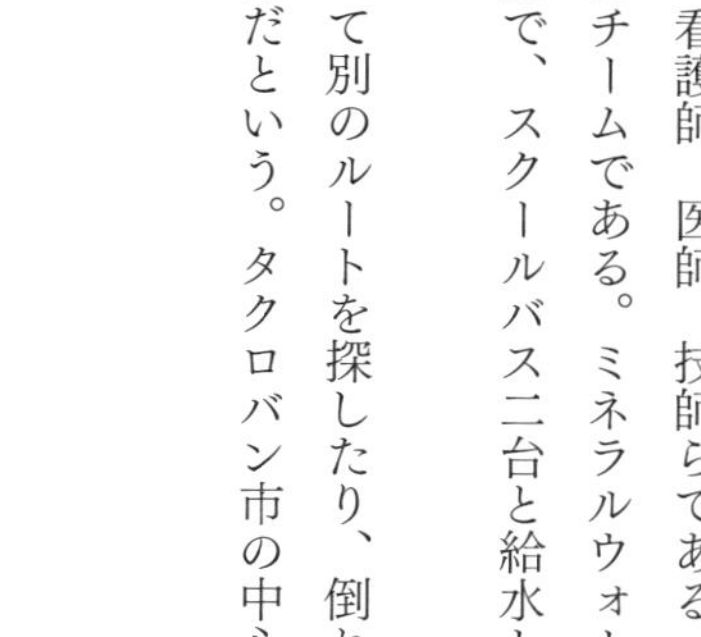

地までたどり着いた部隊は、持ち込んだ支援物資を配った。アキノ市長は「自分たちは自治体としては最初にタクロバン市で救援活動を行ったチームだった」と述べる。高潮に襲われた地域の風景は一変しており、家も、食料も、飲料水も、薬も、衣服もない人々が嘆いていた。翌日以降もカルバヨグ市の職員や市民ボランティアらがタクロバン市に来て、「何よりも命を救う」救援活動に参加した。カルバヨグ市に続いて、他の周辺の自治体も支援に来たという。

市長は、メディアに自分が取り上げられることを避けたという。救援活動が自分の売名行為ととられることを恐れたためだ。ただ、カルバヨグとローマ字で書かれたTシャツを着ているグループが救援物資を配っている姿がアメリカの報道テレビ局のニュースで放映され、それを見たアメリカ在住のカルバヨグ市出身者が市長に連絡してきたのはうれしかったという。一〇日にはサマール島のバセイ町でも大惨事が起こっており、支援が届いていないと聞き、タクロバン市からバセイ町などサマール島の被災地へと移動し、同様の緊急支援を行った。

救援部隊が市を離れていた一二日、先述のように、カルバヨグ市でデマが発生した。市の広報局などが、その情報はデマであると打ち消したが、市民は慌てて高台に向けて避難したという。市が混乱に陥ったため、市長は被災地から市に戻り、市民の説得に回った。

デマであったことが判明し、また、約一か月後に電気が復旧し、住民の生活が落ち着きを取り戻すと、カルバヨグ市では「サグバイ・ワライノン」（ワライの仲間を救おう）と題する支援キャンペーンが始まった。サマール島とタクロバン市を含むレイテ島の北東部はワライ語圏であり、「同じワライ語を話す仲間を助けようじゃないかという意味で、このスローガンにした」とアキノ市長は語る。義援金を募ったほか、このスローガンをプリントしたTシャツを作って、その売上金も支援活動に回した。一か月で六〇万ペソ（一四〇万円）集まり、米や乾麺

バランガイのハザードマップ。外助で作られた（カルバヨグ市）

のほか、トタンやベニヤ板などの建築資材を購入して被災地に届けたという。

市長によると、今回の被災地支援のために市では約五〇〇万ペソ（一一三〇万円）を使った。これには市の災害等緊急時予算を当てている。カルバヨグ市が他の自治体の緊急支援を行うことは法的に規定されているわけではない。しかし、近隣に住む人たちの窮状を知り、市長は自分で責任を負ってやろうと思ったという。

以上、カルバヨグ市が台風通過直後から行った主要な支援活動を記したが、フィリピンの地方自治体は、公的に定められた支援を行うのみならず、支援活動を率先する人道的リーダーにもなりうることが明らかである。その背景には、フィリピン社会全体、あるいはサマール島で特に重視される助け合いの精神があると考えられるほか、一九九一年の地方分権化以降に顕著な、首長の政治手腕の変化も影響しているともいえる。フィリピンの地方政治において、かつては中央からの利益誘導型政治が幅を利かせていたが、地方分権化の進展のなかで、革新的な開発プロジェクトや住民のニーズに即した行政サービスを行う首長が徐々に出現し始めている。地方自治体へのさまざまな権限の委譲と、新タイプの地方リーダーの存在が、今回の台風災害において、近隣自治体が人道的観点から独自の活動を積極的に行う状況を後押ししているとみることができる。

カトリック教会の組織による支援

人口の約八割がカトリック教徒だといわれるフィリピンにおいて、カトリック教会は人々の宗教的・精神的な支柱となっているだけではなく、社会的弱者に対する奉仕活動も担ってきた。また、カトリック教会は、フィリピン政府を除いて、フィリピン全土の大半を対象とする

各バランガイにはカトリックのコミュニティがあり教会の活動を支える（カルバヨグ市）

大きな組織力がある団体だといえるだろう。さらに、常に汚職のイメージが付きまとう政治家に対して、カトリック教会は比較的クリーンなイメージを保っている。これらの理由から、社会活動に関心のある外部組織は、地域社会との接点を求めて、カトリック教会にアプローチするという方法をしばしばとる。

では、カトリック教会と災害支援の関係をみてみると、両者は必ずしも密な関係があるとはいえない［宮脇 2014］。カトリック教会は、災害後に被災者に対する弔いの声明を発表したり、義援金の収集場所として協力したりする例は見られるが、主体的にかかわるかどうかは、各地の教会の神父の態度によるところが大きい。

社会奉仕活動に熱心な神父は、教区に社会活動センター（Social Action Center）を設立するなどして常日頃から福祉的活動に従事していることが多い。カルバヨグ教区にもセサール・アクラン神父がリーダーを務める社会活動センターがあり、教区内の農村部で野菜栽培を広めたり、火災等の緊急時の支援も行ったりしており、市内の社会奉仕活動の拠点の一つになっている。

台風ヨランダ襲来後、カルバヨグ教区社会活動センターでもいち早く、救援活動を開始した。最初に行ったのは、支援受付デスクの設置である。台風通過から三日目にあたる一一日に、サマール島民からの救援物資や義援金の受付デスクを同センターに設置し、そこで集められた物を被災地での支援活動に使用した。サマール島では、台風通過直後から東ビサヤ地方の一部で大規模災害が起きていると聞いた人々が、被災地へ救援に入っていこうとしていた。しかし、被災地では、がれきなどで交通が遮断され、被災地へ行く行為自体が危険だった。そこで神父は、組織的に救援物資を運ぶためにセンターで集荷し、それをセンターのスタッフやカ

地図を見ながら被災地の住民と復興計画を練る社会活動センターのセサール・アクラン神父（バセイ町）

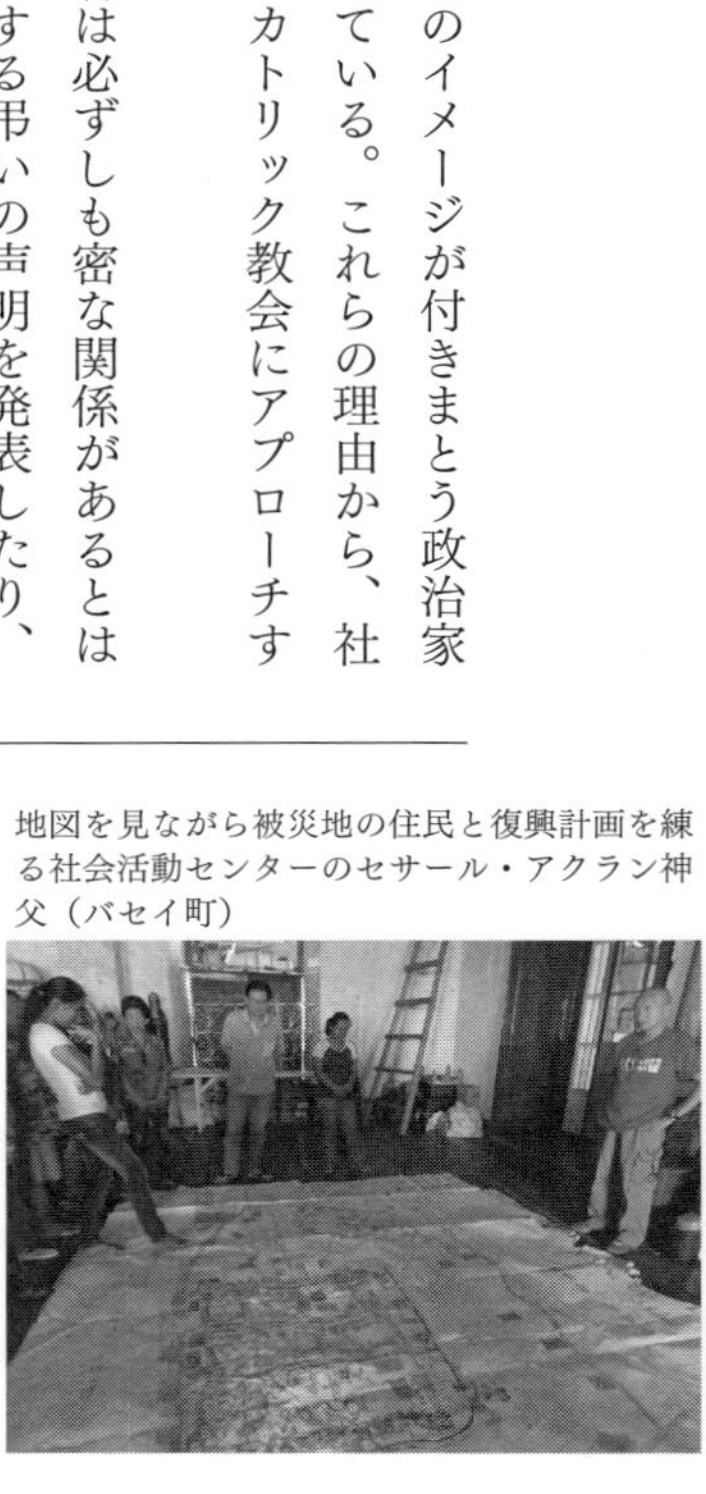

＊20　フィリピン・カトリック司教協議会（CBCP）ニュース、"Church opens 'staging area' for relief ops"（二〇一三年一一月一三日付 http://www.cbcpnews.com/cbcpnews/?p=26051）も参照。

＊21　フィリピン農業省漁業水産局プレスリリース、"PNoy leads awarding of newly-built fishing boats to Yolanda-hit fisherfolk in Visayas"（二〇一四年二月二五日付 http://www.bfar.da.gov.ph/BFARnews?id=132）も参照。

＊22　ここでいうリンキング力とは、ある目的を達成するために、地域社会内外に存在する多様なネットワークを結び付けら

ルバヨグ市などの救助部隊へ委託し、サマール島南部の被災地に届けた。サマール島の東部では、東サマール州ボロンガン教区の社会活動センターが同様の受付デスクを設置し、ギーワン町など東側の被災地へ救援物資を運んだ[*20]。センターのスタッフは被災地到着後、被災地のカトリック教会のコミュニティ組織のボランティアを通じて救援にあたったという。

緊急支援が一段落し始めた一二月あたりから、国内外のNGOや個人からアクラン神父への支援の申し出がくるようになった。一例として、マニラ在住の有志のグループは集めた義援金を船をなくした漁師たちに使ってほしいとマニラの支援受付窓口に伝えたところ、農業省を経由してアクラン神父のところへいかなる支援が可能かという相談がきた。関係者と協議を重ねた結果、船をなくした漁師にプラスチックファイバー製の小船にドナーの名前を入れて寄贈するプロジェクトとすることが決まり、二〇一四年二月以降、順次、被災漁師に小船を寄贈している[*21]。木製ではなくプラスチックファイバー製にしたのは、違法伐採をこれ以上増やさないようにという森林保護の観点からである。

同時に、被災地の住民とともに、再定住計画にもかかわっている。住民たち自らが再定住を含む復興計画を作成する場に立ち会い、計画実行に必要な資金等を得るためにドナーや政府と話し合う機会を作ろうとしている。

このように、カトリック教会の活動組織は、信者を通じて災害以前から地域コミュニティと組織的なつながりを築いているため、コミュニティ・ベースの援助が実施できる。また、教会間の連携や、周囲の地方自治体やNGOとのつながりもあることから、支援のネットワークの要としても力を発揮できる。ただし、教会全体が動くというわけではなく、リーダーシップや、多様なネットワークをつなげられるリンキング力[*22]といった、個人の力量によるところが大

木造住宅の屋根に使うニパヤシの葉を編んで売る少年（カルバヨグ市）

れる力という意味で使っている。災害対応におけるソーシャル・キャピタルの可能性について論じるD・アルドリッチは、ソーシャル・キャピタルの種類の一つを「リンキング・ソーシャル・キャピタル」と呼んでいる。ここでいうリンキングとは、同じレベルのネットワーク同士を結びつけるだけでなく（この種はブリッジング・ソーシャル・キャピタルと呼ぶ）、一般市民と権限を持つ者との間など、社会的権力や権威の枠を越えたネットワークをも結びつけることを指す。大災害時には、さまざまなレベルのネットワーク間の協力が力を発揮するため、リンキング力は特に重要となる［Aldrich 2012: 33］。

きい点に留意しなくてはならない。日常における信頼関係や実績の積み重ねが、災害時にも有効に活かされているといえる。

ローカルNGOによる支援

最後に、地元のNGOの例を挙げる。西サマール開発財団（WESADEF）は、一九八七年に発足した、カルバヨグ市を拠点とするNGOである。発足時は、第二節で述べたようにサマール島に大型台風が襲来した時期であり、さらに同年のアキノ政変[*23]によってNGO活動がフィリピン全体で活発化した時代でもあった。財団は、カルバヨグ市で最もよく知られたNGOであり、マイクロ・ファイナンス事業[*24]、ドメスティック・バイオレンス防止活動、性的被害者のシェルター運営など、農村復興支援や女性支援活動を中心に行っている。二〇〇九年度からは日本の国際協力機構（JICA）の草の根・人間の安全保障無償資金協力[*25]で「カルバヨグ市における女性のための福祉施設建設事業」を実施している。

財団の活動はサマール州で行われているが、「フィリピン農村人材開発パートナーシップ」（PhilDHRRA）という農村開発を進めるNGOのコンソーシアム（共通の目的のために複数の個人や法人、団体が集まり結成される組織）にも属している。今回は台風災害後にPhilDHRRAを通じて外部の団体から連絡が入ったことをきっかけに、被災地支援活動を開始した。事務局長のエマ・タン氏によると、台風ヨランダ後に日本をはじめとする外国のNGOから連絡がたびたびくるようになり、二〇一三年一二月には被災地の一つ東サマール州キナポンダン町の被災者に最初の救援物資を送った。東サマール州で活動を行うことになったのは、東サマール州にある同財団のカウンターパートが現在、休止状態になっているためだった。これまで密なネットワー

NGO「西サマール開発財団」と日本の援助で建てられた「女性資源センター」の看板

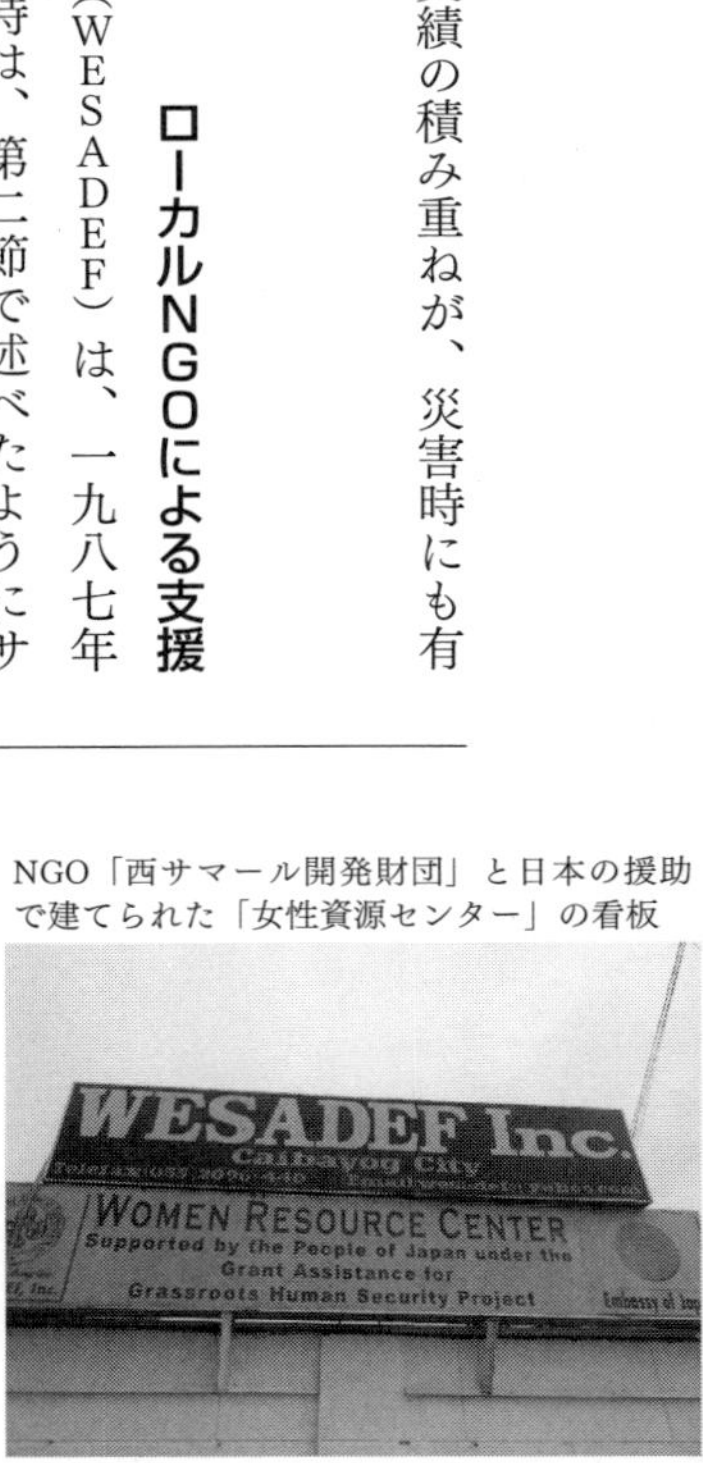

*23 アキノ政変（エドサ革命、ピープルパワー革命とも呼ばれる）とは、一九八六年二月に当時のマルコス元大統領による独裁政治に抗議する市民がマニラ首都圏のエドサ通りに集結し、二一年に及んだ独裁政権を倒した事件。政変後に大統領に就任したコラソン・アキノ氏のもとで、独裁政権期には制限されていた市民活動が活発化し、多数のNGOが発足した。

*24 マイクロ・ファイナンス（小規模融資）とは、貧困層に担保や保証人無しで小口の融資やサービスを提供し、事業拡大や収入の増加をはかることで人々の自助努力を促す事業。ノーベル平和賞を受けたムハマ

クはなかったが、被災した町の関係当局の協力もあり、今のところ順調に進んでいるという。*26

タン氏は、台風ヨランダ後に、財団の活動は大きく様変わりしたと語る。現在のところ通常業務は一時的に停止して、被災地支援に力を注いでいる。「被災地に行くと、お揃いのきれいなユニフォーム姿の外国のＮＧＯ職員が活動しており、私たち地元のＮＧＯは威圧されてしまう」と振り返って述べる。さらに、外国のＮＧＯが求める支援の形と被災地の人々のニーズを合わせる調整は難しいし、災害支援という新たな支援の分野で、新たなネットワークを構築しながら活動することに戸惑いも感じるという。しかしそれでも、新しい地域で新しい事業に取り組めることは財団にとっても意義が大きいと考えている。

同財団の例から、地元ＮＧＯも、教会と同様に、災害時には外助と被災者を結ぶコーディネーターとして重要な役目を果たしている様子がうかがえる。地元ＮＧＯの場合、教会のような大規模な組織をベースとしていないため、ＮＧＯコンソーシアムが外助との連携のために重要な働きをする点も示されている。さらに、地元ＮＧＯにとっては、台風ヨランダのような大災害は組織にとっての変革期となる可能性も示唆している。

5　フィリピンの共助の特徴と国際協力

本章では、台風ヨランダの災害時にいかなる共助が行われたのかについてサマール島を事例にみてきた。フィリピンは世界的に災害大国の一つに数えられるが、災害時の公助の力は弱く、貧困や急速な都市化が続き、環境破壊も被害にいっそう拍車をかけるといった状況下にお

ド・ユヌス氏が広めたグラミン銀行が有名。

*25　JICAが行う「草の根・人間の安全保障無償資金協力」は、開発途上国の地方公共団体、教育・医療機関、国際及びローカルNGOが現地において実施する比較的小規模な事業（原則一〇〇〇万円以下の案件）に対して資金協力を行う。大規模な開発援助ではうまく対応できない、開発途上国の多様なニーズに応えるために一九八九年から始まった。

*26　二〇一四年一二月現在、西サマール開発財団は日本のNGOの支援を得ながら、東サマール州キナポンダン町のバラ

サマール、レイテ両島をつなぐサン・フアニコ橋。高潮が発生した地帯だが橋は壊れなかった

いて、フィリピンの人々は、おそらく日本人以上に自助や共助に頼らざるをえない。視点を変えていえば、共助の比重が高いフィリピンから同じ災害大国、日本が災害のリスクとともに生きる上で学ぶことは多いと考えられる。

　そこで最後に、フィリピンの共助の特徴や、同国における国際協力に関する展望を四点挙げる。

　一点目として、緊急援助が必要となる事態では、助けられる人が支援に乗り出すことが自然発生的に起こる、状況に応じた瞬発力の強さが挙げられる。

　サマール島は目立つ産業もなく、生存レベルの暮らしを続ける人々が多い地域であるが、村の日常生活においては、窮乏している人に対しては自らの資源を分配できる（たとえそれが事実上は不公平な割合であっても）人に社会的な評価を与えることで、互いの生存を維持できる仕組みが成り立っている。当然、そのように資源を分け与える対象の範疇は、社会関係の遠近によって幅があるが、大規模災害のように瞬時に生存が危ぶまれる人々が大勢発生するようなときには、個人的に直接のつながりがない人にも自分のできる範囲で緊急援助を行うことに対し、躊躇しない人が多い。その結果、A・ゾッリとA・ヒーリーが「災害時のアドホクラシー」と呼ぶ*27、その場の必要に応じて新たなネットワークが生まれ、助けられる人が刻々と変化する状況に合わせて即興的に反応する状況がみられる［ゾッリ／ヒーリー2013: 353–354］。

　フィリピンの災害文化を研究するG・バンコフは、災害が頻発するフィリピンでは、災害に対する脆弱性に対処するために、以前から多様な形の相互扶助が発展してきたと、災害の多発と高い相互扶助の精神とを関連付けて述べる［Bankoff 2003］。実際、多発する自然災害が人々にセイフティネットの重要性を繰り返し思い出させる効果はあるだろう。ただ、人々の日常生

台風で壊されたマラブット町の小学校の敷地では新しい校舎が建設中

ンガイの一部で被災家族の新たな生計手段としてカニの養殖を広めようとしている。

*27　ゾッリとヒーリーによると、「アドホクラシー」という概念は一九七〇年代に未来学者アルビン・トフラーと経営学者ヘンリー・ミンツバーグによる考察によって注目され始めた。いかに頑強に作られた組織形態でもすべての難局に適用できるわけではないという前提に立ち、事前にすべて準備するよりも、状況に応じてアクターたちが柔軟に対応しながら寄与する体制の方がよいとする考えである。したがって、その特徴としては、チームのインフォーマルな役割分担、標準的な業務手順

活をみていると、自然災害のみならず、人生に繰り返し起こる病気、事故、不作／不漁といった困難な事態に自助だけでは対応しきれず、かといって、公助も期待できない現実全体が、相互扶助精神の強さを生み出していると思われる。つまり、安心に暮らせる社会基盤が整備されない限り、人々は日常的に生存の危機にさらされるリスクから逃れられないのであり、そのことが、窮している人がいれば躊躇せずに助けるという行動が日常的にみられる文化を維持させているのではなかろうか。

日本では、災害時の共助強化のための体制作りとして、「地域のことを自ら考え、意見を主張し、行動に移していくための枠組み作りが必要」とされている［消防庁国民保護・防災部防災課 2009: 17］。フィリピンでも、地域や対象者の属性によっては、日ごろから、継続性のあるコミュニティ活動を開始して、お互いに助け合う関係性を築いておく必要がある場合もある。しかし、サマール島の場合は状況次第で地縁や血縁を超えた助け合いが既によくみられる。サマール島のような地域においては、コミュニティ体制作りを計画するまえに、地域の共助の「枠組み」が何であるかを見極めることから始めるほうがよいのかもしれない。さらに、国際支援などと比べれば、小規模で目立ちにくいが、地域住民間でみられる災害発生時の即興的なアプローチを再評価し、強化することも有効ではなかろうか。

くわえて、日本においても、枠を作ったうえでのコミュニティ活動の推進だけでなく、困っている人がいれば枠の内外にかかわらず、即興的に助けの手を差し伸べるような慣習が広がるように、フィリピンでの実践から学ぶことを試みる意義もあるように思う。

二点目は、上記とかかわる事柄だが、地域の社会活動に携わるリーダーたちにみられる、リンキング力とでも呼べるネットワーク同士をつなげる力である。このリンキング力が外助を受

の迂回、即興性、素早い循環サイクル、選択的な分権化、専門チームへの権限移譲、官僚機構の排除などが挙げられる［ゾッリ／ヒーリー 2013: 351–352］。

マラブット町には「サマール州で最も破壊された町、援助が必要」という看板がある

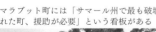

け入れる強みになっている。

大規模災害時には、一度に非常に多くの人が被災し、犠牲者となるため、日常的に助けを求めるネットワークにアクセスできなくなることはよく知られている。サマール島の例では、教会で社会活動を行うリーダーや、農村開発や女性のエンパワーメントを実施している地元のNGOが要となって、外助がスムースに被災地の住民へ届くように両者をつないでいた。このような共助と外助の連携によって、被災地の組織が機能できなくなった際に周辺の組織が部分的にでも補完できる状況を生み出すことができた。重要なことは、被災地とのネットワークの基礎が事前から存在することと、外助の申し出を受け入れる力である。後者に関しては、外助との連携が、それまで行っていた活動を一時休止せざるをえなくなったり、組織の社会活動の中心の変化を受け入れたりすることにもつながる。そうしたリスクも考慮し、外助を行う組織との連携でできることがあるかどうかを見極める力も問われてくるが、これも経験によって培われるものと思われる。

今回のサマール島の例は、リンキング力の強さが共助の範囲と活動内容の拡大へと導くことを示している。一点目と同様に、この点も見落とされがちだが、再評価し、国際援助を含めた防災体制を構築するうえで要の一つと位置づけてよいのではなかろうか。そしてまた、日本における共助のありかたを考える際に、こうしたフィリピンのリーダーたちのリンキングの実践は参考になると思われる。

続く二点は、共助の担う役割が大きい社会に内在する問題点についてである。三点目は、公助に対する不信感が根強く、人々の意識が復興よりも資源配分の不正に向かいがちな点である。カルバヨグ市長は、市の災害救助部隊が被災直後のタクロバン市やサマール島南部の町で

マラブット町のカトリック教会。屋根はないままだがフィエスタ（守護聖人の祭り）は開催した

緊急支援活動を行ったことを広報しなかったのは売名行為と非難されるのを避けるため、と述べている。本章では詳しく触れていないが、これはカルバヨグ市を含むサマール島各地の政治状況と密接に関係している。カルバヨグ市の場合は、二大政党が長い間争い、互いに誹謗中傷を続けており、たとえ善意で行った行為でもそれが中傷のもとにならないとも限らない。そのため、公職にある人はリーダーシップがあっても支援活動を大展開できないというジレンマに陥る。

さらに、援助のための資金が政治家によって横領されたり、政治家の派閥に偏って分配されたりするのではないかという根強い政治家不信があり、それが公的支援の実施をよりいっそう困難にしがちという側面も忘れてはならない。タクロバン市の被災地で聞き取り調査を行った玉置泰明によると、イメルダ・マルコス元大統領夫人の出身地であるタクロバン市では、世代を超える両家の争いのためにアキノ現大統領は台風後のタクロバン市への支援を拒んでいるとの噂や、国や国際援助団体からの援助はタクロバン市ではなく別の地域で行われているといった妬みに近い言説が聞かれたという［玉置 2014: 121–123］。また、バンコフも同様に、フィリピン各地で民衆の公的援助に対する不信と、それを基にした援助スキャンダルの発生について報告している［Bankoff 2003: 97–100, 171–172］。援助にまつわる汚職が事実かどうかは別として、助け合い精神を基礎としたネットワークが重要な社会では、公助もそのネットワークの一部と理解されるので、公助の公平さと公正さが常に問われることになり、公助の迅速な実行に影響を及ぼす。頻発する災害に効果的に対処するため、公助の公平さと公正さを保証する制度の開発が早急に望まれる。＊28

四点目として、共助や自助に頼ることが多い社会では、ネットワーク型の社会の弱点、つま

市民ネットワークと自治体が協力して女性のための事業を行っている（カルバヨグ市）

＊28　国外から巨額な支援が寄せられた今回の台風災害では、汚職疑惑を払拭するため、アキノ大統領は、外国政府や国際機関などからの支援（資金と物資それぞれの金額）を確認できるウェブサイト（www.gov.ph/faith）を開設した。サイトで確認できるのは、フィリピン政府の省庁を通して実施される国外からの支援の金額（表明された額と実際に受け取った額）のみ。

り全体性、継続性、計画性といった面を意識的に強化していく必要がある。教会組織もＮＧＯも、それらが支援を行っている地域は、自分たちと何らかのつながりがあるところに限定されている。事実サマール島内でも、バセイ町など一部の町は国内外からの支援を受けているが、逆にその隣の町は何の支援も受けていなかった。*[29] また、既述のように、カルバヨグ市のバランガイＢでも少数だが被災者はいたが、見えやすい被害ではないため支援は受けていなかった。さらに、支援のあった地域でも、支援の多くは緊急援助物資の配布など短期的なものが中心であり、復興支援、防災教育、防災設備の導入といった長期的なものは数少ない。

　これらの共助・自助の弱いところは公助が担うべきなのだろうが、フィリピンにおける公助には依然限界があることは述べてきたとおりである。ならば、国際援助といった外助が、フィリピンの公助に代わることはできないが、こうした共助では対応できない援助の部分を重点的に補うことができれば、それは新たな災害援助のモデルケースとなるかもしれない。

　今後も大型の台風が毎年のようにフィリピンを襲うだろう。日本の状況と比較したら、フィリピンの防災体制は依然、脆弱のようにみえる。だが台風災害後、サマール島の一部の被災地では、共助や外助の力で復興へ向けた新たな村づくりの取り組みも始まっている。それらがどのような結果をもたらすかは、現時点ではまだわからないが、経過を追っていく価値は大いにあるように思う。

　いずれにしても、本章でみてきたように、サマール島には緊急時に状況に合わせて助け合える人間関係が存在している。これこそが、自然災害のリスクとともに生き抜く第一の条件なのではなかろうか。

漁師たちの共同組合のミーティングの様子（カルバヨグ市）

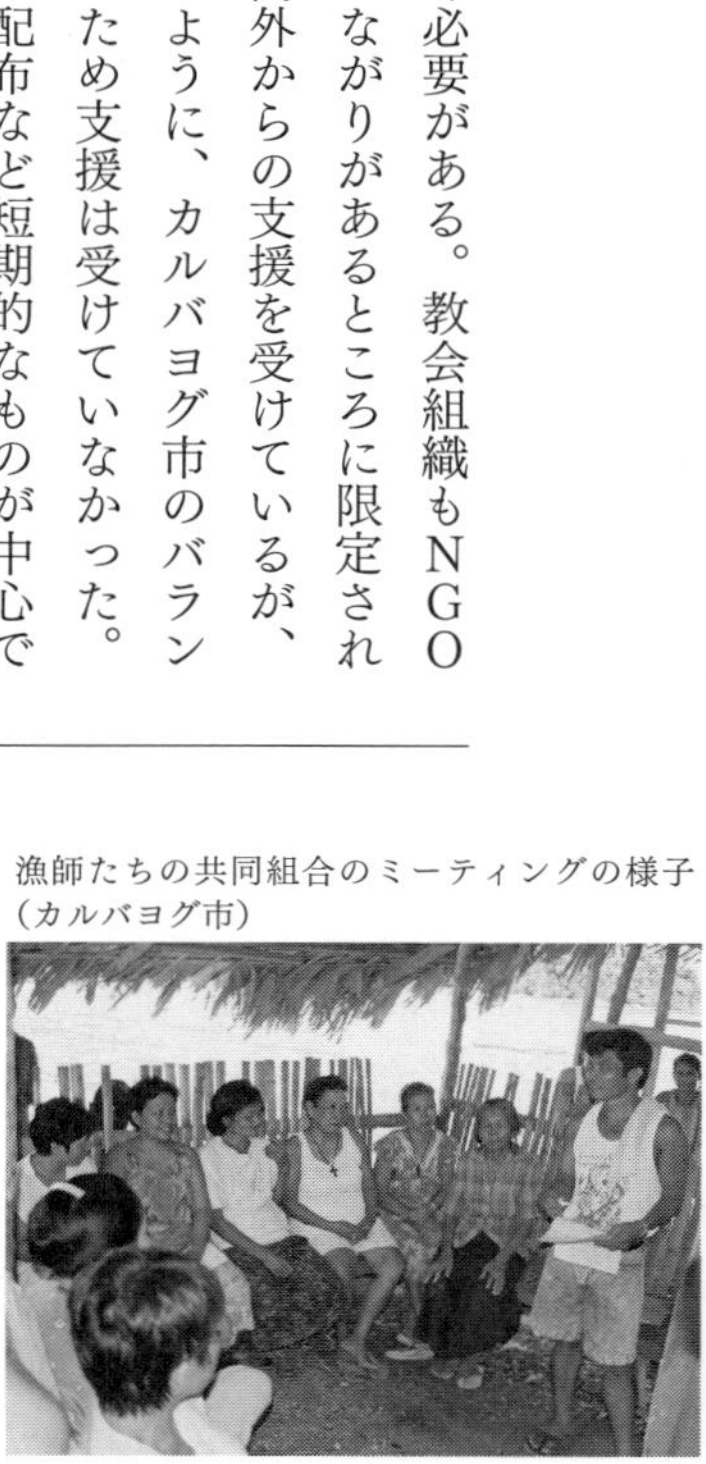

*29　二〇一四年三月、サマール島南西部の町における支援状況に関する聞き取り調査。

参考文献

日本語

砂金祐年　2008「地域防災力の向上とコミュニティの役割」中邨章監修・幸田雅治編『危機発生！　そのとき地域はどう動く』第一法規、pp. 113-119.

梅原弘光　1992『フィリピンの農村 ― その構造と変動』古今書院。

織部資永　2013「フィリピンを襲った観測史上例を見ないほど猛烈な台風30号」Synodos（一一月一五日付）http://synodos.jp/fukkou/6164

外務省南東アジア第二課　2013「フィリピンにおける台風三〇号による被害概要及び我が国の対応等（一二月二日現在）」http://www.mofa.go.jp/mofaj/gaiko/oda/shimin/oda_ngo/taiwa/pdfs_2013/ngo_rs25_2_11.pdf

加藤薫　1998『大洪水で消えた街 ― レイテ島、死者八千人の大災害』草思社。

JICA 国際協力総合研修所　2008『キャパシティ・ディベロップメントの観点からのコミュニティ防災』国際協力機構。

消防庁国民保護・防災部防災課　2009「災害対応能力の維持向上のための地域コミュニティのあり方に関する検討会報告書」www.fdma.go.jp/neuter/topics/houdou/h21/2105/210508-1houdou/02_houkokusyo.pdf

ゾッリ、アンドリュー＆ヒーリー、アン・マリー（須川綾子訳）2013『レジリエンス　復活力―あらゆるシステムの破綻と回復を分けるものは何か』ダイヤモンド社。

玉置泰明　2014「災害と社会 ― フィリピン台風「ヨランダ」被災地予備報告」『国際関係・比較文化研究』13(1): 115-129.

中須正　2011「台風オンドイおよびペペン災害における人的被害拡大と災害対応 ― マニラ首都圏およびバギオ市の事例」『防災科学技術研究所主要災害調査』45: 87-96.

日本気象協会　2013「台風三〇号が今年最強の勢力でフィリピンへ（二〇一三年一一月八日）」http://www.tenki.jp/forecaster/diary/tenki_news_flash/2013/11/08/3001.html

原田博夫　2012「東日本大震災とソーシャル・キャピタル（社会関係資本）」『社会関係資本研究論集』3: 5-20.

――― 2013「東日本大震災とソーシャル・キャピタル（社会関係資本）：再考」『社会関係資本研究論集』

高潮で倒れた後に新しく植えられるココヤシの木の苗（マラブット町）

4: 5–22.

宮脇聡史 2014「災害復興に向けてフィリピン社会を振り返る」山本博之・青山和佳編『台風ヨランダはフィリピン社会をどう変えるか —— 地域に根ざした支援と復興の可能性を探る（フィリピンの台風災害に関する緊急研究集会報告書）』（CIAS Discussion Paper, No. 45）京都大学地域研究統合情報センター、pp. 49–52.

山本博之 2014『復興の文化空間学 —— ビッグデータと人道支援の時代』京都大学学術出版会。

英語

Aldrich, Daniel P. 2012. *Building Resilience: Social Capital in Post-Disaster Recovery.* Chicago and London: University of Chicago Press.

Asian Disaster Reduction Center (ADRC). 2012. Country Report of the Philippines, 2012. http://www.adrc.asia/countryreport/PHL/2012/PHL_CR2012B.pdf

Bankoff, Gregory. 2003. *Cultures of Disaster: Society and Natural Hazard in the Philippines.* London: Routledge Curzon.

Center for the Relief and Rehabilitation of Samar. 1993. *Prevailing Over Disasters.* Calbayog: Center for the Relief and Rehabilitation of Samar, Inc.

Foreign Aid Transparency Hub (FAiTH). 2014. Summary of All Foreign Aid Pledged and Received, as of 2014–09–16. http://www.gov.ph/faith/

National Disaster Risk Reduction and Management Council (NDRRMC). 2014. NDRRMC Update - Sitrep No 108 re TY Yolanda - 03 April 2014. http://www.ndrrmc.gov.ph/attachments/article/1125/NDRRMC%20Update%20-%20Sitrep%20No%20108%20re%20TY%20Yolanda%20-%2003%20April%202014.pdf

National Statistical Coordination Board (NSCB). 2013. First Semester Per Capita Poverty Threshold and Poverty Incidence among Families, by Region and Province: 2006, 2009 and 2012. http://www.nscb.gov.ph/poverty/defaultnew.asp

Petilla, Danny. 1989. "Samar: Island in Agony." *Philippine Daily Inquirer,* August 21–24.

西サマール開発財団に届けられたインドネシアのNGOからの救援物資

Philippine Atmospheric, Geophysical and Astronomical Services Administration (PAGASA). 2014. Public Storm Warning Signal. http://www.pagasa.dost.gov.ph/learning-tools/public-storm-warning-signal

朝、漁から戻ってきた舟とそれを迎える村人（カルバヨグ市）

サマール島のセイフティネット、「ブオタン」な人の連鎖

細田 尚美

新しい土地で暮らし始めるとき、「あれ?」と不思議に思う会話や慣習に出くわすことがある。私がサマール島で長期滞在を始めたころ、気にかかった地元の人同士の会話に登場した単語が「○○さんはブオタンか?」だった。そして滞在期間が長くなるにつれて、この「ブオタン(buotan)」という言葉が、村人にとっての緊急時のセイフティネットと関係していることに気付いた。

最初に、村内の生業と人々の関係について、私が最も長く滞在していたカルバヨグ市の一農漁村(第2章で紹介するバランガイB)の例から述べたい。村人の多くは、一~二ヘクタールの農地を持つ自作農で、換金作物のココナツを栽培する傍ら、根菜類、バナナ、野菜、魚など、米以外の自分たちが食べるものの大部分を自給している。彼らの大半は三~四か月に一回の頻度でココナツの実を収穫し、コプラ(68ページ参照)を作って、村内のコプラ仲買人に売って生活している。コプラ販売による収入がはいるまでは、村の「サリサリストア」と呼ばれる小規模雑貨店でつけ買いをする。つまり、米、砂糖、缶詰、粉ミルク、灯油、石鹸などの生活必需品は借金をして手に入れ、収入があったときにその借金を支払うという仕組みである。

小規模雑貨店の経営は、コプラ仲買人が兼ねていることが多い。そして村人は仲買人の言い値でコプラを売り、借金を清算し、わずかな残りを現金で手にするか、生活必需品を小規模雑貨店で購入して家に帰る。

村にはほかに、エンジン付の漁船を持ち、漁業で生計を立てている漁師もいる。漁船の所有者の一部は、村の男性を乗組員として雇って漁を営んでいる。漁船の所有者は小規模雑貨店も経営し、乗組員は、コプラ生産者の場合と同様、自分の雇い主の小規模雑貨店でつけ買いをする。

このような慣習は、交渉で弱い立場に置かれがちな生産者を構造的に搾取する側面があることは否めない。現実に、村内での生活様式をみても、コプラ仲買人や漁船所有者の暮らしぶりの方が他の村人のそれよ

りも経済的に豊かであることが多い。ただし、村内においては、一方的に搾取できないモラル的制裁も存在する。それは、感情を伴う扶助精神である。

　ブオタンは、利己的でなく、情に厚い人間性にあふれた「良い人」を指す言葉だが、それは人を助ける、特に経済的に困っている人の生存を支える行為と密接に関連している。貧しく弱い立場の人の窮状を理解し、助ける行為を行う人が「ブオタン」であり、貧しい人を見下して助けない場合は、その人はブオタンではないと非難される。ブオタンの反対の「見下す人」を意味する「マタポブレ」も、村の日常会話にしばしば登場する。村人は、マタポブレと呼ばれる人には近づこうとしない。

　よくある例として、小規模雑貨店の経営者は、窮している人からは通常、借金を取り立てずに理解ある態度で返済を待つ。経営者は、自分の借金取り立ての態度を借金のある当人のみならず、周囲の村人も注視していることを知っている。米も食べられないような苦しい生活を送る人から取り立てるようなことをしたら、マタポブレのレッテルを貼られ、自分の味方がいなくなってしまう。このようにして、無慈悲に搾取する人を共同体の成員から外す作用が働いているものと考えられる。*1

　さらに、村外の人々、特に経済的資源のある人との

仲買人に売る前に道路でコプラを乾かす農民

ゆでて食べるバナナは、米やイモと同じくサマール島では主食

村の小規模雑貨店の前は、近所の人同士のおしゃべりの場

漁から戻った船がならぶ海辺の風景（写真はすべてカルバヨグ市にて）

関係に着目すると、村人はパトロン・クライアント関係と称される二者関係によって、地域のエリートたちともつながっている。カルバヨグ市において、選挙で選ばれる政治家は二つある政党（自由党と国民党）のいずれかに属する。この二大政党のリーダーが下院議員や知事、市長である。以下、県議会・市議会議員やバランガイ議長、バランガイ議員のレベルに至るまでどちらかの政党に属しており、利益誘導型の政治が展開している。村人は、急に現金が必要な時などは、二者関係をつたって地元の有力者に近づこうとする。村人レベルまで何らかの形で助けようとしない政治家は一般に、ブオタンでないと不人気となり失墜しがちである。

村人の大多数は、保険制度に入っていないし、貯金もない。病気、事故、不作／不漁、災害といった事態が起こったら、ブオタンな人間関係のなかで、あるいはその関係をつたって生存を守っているのである。

*1 細田尚美 2004「おかずはな～に？——フィリピン・サマール島の海辺から」『アジア・アフリカ地域研究』4(2): 271–277.

第二部

回復力によりそう

太平洋戦争のことを私は昔の出来事だと思っています。でも、この話を聞いている学生さんにとっては、戦争の話も、震災の話も昔のことなんだろうなー。だからせめて忘れないで欲しいなと思うのです。（中略）忘れられることほど、悲しいことはありません。（中略）あなたの辛い経験は、防災に役だっている、と言ってあげてください。あなたが苦難を乗り越え生きていることは、みんなに勇気を与えているよ、と言ってあげてください。

（震災当日も神戸市立医療センター西市民病院で対応に当たった看護師さんのお話、「災害メモリアル神戸2010」2010年1月9日開催）

第3章

紛争とその後の復興が教えること

——一九七〇〜九三年カンボジア紛争

国際関与と生活再建

小林　知

右：調査地の家屋に残されたポル・ポト政権の関係者による落書き（2001年1月）

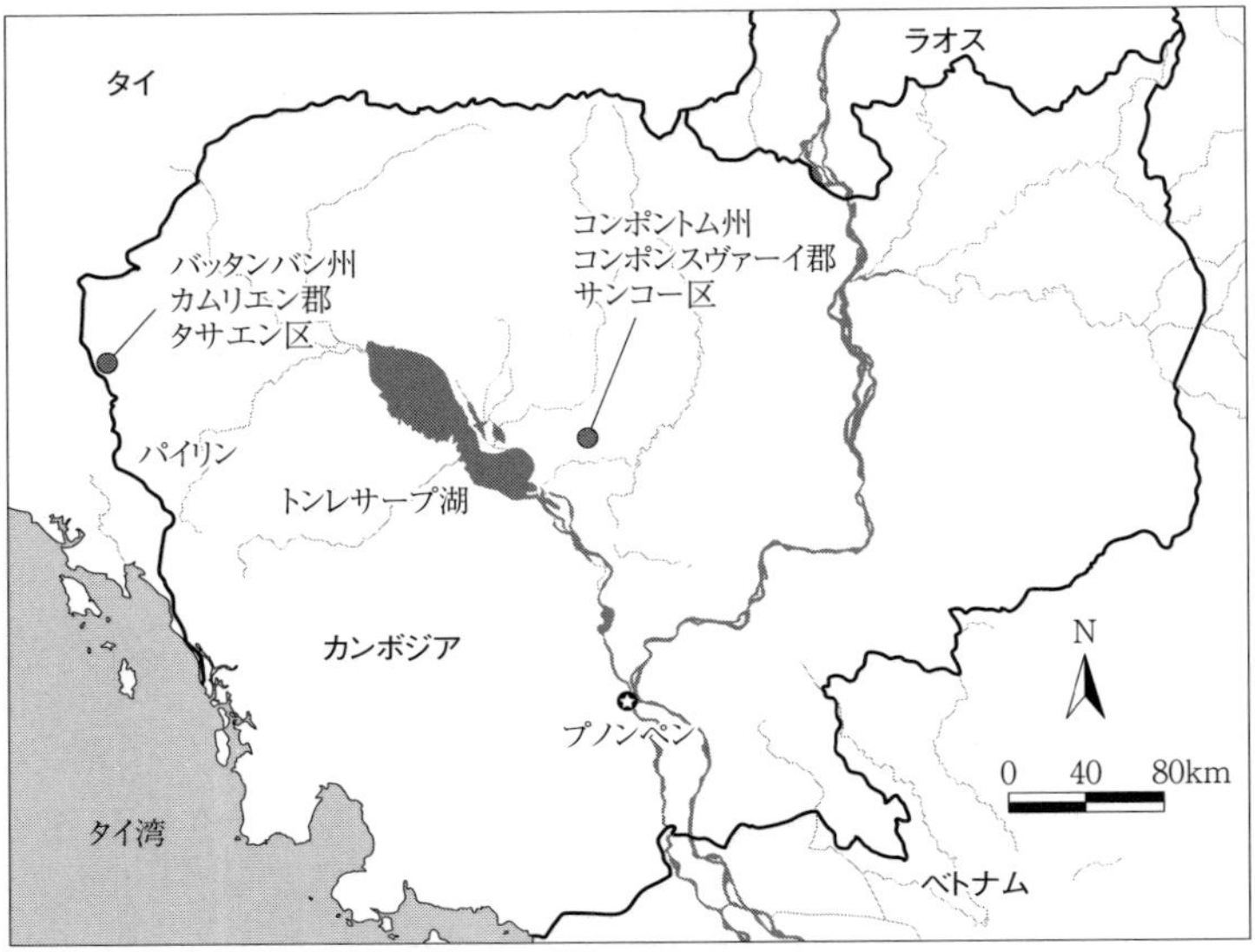

カンボジア紛争・復興関連年表

年	事項
1431	アユタヤ朝の攻撃でアンコール王朝が崩壊
1863	ノロドム王がフランスとの保護条約に調印
1887	現在のカンボジア、ベトナム、ラオスからなるフランス領インドシナ連邦が発足
1940	日本軍がフランス領インドシナ連邦に進駐
1941	シハヌーク国王が即位
1945	日本軍の主導でシハヌーク国王が独立宣言。日本の敗戦後、フランス軍が帰還し、独立の取り消し
1953	フランスからの独立を達成。カンボジア王国の成立
1960	シハヌークが国家元首に就任。権威主義的支配を強める
1966	ロン・ノル内閣の発足
1970	シハヌークの外遊中にロン・ノルらのクーデターが発生。新たに建てられた親米のクメール共和国（ロン・ノル政権）とカンプチア民族統一戦線の間で内戦が勃発
1973	米軍によるカンボジア国内での爆撃が終了
1975	民主カンプチア政権（ポル・ポト政権）の成立。都市住民は農村へ強制移住。経歴調査が広く行われ、ロン・ノル政権の関係者らが殺害される
1976	国内の全僧侶が強制還俗させられ仏教実践が断絶。共同食堂制が開始
1977	ポル・ポト政権の幹部も粛清殺人の対象となる。ベトナム領内に侵入して住民を殺害する事件が増加

年	事項
1979	民主カンプチア政権（ポル・ポト政権）の崩壊。親ベトナムのカンプチア人民共和国が成立
1982	反ベトナムの三派（ポル・ポト派＝クメール・ルージュ、シハヌーク派、ソン・サン派）が民主カンプチア連合政府樹立。国際支援を受けて、カンボジア＝タイ国境付近の拠点からゲリラ戦を展開
1989	カンプチア人民共和国が憲法を改正し、社会主義路線を放棄。カンボジア国と改称。カンボジア領内からベトナム軍が撤退したことを受け、クメール・ルージュと政府軍の戦線が拡大
1991	パリでカンボジア和平協定が調印
1992	国連カンボジア暫定統治機構（UNTAC）が発足
1993	国連監視下の制憲議会選挙の実施。立憲君主制のカンボジア王国政府が発足。フンシンペック党と人民党の連立政権。平野部を中心に国内の治安が安定
1996	クメール・ルージュ幹部のイエン・サリが政府に投降
1998	カンボジア＝タイ国境地帯でポル・ポトが死去。ヌオン・チア、キュー・サムファンは政府に投降。国内の辺境地域でも治安が正常化
1999	国境地域の拠点でタ・モクらが逮捕。政治勢力としてのクメール・ルージュの消滅
2006	カンボジア特別法廷の開設。クメール・ルージュ裁判が始まる
2012	シハヌーク国王が死去

1 災害としての紛争とカンボジア

社会的な災害としての紛争

本章は、紛争という災害とそれからの復興という過程について考える。この書籍が用いる災害という概念は、自然災害だけでなく、戦争、紛争なども対象に含む。人知の届かない領域にある自然現象を原因とする災害に比して、紛争は、社会的な原因にもとづく災害である。紛争には、村社会や国家、あるいは民族を単位とした各種の軋轢を原因とするもののほか、理想とする社会像に関する認識の相違にもとづくものもある。細かい事情は個別のケースによって異なるとしても、その原因がひとえに人間の行動が生みだす領域にあるという特徴は、自然災害と比べたときの明確な違いである。

「災害対応の地域研究」シリーズの編者は、災害の後の復興の過程には、単なる過去の状況のコピーではなく、創造的な人間能力の発露がみられると述べている（巻頭の「刊行にあたって」参照）。わたしも、基本的にその意見に賛同する。ただし、自然災害と、紛争などの社会的な災害との間には、復興の過程に大きな相違点がある点も注意する必要がある。まず、社会的な災害では、多くの場合、災害状況にいたる過程のなかで、コミュニティの成員が分割される事態が生じる。[*1] 「こちら側」と「あちら側」という二項対立はもちろん、場合によってはさらに別の基準も加わり、複数のカテゴリーに人間集団が分裂する。そのために、災害状況が落ち着いた後の復興の過程では、いったん分裂したコミュニティの成員の間の社会関係の修復という

*1 いうまでもなく、紛争では味方と敵という区別がつきものである。敵というカテゴリーはさらに、国民に対する非国民といった形で新たな区別をつくりだし、もともと一つにまとまっていた集団の分裂を導く。

アンコールワット遺跡。カンボジアの象徴であり、独立以来常に国旗のモチーフとして使用されてきた

課題が持ち上がる。

自然災害からの復興の例でも、その過程で居住地の別や社会的な属性の相違に従った様々なグループが顕在化し、それらのグループ間の亀裂をどう調整するかが復興を進める上での鍵となるケースがある（例えば、本書第1章の星川論文）。一方で、紛争後の社会では、銃を向け合った者同士によるコミュニティの再構築という形で、自然災害の一般的な事例よりもさらに切実な形で社会関係の修復が問題となる。

さらに、紛争からの復興では、残された武器の処理という、自然災害にはみられない大きな作業も必要となる。紛争の終わりを意味する平和構築と呼ばれる社会的過程のなかで、武装解除は重要なステップである。そして、武装解除の後は、紛争期間に社会に広く行き渡ってしまった銃火器を集め、一元的に管理する体制をつくる必要がある。ただし、新しく組織された政府がキャンペーンを繰り返してそれを実行し、集めた銃火器を廃棄したとしても、自然環境の中に残された武器もある。すなわち、紛争の過程で発生した戦闘行為は、戦地とした土地の自然環境を地雷や不発弾によって汚染する。戦火の後の環境汚染としては、枯葉剤などの各種の化学物質による被害がまず思い出される。しかし、爆発せずに残った武器も、間違いなく、環境の性質を変える力をもっている。この環境汚染の解決は、平和構築以後に開始される専門家による粘り強い努力によって進める他に道がない。

ポル・ポト時代のカンボジア

以下、本章では、紛争という災害とその後の社会の復興の問題を、東南アジアのカンボジアの事例において考える。[*2] カンボジアは、モンスーン気候に育まれた豊かな自然に恵まれ、世界

プノンペンの王宮前の公園の様子。朝夕には、体操などをする人びとで賑わう

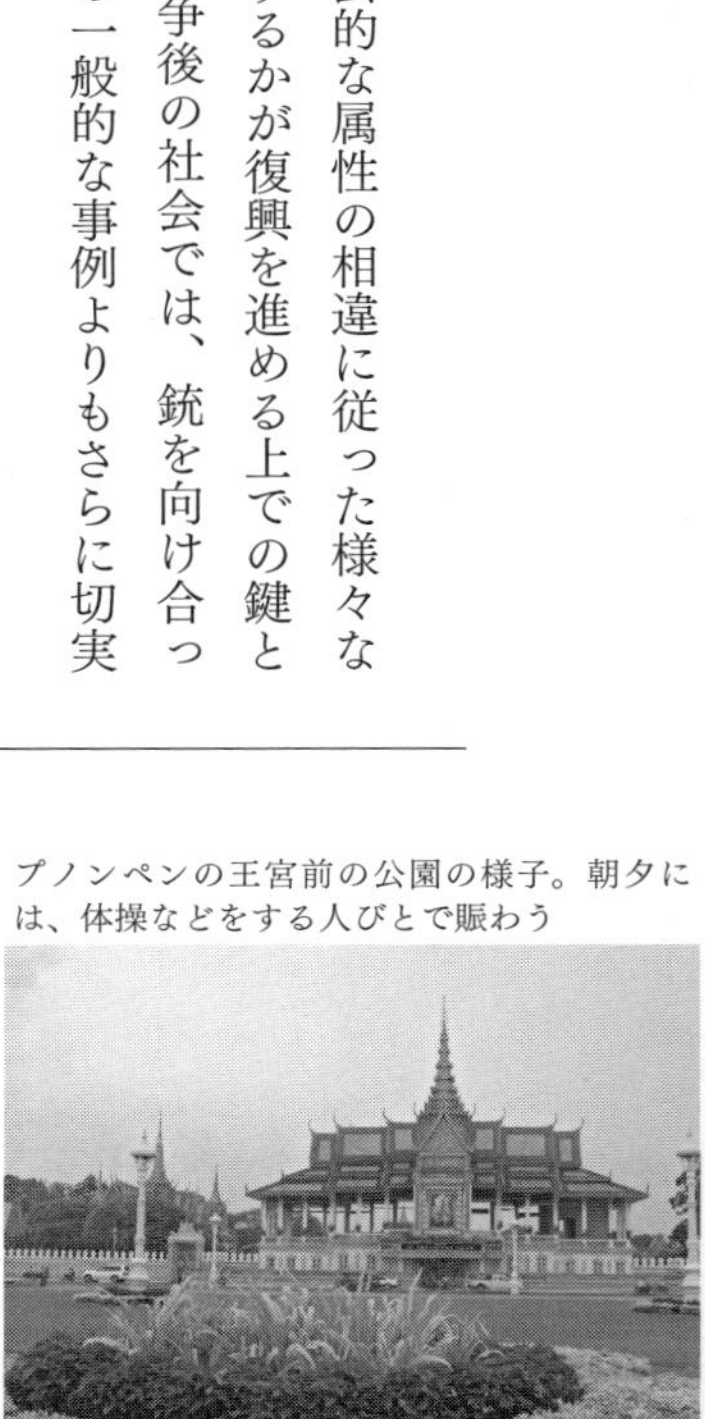

*2　本章がカンボジアの紛争と表現する時期は、一九七〇年三月のクーデターによってクメール共和国と反政府組織の間で内戦が始まった時期から、一九九三年の国連カンボジア暫定統治機構が支援した統一選挙の実施までを指す。

遺産に指定されたアンコールワット遺跡があることで広く知られる。近年の経済成長はめざましく、最近は日本企業の進出も相次いでいる。[*3] また、その一方で、ポル・ポト時代を中心とした凄惨な過去をもつことでもよく知られる。

カンボジアは、一九世紀半ばにフランスによって植民地化された。その後、世界に民族自決の機運が高まった二〇世紀半ばに独立国となり、以後はアジアの新興国として発展した。その首都のプノンペンは当時、「小さなパリ」と呼ばれ、西洋の影響をうけた魅力的な生活文化が花開いていた。当時、日本の新聞の特派員らは、タイのバンコクよりも、カンボジアの首都プノンペンへ赴任することを希望するものが多かったという。[*4] この状況を根底から覆したのが、ポル・ポト時代である。ポル・ポトとは、一九七五〜七九年に民主カンプチアという共産主義政権を建てたカンボジア共産党の指導者の名前である。

ポル・ポトをリーダーとした共産主義者たちは、民主カンプチア政権を樹立すると、彼らが理想とする新しい社会を実現するために既存の社会を破壊する諸政策を断行した。例えば、都市を否定し、その居住者を農村へ強制的に移住させた。経歴を調査し、前政権に関係した者や、学校の教師などの知識人を殺した。一人ひとりの人間は、生産を行う機械の部品のように扱われ、非現実的な達成目標のもとで酷使された。食料や医療は満足に与えられず、機械の部品交換のように、死んでも他を補充すればよいと考えられた。もともと都市に住んでいた人びとは、「新人民」と呼ばれ、特に厳しい処遇を受けて生存の危機にさらされた。「新人民」に対して、一九七五年四月以前に共産主義勢力の管理下に入った農村出身者が「旧人民」と呼ばれた。空腹に耐えかねて食料を盗んだことを咎められたり、濡れ衣を着させられたりすると、突然森に連れて行かれ、秘密裏に殺された。

*3 カンボジアの一人当たりGDPは、一九九八年に二五三ドルだったものが順調に増加し、二〇一二年には九八四ドルに達した。

*4 この時代のカンボジアの様子を知らせるものに、『クメールの微笑　カンボジアの民衆と社会』[和田 1975]がある。

プノンペンを流れるトンレサープ川。雨季には人びとが腰掛けている辺りまで川面が拡大する

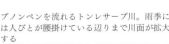

　このようなポル・ポト政権下のカンボジアの状況に関しては、日本語でも書籍が多数出版されている。[*5] クメール・ルージュとも呼ばれるポル・ポトらのグループが行おうとした革命は、徹底的に全体主義的な形で、極端な社会変革を急速に進めようとした。社会革命と呼ばれる試みは世界に複数あるが、理想とする社会像の急進性と支配の暴力性という点で、ポル・ポト時代のカンボジアに類する例は少ない。結果として、三年余の短い政権期間に、カンボジアでは大量の死者が生みだされた。ポル・ポト時代のカンボジアの死亡者数については諸論あるが、仮に一五〇〇万人と考えると、実に当時の国民のおおよそ四〜五人に一人が亡くなったことになる。

本章の構成

　本章では、このポル・ポト時代以後のカンボジアにおいて、紛争という社会的な災害の後の復興がどのように進んだのかという問題を考えたい。[*6] まず次節では、紛争期のカンボジアに関する歴史的背景を振り返る。次いで、第3節では、紛争の当事者であるカンボジアの人びとが、ポル・ポト時代以後に社会関係の亀裂をどう架橋し、生活の再建という課題に向かい合ってきたのかを、わたしが長く調査を行ってきた農村部のコミュニティを例にとって考える。さらに、第4節では、武器による環境汚染という問題に対する長期的な取り組みを、地雷被災地であるカンボジア＝タイ国境付近の地域社会の例において紹介する。そして最後に、全体をまとめ、紛争という災害からの復興には、知識や技術だけではなく、人間的な共感とつながりがなければ解決ができない局面が存在することを述べる。

1990年代以来政権を握る人民党が道端に建てた看板。インフラの整備など開発の実績を訴えたが、2014年の選挙で多くの議席を失った

*5　例えば『ポル・ポト〈革命〉史　虐殺と破壊の四年間』［山田 2004］がある。

*6　ポル・ポト時代以後の農村社会の復興の詳しい過程については、例えば拙著が参考となる［小林 2011］。

2 カンボジア紛争は何だったのか

紛争の概要

カンボジアが一九七〇年代から一九九〇年代まで紛争の地となってしまった原因は、一体どこにあるのだろうか。まず始めに、その社会の歴史を振り返りたい。

カンボジアは、一九世紀半ばにフランスによって植民地化された。それ以前のカンボジアの社会は、王を頂点とする伝統的な構造をもっていた。植民地化は、各種の近代化政策の導入を意味し、以後その社会は大きく変化した。なかでも、人びとの生活が国家の制度や権力の一部に明確な形で組み込まれるようになったことは、深い意義をもつ。例えば、植民地政府が課した徴税は、地域の人びととの生活へ国家権力が浸透を始めたことを示唆する。一方、二〇世紀前半には、国家によって世俗教育のシステムが整えられ、小学校の建設が国内の各地方で始まった。

伝統的なカンボジア社会は、大多数の農民と、一握りのエリートからなっていた。そして、農村の人びとの生活は一九六〇年代まで、基本的に地域レベルのごく狭い範囲の政治秩序のなかにあった。[*7] 一方、都市では、二〇世紀の中頃までに、西洋風の教育を受けた新しい知識人が生まれていた。

カンボジアは、一九五三年に植民地支配から独立した（図3-1）。独立を指導し、その後のカンボジアの内政を担ったのは、伝統的な王権の継承者であるノロドム・シハヌーク国王だっ

*7 カンボジアでは、一九五三年の独立後、複数政党からなる政治体制が確立した。その後、一九五五年と一九五八年に選挙が行われたが、地方の住民の参加状況はよく分かっていない [Chandler 2008: 233-234]。一九六〇年代は、実質的な一党独裁体制であった。

故シハヌーク国王を記念するモニュメント。2012年10月の死去の後に建てられた

図３－１　プノンペンにある独立記念塔（フランスからの独立を記念して建てられた）

た。シハヌークは、独立後、王位を返上して国家元首の地位に就き、国民国家の建設を目指して諸政策を実施した。しかし、その政治手腕は、王権時代の伝統的なやり方を彷彿とさせる権威主義的なものだった。そして、一九六〇年代には不正や汚職、腐敗が社会に蔓延し、その変革を望む国内のグループから糾弾されるようになった。なかでも、ヨーロッパへの留学の経験をもつ知識人たちの一部は、留学先で共産主義の社会運動に触れ、その思想にもとづいて変革を求める政治活動を始めた。

シハヌークはその後、一九七〇年三月に、軍部によるクーデターによって失脚した。*8 そして、この事件により、カンボジアは国土を二分した内戦に突入した。すなわち、王制を廃止して共和制を敷いた新たな政府に対して、農村に浸透を始めていた共産主義勢力とシハヌークを支持する王党派の勢力が手を組み、カンボジア全土の人びとに反政府闘争に立ち上がるよう呼びかけた。

一方で、カンボジアの隣国であるベトナムでは、共産主義を掲げた北部と、資本主義の南部に分かれ、一九六〇年代に内戦が生じていた。そして、シハヌーク時代のカンボジアには、北

今日のプノンペンの市街の一部には、内戦の前に築かれた瀟洒な都市建築が、古ぼけた様子で残っている

*8　一九七〇年のカンボジアのクーデターには、隣国ベトナムでの戦争の当事者であったアメリカによる働きかけが裏にあったのではないかと疑われている。シハヌークは当時、冷戦構造のなか西側にも東側にも所属しない中立外交を模索していた。

部ベトナムとの協定にもとづき、南部で戦闘を続ける北部軍を支援するための補給ルートが敷かれていた。いうまでもなく、ベトナム戦争には、西側の大国であるアメリカが深く関わっていた。アメリカは、南部の政権を助け、大量の武器と人員をベトナムに送った。そして、カンボジア国内の補給ルートの断絶も重要なミッションの一つであったために、一九七〇年以降のカンボジアは、アメリカの空軍による大規模な空爆の対象となった。

爆撃は、補給路が存在した国内東部だけでなく、カンボジアの共産主義勢力が拠点をおいた農村部の広いエリアを対象とした。そのため、カンボジア国内では広い地域において、突然の爆撃によって生活を脅かされる人びとが数多く生じた。一方で、共産主義勢力は、生命の危機を感じた農民たちに闘争を呼びかけ、反政府・反アメリカを旗印に総力を結集し、戦闘を拡大させることに成功した。つまり、皮肉なことに、共産主義勢力を制圧するために行ったアメリカの爆撃は、カンボジア農村における共産主義活動の拡大を後押しする結果となった。その後、一九七五年四月に共産主義勢力が首都プノンペンを制圧し、民主カンプチア政権を樹立した。

民主カンプチア政権下の状況については、第1節で述べたとおりである。その政権は、四年に満たない短い期間に大きな傷痕をカンボジア社会に残し、一九七九年一月に、ベトナム軍が国内に進駐したことをきっかけに崩壊した。その後のカンボジアでは、首都を中心とした国土の大半を、ベトナムが支援して新しく建てた社会主義政権が勢力下においた。一方、カンボジア＝タイ国境付近に逃れたポル・ポトらの一派も、国外から支援を受けて、政治勢力として存続した。*9

それから約一〇年の間、カンボジア国内では複数の当事者グループが分立し、武力闘争が続いた。クメール・ルージュは、中国などからもたらされた武器弾薬を用いてゲリラ戦を展開し

*9 クメール・ルージュはその後、一九九二年まで国連におけるカンボジア政府の代表議席を実質的に保持していた。

プノンペンの路上のサンドウィッチ売りの屋台。パンの形状がかつてのフランスの支配を思い出させる

た。一方で、新政府は、ベトナム・ソ連などから武器の支援を得ていた。つまり、一九八〇年代のカンボジアでは、冷戦構造のもとで東側と西側に分裂し、東側のなかでも中国ブロックとソ連ブロックに分かれて利得を争った当時の国際政治の構造が投影される形で紛争が継続した。

カンボジアの紛争は結局、一九八〇年代末に国際秩序の大きな変化が生じたことで、解決に向かった。すなわち、一九八九年にベルリンの壁崩壊を受けて冷戦構造が緩和すると、一九九一年にカンボジア紛争の当事者が集まり、パリ和平会議が開かれた。その決定を経て、一九九三年には、国連カンボジア暫定統治機構（ＵＮＴＡＣ）が国内の諸勢力の利害を調停した上で統一選挙を実現させた。日本も、平和維持活動（ＰＫＯ）の一端を担うために自衛隊を海外に派遣し、その選挙準備を支援した。クメール・ルージュは最後の段階で離脱し、結局は選挙に参加しなかった。この意味で、完全に包括的な紛争解決にはならなかったが、選挙の結果を受けて建てられた新しい政府は国際社会から承認され、国家機構として国民の生活を保護し、支援する役割を担うようになった。

なぜそれが生じたのか？

ポル・ポト時代が終焉してから三〇年以上が過ぎた今日、カンボジアでは他の東南アジアの国々と大きく変わらない発展がみられる。ポル・ポト時代の前後に難民として諸外国へ移住した人びとの一部も、本国に戻った。また、時間の経過により、今では人口の大半が、ポル・ポト時代を直接知らない若者によって占められるようになった。

他方、ポル・ポト時代のカンボジアには、最近、新たな関心が寄せられている。すなわち、ポル・ポト政権の指導者を裁くことを目的とした国際法廷が、二〇〇三年に設置され、二〇〇

プノンペンの道端の新聞スタンド。週刊、月刊の雑誌類もある。このような新聞、雑誌の普及は実質上首都だけに止まっている

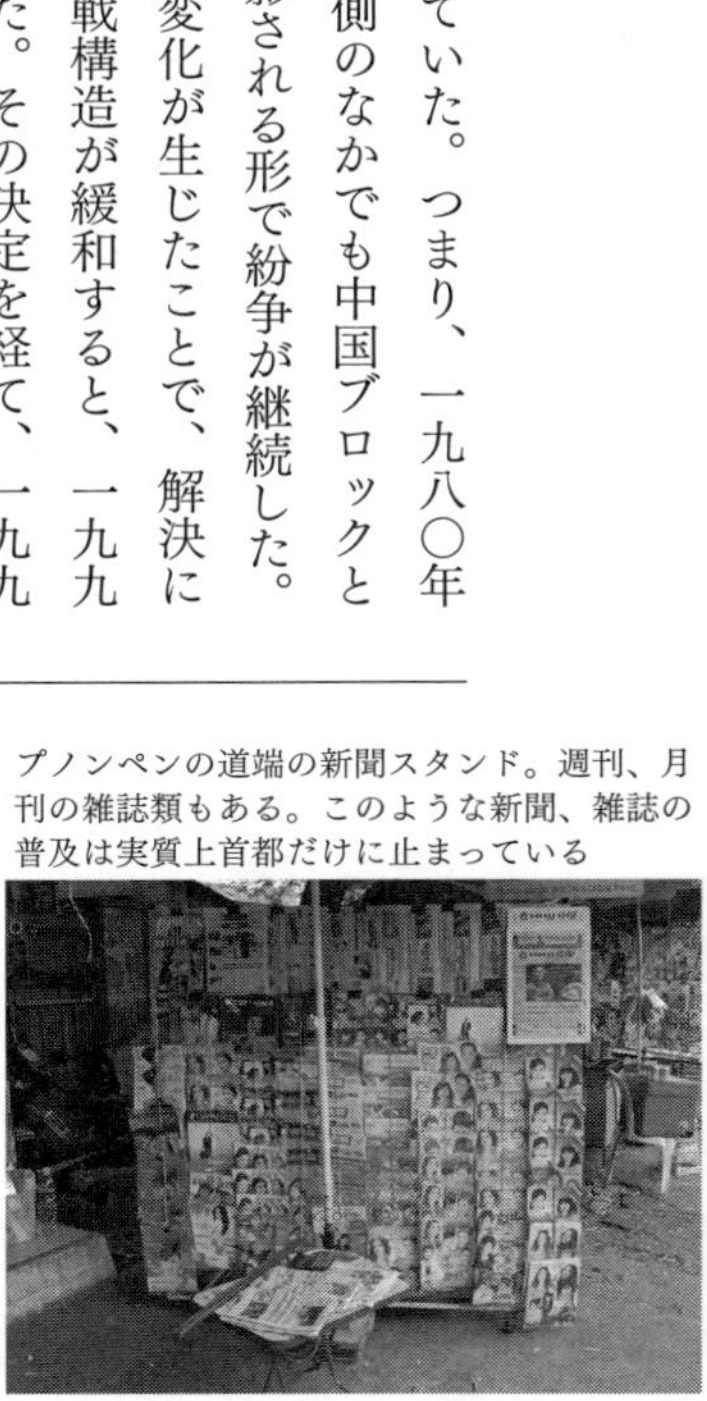

六年に活動を開始した。ポル・ポト政権崩壊直後の一九七九年にも、ポル・ポトとイエン・サリという民主カンプチア政権の指導者に対する裁判が当事者不在のまま行われた。しかしそれは、当事者が出廷しないまま一方的に準備された一種の政治的な劇であり、ポル・ポト時代の状況に関する客観的資料の集積と分析は行われなかった。二〇〇〇年代になって準備された国際法廷は、カンボジア政府と国連とが協力し、カンボジア人判事と、日本、オーストラリア、フランスなどの出身者からなる国際判事が協力し、民主カンプチア政権時代に政治的指導者の立場にあった人物の罪状を審議し、裁くというものであった。二〇一一年には、一万四〇〇〇人以上の政治犯を収容し、処刑した収容所の所長に対して最初の判決を下し、三五年の懲役を確定させた。[*10] さらに、二〇一四年八月に、ヌオン・チアとキュー・サムファンという二名の指導者に無期懲役の判決を言い渡した。

しかし、ポル・ポト時代のカンボジア社会の実態については、いまもよく分かっていないことが多い。生存者による体験談は多く集められ、出版もされている。ただし、当時の社会全体の状況はいまだ不透明である。政権自体が秘密主義を貫いたため、政策の決定過程はほとんど分かっていない。恐怖による支配を実現した指揮命令システムや、外部者にはまったく奇異に映る諸政策を打ちだした背景などは、闇のなかに放置されたまま、時間ばかり過ぎている。

ポル・ポト時代のような凄惨な社会状況が、なぜこの時期にカンボジアで生じたのかという問いは、その実態に関心を寄せる誰もが心に抱く疑問である。また、「ポル・ポト時代に何が起こったのか」「どうしてそれが生じたのか」「なぜ人びとは死なねばならなかったのか」とは、ポル・ポト時代を経験したカンボジアの人びとが共通して抱く実感にもとづいた問いでもある。愛する人を失った喪失感と悲しみは消えることがなく、生き残った人びとを、その後の

*10 その後、二〇一二年の再審で無期懲役に変更された。

2014年６月、プノンペンにイオンモールの１号店がオープンした。カンボジアで初めての本格的なショッピングセンターであり、連日多くの人が詰めかけている

人生を通して苦しめる。なかには、仏教の思想などに触れ、憎しみを赦しに転換させようとする人もいる［例えば、久郷 2009］。また、国際法廷が開始したポル・ポト時代の指導者への裁判に、より詳細な事実を明らかにしてくれる役割を期待する人もいる。

さらに、普遍的な立場から、その原因を、人間が知識や技術に対して持つ信念の問題へ求める意見もある。これは、例えば、ポル・ポト時代を生き延び、その経験に向き合った作品を制作し、発表し続けているカンボジア人映像作家のリティ・パニュ（一九六四年生）が、二〇一四年に公開した映画『消えた画《え》　クメール・ルージュの真実』において示す意見である。*11 パニュは、政府の役職をもった教師の父をもち、首都の裕福な家庭で育った。一一歳で迎えたポル・ポト時代は、都市民として強制移住の対象となり、過酷な労働に従事しただけでなく、父や母、姉や姪を失った。ポル・ポト時代以後は、タイの難民キャンプに逃れ、フランスへ渡った。フランスで映画撮影を学んでからは、現代のカンボジアに関するドキュメンタリー映画のほか、ポル・ポト時代の経験のなかの真実を求めて一連の作品を制作している。

『消えた画』において、パニュは、記憶する家族や親族など身近な人物たちを土でつくった人形として登場させ、その人形に語らせる形で自身のポル・ポト時代の体験を再現した。ポル・ポト時代以後に発見した映像フィルムを各所に挿入するやり方を含め、画像や映像がいかに記憶を喚起し、また状況を記録するものかという点など、多数のメッセージと刺激に満ちた映画である。

映画の内容の紹介は他に譲るが、そのなかでパニュは、「この殺人は、業や宗教ではない、思想《イデオロギー》による」と述べている。この一言により、彼は、ポル・ポト時代の非人間的支配の起源を、仏教の宗教的論理である業《カルマ》が説く因果応報の連鎖に求める意見を否定する。それは、カン

*11 リティ・パニュは、ポル・ポト時代のカンボジアを題材とした映画制作をライフワークとしている。特に、ポル・ポト時代に一万人以上を拷問し、殺害した政治犯収容所で起こっていた事実に迫った『S-21 クメール・ルージュの虐殺者たち』（二〇〇三年）は、数多くの映画祭で高く評価されている。

イオンモールのフードコートの様子。服飾や雑貨の販売スペースよりも多くの人びとを見かける

ボジアの人びととの宗教文化の特性に由来するものではない。そしてパニュは、近代以降の世界を覆っている思想という問題こそが、その悲劇を生みだしたのだと訴える。思想という一般的な言葉を用いることにより、パニュは、ポル・ポト政権下のカンボジアの状況の起源は人間社会の普遍的な性質にあり、カンボジア以外の土地でも今後同様な悲劇が生じる可能性があると警鐘を鳴らす。*12

パニュのいう思想の問題とは何だろうか。興味深いことに、パニュはこの映画のなかで、西洋の教育の影響下にあった二〇世紀半ば過ぎのカンボジアの知識人が示した思想のコントラストを印象的な形で描いている。すなわち、そこでパニュは、フランス語の詩を吟じ、西洋の文化を楽しみながら、教育による人間の可能性の開発を強く信じていた教師であった父親の姿を回想している。父親が目指したのは、教育の普及による社会的不平等の是正であり、人間の尊厳を尊重した社会の実現だった。そのようにして、ヒューマニスティックな教育の実践者である父の姿を描く一方で、パニュは、クメール・ルージュの指導者らもその多くが高い教育を受けた知識人だったことを何度も指摘している。多くの資料が明らかにしてきたように、ポル・ポトら民主カンプチア政権の指導者は、革命運動に身を投じる前に、西洋に留学したり、国内の先進的な教育機関で教師をしたりしていた。しかし、彼らは、伝統社会と異なったまったく新しい社会の実現という目標を達成する方法として、教育による人材育成にほとんど価値を与えなかった。それどころか、捕えた人びとを再教育せずに殺し、理想とした社会から人間的な関係を消去した。革命組織の決定にただ従えば良いと人びとに呼びかけた彼らにとって、人間は機械の部品と同じであり、求められたのは人的犠牲を無視した成果だった。

ポル・ポト時代のカンボジアで生じた大量の殺人と死者の問題は、関心を寄せる者の心を強

*12　思想という言葉は、ここでは、ポル・ポトらがかつて魅了された共産主義の革命思想だけに限らない、より広い意味をもつものだとわたしは考える。この点は、『消えた画』の制作と同時に執筆された著書も参照されたい［パニュ＆バタイユ 2014］。

カンボジアは仏教国であるが、イスラム教を信仰する人びとも古くから暮らしている。男子が、宗教学校でコーランを学んでいる様子

く捉える。

なぜそれが生じたのかという問いへのアプローチは複数あり、例えば、一九五〇～六〇年代のカンボジア国内の政治史を分析することからは、シハヌークの内政の行き詰まりと、それに続くアメリカ空軍の爆撃こそが、民主カンプチア政権の誕生を導き、悲劇の端緒をつくったのだと指摘することができる。また、民主カンプチア政権の指導者個人の経歴を検討し、彼らがもつ共産主義という政治思想の特徴に最大の原因を求める意見もある。一方、当時の国際秩序であった冷戦構造がそもそもの原因であり、その秩序を支えていた世界の各国にも人びとの苦しみに関する責任の一端があると述べることもできる。さらに、カンボジア人のパーソナリティーや文化にこそ、その悲劇の源泉があったのだという議論もよく見られる。

個人的にはこれまで、国際関係論や政治学の視点から当時のカンボジアの状況をいくら細かく述べられても、ポル・ポト時代のような状況がなぜ生じたのかという問いについての納得できる説明とは感じられなかった。一方で、パニュの映画は、その状況を近代以降のどの社会でも起こりえる普遍性をもった事件としてわれわれに突きつけている。それが描く、他者へ深い関心を示す父と、人間不在のなかで成果のみを追求したクメール・ルージュの姿は、近代という我々が生きる時代の二面性を興味深い形で示しているように思える。ここで映画の詳細な分析にまで立ち入ることはできないが、パニュのそのメッセージは、「なぜポル・ポト時代のような状況が生じたのか」という問いへの回答として、反芻する価値がある意見だと思う。

筆者の調査地であるサンコー区の村の様子。屋敷地には高床式家屋と籾倉がある。井戸は1960年代に掘られたもの

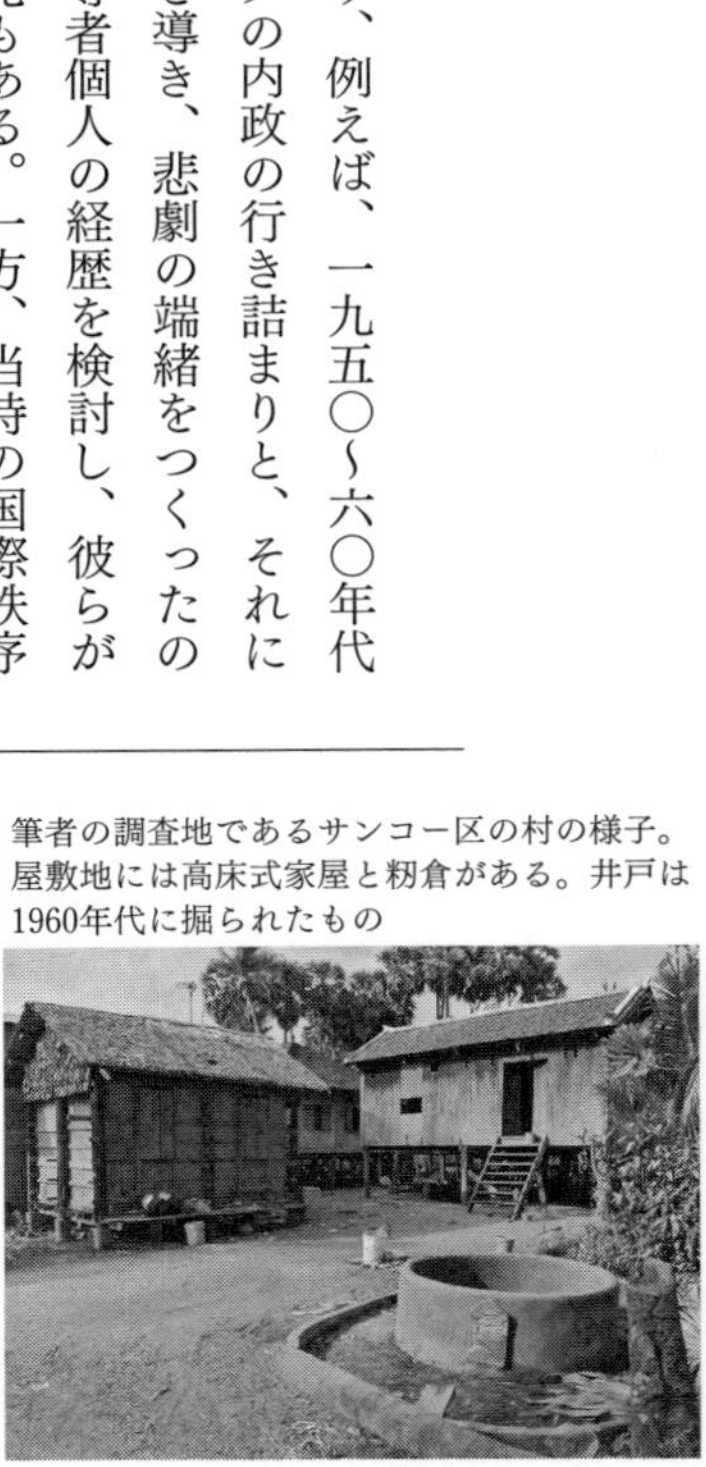

3　コミュニティの再構築 —— 経験の壁と向かい合う

社会関係の修復

ポル・ポト時代以後のカンボジア社会に関しては、人間関係の修復が課題であるといわれてきた。ポル・ポト政権は、革命的見地からの政治的な判断にもとづいて人口を分類し、それぞれを別個に扱った。例えば、「新人民」と呼ばれた都市住民は、農村出身者に比べてより差別的な状況下におかれ、苦しんだといわれる。また、革命組織は、組織こそが親であり、生態学的な父母は敬う必要がないと子供らに教えた。さらに、密告を奨励し、人びとの間の信頼関係を損なおうとした。その結果、ポル・ポト時代以後のカンボジアの人びとの間には、トラウマ的な相互不信が根強く、その終焉からすでに多くの年月が経ったのにもかかわらず、社会の基礎をつくるべき信頼関係が十分に確保できていないという意見がある。[*13]

一九九〇年代から二〇〇〇年代にかけて、カンボジア政府は、ポル・ポト時代の過去をとり立てて扱うことは社会の崩壊を導く可能性があるという意見を通して、カンボジア社会の脆弱性を頻繁に強調した。しかしその意見には、国際法廷の実施形態にカンボジア政府の側から影響を及ぼすための政治的レトリックという一面もあった。農村の人びとの関係修復は、このあとに紹介する例が伝えるように、ずっと前から人びと自身が選んだ形で進んできた。

第1節で述べたように、紛争からの復興においては、紛争期間中に別個のグループを形成して相争った集団の間で和解を進め、新しい社会の建設に向けた協力体制をつくることが必要で

＊13　例えば、日本の某大学のホームページには、二〇一〇年頃、「ようやく社会関係の修復が始まったカンボジア社会」というNGO主催の研究会の案内が載せられていた。カンボジア農村を訪問するスタディツアーへの参加者を募集するその案内文からは、国連の支援のもとでの統一選挙によって新しい政府がつくられ、国際法廷による裁判が始まり、人びとの経済活動が国際市場に連結されてはじめて、社会の修復が始まったという論調を読み取ることができる。

農村では、最近は機械化が進むが、まだ牛や水牛が農作業に使われている

ある。罪状を裁き、判決を下し、過去を清算する裁判は、そのための一つの手段である。ただし、裁判という手段には限界も指摘されている。[*14] また、カンボジアの裁判のケースには、時間の経過という大きな問題が伴なっている。国際法廷による裁判は、ポル・ポト時代の終焉から二〇年以上経ってから始まった。しかし、この二〇年間に、カンボジアの人びとは、別の形で過去に向き合い、問題を乗り越えようとしてきたのではないか。実際、わたしが二〇〇〇～二〇〇二年の間に住み込み、フィールドワークを行った農村の人びとは、裁判とは大きく異なった方法で過去に向かい合い、生活の再建に取り組む姿を示していた。

紛争下の状況

わたしは、一九九〇年代末より、カンボジアの国土の中央にあるトンレサープ湖の東岸に位置しているコンポントム州コンポンスヴァーイ郡サンコー区で継続的に調査を行っている。サンコー区は、首都のプノンペンからは、国道六号線に沿って二〇〇キロメートルほど離れている。コンポントム州は、一九八〇年代を通してクメール・ルージュと政府軍の間の勢力拮抗地域として有名だった。調査の最初の目的は、ポル・ポト時代以降の人びとの生活再建の動態を村レベルで解明することだった［小林 2011］。近年は、生業活動や家族生活、宗教実践の変化などについて、短期の調査をくり返している。

サンコー区では、一九四〇年代に道路交通が発達し、国道を走るトラックがプノンペンとサンコー区を結ぶようになった。当時の地域の人びとの生業の基本は、稲作と漁業だった。しかし、一部には、信用取引で大量に買い集めた籾米や鶏、森林産物を、プノンペンの市場に卸す商売に従事する人びともいた。サンコー区内の最初の学校は、一九五一年につくられた。既に

*14 まず、それがポル・ポト時代の支配に関与した人びとを包括的に対象とするものではなく、あくまでも上層の一部の代表者だけを象徴的に裁くために組織されている点への批判がある。さらに、型式にばかり囚われ、真実を探り出す過程としては期待できないという意見もある［パニュ&バタイユ 2014］。

カンボジアの20歳以上の成人男性は得度式を経て僧侶になることができる。僧侶になると納税などの世俗的義務から解放される

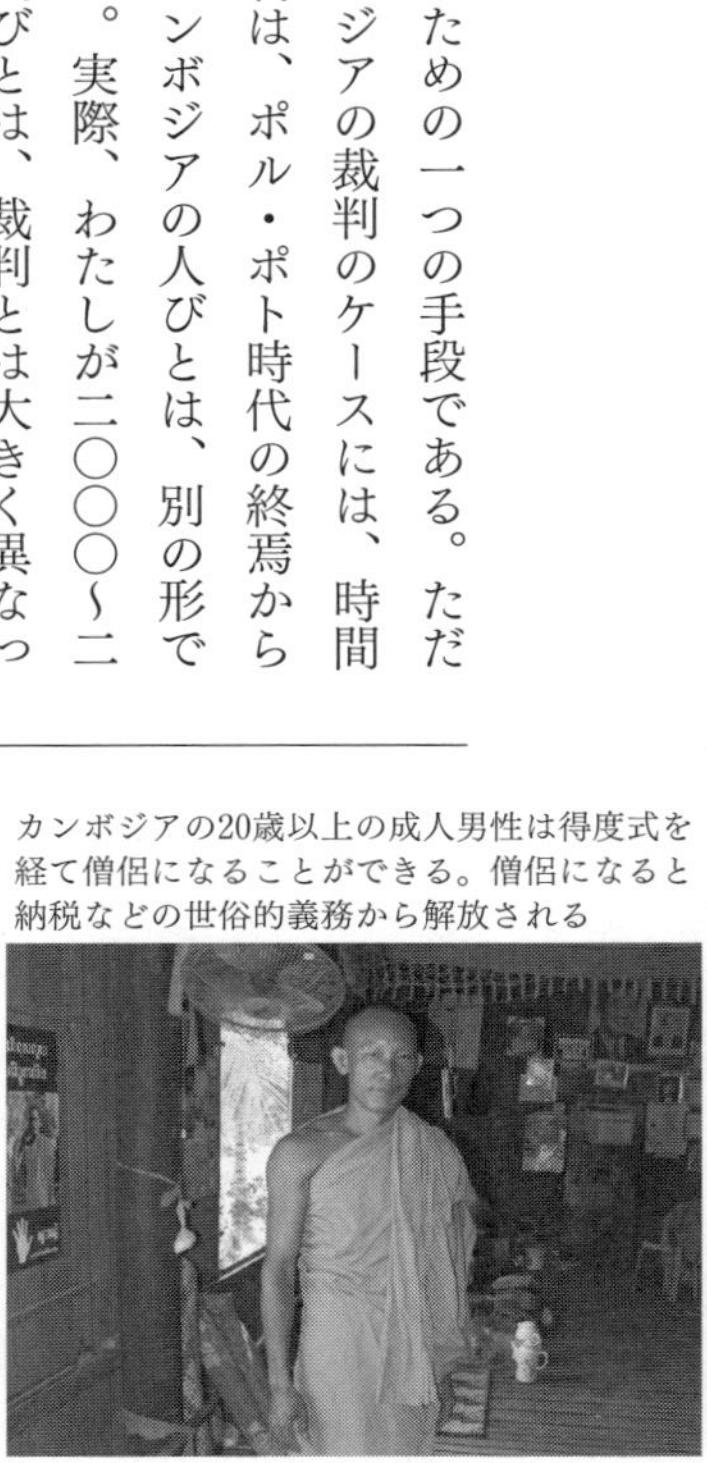

述べたようにカンボジアは、一九五三年にフランスの植民地支配から独立した。フランス植民地期、人々が生活の糧とした農地には税金がかけられていた。独立後も、税金の徴収は続いた。一九四〇年代から一九六〇年代にかけて、地域社会に及ぶ国家の管理は限定的だったが、教育には力が入れられ、一九六〇年代末には全国で幾万の高校卒業者が生まれた［Chandler 2008: 243］。

聞き取りによると、サンコー区で紛争の兆しがあらわれたのは、首都のプノンペンで活動していた共産主義者のグループが地域社会に出入りするようになった一九六〇年代末のことだった。*15 ただし、地域の一般の人びとにとって、首都で繰り広げられていた政治運動は実感を欠いた遠い世界の話だった。

そして、一九七〇年三月にクーデターでシハヌークの政府が崩壊し、国土を二分した内戦が始まると、サンコー区の人びとも紛争の只中に巻き込まれた。サンコー区とその周辺の農村は、内戦の初期から共産主義勢力の影響下におかれた。村人によると、この時期のサンコー区周辺には戦闘機が飛来し、集落だけでなく、田や畑で農作業をする住民を標的とした射撃を行った。また、共産主義勢力が戦略ルートを築いていたトンレサープ湖近くの浸水林には、大規模な爆撃もあった。

一九七〇年から一九七三年までの人びとの生活には、さらに二つの大きな変化があった。一つは、共産主義勢力の活動の浸透である。共産主義者は、まず、シハヌークの政権下で蔓延した汚職や社会不正を糾弾し、アメリカを中心とした外国勢力に対する闘争を住民に呼びかけた。そして、そのプロパガンダに心を動かされ、革命活動に参加する若者がサンコー区から生まれた。このことにより、サンコー区の住民には、クメール・ルージュの活動への参加者を家族や

*15 当時の共産主義者の活動は、寺院の僧侶など地域の有識者を選んで、密かな形で行われた。共産主義活動は弾圧の対象とされており、発覚すれば逮捕された。

寺院内の講堂で、儀礼が始まる前に談笑する地元男性。村の噂などの情報交換の場である

親類にもつ例が多くみられた。[*16]

もう一つの変化は、強制移住だった。一九七五年四月に勝利を収めた後、クメール・ルージュは、戦闘から避難した人びとを受け入れて膨れあがっていた都市部の人口を一斉に農村へ追放した。ポル・ポト時代の幕開けを示す首都から農村への強制移住は、点滴をしたままの姿の病人や、出産が迫った妊婦も含め、炎天下に長く人の列が延びた地獄絵図のようだったといわれ、その後映画などでも繰り返し再現されてきた。サンコー区での住民の強制移住は、ポル・ポト政権が成立する前の一九七四年に始まっていた。それにより、サンコー区の住民の大半は、州都コンポントムに移動した。[*17]一方、少数の世帯が、共産主義勢力と行動を共にして森に入った。強制移住は、それまで蓄えた財産の大半を放棄することを意味した。限られた家財と食糧だけを携行し、住み慣れた土地を離れることを余儀なくされた人びとの心のなかに、先の見えない大きな不安があったことは想像に難くない。

ポル・ポト時代に入ると、サンコー区の人びとも革命組織による経歴調査の対象とされ、「旧人民」「新人民」のカテゴリーに分けられた。そして、非現実的な労働目標のもと、性と年齢の別につくられた労働チームで一日の大半を過ごした。食糧は乏しく、徐々に薄くなるお粥を大人数で分け合うようになり、空腹と栄養失調が常態となった。病人やけが人が放置され、死んでいったのに加え、規律違反を理由に突然連れ去られ、殺された人の事例も多く確認できる。なかには、家族の全員がまとめて殺されたケースもあった。サンコー区の住民の一部には、地元出身のクメール・ルージュ兵士らとの個人的な関係を維持し、それをもとにして当時の困難な生活のなかでも特別な配慮を得ることに成功した人物もいた。とはいえ、当時の支配が地域社会の姿を根底から変え、言葉では尽くしがたい諸々の困難と悲しみを人びとに与えた

僧侶に向かって戒を請願する人びと。五戒（殺さない、盗まない、姦淫をしない、嘘をつかない、酒をのまない）を請い、守る

*16　詳しくは、拙著［小林 2011］の第3章を参照されたい。

*17　サンコー区の住民は、一九七四年にまずクメール・ルージュによって居住地の北の森林地帯へ強制移住させられた。しかしその一〇日ほど後に政府軍が進撃し、その住民の大半を州都へ移動させた。一部の地元住民はクメール・ルージュに従ってさらに北の森へ移動した。

図３－２　サンコー区の家屋に残されたポル・ポト政権の関係者による落書き（「我々の村は解放された」という文言がみられる）

ことは間違いない。

一九七九年一月に、ベトナム軍とそれに支援されたカンボジア人の部隊の攻撃を受けて、ポル・ポト政権が崩壊した。サンコー区にいたクメール・ルージュの兵士や幹部は、直後にタイ国境付近へ逃げだした。

ポル・ポト時代を生き残った人びとは、その後、自分たちの判断と主体性にもとづいて生活の再建に着手した。多くの人びとは、もともと居住していた村落に戻った。そして、戦争が始まる前から互いを知っている親戚や友人、その他の村人らと再会し、人間関係を復活させることで生活再建の基礎を確保した。その後の復興は、基本的に、国家の政策的指導ではなく、地域の人びと自身が経験や

寺院で儀礼の後に僧侶のお下がりを食べる女性たち。男性と女性は別に、近くに座っていた人びとと車座をつくって食事する

知識の形で蓄えていた潜在力に頼った形で進んだ。ポル・ポト時代以後に建てられた新しい政府には、そもそも、地域の人びとの生活の再建を助ける余力がなかった。社会主義を掲げた新政府は、ベトナムやソ連、東欧諸国などの限られた国々としか国交をもたなかった。日本など西側の諸国は、タイ国境付近に拠点を移したクメール・ルージュをカンボジアの正式な代表としていた。そしてそのクメール・ルージュは、国内各地でゲリラ戦を展開していた。当時のカンボジアの人びとの一般の生活は、西側からは見えない壁の向こうにあった。

仏教寺院でのざわめき

二〇〇〇年当時のサンコー区では、わたしがポル・ポト時代の状況を尋ねると、人びとの多くが迷うことなく自分自身の経験を語ってくれた。一方で、かつてクメール・ルージュの運動に参加していた経歴をもつ人びとの一部は、当時の様子を語りたがらないという態度を示した。

一九七九年から二〇年以上過ぎた時期に始めた調査であったため、ポル・ポト政権が崩壊した直後のコミュニティの様子を直接確認する術はなかった。聞き取りのなかでは、地元のクメール・ルージュ幹部のひとりを殴り殺したと告白する老人男性にも出会った。しかし、そのような人も、かつてクメール・ルージュの運動に関わった経歴をもつ村内外の人物と、日常的な交流関係をもっていた。つまり、一九九〇年代末の地域社会では、ポル・ポト時代の立場や経験の差異が、人びとの相互行為にもとづく生活の世界を断片化する要素とはなっていなかった。

そのような状況のなかで、わたしがポル・ポト時代に関する人びとの記憶の問題を考えると

調査地の村人がのこぎりに作り替えたピストル。戦争の記憶と共に、人びとの知恵を喚起する

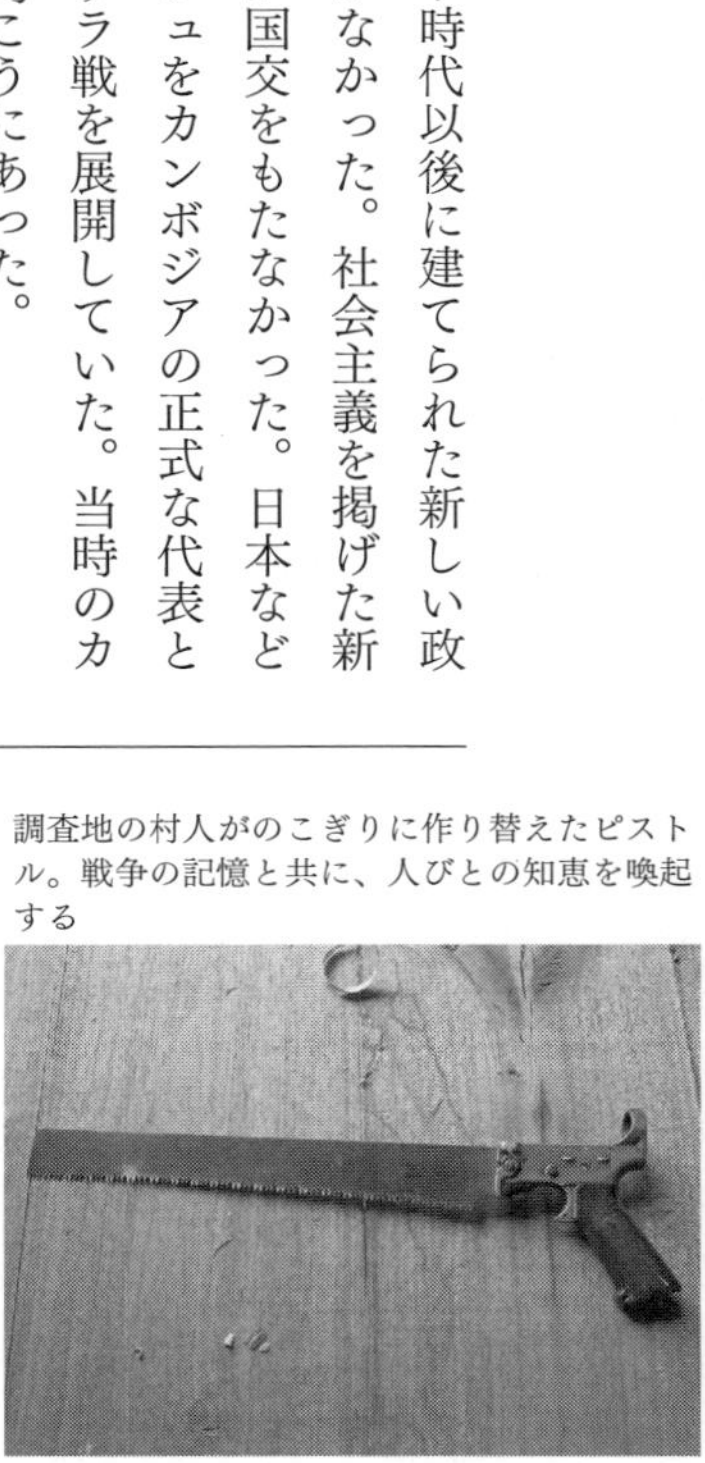

きよく思いだす場面が二つある。その一つは、サンコー区の仏教寺院で、他の地域の人びとを迎えて行った仏教儀礼の場面である。*18

仏教寺院は、観念上、仏陀の教えにしたがって出家した僧侶の修行のための場所であり、世俗と一線を画した仏教秩序が支配する空間である。そこでは、地元の人びとによって各種の儀礼が行われる（図3−3）。そのなかには、遠くの別の寺院の人びとを招き、相互交流にもとづいて共同で儀礼を開催することもある。その日も、寺院には地元出身の老人世代の人びとが多く集まっていた。そして、相手の寺院の人びとが到着し講堂に上がってきたとき、講堂の内部に座っていた地元の人びとの間に静かなざわめきが起こり、「あいつがいるぞ」というささやき声が広がった。来客として迎えた人びとのなかに、ポル・ポト時代にサンコー区周辺で幹部をしていた元クメール・ルージュ兵士がいたのである。

その場面は、ポル・ポト時代の記憶が、いまも鮮明に人びとのなかに残っていることを知らせていた。ただし、その日その場でささやきは水紋のように消え、寺院での儀礼は通常と変わらない形で進んだ。迎えられた人びとは、振る

図3−3　僧侶に食事を寄進したあと、人びとは仏像に向かって経を唱える

---

*18 カンボジアの人口の八割以上は上座仏教を信仰する仏教徒である。上座仏教は、出家して世俗の義務を離れた僧侶と在家の一般の人びとの相互関係で成り立っている。世俗の人びとは、僧侶に食物を寄進する行為などによって功徳が生じ、それを多く積むことによって自身の境遇が好ましいものへと転換すると信じている。そのため、寺院や家屋において開催される様々な儀礼行為へ積極的に参加する。

水牛と村人。土地と家屋に次いで、役畜は貴重な財産である。人だけでなく、家畜も地雷の犠牲になることがあった

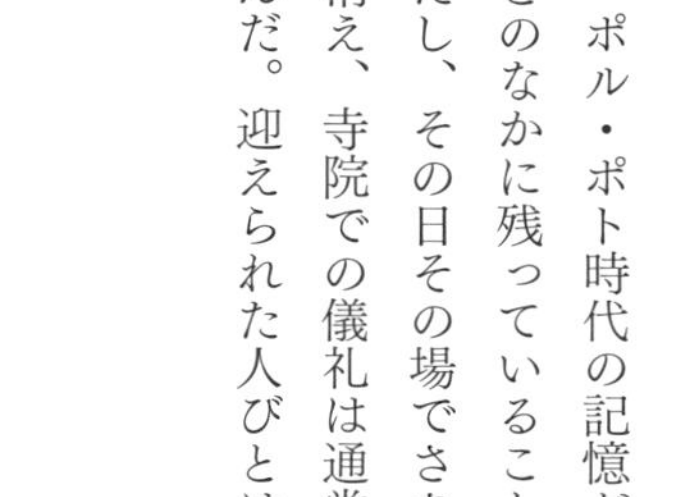

舞われた昼食を食べ、共同で儀礼行為を行った後、帰って行った。仏教儀礼においては、「われわれ仏教徒」という表現で、多様な背景をもつ参加者の団結を賞賛する言葉が繰り返される。そして、参加者は、功徳を積むという究極の目標に向けて、共同で儀礼を行う。「あいつがいるぞ」と姿を認めながら、人びとはその後、沈黙を守った。その行動は、過去の記憶に関心を向けながらも、それに公の場では言及をしないという、人びとのある種の規範的な行動を示していた。

このような人びとの行いを理解するには、まず、そこに身を置く人びとに調和的な態度で行為することを求める雰囲気をもつ仏教寺院という空間の性質を考える必要がある。そこでは、参加者の平等性が強調され、金持ちか、貧乏人かといった社会的属性や身分の相違が仏教徒としての同一の立場に緩和される。これは、宗教的な言説の領域でよくみられる修辞上の操作であり、現実社会のなかの差異を一時的に隠蔽するものだといえるかもしれない。しかし、そのような空間が存在すること自体は、異なった立場でポル・ポト時代を過ごし、経験のギャップを印しづけられた人びとの間の関係の修復がカンボジア社会で進んできた事実を考える上で重要だと思われる。

「忘れはしない」

もう一つ忘れられないエピソードがある。わたしがサンコー区で調査を開始して三か月ほど経った頃、住み込んでいた村の老人男性が二名相次いで病に倒れ、プノンペンの病院に運ばれた。[*19] しばらくして、前もって決まっていた調査中の予定に従ってプノンペンに戻ったわたしは、その二名を病院に見舞った。そして、そのうち一名は、村での住み込み先の家のお祖母さ

次節で取り上げるタサエン区の国境。幅10メートルもない川を挟んでゲートがある。地元の人は気軽に往来している

*19　二〇〇〇年前後のカンボジア農村では、都市の病院にて西洋医学にもとづく治療を受けるケースが徐々に増えていた。ただし、その治療費は大きな負担であり、そのために農地を売り、経済的に困窮した状態へ転落する世帯も多くみられた。

んの妹の夫であったことから、結果的にプノンペンでの滞在を延長し、夜は病院に泊まり込んで付き添いの手伝いもした。さらに、その息子等が病院の入院費用の調達に苦労しているのをみて、一部を個人的に負担した。

結局、治療の効もなく、二名はプノンペンで亡くなり、後日、遺体を村に運んで葬式が行われた。その葬式が終わった後のある夜、住み込み先の家のベランダで涼みながら、家のお祖父さんとふたり、亡くなった二名について話を始めた。お祖父さんは、亡くなった二人と同世代だった。また、三名の男性は全て同じ村の出身であり、小さい頃からお互いを良く知っていた。そして、お祖父さんは、親類関係にあった一名の死は本当に悲しいが、もう一人についてはどうでもよいと語り、次のように述べた。

「ポル・ポト時代は、自分の子供たちの飢えた姿を見る度に本当に悲しかった。そのなか、(亡くなった)あいつは、地元のクメール・ルージュの幹部に取り入って、普通は分け与えられない食べ物(ゴマや砂糖)を食べていた。ポル・ポト時代の後、村や寺院での付き合いは普通にしてきたが、俺は絶対に忘れない。あいつが死んでもまったく悲しくない。もしも(筆者が)あいつの入院費も助けようとしたら、俺は反対した」。

以上に紹介した二つの場面は、裁判という問題解決の枠組みとは大きく異なった、カンボジアの人びとの問題の乗り越え方を示唆している。サンコー区の人びとは、決して過去を忘れてはいなかった。しかしその上で、公式の場では過去を問わない姿勢を選択していた。

事実として、ポル・ポト時代以後のカンボジアは、長らく、国際社会の支援の対象とならなかった。その後に生じた旧ユーゴスラビアでの紛争*20のケースなどと違い、人道に対する罪を問

*20　一九九一年以降の旧ユーゴスラビアで生じた平和の破壊および侵略行為などに対しては、国連安全保障理事会の決定を受けて、早くも一九九三年に旧ユーゴ戦争犯罪国際法廷が設置され、紛争の関与者に対する起訴を行っている。

タサエン区の仏教寺院の儀礼で寄進されていたお金。タイとカンボジアの紙幣が混じっている

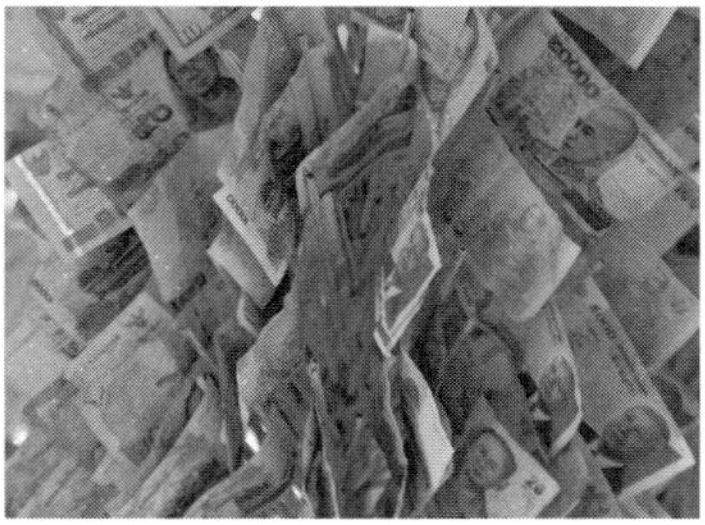

う裁判が国際社会の介入によって用意されることもなく、紛争の当事者間のギャップは、当事者自身によって乗り越えられるしかなかった。聞き取りによると、一九八〇年代前半の人びとの生活状況は困難を極めており、当時の生活の再建においては、ポル・ポト時代の立場や背景を異にした間柄にしても、手に手を携えて協力することが現実的だった。

いかに記憶と向き合い、どのようにして他者と社会関係を築くのかという点は、紛争後のコミュニティの再構成に関わる根幹の問題である。ポル・ポト政権が、人道的に許されない形の甚大な災害を生じさせた点に間違いはない。しかし、それればかり主張するならば、その時代を政権側に近い立場で過ごした人びとを罪人扱いしなければならなくなる。しかも、ポル・ポト政権の関係者は、様々な形と程度で、社会に広く拡がっている。この事実を踏まえると、忘却することはないが公には問わないというカンボジア農村の人びとの姿勢は、示唆に富む。その姿勢は、裁判という解決方法とは別の、人間社会が本来的ともいえる形で備えている回復力を示すものだとわたしには思える。*21

4　地雷除去と開発

環境汚染としての地雷

紛争期のカンボジアでは、大量の銃火器が戦闘に使用された。一九九〇年代には、カンボジア全土で四〇〇〜六〇〇万個の地雷が存在したといわれる。その大半は、一九七九年のポル・ポト政権崩壊後から一九九一年のカンボジア和平協定調印前までに埋められたものである。歴

ヴンさん（タサエン区の行政区評議会のメンバー）と談笑する地雷除去専門家の高山さん（116ページ参照）

*21 ポル・ポト時代崩壊から約一五年間にわたって、国際社会からも、そしてある意味では自らの国家からも放っておかれたことが、以上のような形の経験の差違の乗り越え方を農村の人びとにもたらしたとも考えられる。過去を直接に問い質さないという人びとの姿勢は、「臭い物に蓋をする」「寝た子を起こすな」といった言葉が意味する消極的な自己欺瞞の態度だと批判される可能性がある。ただし、一方でわたしたちは、「くよくよするな」「プラス思考で乗り越えろ」といった言葉で、日常生活で突き当たった諸問題に対処しようともしている。この意味で、積極的にも消極的にも評価されるカンボジアの人び

史的には一九七〇年のクーデターの前に、すでに国内東部のベトナム国境付近で地雷が使用された。ポル・ポト時代にも、ベトナムとの国境付近で地雷が使用された。そして、ポル・ポト政権が崩壊した後に始まった一九八〇年代の政府軍とクメール・ルージュ軍の戦闘では、国内の広い範囲が戦地となった。結果として、国内の東部・北部・西部に、広く地雷原が生みだされた。カンボジア＝タイ国境地域のバッタンバン州、バンテアイミアンチェイ州などは、特に地雷の脅威が深刻だった。

　地雷は、安価で、持ち運びが容易で、効果的な打撃を確実に敵に与えることができる武器である。しかも、標的以外に無差別に被害者を生みだす。地雷はもともと、対戦車用の武器として開発された。そして、その対戦車用の地雷の除去を妨害する目的で、対人用の地雷が開発された。その後、第二次世界大戦の時期には、基地を防衛したり、敵の行く手を遮る目的で、対人用地雷が独立して用いられるようになった。カンボジアでは、多くの場合、訓練が行き届かない兵士らが無計画にそれを使用したために、自然環境のなかに誰も位置を把握しない形で無数の地雷が放置されることになった。

　カンボジアの人びとが地雷から受ける被害は、早くから注目を集め、紛争終結後いち早く国際機関による支援のもとで除去活動が始まった[*22]。一九九二年に国連によって立ち上げられたカンボジア地雷除去センター（CMAC）は、その後カンボジア政府に委譲され、今日まで国内の地雷除去活動の計画立案を担っている。さらに、欧米や日本のNGOのなかにも、地雷除去に関わる活動を行うものがある。一九九〇年代はじめのカンボジア地雷除去センターの資料は、国内で地雷の影響下にある土地は二〇万ヘクタールにのぼり、除去には二五〇年がかかると述べていた［Roberts & Williams 1995］。

との姿勢は身近なものである。

＊22　例えば、代表的なものには、Mines Advisory Group、The HALO Trust、Handicap International などがある。

現在広く使われている地雷探知機。本体はプラスチック製で軽く、１人で操作できる

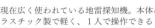

一九七九年から二〇一四年六月までのカンボジアにおける地雷および爆発性戦争残存物（不発弾など）の被害者数は、六万四〇〇〇人を超えている（死者はうち三一％）。事故のピークは一九九六年であり、年間四〇〇〇人以上が犠牲になった。その後被害者数は減少傾向に転じたが、住民に対する脅威は現在まで続いている。ごく最近の二〇一四年一～六月期には、一〇一名の被害者が新たに生まれた。被害者の内訳は、成人男性が七二名、一八才以下の少年が一七名、少女が五名、成人女性が七名であった。うち一四名が死亡し、六二名が負傷、二五名が切断手術を受けた。

わたしは二〇一四年一〇月に、バッタンバン州のカンボジア＝タイ国境地域を訪問した。その目的は、かつて地雷原と呼ばれた地域において紛争からの復興のプロセスを考えることにあった。バッタンバン州の西部の丘陵地帯は、タイのチャンタブリー県に接する。その一帯では、一九九〇年代初頭まで政府軍とクメール・ルージュ軍の間で激しい戦闘が行われた。州の南西には、一九八〇年代から一九九〇年代半ばまでクメール・ルージュの重要な拠点だったパイリンがある。*23

訪問先は、カムリエン郡タサエン区だった。タサエン区を選んだのは、日本人の地雷除去専門家である高山良二さんを訪ねるためだった。*24 高山さんは、自衛隊の一員として一九九二年から一九九三年にかけてカンボジアでのPKO活動に参加した。そして、二〇〇二年に自衛隊を退官してからNPO法人日本地雷処理を支援する会（JMAS）の一員として、カンボジアの各地で地雷および不発弾処理の活動に従事した。その後、二〇〇六年にタサエン区で地雷処理の任務に就き、また二〇一〇年にはNPO法人国際地雷処理・地域復興支援の会（IMCCD）を立ち上げて活動の幅を拡げた。近年は地雷関連以外にも広い視野からタサエン区のコ

除去された対人用地雷。中国製、ソ連製のものが混じり、プラスチック製もある。雷管に金属が使われているため、金属探知機に反応する

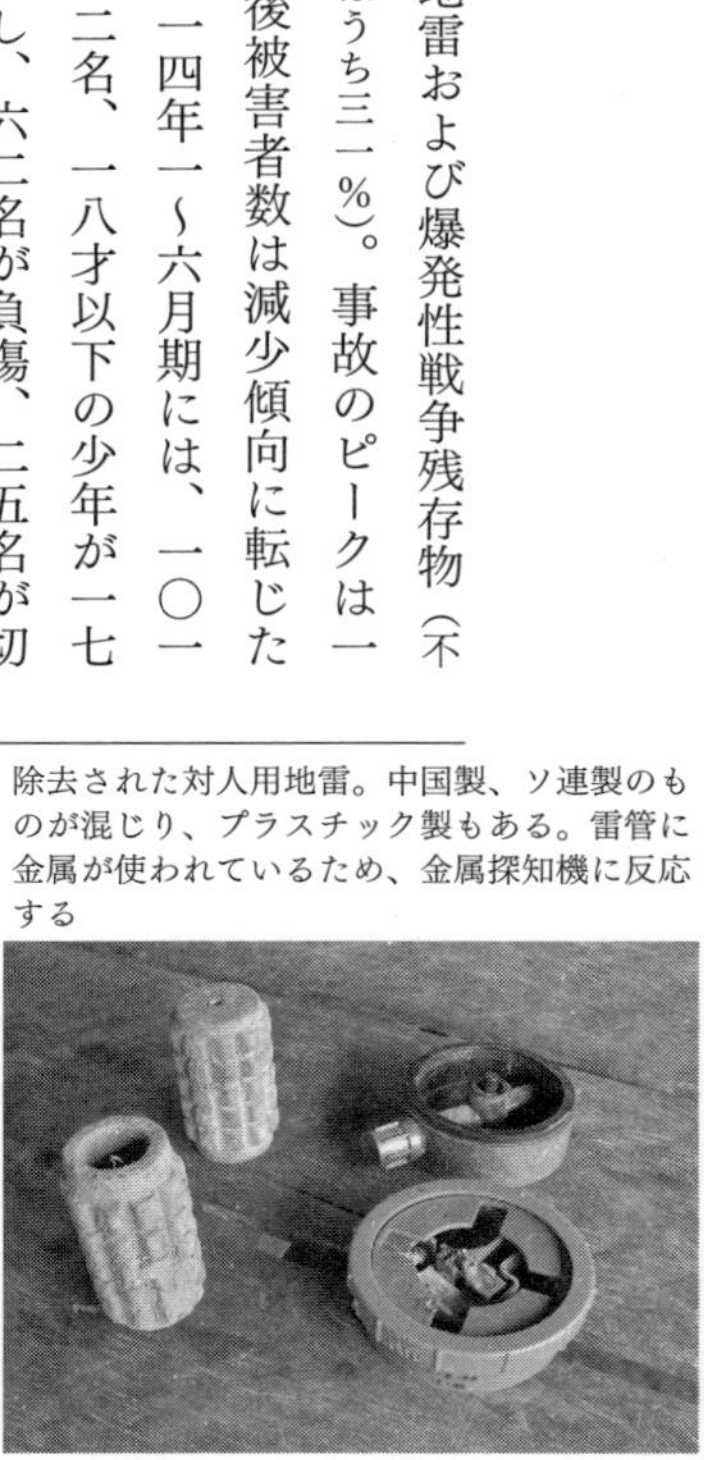

*23　一九九八年にクメール・ルージュが消滅した後も、パイリンの行政の要職には元クメール・ルージュの有力者が任命されてきた。

*24　高山良二さんの地雷除去活動については、著書を通して詳しく知ることができる［高山 2010］。わたしは、最初その著書を読み、次いで二〇一四年九月と一〇月に講演の形で高山さんから直接話をうかがった。高山さんの地雷除去と平和構築活動については、他者による評価も多い。例えば［Shimoyachi-Yuzawa 2012］。

ミュニティの開発を支援している。以下では、タサエン区の地域社会の歴史と社会的な文脈のなかに紛争からの復興という主題を位置づけ、その概略を紹介する。

畑作と地雷

タサエン区は、カムリエン郡の中心から幹線道路沿いで四〇キロメートルほど北にある。*25 パイリンからタサエン区にかけては水田がほとんどなく、肥沃度が高い黒色土壌の丘陵を利用し

(a) 地元住民で組織された地雷除去チームのメンバーと高山さん(右)。チームは、もう1名女性を加えて、5名で活動していた

(b) 対人用地雷に発火装置を仕掛けたところ

(c) 処理のために保管中の不発弾を点検する高山さん

(d) 不発弾を爆発させて処理する用意を調える

図3－4　紛争終結後も地域の人びとを脅かす地雷や不発弾の除去活動（タサエン区、2014年10月）

---

*25 この地域では、二〇〇八年から二〇一一年にかけて深刻化したカンボジアとタイの間の国境紛争を踏まえた政府決定により、二〇一二年に道路の舗装・整備が急速に進んだ。タサエン区までは、二年前までバッタンバン州の州都から車で七時間かかったそうだが、今は二時間半ほどの短い行程である。

不発弾を爆発させた痕。50センチメートル四方ほど、真新しい土がむき出しになった

て畑作が行われている。区内には六つの行政村がある。区の役所や、高山さんの活動の拠点があるオー・オンロック村は、タイと直接に国境を接している。一方、デイ・クロホーム村には、日本の企業が出資した工場が三つ建てられていた。それらの工場はいずれも、高山さんが中心となって地元の愛媛県から誘致したものだった。

タサエン区の行政区評議会のメンバーであるソック・ヴンさんによると、タサエン区の一帯には一九九六年頃までほとんど人が住んでおらず、森に覆われていた。ただ、一九八〇年代を通して内戦の戦略的な要地であり、政府軍とクメール・ルージュ軍が軍隊を駐屯させ、戦闘をくり返し無数の地雷を埋設した。そうしたなか、一九九七年に、クメール・ルージュの内部の組織的な決断によって八〇〇家族が移住し、生活を始めた。人びとはまず、木々を切り、それを材木としてタイへ売って生計を立てた。そして、翌年の一九九八年には、森を開墾し、畑作を始めた。人びとは、森に火を入れて焼き払い、ゴマなどを段階的に栽培し、三年をかけて整地する方法で徐々に耕作地を拡げた。今日では、キャッサバ（あるいはトウモロコシ）とダイズの二毛作が一般的である。各家族には最初、五ヘクタールの広さの農地が分配されたが、その多くは地雷原であった。

地雷は、タサエン区に生活の場を定めた人びとが直面した最も複雑な問題だった。地雷は、どこに埋められているのかが分かっていたら、対策を講じることができる。しかし、クメール・ルージュ軍と政府軍が入り乱れて戦闘したために、この地域の地雷の埋設地について精確な情報は誰も分からなかった。人びとが当初屋敷地として利用し、家を建てた土地の周辺も地雷原だった。木を切り、畑を開くほかには特に生計の手段がない状況の中で、当然、住民が地雷を踏む事故はあとを絶たなかった。

日本企業3社が工場を建てた敷地へ通じる道路の入り口にある看板（タサエン区）

政府は、一九九七年からタサエン区で地雷除去に着手したが、細々としたものだった。[*26] それが本格化したのは、カンボジア地雷除去センターが、二〇〇五年に次年度の国内の地雷除去の計画にタサエン区を含めて以降だった。二〇〇六年には、計画に従って約一〇〇名の部隊が駐屯し、大規模な除去活動を始めた。高山さんもその計画の一部を担う形でこの時期にタサエン区で活動するようになった（図3-4）。

タサエン区では畑作が軌道に乗り、乾季に農地の開墾が広く行われるようになった二〇〇〇年から地雷による事故が増加した。住民は通常、どこに地雷があるのかを経験的に察知し、行動する。しかし、生業の拡大のためには、時にリスクを冒さなければならなかった。その後、専門家による組織的な除去活動が継続した結果、タサエン区では、二〇〇九年を最後に地雷による事故が起きていない。

ただし、カムリエン郡の他の行政区にはまだ地雷が残されている。そして、パイリンなどでは二〇一四年に入ってからも事故が起きている。近年は、インフラの整備が進み、畑地での農作業にトラクターが使用されるようになった。それにより、対戦車用地雷の脅威が増している。対戦車用地雷は、比較的地中深くに埋設され、二四〇〜三〇〇キログラムの荷重で爆発する。人間の体重程度の荷重では作動しない。それが農作業の機械化にともない爆発するようになった。

地雷は、自然環境に長く放置されても十分に機能するよう設計されている。軽量の対人用地雷は、洪水時に土砂と共に移動することがある。また、何らかの理由で縦に埋まっていた地雷が横に向きを変え、新たに爆発することもある。

高山さんの活動は、地域の人びとの生活環境を地雷や不発弾などの脅威から完全に解放する

*26 この時期は、住民自身も、手作りの道具で地雷の除去に取り組んでいた。しかし、個人の作業では限界が明らかだった。

日本企業が建てた工場の一つ。ここでは50名ほどの地元住民が働いている。日本人駐在員の居室も備えている（タサエン区）

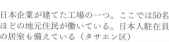

までは、国際的な支援を中心とした粘り強い努力が引き続き必要である事実を伝えていた。*27

国境域でよそものが開いた可能性

紛争後に環境に残された地雷が地域社会の復興に与える長期的な影響という問題のほか、タサエン区では、その地域社会の発展のスピードの速さに驚かされた。タサエン区では、二〇〇四年からキャッサバの栽培が始まった。もともと土壌が肥沃であったことに加え、インフラの整備が進んだこともあり、商品作物の栽培経営は二〇〇〇年代半ばから今日まで順調に発展している。

現在、タサエン区では二〇〜三〇ヘクタールの農地をもつ世帯も珍しくなく、農家の家計は低地の稲作村よりも安定している。例えば、世帯あたり二ヘクタールほどの農地所有の低地の村では稲作のみの収入で子供を大学へ進学させる費用を捻出することは不可能に近い。しかし、タサエン区の畑作世帯では、畑作からの収入で無理なく大学にまで進学させることができていた。

カンボジア国内の他の地域に例をみない速さで進んだタサエン区の復興には、さらに二つの推進力があった。その一つは、タイと国境を接するという地理的条件である。タサエン区の中心部の村には、二〇〇四年に電気が通じた。それは、タイとカンボジアの合弁会社が、希望する世帯にタイ領内の電線を延ばして電力を供給したものだった。*28 また、地域の人びとは、かつて木材をタイに卸す取引で暮らしを立てていた。その後に始まった畑作も、種子・肥料の供給元と収穫物の売却先は、タイである。畑作が軌道に乗り、今後も農業生産による地域社会の発展が見込まれるという将来像を描くことができるのは、タイと国境を接しているという条件が

タサエン区の寺院のお祭りに、タイ人の警察官も国境を越えて参加し、仏像に祈りを捧げる

*27 地雷のほか、不発弾の処理も大きな課題である。二〇一四年一〇月のタサエン区の訪問時には、村人が開墾の過程でみつけ、集落外の荒蕪地の一区画にまとめて放棄していた不発弾を、高山さんが率いる地雷除去チームが処理する様子を見学した（図3-4）。地雷による事故については、件数は減っても生じ続けており、その脅威は消えていない。

*28 カンボジアの低地の村では、まだ多くが電気を使用できない状況にある。例えば、先に紹介したコンポントム州のサンコー区では、二〇一四年四月になってようやく、区内の半数の村々に電気が通じたところであ

あったからこそである。

もう一つの推進力は、外部からの支援の仲介者である高山さんの存在である。聞き取りによると、タサエン区は二〇〇二年に外部者による最初の開発プログラムを受け入れた。それは、ドナーからの出資をもとにカンボジア政府が貧困削減とグッドガバナンスの向上を目標に実施した農村開発支援プロジェクトだった。その後、公衆衛生、健康推進、地雷除去、魚の養殖といったプログラムを、NGOまたは政府のチャンネルを通して受け入れた。しかし、そのなかでも、高山さんの活躍は異色である。

高山さんは二〇〇六年以降、地雷除去に加えて、日本の支援者と現地の要請を繋ぐ仲介者として様々な開発事業を計画し、実行してきた。例えば、多数の井戸や小学校の校舎が、支援を希望する日本の個人・団体を高山さんが紹介し、工事の監督責任をも高山さんが負う形で建設を終え、寄贈されている。そのなかでも特に、四つの企業を出身地の愛媛県から誘致し、工場を建てて、地元住民を雇用して操業する体制をつくったことは注目に値する。[*29] 日本企業の進出は、間違いなく、タサエン区の地域社会の復興を強力に後押しした。ただ、それは、当初から計画した通りに進んだものではなく思わぬ形の人間関係のつながりをきっかけとして進んだものだった。

高山さんによると、そもそもの始まりは、二〇〇八年に地元愛媛で高山さんが開いた写真展だった。その写真展の訪問者のなかに、ある地元企業の幹部の方がいた。その企業は、中国で工場を立ち上げて操業していたが、日中関係の悪化の様子を受けて、中国以外の国に新しい工場を建てる計画をもっていた。高山さんは、そのことを知ると、タサエン区への進出を提案し、それを実現させるための各種の準備を全面的に支援することを約束した。「結局は同郷人る。

＊29 最初の工場は、二〇〇八年に操業を開始した。残りの二つは二〇一一年に稼働を始めた。さらに、カムリエン郡の中心部にも、二〇一四年八月に操業を開始した日本企業の工場があった。

仏教行事にともに参加し、寺院で談笑するバッタンバン州の副知事とタイの警察の代表（タサエン区）

つながりで工場進出が決まったのだ」、と高山さんは述べていたが、もしもこの偶然のきっかけがなかったら、おそらく、その後に続いた企業の進出もなかった可能性が高い。カンボジアでは近年、政府が経済特区を整備し、外国企業の工場を誘致しようとしている。そのような経済特区ではなく、政策の枠外にあるタサエン区へ日本の工場が進出したという事実は、信頼関係のつながりこそが物事を動かすという社会的な道理の大切さを示唆している。[*30]

タサエン区の歴史をほんの十数年遡れば、そこは戦地であり、人が安心して住む土地ではなかった。地雷が環境を汚染し、その除去には組織立てられた専門家集団による粘り強い努力が必要だった。ただし、その地域の土壌は肥沃で、農業生産による開発に関する高い潜在性を秘めていた。また、タイという東南アジア随一の経済の中心地と国境を接していたことも、その地域社会が急速な復興を遂げた理由の一つだった。[*31] そして、そこで活躍する高山さんの姿は、グローバル化が進んだ現代世界のなかで、人と人とを、地域と地域とをつなぐ役割を果たすよそものが、ローカルな社会の変化を誘発する可能性を明確な形で示していた。

5　人間社会の発展

カンボジアの紛争という災害とそれからの復興の様子は、知識や技術ばかりに偏るのではなく、人間的な共感と他者への配慮にもとづいて社会を構想することの重要性を教えているようにわたしには思える。ポル・ポト時代の悲劇的な状況が生じた原因の一つは、ポル・ポトらがもっていた人間不在の社会観だった。その社会観は、革命による新社会の実現という当時世界

飼料用トウモロコシの脱穀の様子。カンボジア＝タイ国境地帯では、換金用作物の栽培が広がっている

＊30　この点で特筆すべきは、高山さんが、長年の活動を通してバッタンバン州の州知事など地元の有力者と信頼関係を築いていることである。日本企業が建てたタサエン区の工場では、会社屋内の一番目立つ場所に、会社の責任者が高山さんを介して州知事らと握手する写真が飾られていた。カンボジア人の会社や事業経営者の家には、有力者と並んで撮影した写真が飾られていることが多い。タサエン区の工場内の写真は、まさに、高山さんがカンボジア的な社交を通して工場を地域に根付かせていた様子を示していた。

的にも最先端の思想にもとづいており、現実として、当時のカンボジアの知識人たちはその価値に心酔し、実行しようとした。ただし、新しい社会の追求は、人間的共感と他者への配慮にもとづき古くから続いてきた人びとの生活の世界を軽視した。そのため、多くの人命が失われる悲劇が生じた。映像作家のパニュが指摘するように、そのような傾向は、近代以降のどの社会ももっている。この意味で、カンボジアの紛争に類した災害を防ぐ方法は、人間的な共感やつながりの重要性をたゆまず確認し、先端的な技術や知識とのバランスを調整することにある。その重要性は、紛争後に環境の中に残された地雷の問題からも指摘することができる。地雷を作り、兵器として流通させてきた技術や知識、制度は、人間社会の一部である。人間社会は、今日も発展を続けている。ただし、その発展は、単なる新しい知識や技術の開発だけでなく、それを使う側の人間社会の発展と歩調を合わせるものでなければならない。

一方で、カンボジアの紛争のような災害を防ぐ方途としては、事実にもとづく災害の情報と記憶の継承を国家や民族の枠を超えて進めることも大切である。そして、そのような活動を支援することこそが、地域研究の視点からの災害研究の責務であると思う。紛争の問題を、戦争をいかに防ぐのかという問いに収斂させてしまうと、国際関係論や政治学が取り上げ、研究するテーマとなる。ポスト紛争社会への支援という側面では、平和構築とそれ以後の社会再編（国家の制度化）という一連の流れについてのテクニカルな議論が存在する。しかし、社会に暮らす個々人の経験から災いの全体像を浮き彫りにすることは、極めて重要である。そして、同時代を生きる他者の生活への関心を国民国家の枠を越えて広く持つ姿勢を醸成することこそが、社会的な原因にもとづく災害としての紛争を防ぐ根幹であることは疑いない。

冒頭で述べたように、紛争という災害は、社会的な領域に原因をもつ。それだけに、その防

＊31　タサエン区の日本企業の工場は、原料の搬入と製品の出荷をタイ経由で行っていた。操業形態については詳しく述べないが、一言でいえば、カンボジアというより、タイの地方に工場を建てた状況に近い特徴をもっている。それは、グローバリゼーションという今日の世界的潮流を支えとして進んだ地域社会と遠隔地のつながりが生みだした経済活動である。

カンボジアの農家の食事。タンパク質は多くの場合魚から摂る。スイカはおかずの一品

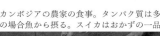

災を進める潜在力は、人間社会の構成員であるわたしたち一人ひとりにかかっている。

参考文献

日本語

久郷ポンナレット 2009『虹色の空——〝カンボジア虐殺〟を越えて 1975–2009』春秋社。

小林知 2011『カンボジア村落世界の再生』京都大学学術出版会。

高山良二 2010『地雷処理という仕事——カンボジアの村の復興記』ちくまプリマー新書、筑摩書房。

パニュ、リティ&クリストフ・バタイユ（中村富美子訳）2014『消去——虐殺を逃れた映画作家が語るクメール・ルージュの記憶と真実』現代企画室。

山田寛 2004『ポル・ポト〈革命〉史——虐殺と破壊の四年間』講談社選書メチエ 305、講談社。

和田俊 1975『クメールの微笑——カンボジアの民衆と社会』朝日新聞社。

英語

Chander, David. 2008. *A History of Cambodia,* Fourth edition, updated. Chiang Mai: Silkworm Press.

Davis, Paul & Nic Dunlop. 1994. *War of the Mines: Cambodia, Landmines and the Impoverishment of a Nation.* London: Pluto Press.

Roberts, Shawn & Jody Williams. 1995. *After the Guns Fall Silent: The Enduring Legacy of Landmines.* Washington: Vietnam Veterans of America Foundation.

Shimoyachi-Yuzawa, Nao. 2012. "Linking demining to post-conflict peacekeeping: A case study of Cambodia." In David Jansen & Steve Lonergan (eds.), *Assessing and Restoring Natural Resources in Post-Conflict Peacebuilding.* London: Earthscan.

雨季の水の恵みが育てた魚。カンボジアの農村の人びとの食事の基本は、コメと魚である

第4章

「小さな物語」をつなぐ方法

――一九七五〜九九年東ティモール紛争

亀山 恵理子

「物語」と
社会の再生

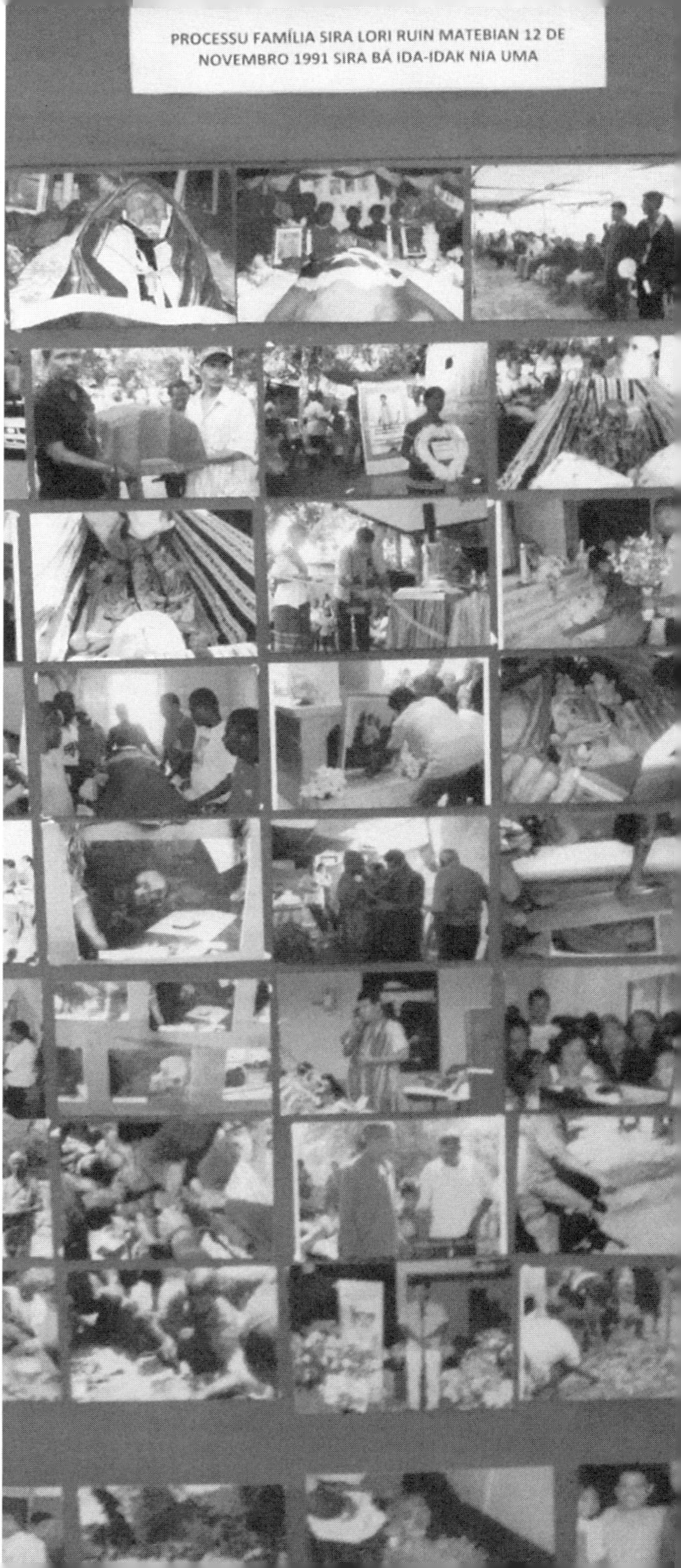

右：サンタクルス事件の被害者らが組織した11月12日委員会事務所に展示された遺骨捜索と家族による弔いの様子の写真（2011年）

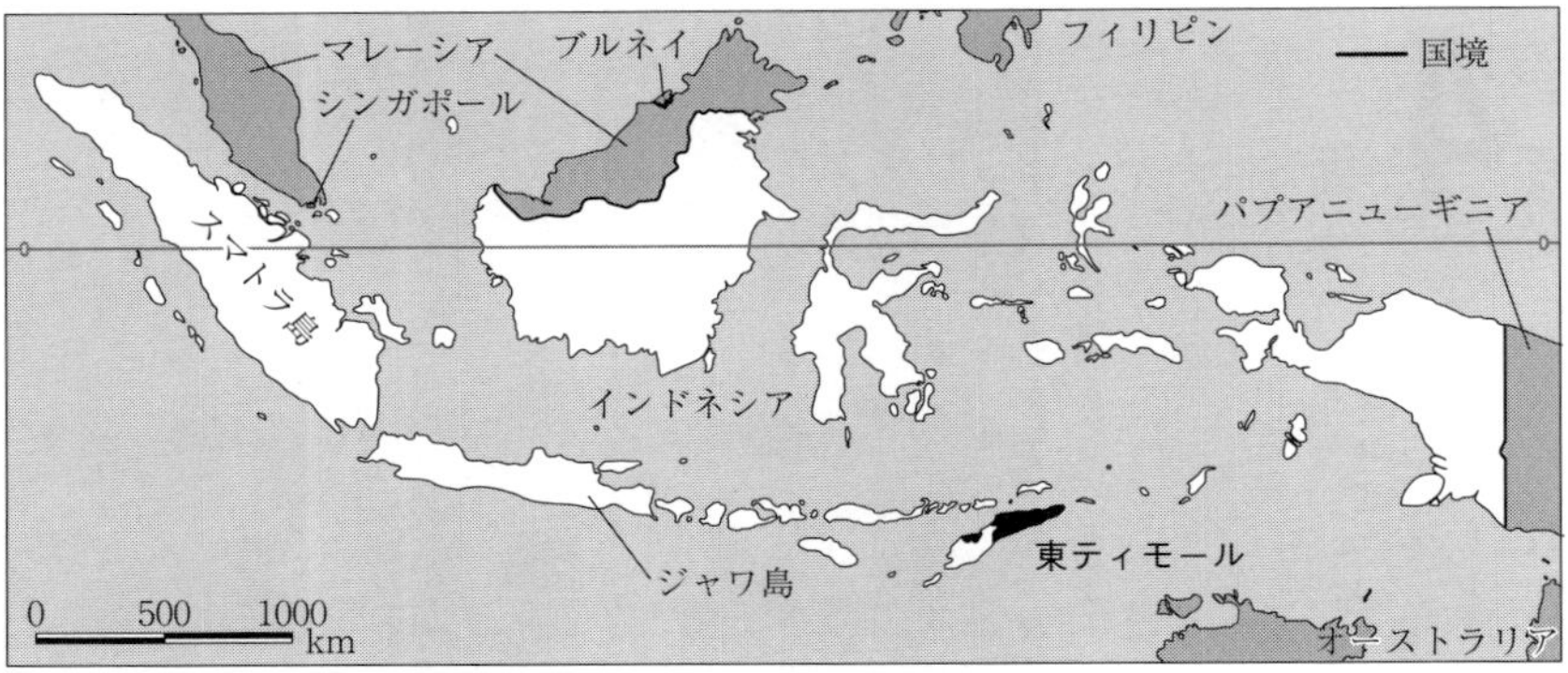
マレーシア
ブルネイ
フィリピン
国境
シンガポール
スマトラ島
パプアニューギニア
インドネシア
ジャワ島
東ティモール
0
500
1000
km
オーストラリア

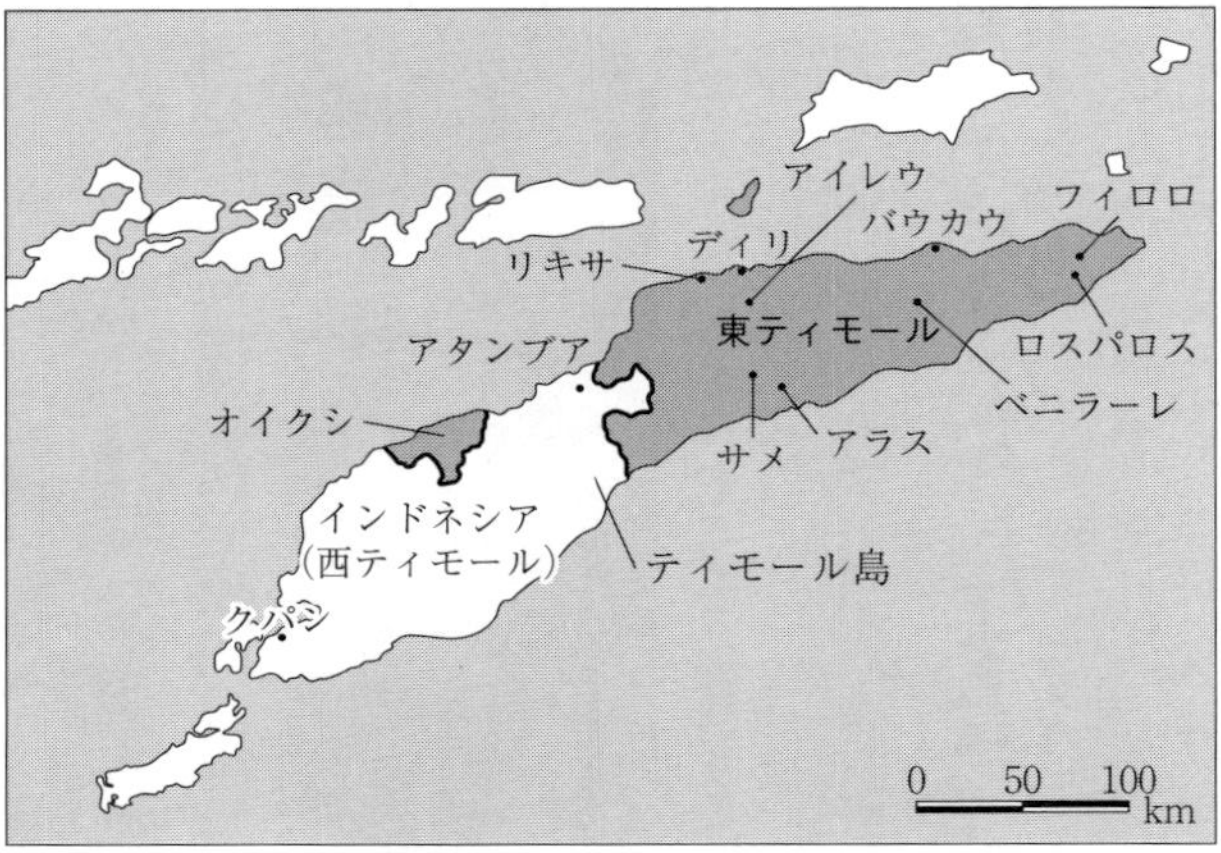
アイレウ
フィロロ
バウカウ
ディリ
リキサ
東ティモール
ロスパロス
アタンブア
ベニラーレ
オイクシ
サメ
アラス
インドネシア
(西ティモール)
ティモール島
クパン
0
50
100
km

1　東ティモールを知っていますか

社会が災厄に見舞われたとき、私たちは物理的、心理的に何がしかの影響を経験する。それを災害経験とよぶならば、一人ひとりにとっての災害経験は、災害から受ける影響や受けとめ方という点においてそれぞれ異なるものである。震災や津波被害といった自然災害は、同じひとつの災害であっても被害の程度は人によって異なり、経験がその人にもたらす影響も一様ではない。人為災害である紛争や戦争も同様で、同じ時代に同じ紛争下、戦時下を生きていたとしても、それぞれの人がもつ経験は異なっている。

自然災害や紛争を経験した社会にとって、建物やインフラなど物理的な面での復興が必要なことはいうまでもない。だが同時に、社会の一員である個々の人の心理的な面にも、災害後の社会の復興においては目を向ける必要がある。災害がもたらす規模や広がりが大きくなればなるほど、一人ひとりの受け止め方の違いは大きくなる。しかしながら、災害は往々にして全体でひとつの出来事として語られるため、災害の語られ方と一人ひとりの経験の間には隔たりが生じる。この隔たりを埋めていくことは、それぞれの人が行う心の整理に影響をもつと思われるが、一体どのようにして可能なのだろうか。

本章では、紛争という人為災害を経験した東ティモールの状況を取りあげ、隔たりがいかにして埋められるのかを考えてみたい。社会の中で災害がどのように語られるかは、自らの経験の意味づけにも影響をもつ。そのため、隔たりを埋めていくことは、第一に個々の人の心理的

東ティモールには山間地が多い（2002年）

な再生につながるものである。また災害は、被災した地域と被災しなかった地域、被害を受けた人と被害を受けなかった人、避難した人と避難しなかった人というように、社会に亀裂を生じさせる。隔たりを埋めていくことは、個々の人の経験の意味づけにかかわるだけではなく、亀裂の生じた社会の再生にもつながっていくだろう。

このような隔たりを埋めるうえで重要な役割を担いうるのは、「物語」である。[*1]「物語」は、出来事や経験を意味づけし、なぜそうなったのか、どうして経験せねばならなかったのかという問いに対して、自ら納得できる説明をあたえてくれるものである。「物語」を紡ぐことは、個々の人が自ら生きる営みを支えることでもある。また、「物語」とは、自分は何者で、まわりの人たちとどのような関係にあるのかという理解の束である。その意味において、「物語」を生み出すことは社会を再生することであるといえよう。本章では「物語」を手がかりに、近年の東ティモールの状況を記述し、社会の再生によそものがどのようにかかわりうるのかについて具体的な役割と課題を示したい。

なお、本章で用いるエピソードの多くは、筆者がこれまで東ティモールを訪問したり、現地に滞在する中で見聞きした事柄である。東ティモールという名前を初めて聞いたのは一九九一年、大学一年生のインドネシア語の授業の中でだった。「東ティモールで大変なことが起こりました」と、先生が新聞記事のコピーを学生に配り、サンタクルス墓地でインドネシア国軍が発砲し、多数の死者が出た模様だと説明してくれた。当時は、それから三年後に東ティモールに行くことになるとは想像しておらず、「不穏な地域があるのだな」と心に留めた程度だった。

初めて東ティモールに行ったのは、大学四年生の春だった。東ティモールを一九九一年以降毎年訪問していた日本の医療グループ[*2]があり、一九九五年からそのグループのインドネシア語

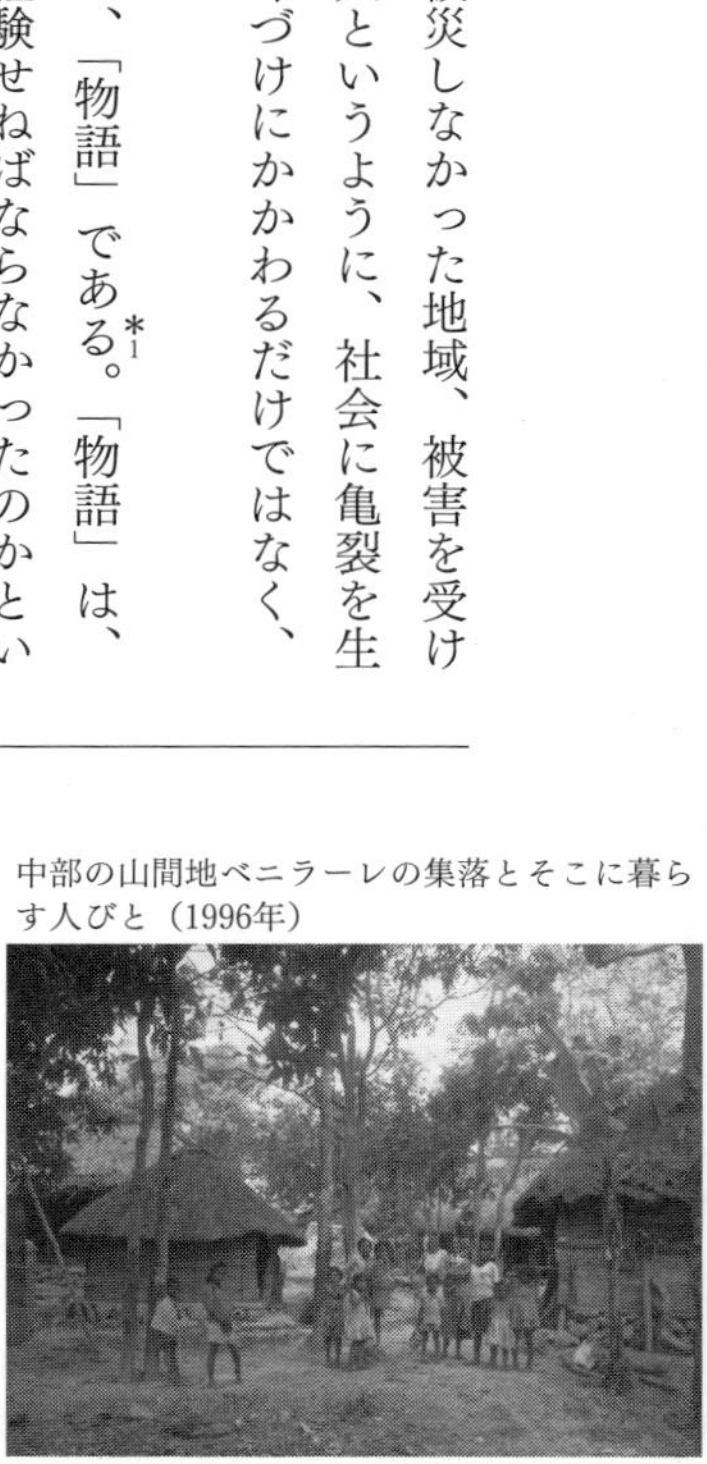
中部の山間地ベニラーレの集落とそこに暮らす人びと（1996年）

*1 「物語」と復興については本シリーズ第一巻の［山本 2014］を参照。

*2 ［亀崎 2003］は医療チームを率いたカトリック教会のシスターである亀崎善江医師による一九九一年から一〇年間にわたる医療チームの活動の記録である。

*3 ティモール島には大航海時代に、ポルトガルとやや遅れてオランダが到来した。それらの国がやってくるまで、ティモール島には全体を支配下におく国家はなく、小さな王国が互いに争っていた。ポルトガルは一五一一年にマラッカを占領してから、さらに東へと航海をす

通訳として年に一回東ティモールに通うようになった。当時はインドネシアの実効支配下にあり、通りを歩いているとインドネシア国軍の軍人がどこからともなく現れてきて、様子を伺っているという状況だった。大学卒業後は大学院でインドネシアの開発問題について研究していたが、二〇〇〇年からは大学院を休学して、インドネシア国軍が撤退した後の東ティモールで日本の援助機関の職員として開発支援の仕事に従事した。

東ティモールには二〇〇〇年から二〇〇三年までの三年間と二〇〇七年の一年間、合計四年間滞在し、その後はインドネシアのアチェで二〇〇八年から二〇一〇年までの二年間、津波被災後の復興支援事業の実施にたずさわった。援助機関の職員として仕事をした六年間は、「開発」と「地域」の間に身をおき、両者の間で翻訳を行いながら、「地域」によりよい変化が生まれるような働きがしたいと限られた時間と場所のなかで静かにもがいた時期だった。今も同じ思いをもっているが、「内」と「外」の関係性や両者をつなぐそのつなぎ方に現在は関心がある。本章の最後に述べるよそものの役割と課題については、そのような筆者の個人的な関心が反映されていることと思う。

2　東ティモールの独立をめぐって

東ティモール（正式名称は東ティモール民主共和国）は二〇〇二年に独立した新しい国である。一六世紀*3からはポルトガルの植民地支配下におかれ、第二次世界大戦中には日本軍による三年半の占領を経験した。日本の敗戦後は再びポルトガル領となったが、一九七四年にポルトガル

すめ、ティモール島の今のオイクシに拠点を築いて白檀貿易を行うと同時にカトリック教を布教した。一方オランダは、ポルトガルを徐々に駆逐し、一六四二年にはマラッカをポルトガルから奪取し、一六八八年には西ティモールのクパンを占領した。一八世紀には、ティモール島の西半分を支配下におさめた。オランダとポルトガルは、一九一六年に東西ティモールの境界線を確定した［松野 2002］。

紛争期に抵抗勢力の強かった東部の村に暮らす母と子（ロスパロス、1998年）

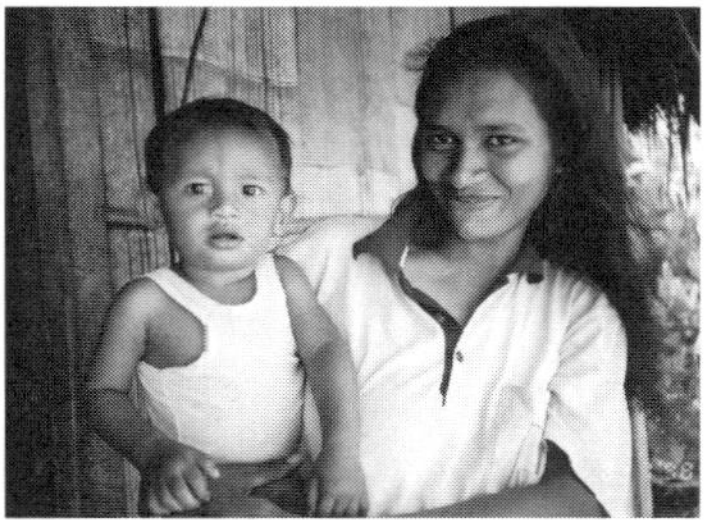

で政変が起こったのを契機に独立へ向けた機運が高まった。当時は東ティモール人による三つの政党がつくられ、そのうち即時独立を要求していた東ティモール独立革命戦線（フレティリン）は、一九七五年一一月二八日に独立宣言を行った。だが、数日後の一二月七日には、隣国インドネシアが東ティモールに全面侵攻した。インドネシア政府は翌年に併合宣言を行い、以来二四年間にわたって東ティモールはインドネシアの実効支配下におかれ続けた。*4

　インドネシア軍の侵攻から最初の三年間は戦争状態となり、当時の人口約六〇万人のうち一〇万人におよぶ人が戦争による影響で命を失った。*5 国連総会はインドネシアによる侵攻という事態に対して、東ティモールの自決権を支持し、インドネシア軍の即時撤退を一九七五年一二月に決議している。その後国連は八回にわたり同様の決議を行っているが、インドネシア政府がそれらの決議を実行することはなかった。当時インドネシアとの経済・外交関係を優先した日本政府は毎回反対票を投じ、そのほかの西側先進国も決議案に対しては反対、もしくは投票を棄権する態度を示しつづけた。そして東ティモール問題は、国連の場でも取り上げられなくなっていったのである。

　東ティモールは、インドネシア政府による渡航制限が行われていたため、長い間外の目にさらされない状況が続いていた。そのようなインドネシアの支配下において、山間部では、武装した東ティモール民族解放軍（ファリンティル）がインドネシア軍に対する抵抗運動を続けていた。一九八〇年代後半には、その闘いを支える地下組織のネットワークが一般住民のなかに張りめぐらされ、ファリンティルに対する食糧や薬など物資の調達や情報伝達が行われていた。それらの地下活動には次第に若者たちもかかわるようになり、そのことに気づき始めたインドネシア軍は、監視の目を若い青年たちにも向けるようになった。

インドネシアの学校制服を着た子どもたち（フィロロ、1998年）

*4 東ティモールの歴史については日本語で書かれた文献としては［古沢・松野 1993］［後藤 1997］［高橋・益岡・文珠 1999; 2000］［南風 2000］［横田 2001］などがある。東ティモールがどのようなところなのかをまず知りたい場合は［山田編 2006］が参考になる。［松野 2002］は英語、インドネシア語、ポルトガル語、日本語の文献をもとに編んだ歴史書。主として一九七〇年代から二〇〇二年の独立までを扱っており、東ティモールのこれまでの経緯をさらに深く理解したい場合には必読書。

*5 インドネシアによる全面侵攻後には、フレティリンとインドネシア国軍の間で激しい戦

東ティモール問題が再び国際社会の関心を引くようになったのは、一九九一年一一月一二日にサンタクルス事件が発生したことによる。サンタクルス事件は、東ティモールのディリで独立要求を掲げる若者たちの平和的デモにインドネシア軍が発砲し、一〇〇名以上が死亡した出来事である。当時現場にいたカメラマンが撮影した映像が海外のニュースで放映され、忘れられていたかのようだった東ティモール問題に人びとの目が向けられるようになった。その後一九九八年にはインドネシアで三二年間続いたスハルト政権が倒れ、新政権は東ティモールの独立という選択肢に言及した。そしてこの頃から、東ティモールにおいてインドネシア軍は民兵組織[*6]を組織しはじめる。

一九九九年八月には国連の主導により独立の是非を問う住民投票が実施され、その結果七八・五%の人びとが独立を支持した。東ティモールでは一九九九年四月に入ると民兵組織が相ついで結成され、各地で独立派指導者に対する殺害や虐待、脅迫を繰り返していた。住民投票が終わるとインドネシア軍はそれらの民兵を動員して、東ティモール全土で公共の建物や独立派住民の住居などを破壊、放火する焦土作戦を展開した。このときの騒乱では数百人が殺され、当時の人口のおよそ三分の一にあたる約二七万人の住民が、インドネシア領である西ティモールへ避難した。その後東ティモールの治安はオーストラリアを中心とした多国籍軍によって回復され、一九九九年一〇月には国連東ティモール暫定行政機構（UNTAET: United Nations Transitional Administration in East Timor）による暫定統治が始まった。東ティモールはUNTAETによる独立へ向けた二年半の準備期間を経て、二〇〇二年五月に正式に独立国家となった。

紛争後、すなわちインドネシア国軍が撤退した後の東ティモールでは、独立に向けての国づくりと荒廃した国土における住民の生活再建が同時にすすめられた。行政機構や警察、軍の設

闘が行われた。その後インドネシア国軍は内陸部への掃討作戦を展開する。このとき山へ向かったフレティリンとそれにしたがって逃げた住民の多くが、一九七〇年代後半には投降している。当時投降した住民は「集住キャンプ」に住まわされた。何もない広い更地に草木を取ってきて家をつくり、キャンプから一〇〇メートル以内の所で作物を育てた。この集住キャンプを中心に飢餓が広がり、インドネシアの侵攻からこの頃までの死者は一〇万人に及んだといわれている。

*6 民兵組織とは、東ティモール人の武装集団である。実際にはインドネシア軍が結成を指示

市場で闘鶏用の鶏を売る少年（バウカウ、1998年）

立、制憲議会選挙と新しい憲法の制定、東ティモール人閣僚による暫定内閣の発足、大統領選挙などが行われ、二〇〇二年五月の独立までに国家の枠組みが整備された。一方、これらと並行して、住民投票後の焦土作戦で約八割が破壊されたインフラや電気や水などの復興が図られた。また、教育や保健制度も機能しはじめ、地域社会では生計向上を主な目的としたさまざまな事業が実施されるようになった。近年は首都ディリだけではなく、地方の主な道路も整備され、電化も全国的により広い範囲ですすんでいる。とはいうものの、変化の度合いが大きいのはディリであり、二〇一三年にはショッピングモールも建設され、市内を走る車の台数は格段に増えている。

西ティモールからの帰還については、二〇〇〇年の夏ごろに自発的な帰還の波がひと段落した。国連難民高等弁務官事務所（UNHCR）によると、二〇〇三年五月の時点で約二二万五〇〇〇人がUNHCRの支援を受けて東ティモールに戻った。この人数は西ティモールに越境した人の約九割にあたる。

3　「いかに傷ついたのか」——ある対話集会と人権侵害の調査

先に述べたように、長年の紛争下におかれていた東ティモールでは、社会に存在する亀裂を修復する営みが行われてきた。国連の暫定統治下にあった二〇〇一年、筆者はディリから車で六時間ほど離れたところにある村で、約三〇〇人の地域住民が集まった「対話集会」に参加したことがある。その集会は、東ティモールの現地NGOが生活再建にかかわる支援活動のため

し、資金や武器を与えて訓練を行い、しばしば作戦を指示していた。

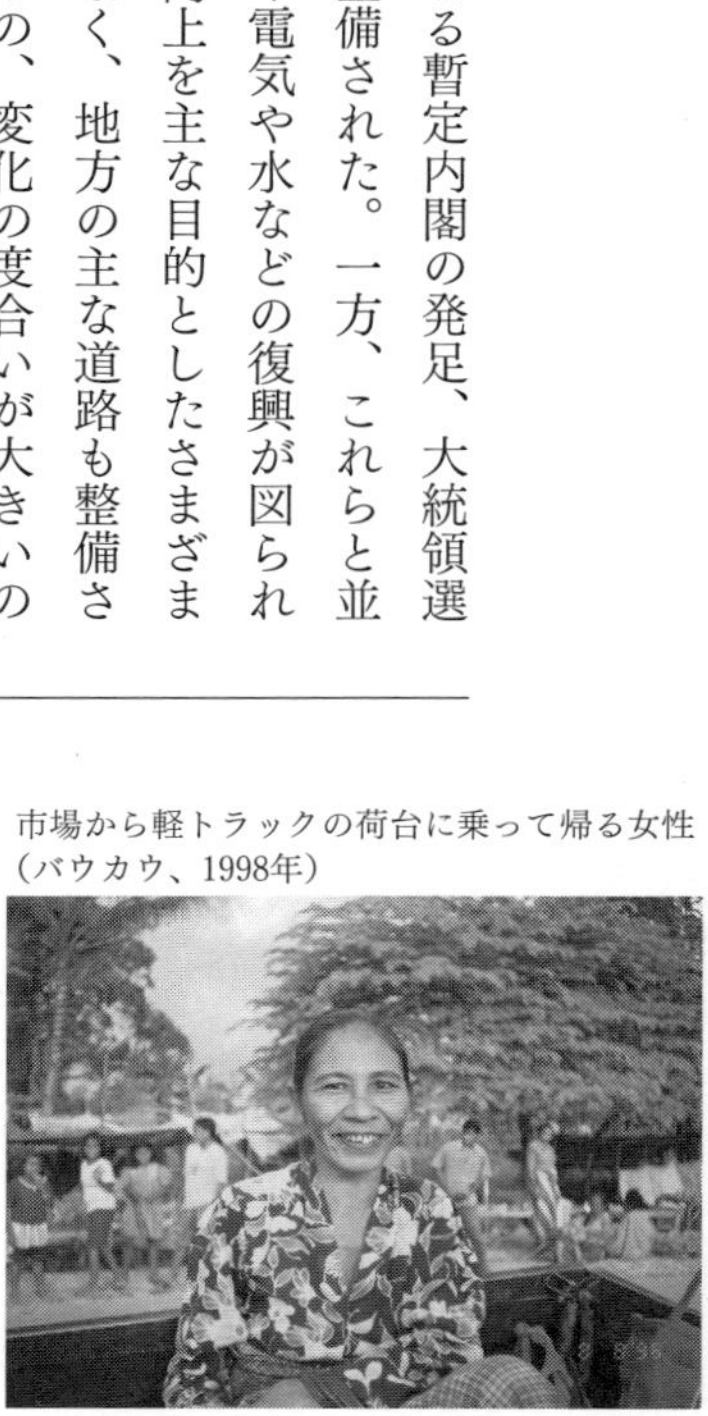
市場から軽トラックの荷台に乗って帰る女性（バウカウ、1998年）

に村を訪れていたときに、住民から相談を受けたことがきっかけで催された。村では、国連政府（UNTAET）が設置した重大犯罪部が、その地区で民兵に殺害された地元青年の遺体を検察のために掘り起こそうとしたことが契機となり、住民投票を前に対立していた独立派と統合派の若者たちの間で再び緊張が高まる事態が発生していた。

集会を開催した現地NGOは、インドネシア時代に設立された数少ないNGOのひとつで、[*7] 主として人権問題の分野で活動していた。数名の学生活動家や弁護士によって設立され、インドネシアの実効支配下にあった東ティモールで、当局に逮捕された政治囚の弁護活動を行ったり、国軍からの暴力や人権侵害のケースを調査したり、東ティモールの自決権実現のためのキャンペーン活動に取り組んだりしていた。人権の分野で活動する団体だったが、一九九九年の住民投票後には住民の生活再建を助けるため暮らしや農作業に必要な物資を届ける支援を行ってもいた。とくに後者の活動を通じて、その現地NGOはインドネシア時代に比べてより多くの一般住民と出会っていた。

集会の当日、焼け落ちたままの状態で残っている元郡事務所の建物の前には、切り出した木を柱にして白いビニールシートを屋根代わりにしたテントが立てられていた。住民投票後、まだ生活の落ち着かない時期に緊急支援物資として配布されたと思われるたくさんのビニールシートには、UNHCRのロゴと名前が青い文字で印刷されていた。老若男女を問わず、朝から途切れなく人がやってきて、テントの下に半円を描くように何列にも並べられたプラスチック製の椅子には座りきれないほどの人が集まった。

陽射しの強さがそれなりに感じられるようになった頃、対話集会が始まった。たくさん並べられた椅子に座る人たち、座りきれず後ろの方で立っている人たちの正面には、現地NGOの

*7 インドネシア時代の東ティモールでは、現地NGOの数は非常に限られていた。インドネシア政府が東ティモールへの渡航を制限していた一九八〇年代には、カトリック教会を母体とする一団体が存在するにすぎなかった。九〇年代に入ると、農業を中心としたコミュニティ開発や水・衛生分野、また人権分野で活動する現地NGOが設立されたが、すべてを数えても十数団体だったといわれている。

日本占領期に覚えた日本語を話す男性（フィロロ、1998年）

代表のほか、ポルトガルから来たと思われる外国人の文民警察官、そして制服がまだ真新しい東ティモール人女性の警察官らが座っていた。その後ろには、まだ何の修復も施されていない焼け焦げた建物があり、窓のない窓枠からは子どもたちが顔を出していた。集会では、最初に司会による挨拶が行われ、その後に現地ＮＧＯの代表が集会の意図を述べた。

そのときの様子で今も印象に残っているのは、現地ＮＧＯの代表が、独立を支持するか、それともインドネシアへの統合を支持するかはそれぞれの人の政治的な権利であることを強調し、咎められるべきことは暴力を用いることだと力説していたことである。また、「独立派」、「統合派」という分け方は住民投票を実施することになり生まれてきたものであり、もともと東ティモールに暮らす人びとの間に存在した分け方ではないと述べた。さらに、ふるわれた暴力に責任をもつのは、ふるった本人のほかに、暴力を行使した組織の中で指揮系統的に上の職位にある人たちであると集まった人びとに向かって説明していた。

集会では、一九九九年八月の住民投票が近づいてきた頃、当時夫婦で経営していたキオスク（雑貨屋）を同じ集落内の住民に襲撃され、さらに暴行を受け、その後遺症のために今では長時間の農作業ができなくなったという苦情が、ある一組の夫婦から伝えられた。夫が当時の様子を話し、なぜ自分があのような殴る蹴るの暴行を受けなければならなかったのかと訴えた。妻は、夫がマイクをもって話しているその横で、腕を組み、首を少し傾けながら不機嫌な睨みつけるような表情で夫が話すのを聴いていた。夫婦からの訴えが終わると、当時実際に暴行を加えた三人の男性が前にすすみ出た。そのうちの一人が、当時地域を管轄していたインドネシア軍事務所に呼び出され、キオスクを襲い、暴行を加えるように言われたのだと弁明した。そして、もし従わなければ、自分の家族が襲われたり、何かよくない事態が起こるかもしれず怖

住民投票後の焦土作戦で焼けた建物で行われたある私立大学の英語の授業（2001年）

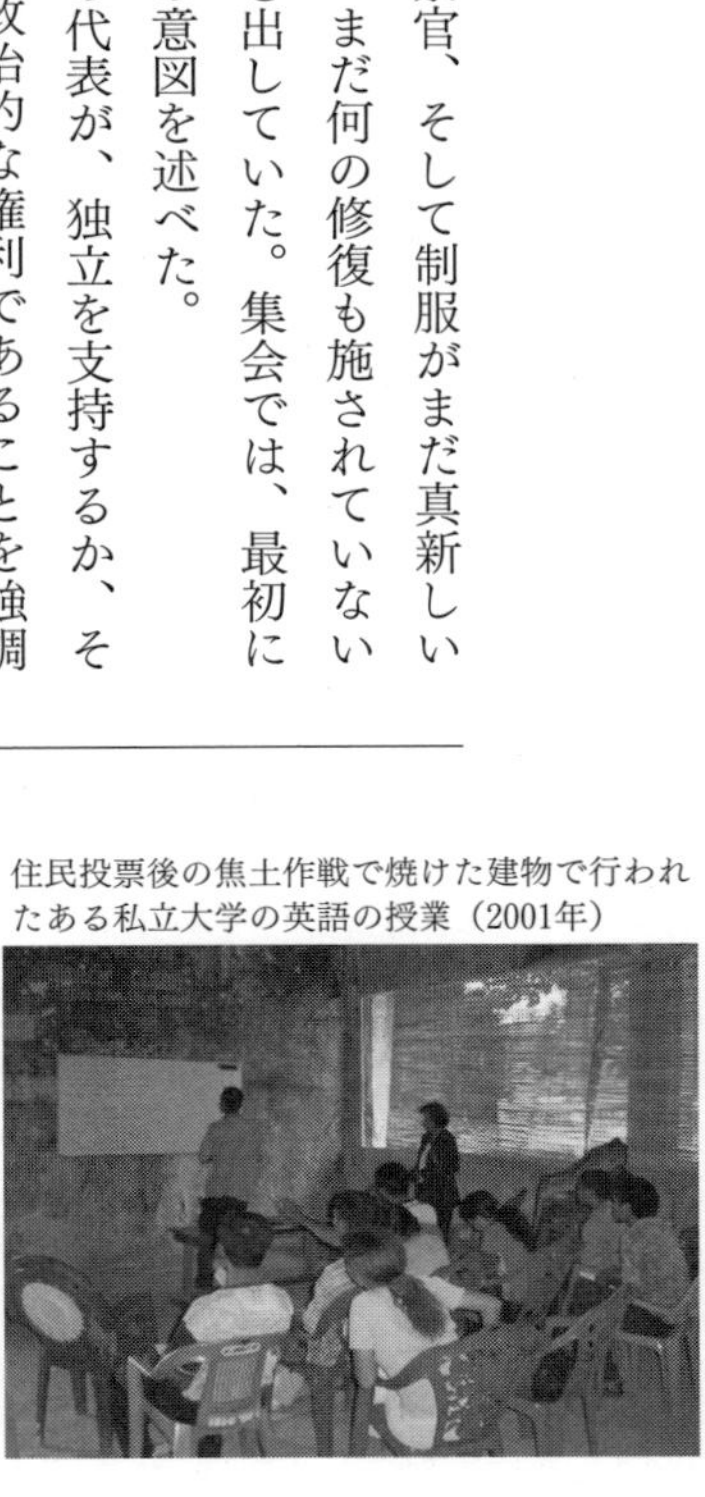

＊8　一九八八年にそれまで複数存在していた抵抗運動組織がひとつにまとめあげられ、マウベレ民族抵抗評議会（CNRM）が形成された。その後一九九八年にCNRMは東ティモール民族抵抗評議会（CNRT）と改称した。

＊9　東ティモールの受容真実和解委員会は、中南米諸国や南アフリカの真実和解委員会をモデルとしている。また、委員会は東ティモールの歴史に関する映像作品を制作している。『Dalan ba Dame（平和への道）』（CAVR、二〇〇五年）はポルトガル時代から一九九九年にいたるティモールの激動の道のりをインタビューをもとに

かったと付け加えた。双方からの訴えと弁明の後にしばらくやり取りが交わされ、最後には集まった人たちの目の前で双方が歩み寄り、相手の肩に手をおきながら謝罪とそれを受けとめ赦す言葉が交わされた。

　このような対話集会が、紛争下におかれていた東ティモール社会に生じた亀裂をそれだけで修復すると言い切ることは難しい。集会の場で伝えられる言葉がそれまでに受けた傷をすぐに癒せるわけではないだろう。だが、この対話集会を開くために、現地NGOのメンバーは幾度も村を訪れ、当事者の語ることに耳を傾け、集会の場で話をするように説得したと聞く。この対話集会は、集会の開催自体のみならず、準備から開催にいたるまでの過程を通じて、少なくとも、人がどのように傷ついたのかという事実をそれぞれの立場から分かちもつ機会を創り出していたのではないか。つまり、対話集会という場は、生じた亀裂の修復に向けての可能性を拓く場になっていたと思われるのである。

　どのように争い、傷ついたのかを明らかにする仕事は、その後東ティモールでは二〇〇一年に設置された受容真実和解委員会（CAVR）によって全国的に行われている。受容真実和解委員会は、東ティモール民族抵抗評議会（CNRT）[*8]が二〇〇〇年に開いた大会において和解の必要性が確認されたのを契機に、その後、元政治囚協会などの強い働きかけによって、また国連暫定行政からの後押しを得て設立された。[*9]委員会は二〇〇二年から最終報告書が提出されるまでの三年一〇か月の間、真実探求と共同体和解プログラムの実施を主な任務として活動を行った。先に述べた「対話集会」のような場づくりは、二〇〇二年以降は委員会の共同体和解プログラムに引き継がれた。共同体和解プログラムとは、一九九九年の騒乱時に「重大犯罪」でない犯罪、たとえば殴打、破壊、放火などの罪を犯した人を共同体で赦して迎え入れるとい

描いたものである。証言の大部分は普通の人びとによるものであり、苦難と闘いの経験が記録されている。

　また、活動のひとつであった共同体における和解を取り上げたものに『Passabe（パッサベ）』（ジェームズ・リー監督、リン・リー監督、二〇〇四年）がある。東ティモールの飛び地であるオイクシ県のパッサベを舞台とするドキュメンタリー映画である。一九九九年の住民投票後に統合派民兵による暴力が吹き荒れ、七四人の犠牲者が出た。映画では、それから五年後に、被害者と加害者を含むパッサベの村の住民が当時の出来事に向き合う過程が記録されている（あるシンポジウムで

国連暫定統治の時代、援助と村の問題について話し合う住民（アラス、2002年）

図4－1　政治囚の記念碑（受容真実和解委員会の元事務所の入り口付近につくられた記念碑、後ろにはマリア像が見える）

うものである。加害者は、真実の告白と謝罪、そして労働などの償いを必要に応じて行う。最終的には検察が了承すると和解が成立し、加害者は起訴されなくなる。

　真実探求においては、一九七四年から一九九九年にインドネシア軍が撤退するまでの二五年間におきた人権侵害について大規模な調査が行われた。約八〇〇〇人の住民から聞き取りを行い、その結果は報告書にまとめられてウェブサイトでも公開された。[*10]調査の内容をもとに公聴会が開かれたが、それは紛争期の経験を人びとが公に語る場となった。公聴会は、「強制移動と飢餓」「虐殺」「女性と紛争」「政治的投獄」など七つのテーマについて開催され、毎回テレビやラジオで放送された。インドネシア時代には人権侵害の話を公にする機会はなかったため、放送のある日は多くの人が耳を傾けたという。東ティモールの人であっても、ほかの人がどのような経験をしているのかをあまり知らなかったのである。この公聴会は各郡でも行われ、人びとが被害の歴史を共有する機会となった。[*11]

　受容真実和解委員会は二〇〇五年にその任務を終え、事務所として使われていたディリにあ

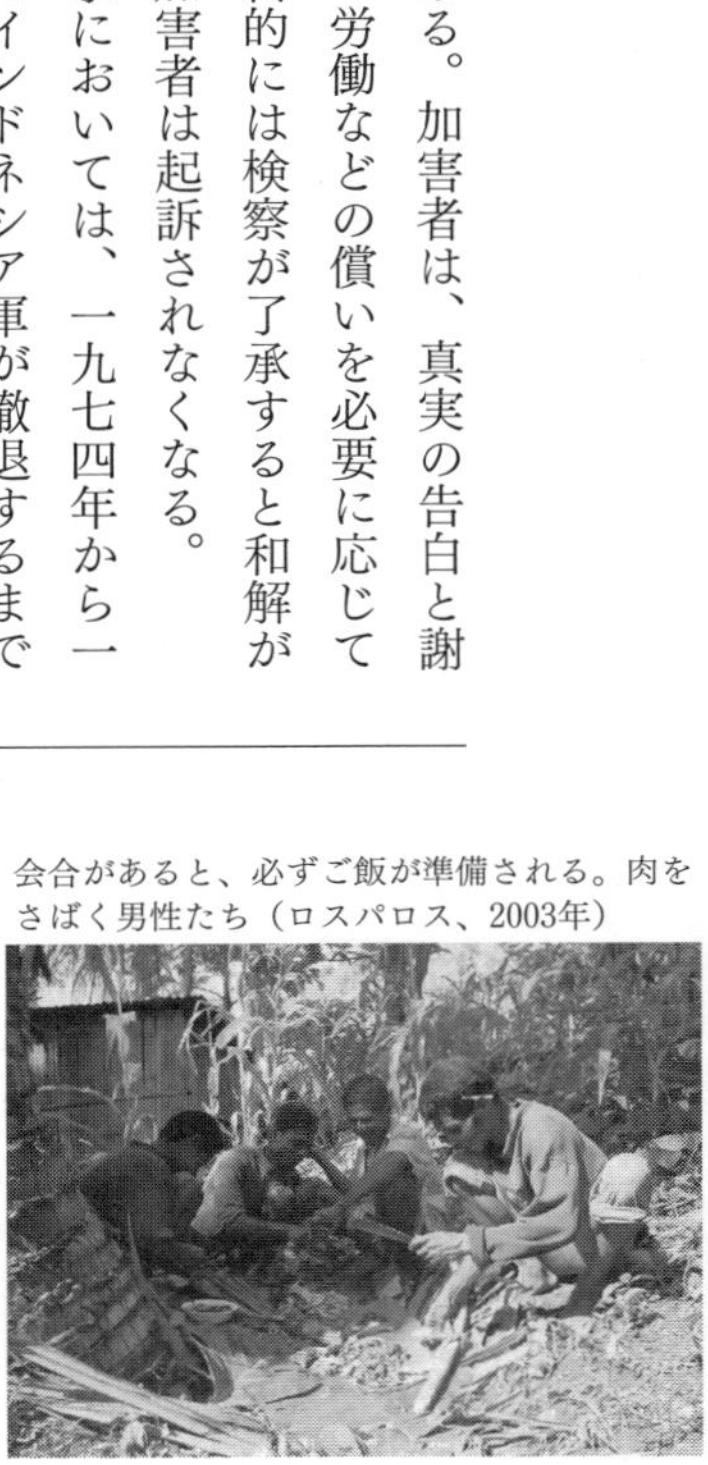

会合があると、必ずご飯が準備される。肉をさばく男性たち（ロスパロス、2003年）

上映されたときの邦題は「パッサベの虐殺――東ティモールの正義と和解」）。

*10　報告書*Chega!*（「もうたくさんだ！」）[CAVR 2005a]はウェブサイトからダウンロードできる（http://www.cavr-timorleste.org/en/index.htm）。英語、インドネシア語、ポルトガル語の三言語で作成されており、要約版は、それらの言語にテトゥン語を加えた四バージョンがある。
　なお報告書の内容は子どもを含むより多くの人が理解できるように漫画化（全五巻）された。テトゥン語とポルトガル語の二バージョンがある。

*11　公聴会の記録は、七つの

る元刑務所の建物は現在は記念館となっている（図4-1）。インドネシア時代に多くの政治囚が投獄されたその場所には、独房が当時のままの状態で残されており、一般の人も見学することができる。また、図書室や委員会の最終報告書などを販売する小さな書店があるほかにも、一九九九年の住民投票前後の写真や、公聴会や紛争の被害者を対象にしたワークショップの写真、また東ティモールの自決権実現と国際社会の関与についてのパネルが展示されている。インドネシア時代には元刑務所として、紛争後は受容真実和解委員会の事務所として使われた建物では、紛争によって人がどのように傷ついたのかという歴史が記録されている。

4　「いかに闘ったのか」——抵抗博物館と苦難の意味づけ

二〇〇五年には、紛争の歴史に関するもうひとつの記念館がつくられた。主にポルトガルの文化財団やメディアからの支援を受けてつくられた抵抗博物館*12である。開館から最初の数年は一見休業中にみえる状態が続いていたが、二〇一二年の独立一〇周年に合わせて大々的に改修工事が行われた。外壁には抵抗運動の様子を表す写真が使われており、博物館内部には、ポルトガル植民地時代以前からの東ティモールの歴史が記されている。名前が示すとおり、とくにインドネシアによる侵略以降の抵抗運動について、どのように始まり、どのように展開していったのかを知ることができる。

館内の展示物には、文字と写真を用いたパネルのほかに、山中でファリンティルが使っていた無線ラジオや銃、迷彩服、東ティモール民族抵抗評議会の旗など実際の抵抗運動で使われて

テーマごとに冊子として出版されている［CAVR 2005b; 2005c; 2005d; 2007a; 2007b; 2007c; 2007d］。それぞれ英語、テトゥン語、インドネシア語、ポルトガル語の四言語で作成された。初めの三つはCAVRのウェブサイトからダウンロードできる。

*12 ［Arquivo & Museu da Resistência Timorense 2012］は抵抗博物館のカタログである。ポルトガル語で書かれているが、テトゥン語と英語の併記がある。二〇〇二年にポルトガルの文化財団であるマリオソアレス財団が、レジスタンス退役軍人協会や連帯運動グループであるポルトガルのマウベレ

記念館に展示されている東ティモールと国際社会の関与に関するパネル（2012年）

いた物品が含まれている。大きな写真には、山を歩くファリンティルの姿があり、男女混成の一団が銃や身の回りの物を携えて山を移動している。また、インドネシア国軍と山中で対峙して闘ったファリンティルの働きだけではなく、彼らを支えた一般住民による地下活動や学生組織の活動も展示の中で触れられている。たとえば、東ティモール問題を訴える行動としてインドネシアの首都ジャカルタにある外国大使館のフェンスを乗り越えようとする若者の姿が等身大の人形で表現されている。抵抗博物館は、いかに闘ったのかという闘争の歴史をさまざまな展示を通して伝えている。

闘争の歴史を思い起こさせるのはこの抵抗博物館だけではない。独立から一二年を経た今、ディリの町中を見回すと、歴史的な建造物が新たにつくられている。海岸近くの公園には、インドネシア時代に平和的デモを行ってサンタクルス事件に遭遇した若者の像が建設された（口絵ｖページ参照）。若者は、サンタクルス墓地でインドネシア軍の発砲により負傷した別の若者を抱きかかえている。[*13] 二〇一四年には、東ティモールの玄関口ともいえる飛行場からディリの町に向かう道路のロータリーに、インドネシアの侵攻後に山中で殉死したファリンティルのニコラウロバト司令官の銅像が建立された。このように、人がいかに傷ついたのかという被害の歴史ではなく、いかに闘ったのかという闘争の歴史がディリの町に目に見える形で提示され始めている。

私事だが、臨床心理や看護学を専門とする研究者との共同研究で、一九九一年のサンタクルス事件発生当時に現場にいた人びとと四年ほど前から交流をもつようになった。当時年齢が一〇代から二〇代だった人たちは、二〇年以上たった今は三〇代半ばから四〇代半ばになっており、多くの人はすでに家庭を築いている。共同研究は、箱庭制作と聞き取りを通して紛争がも

抵抗博物館の外壁。抵抗運動に関する写真が使われている（2012年）

人民の権利のための委員会（CDPM）、イギリスの「タポル」（TAPOL）、インドネシアの人権団体の協力を得て文書や写真といった資料収集を行い、ディリで展覧会を開催した。その時のものが抵抗博物館の展示のもとになっている。

*13　若者たちの映像は、サンタクルス事件の発生後に国際的なテレビニュースで放映された。その映像は抵抗博物館でも流されている。ドキュメンタリー映画『Bloodshot: The Dreams and Nightmares of East Timor（血飛沫――東ティモールの夢と悪夢）』（ピーター・A・ゴードン監督、二〇一二年）の中で、当時の若者は「負

たらす心理的な影響を長期的な視点から探ることを目的としている。これまでサンタクルス事件の被害者である人びとが組織した一一月一二日委員会[*14]のサポートを得ながら、現地での調査を行ってきた。調査では、まずは箱庭を作り、自分がどんな箱庭を作ったのかを言葉で説明してもらう。また、そこにいる人は誰か、何をしているか、そこに置かれたものは何か、なぜ置いたのかなど、箱庭の中身について聞き手は適宜質問する。その後に、幼少期からこれまでの経験について聞き手が質問を投げかけ、その人自身について話を聞かせてもらう。聞き手である私たちは、これらの過程で知りえたことをもとに、サンタクルス事件や紛争にまつわるほかの経験がその人の心にどのような影響を与えているのかを理解しようとする。

　この箱庭制作と聞き取りを通じて出会った人のなかには、サンタクルス事件の際に自らも負傷したり、墓地からインドネシアのトラックで軍警察に連れて行かれ、そこで拷問を受けたりした経験をもつ人もいる。三〇代後半のある男性は、インドネシアの侵攻後に父親を亡くし、その後母方の叔父が目の前でインドネシア軍に殺されたり、近所の人が軍人に捕まえられたりするのを見てきた。一二歳のときに青年組織のメンバーになり、サンタクルス事件の際には墓地の中で軍人に刺され、さらに蹴られるなどの暴力を受けている。後に投獄された際には、刑務所内で当局から石や鉄を用いた激しい拷問を受け、頭に大怪我を負い六か月間入院した。男性はその後ファリンティルの兵士となり、住民投票が行われた一九九九年まで山の中でインドネシアに対する抵抗運動に身を投じた。今は、妻と住民投票後に生まれた子ども三人と一緒にディリ市内に暮らしている。泣いたり、頭痛で体調がすぐれなかったりすると、家族は自分のことをそっとしておいてくれるという。インドネシア時代からの自分の経験を妻やほかの家族はわかっていると話す。

傷した友人を抱きかかえながら、その時現場に居合わせた外国人カメラマンがもつカメラに意図的に近づいた。外国人が世界に見せると信じていた」と語っている。その外国人であるイギリス出身のマックス・スタール氏は、二〇年以上たった現在東ティモールに在住し、紛争が終わった今必要なのは復興であり、その際に重要となるのはアーカイブだと考え、音声映像記録の収集、整理、保存と新たな映像制作に取り組んでいる。

*14　東ティモールでは、ファリンティルの兵士や地下活動に従事していた人びとなど抵抗運動に貢献のあった人に対する恩

庶民の足ミクロレット（小型乗り合いバス）も再び走るようになった（ディリ、2005年）

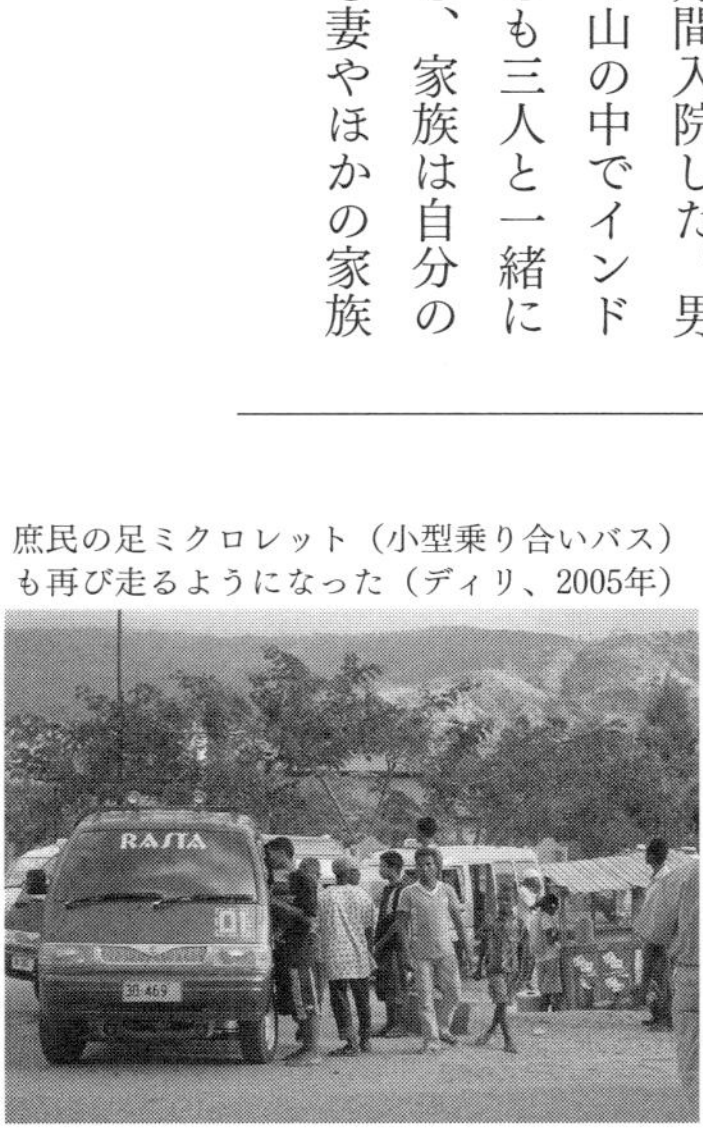

図4－2　サンタクルス墓地（事件から20年目にあたる2011年には、サンタクルス事件の犠牲者を追悼する式典が開かれた）

出会った人びとの大部分は、日頃からファリンティルへの食糧調達や情報伝達といった地下活動を行うことで抵抗運動の一端を担っていた。抵抗運動にかかわるようになったきっかけは人それぞれである。兄弟がフレティリン系の青年組織に入っていたため、横断幕を作るなど自然とデモの準備を手伝ったり、実際にデモに参加したりしていた人もいれば、地域のリーダー的存在である若者から声をかけられ、抵抗運動にかかわるようになった人もいる。どのような経緯であっても、多くの人がインドネシア時代に苦難を経験しており、その苦難を「独立のためだった」と話す。「(独立したかったのは) 脅されることなく、殴られることもない状況のため。つまり自由を得るために闘った」とある男性が話したように、インドネシア時代の苦難を闘争という文脈のなかで意味づけている人は多い。

だが、闘争の歴史の中で自らの苦難を受けとめられる人がいる一方で、心の整理は簡単ではないとも思わされた。ディリで民間会社の警備員として働く四〇代の男性は、事件の当日は墓地内の祈祷所の中で発砲音を聞き、外で友人らが撃たれて倒れるのを目撃した。男性は、サン

新郎新婦。結婚式では音楽に合わせて朝までダンスをする（ディリ、2002年）

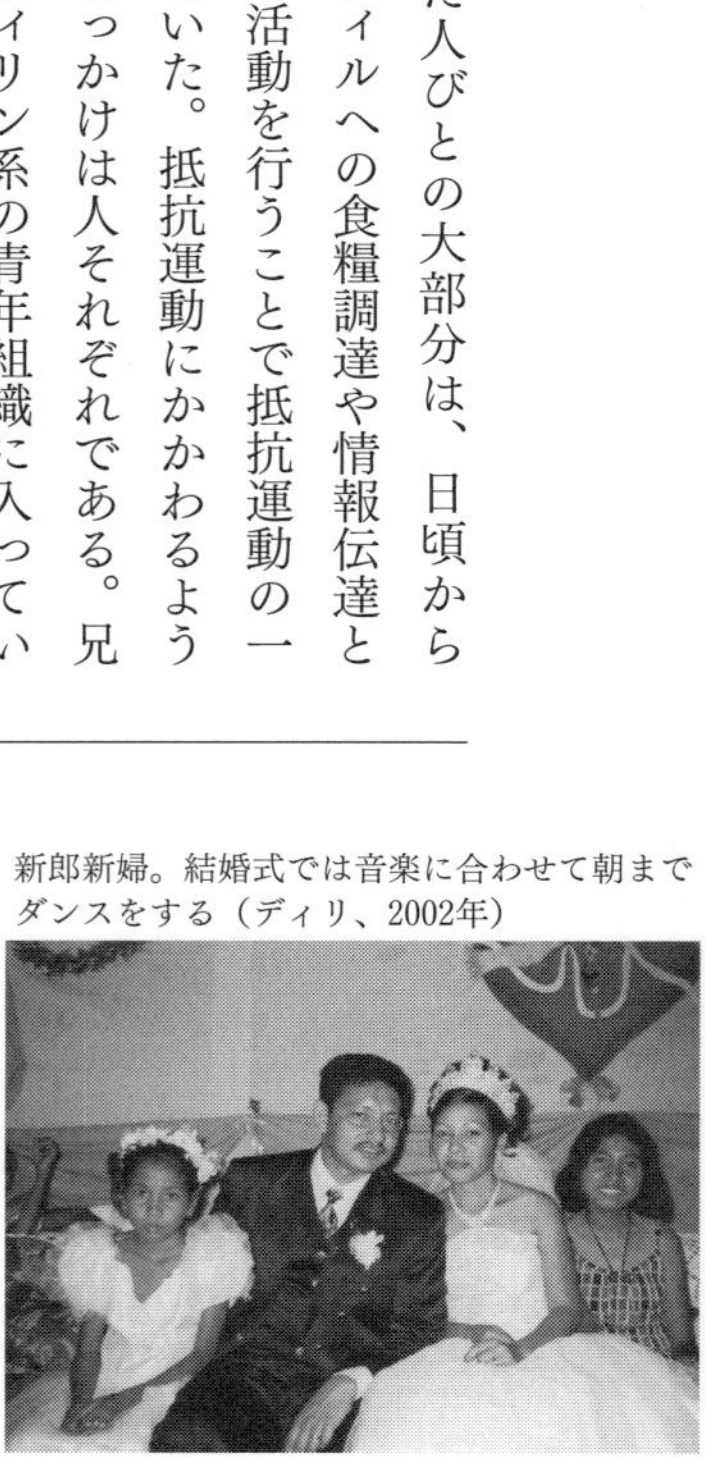

給が政府から支払われるようになった。サンタクルス事件の当日平和的デモに参加し、事件に遭遇した人もその対象となっている。一一月一二日委員会は、事件の犠牲者を追悼する式典を行うほかにも、当時現場にいて被害にあった人の確認作業をしている。受容真実和解委員会の元事務所である記念館の一室に事務所がある。

タクルス事件の様子を箱庭に表現した。サンタクルス墓地内の祈祷所に向かって三人のインドネシア国軍の兵士が銃を向けている。銃の向く先には人が立っている。逃げ出す人もいる。軍人が向いている方向と反対側には、当時サンタクルス墓地に向かって歩いた平和的デモの出発地点であり、またインドネシア時代には若者を含む住民の庇護者であったモタエル教会がある（図4-2）。「何を作りましたか」という問いかけに男性は答えようとしたが、声を詰まらせて言葉が出てこなかった。

5 痛みと多様な語り

二〇一二年の冬、東ティモールの人がもつ別の痛みを垣間見たことがあった。二〇一二年は東ティモールが正式に主権を回復し、独立国家となってから一〇年目の年にあたった。日本でも、東ティモールで活動するNGOや有志が独立一〇周年に合わせた行事を企画していた。そのなかのひとつに、東京の国際文化会館で開催された東ティモールに関するシンポジウムがある。独立から今日にいたるまで東ティモールがどのように「国民国家」を形成してきたのか、またその過程で生じてきた問題は何かを考えるシンポジウムでは、東ティモール、インドネシア、日本からの発表者がそれぞれ報告を行った。*15

そのシンポジウムに、マリア・ルルデスさんが招待されていた。ルルデスさんは「キリストの兄弟信徒会」（ISMAIK）という独自の修道会を立ち上げた人であり、聖職者の衣装を着ていない在野のシスターである。インドネシアの東ジャワにある大学で神学を学び、卒業論文

*15 「東ティモール独立一〇周年記念シンポジウム『国民国家』形成の課題と平和な社会への構想」早稲田大学アジア太平洋研究センター主催、於 国際文化会館、二〇一二年一二月一日。

大学で電子工学を学ぶ学生（ディリ、2003年）

では、カトリックの教義を草の根で実践するための組織と活動について具体的に構想した。「マナ・ルー」（東ティモールの言葉であるテトゥン語で「ルー姉さん」）と地元の人から親しみをもって呼ばれる彼女は、当時の構想の中身をこれまで実行してきている。*16 自助、自立の精神を高く掲げて人間としての誇りを重視するアプローチは広く知られており、その活動も教育や生産など幅広い。

マナ・ルーは「民族の形成における民衆の参加」というタイトルの話の中で、一九九九年の住民投票後にインドネシア領である西ティモールへ移動し、現在まで東ティモールに戻れていない人びとのことに触れた。当時は、東ティモールの状況が悪化するなか、約三〇万人が東ティモール内の山間部に避難し、約二七万人がインドネシア領である西ティモールへと移動した。その後治安の回復とともに多くの人が東ティモールに戻ったが、現在でも二万五〇〇〇人が西ティモールで暮らしている。その中には、西ティモールで生活することを選んだ人もいれば、住民投票の時期に暴力行為を行っていたり、あるいは「統合派」だったために、自分が暮らしていた地域に受け入れられるかどうかが不安で戻れない人がいる。また、そのほかの諸事情で帰れない人もいる。

西ティモールからの帰還については、東ティモール政府はほとんど行動を起こしていない。東ティモール国内では教育、医療、産業など諸分野における政策の実施をはじめ、しなければならないことが山積みで、東ティモールの外に暮らす人びとに十分な関心を払えないのが実情なのだろう。実際、近年の西ティモールから東ティモールへの帰還の支援は、現地のNGOやカトリック教会関係者の有志によって行われた。マナ・ルーも定期的に西ティモールへ足を運び、そこに残り続けている東ティモールの人びとのもとを訪れている。シンポジウムでは、現

伝統的な資源管理「タラバンドゥ」の儀式を再現する（リキサ、2003年）

*16 マナ・ルーが学生時代に構想した内容は［Martins 2001］で知ることができる。二〇〇一年に二つの現地NGOが共同で出版した。

*17 東ティモールを舞台とした劇映画には次のものがある。『Balibo（バリボ）』（ロバート・コノリー監督、二〇〇九年）は、一九七五年のインドネシアによる全面侵攻に先立ち、インドネシア軍とそれに率いられた東ティモール人の民兵部隊が国境に近い町バリボを攻撃し、それを取材しようとしたオーストラリアのテレビ局スタッフ五人が攻撃中に殺された事件を題材にしたものである。『裸足の夢』（原題 맨발의 꿈、

在西ティモールに暮らす人は生産手段となる土地をもたず苦しい生活を送っている、彼らは少し日和見的だったかもしれないが今はとても後悔していると涙ながらに語った。

西ティモールに残る東ティモール人家族を描いた映画に『ティモール島アタンブア39℃』（リリ・リザ監督、二〇一二年）がある。*17 東ティモールとインドネシアの国境近くの町、西ティモールのアタンブアには一九九九年の住民投票後に多くの人が避難したが、その町に残り続けて暮らす東ティモール人の父と子の生活を描いている。母と弟は東ティモールに暮らしており、息子は東ティモールはもう安全だから心配せずに帰っておいでと呼びかける母から送られてきた声のテープを、トタンで作られた家の中で時折聴いている。父親は、東ティモールにいた頃に人を殺した様子で、それまで住んでいた東ティモールのリキサという土地に戻ることができないでいる。

二〇一二年の東京国際映画祭で上映された際、上映後の質疑応答のなかで、監督のリリ・リザ氏は、それまで人が自由に行き来して、買い物をしたり墓参りをしたりしていたのが、国境ができたことで土地が分断されてしまったと述べた。さらに、政治的なコメントはできないと前置きしたうえで、映画の中で老人が「かつて、この土地はティモールだった。昔、ここで島を探して木を伐った。でも今や目につくのは、警視や警察ばかりだ」と述懐する場面に触れ、自身はひとつの土地を共有する人びとの間に隔たりができてしまう状況に関心があったと述べた。リリ・リザ氏自身、東ティモールだけでなく自国インドネシアのいたるところで暴力が用いられていることに胸を痛めていると言い、何人であれ、自分が生きている土地は自分の土地だと多くの人たちに感じられるようであってほしいと自らの希望を語った。

筆者は『ティモール島アタンブア39℃』を初めて観たとき、なぜ父と息子がアタンブアに暮

キム・テギュン監督、二〇一〇年）は、住民投票後の東ティモールに一攫千金を夢見てやって来た韓国人の元サッカー選手が子どもたちにサッカーを教え、チームが一年足らずで世界大会に出場して優勝したという実話に基づいてつくられた。首都ディリのほか、世界大会の会場となった広島でも撮影が行われている。

『Beatriz's War（ベアトリスの戦争）』（ルイギ・アキスト監督、ベティ・レイス監督、二〇一三年）は東ティモールの初の長編映画。インドネシア軍による全面侵攻以降、実質的にインドネシアの支配下におかれた東ティモールにおいて紛争が女たちにどのような影響をもたら

住民投票後はベビーラッシュ。赤ちゃんの誕生を祝う集まり（ディリ、2003年）

らさざるを得なくなったのか、その直接的な背景が描かれていないことに正直なところ物足りなさを感じた。直接的な背景とは、民兵組織を作り出していったインドネシア国軍の問題であり、ポルトガルからの非植民地化の過程にあった東ティモールにインドネシアが全面侵攻し、それ以来二四年間にわたって実効支配を続けたという歴史である。それまで人が自由に行き来しながら生活が営まれていたのに、国境ができたために人為的な境界がつくられて家族が引き裂かれたという物語は、政治的な背景を見えなくしているようにも思えた。だが実際には、リリ・リザ氏自身が感じる痛みと抱く理想が作品の下地にあったことを知った。

先に触れたマナ・ルーもまた痛みを感じている。ともに東ティモールという土地で暮らしていた同胞が現在苦境におかれていることに対する痛みである。それは、いかに闘ったのかという物語のなかでは癒されることが困難な痛みでもあろう。建造物や博物館がつくられ、それらを通じて紛争の公的な記憶がつくられていくなか、マナ・ルーの語りのようにさらに多様な声が記録されていく必要がある。[*18] 冒頭で述べたように、ひとりひとりの紛争経験は異なるものである。だからこそ、それぞれにとっての意味を大切に、それぞれの人がもつ「小さな物語」を繋いでいくことはできないだろうか。[*19]

ここでひとつ付け加えておきたいことがある。それは、東ティモールの自決権の実現が遅れ、その間に多くの苦難が経験されることになった背景には、当時大国といわれた国々の国連総会における投票行動が存在していることである。多様な声というとき、東ティモールの災厄に直接的ではないにしても、間接的には影響しているそれぞれが置かれた位置からの声も含まれてしかるべきだろう。それは、東ティモールと私たちの間に存在する抜き差しならない関係を忘れないためでもある。

東ティモール政府庁舎。正面には海が広がる（ディリ、2007年）

したのかが描かれる。一九八三年に起こった「クララスの虐殺」で夫を失った女たちがエキストラとして出演している。

*18　東ティモールを舞台としたドキュメンタリー作品としては次のものがある。

『East Timor: Birth of a Nation（東ティモール――国家の誕生）』（ルイギ・アキスト監督、二〇〇二年）は二人の東ティモール人を描いた二編の映像から構成されている。一人はローザという名前の東ティモール人女性であり、困難な中でも子どもに教育を受けさせるために力強く生きる姿が描かれる。もう一人は二〇年間抵抗運動に身を投じていたル・オロであ

6　南相馬を舞台にしたある映画に学ぶこと

小さな物語をつなぐとはどのようにして可能なのだろう。あるシンポジウムを契機にそのことを考えるようになっていたとき、ひとつの映画と出会った。『ASAHIZA 人間は、どこへ行く』（藤井光監督、二〇一三年）という福島県南相馬市にある映画館「朝日座」をめぐるその土地の人びとの記憶を描いたドキュメンタリー映画である。あるサイトを通じてこの映画のことを知り、二〇一三年に開催された山形国際ドキュメンタリー映画祭で作品を鑑賞した。

「朝日座」という映画館は、福島第一原子力発電所から三〇キロ圏内の南相馬市市原町区に位置している。関東大震災が発生した一九二三年に芝居小屋として地元の有志によって開設され、最盛期には年間二〇万人がこの芝居小屋に足を運んだという。娯楽施設でもあり、地域社会の拠点でもあった「朝日座」は、テレビ放映の普及やレンタルビデオショップの増加といった流れのなかで入館者数が減ってゆき、一九九一年には閉館した。日本の多くの地方都市が抱える中心市街地の空洞化という問題が、この朝日座の周りでもみられる。二〇〇八年には「朝日座を楽しむ会」という市民団体が立ち上がっており、地域社会の再生へつながる力となることを期待して、朝日座の活用と保存が考えられてきた。

映画では、「朝日座を知っていますか」という質問がどの人にも投げかけられ、それに応える形で、それぞれの人がもつ映画館にまつわるさまざまな記憶が語られる。ある人は若い頃のデートの記憶を語り、ある人は映画を観に来る人でにぎわった商店街の様子を話して聞かせ

る。独立後初の選挙に出馬し、ゲリラから政治家への移行期にある姿が描かれる。

『Rosa's Journey（ローザの旅）』（ルイギ・アキスト監督、二〇〇八年）は、独立後内紛で一時的に騒乱に陥った二〇〇六年から、独立後初の国会議員選挙が行われた二〇〇七年にかけて撮影された。イタリア出身のルイギ・アキスト監督は、オーストラリアの映像制作会社と共同で、数年前に取材した東ティモール人女性ローザのその後を追った。先行きが見えない中で、子どもを一人で育て生きていくローザの姿が描かれる。

『Alias RUBY BLADE（別の名をラビィ・ブレイド）』（アレックス・メイリエール監督、

国家行政省公務員研修所で行われている研修の様子（ディリ、2007年）

る。人びとの記憶は、劇場から町へと広がるだけではなく、移民や飢餓といった近代以前の相馬の歴史にもつらなっていく。それらの人びとの記憶を記録した映画を朝日座で上映し、映画に出演した人やその家族、友人といった地元の人と、東京からバスに乗って朝日座と南相馬周辺を見学するツアーに参加した人びとが同じ空間で鑑賞する。そして、地元の人とよそから来た人が観賞後に話をする。そこまでが映画になっている。

　この作品で印象的だったのは、ひとつは、劇場にまつわる地元の人びとの記憶を淡々と記録しているが、作品には原発事故という災厄によって背負わされる痛みが刻まれていることである。作品の終わりの方で、地元の人とよそから来た人が映画の観賞後に話をするが、そこでよそから来た人は震災後の経験を直に聞くことになる。震災後に子どもを連れていったん会津に避難した地元の女性は、会津の方が放射能の線量は低かったものの、家族で一緒に暮らしたいとの思いから地元に戻ったという。「言ってみたら原発で働いているんですね」と話の途中で夫の仕事に触れ、震災後一週間夫が帰ってこなかったこと、それを考えると絶対一緒にいたいと明るさの感じられる声でよそから来た女性に話す場面からは、静かな空気のなかにも、被災地に暮らす人とそうでない人の間に存在する「断絶」のようなものを強烈に感じる。そして、そうでない人もまた、原発事故という災厄の「当事者」であることが思い起こされる。

　もうひとつは、この作品に見られる地元の人とのかかわりのあり方についてである。作品は原発事故という災厄を強く意識していると思われる。しかしながら、この作品は町を震災前の状態から捉えようとしており、また作品に登場する地元の人びとには「被災地の人」というまなざしが向けられてはいない。監督の藤井氏は、いつも原発のことばかり聞かれていた南相馬の人にとって、複数のスタッフがカメラを持ち込むと原発の話になってしまうのは当たり前の

クリスマスの休暇に広場で演奏する若者バンド（ディリ、2007年）

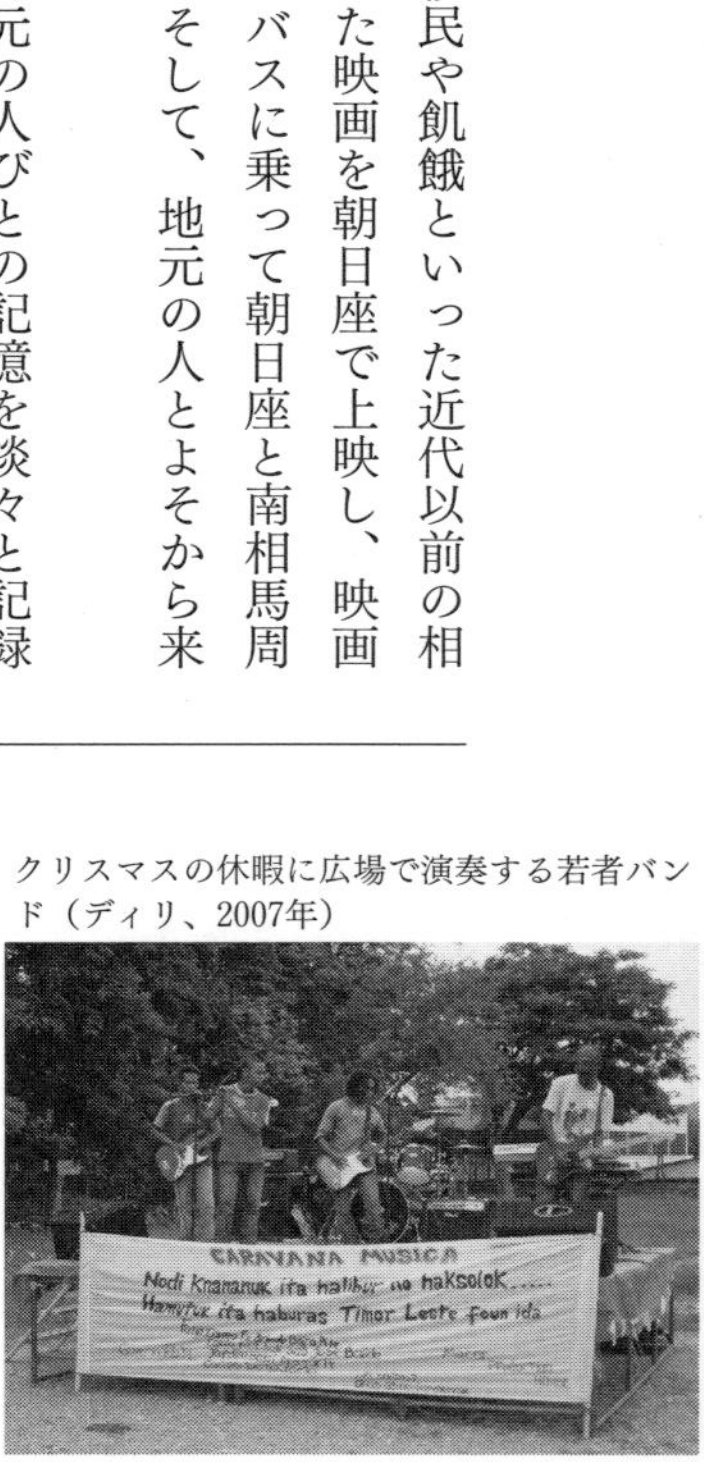

二〇一二年）は、東ティモールの抵抗運動のリーダーで、独立後は大統領と首相を務めているシャナナ・グスマンの妻、カースティの自伝的映画である。オーストラリア出身のカースティはインドネシア時代に東ティモールの抵抗運動を支援しており、住民投票後にシャナナと結婚した。

　註13でも紹介した『Bloodshot』は、東ティモールの連帯運動に大きく関わった二人の個人を取りあげている。一九九一年に秘密裏にドキュメンタリー映像の撮影を行うため東ティモールを訪れたクルーの中に、前述のカースティとサンタクスル事件の現場に居合わせることになったマックス・スタールがいた。

ことと述べる。[*20] どの人にも一様に投げかけられた「朝日座を知っていますか」という質問は、そのような流れに抗い、「被災地」として切り取られた情報によって編んだ物語ではない私たちの物語を、町の人と一緒に作りあげることを可能にするコミュニケーションの糸口だったように思われる。

被災した地域で撮られ、被災しなかった地域で上映される映像は数多くあるという。「被災した人」と「被災しなかった人」、「地元の人」と「よその人」、あるいは「内」であろうと「外」であろうと、それぞれの人がもつ小さな物語がつながりうるには、この分断線を越えていかなければならない。地元で聞いた話をその土地の人と共有しつつ、それらを外に発信していくことを、よそから来た人はどのように行っていけるのだろうか。「被災地」と自分が立つ地は決して切り離されたものではなくつながっていること、その土地には被災以前から脈々と続いてきた歴史があり、そこに暮らす人もそれぞれの経験の上に今を生きていることが「朝日座」という映画館を起点に広がる世界のなかに描かれているこの映画には、小さな物語がつながりうるためのかかわりの技法が示されているように思う。

7　「私たちの物語」を紡ぐ

本章でとりあげた東ティモールでは、すでに述べたように紛争についての公的な記憶がつくられ始めている。いかに傷ついたのかという歴史に加えて、近年はいかに闘ったのかという闘争の歴史が人びとの目にも映る形で表現され始めた。独立闘争に大きくかかわってきた人に

二人のインタビューが中心となっている。

『カンタ！ティモール』（広田奈津子監督、二〇一二年）は、東ティモールを旅しながら撮影した映像をもとに、大地とともに生きるという視点から東ティモールやそこに暮らす人びとを描いている。東ティモールの人びとへのインタビューでは、インドネシアの実効支配下における苦難の歴史も語られる。上映が開始されて二年以上経つが、現在でも連日のように日本のどこかで自主上映会が行われている。

*19　シンポジウム「記憶の写し絵——内戦・テロと震災・原発事故の経験から紡ぐ私たちの

庶民の暮らしを支えるディリ市内の市場（2007年）

とっては、自らの苦難を闘争の歴史のなかで意味づけていくことが心の整理につながるかもしれない。だが、大きな歴史、大きな物語のなかで自らの経験を意味づけていくことが、人と人との間に隔たりを生む可能性もあるのではないか。また、大きな歴史や大きな物語では自らの苦難を意味づけられない人の声は、どこで拾われ、記録されるのだろうか。

声を記録し、伝えていくのは、「内」と「外」の両方に働きかけられる位置にあるよそものにできることである。苦難の経験がもつその人にとっての意味を、当事者である人の表現に心身を開き、受けとめ、記録していく。決して同じように感じることはできないものだが、それでもできる限り内側から理解しようとする。隣にいる人が顔では笑っていても心は血が噴き出しそうなほどに傷ついているかもしれないことが私たちにはわからないというところから出発して、相手の生活世界に寄り添い、声に耳を傾ける。

地元の人にとって非日常的なものであるよそものは、それらを地元の人と一緒にする状況や場をつくることができる。すなわち、記憶の記録の場づくりである。そして記録されたことをその場限りのものとするのではなく、誰もが取り出せる形で登録して残していく。ひとつの例として、映画『おばあちゃんが伝えたかったこと――カンボジア・トゥノル・ロ村の物語』[*21]（エラ・プリーセ監督、ヌ・ヴァ監督、二〇一一年）が挙げられる。一九七〇年代のカンボジアでポル・ポト率いるクメール・ルージュによって行われた虐殺の時代を生き延びた人びとが、その体験や記憶を語る様子をおさめたドキュメンタリー映画である。撮影にあたり二人の監督は虐殺が行われた場所に近いトゥノル・ロ村にカメラを入れ、ポル・ポト政権時代に何が起こったのかを若い世代に伝えていくため、当時を知る人びととの記憶を呼び起こすワークショップを開いた。村人たちは監督の思いを越えて、辛い記憶を再現する映画を作り始める。[*22] 映画の終わり

新しい物語」（京都大学地域研究統合情報センター主催、於キャンパスプラザ京都、二〇一二年一二月二二日）における西芳実氏の発言より示唆を得た。

*20 藤井克郎「「原発事故に対する僕なりの復讐」不思議な作品「ASAHIZA」を撮った藤井光監督」産経ニュース、二〇一四年三月二九日（http://www.sankei.com/entertainments/news/140329/ent1403290008-n1.html）、古賀重樹「記憶と向き合う映画――カンボジア 福島（下）被災者とつくる町の物語」日本経済新聞、二〇一四年五月九日夕刊。

*21 原題 We want (u) to know: Remembering in the time

市場でにんにくと赤ねぎを売る女性（ディリ、2006年）

の方で、映画制作に参加した村のある男性は「(自分たちが撮影した映像の)一部はあんたたちの映画に使われるかもしれないが、残りは博物館に」と言う。記録していく過程で、外に発信したいという気持ちが地元の人の中にも生まれたということなのだろう。

「震災をみんなにふりかかったものとして考えてほしい」。この言葉は、東日本大震災から一年半後に開かれたある公開講座の席で、パネリストとして参加した宮城県南部に暮らす一人の女性から伝えられたものである。災害は、これまで何度か述べたように被災した地域としなかった地域、被害を受けた人と受けなかった人、移動した人としなかった人というように社会に亀裂をもたらす。「みんなにふりかかったものとして考えてほしい」という言葉は、亀裂の存在を見つめたうえで、それぞれの人にとっての小さな物語をつなぐことで、「私たちの物語」を紡ぐ必要性を伝えるメッセージのように筆者には思われる。

最後に、「内」と「外」に働きかけるよそものにとっての課題について述べておきたい。記憶の記録の場づくりを支えるよそものは、痛みを抱える当事者の人とどのようにかかわっていくかということを常に問われる。心の中に沈んだ痛みや思いを表現するまでに時間を必要とする人もいるであろうし、取り上げられることで傷つく人もいるかもしれない。ウクライナの首都キエフに生まれ、チェルノブイリ原発事故の記憶が深く心に刻まれた子ども時代を過ごしたオリガ・ホメンコ氏は、日本語で書いたエッセイ集の中で次のように述べている。

キエフの人は普通はチェルノブイリ事故の話をあまり思い出したがらない。外国人から見たらおかしく見えるかもしれないけれど、それにはいろんな理由がある。ひとつには、その時に受けたショックが今も心の中に眠っている。そして事故の後しばらくしてソ連は崩壊してしま

of the Khmer Rouge Trial.

*22 カンボジア紛争については本書第3章を参照。

米の選別作業を行う女性たち（アイレウ、2003年）

い、ウクライナも独立した。そのあとは経済発展を目指して、細かいことを気にしなくなったと言っていいかもしれない。こんな言い方はひどいかもしれないけれど、チェルノブイリより多くの経済的な問題を解決しなければならなかったというのが実情だった。そしてもうひとつには、あんな大きな事故にあって、やはりショックから立ち直れない部分がどこかある。ただ被害者意識をもっているだけだと何も新しいものが作れないから、まずはそれを乗り越える必要があった。無理やりにでも、何もなかったというふりをしてでも、一所懸命……。［ホメンコ 2014: 110］

ここで思い起こしたいのは、苦難の経験をもち、痛みを抱える人も、今一刻一刻を生きる人であるということである。記憶の場づくりをする人としての役割を意識しつつ、その一刻一刻の生活のどこかに登場する一人の人を演じながら、ともに記憶と向き合う時期を探ることも必要かもしれない。

参考文献

受容真実和解委員会の報告書・公聴会の記録

Comissão de Acolhimento, Verdade e Reconciliação de Timor-Leste (CAVR). 2005a. *Chega!: The Report of the Commission for Reception, Truth and Reconciliation in Timor-Leste* (CAVR). Dili: CAVR.

———. 2005b. “Women and the Conflict” (National Public Hearing, 28–29 April 2003), Dili: CAVR.

———. 2005c. “Forced Displacement and Famine” (National Public Hearing, 28–29 July 2003), Dili: CAVR.

———. 2005d. “Massacres” (National Public Hearing, 19–21 November 2003), Dili: CAVR.

———. 2007a. “Political Imprisonment” (National Public Hearing, 17–18 February 2003), Dili: CAVR.

———. 2007b. “Internal Political Conflict 1974–1976” (National Public Hearing, 27–28 April 2003), Dili:

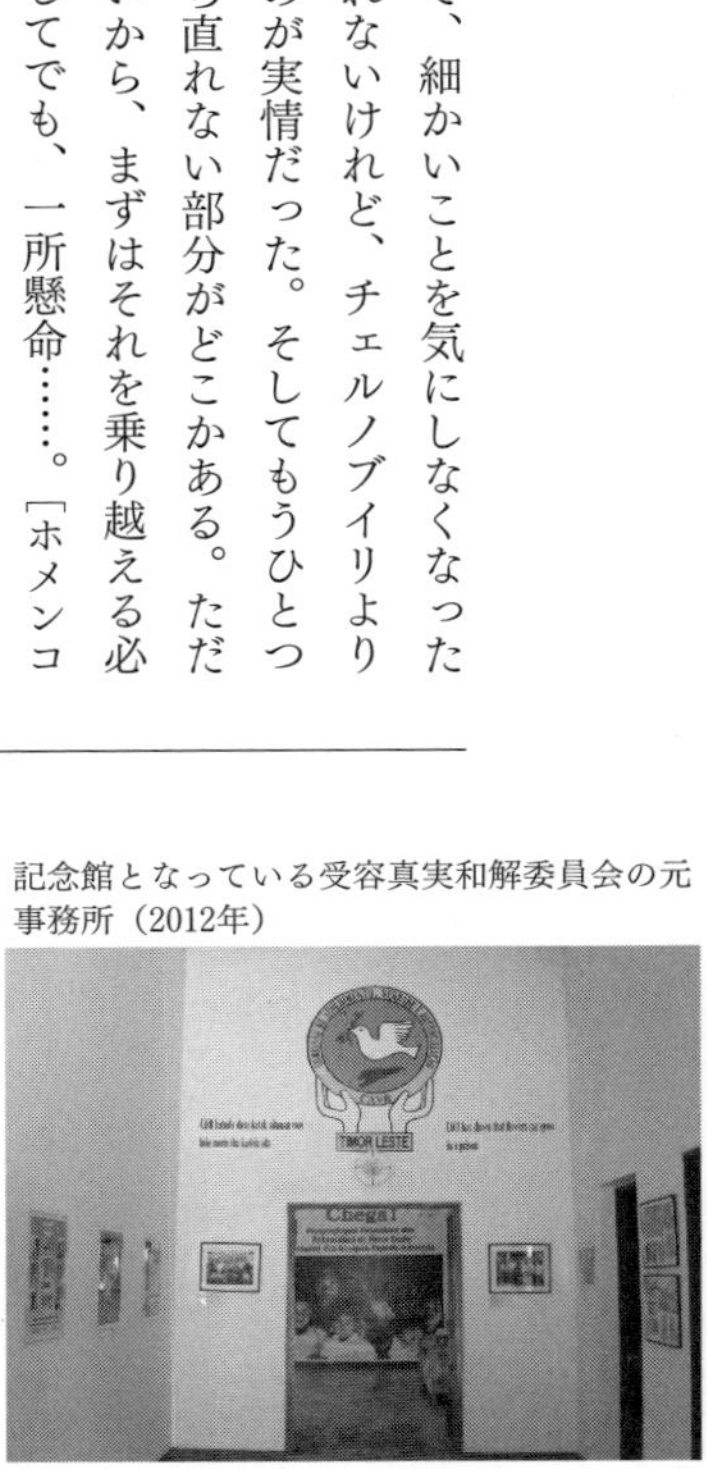

記念館となっている受容真実和解委員会の元事務所（2012年）

CAVR.
———. 2007c. "Self-determination and the International Community" (National Public Hearing, 15–17 March 2003), Dili: CAVR.
———. 2007d. "Children and the Conflict" (National Public Hearing, 29–30 March 2003), Dili : CAVR.

日本語文献

ホメンコ、オリガ 2014『ウクライナから愛をこめて』群像社。
亀崎善江 2003『神の慈しみの島、東ティモール——草の根医療チームの記録』女子パウロ会。
後藤乾一 1997『〈東〉ティモール国際関係史——1900–1945』みすず書房。
高橋奈緒子・益岡賢・文珠幹夫 1999『東ティモール 奪われた独立・自由への闘い』（明石ブックレット7）、明石書店。
高橋奈緒子・益岡賢・文珠幹夫 2000『東ティモール2「住民投票」後の状況と「正義」の行方』（明石ブックレット11）、明石書店。
南風島渉 2000『いつかロロサエの森で——東ティモール・ゼロからの出発』コモンズ。
古沢希代子・松野明久 1993『ナクロマ 東ティモール民族独立小史』日本評論社。
松野明久 2002『東ティモール独立小史』（アジア太平洋研究選書）、早稲田大学出版会。
山田満編 2006『東ティモールを知るための50章』明石書店。
山本博之 2014『復興の文化空間学——ビッグデータと人道支援の時代』京都大学学術出版会。
横田幸典 2001『東ティモールに生まれて——独立に賭けるゼキトの青春』現代書館。

インドネシア語文献

Martins, Maria de Lourdes. 2001. *Kelompok gerejani basis: Upaya Menumbuhkan gereja dari bawah*（「草の根の教会グループ——下から教会を育てる試み」), Yayasan HAK & Sahe Institute for Liberation, Dili.

玄関先でお墓に供える花を準備する家族（ディリ、2002年）

ポルトガル語文献

Arquivo & Museu da Resistênsia Timorense. 2012. "Resistênsia Timorense: Arquivo & Museu"（「東ティモール人の抵抗——アーカイブと博物館」）, Dili.

直射日光が当たらないように高木に守られて育つコーヒーの木。豆は日本にも輸出されている（マウベシ、2003年）

災害の記憶——津波遺構に託される生存者の思い

西　芳実

津波は繰り返し同じ場所で起こる。地震発生から津波が到達するまである程度時間があるため、迅速な避難により人的被害を最小限に食い止めることができると考えられる。ただし、大規模な津波の起こる間隔は数十年からときに一〇〇年を越えることがあるため、地域の防災を考える上では、津波の被災経験を持たない次世代や、津波後に移転してきた新しい住民に津波災害の経験をどのように継承するかが課題となる。

このような防災上の課題と結びついて、津波によって壊された建造物や運ばれてきた船舶を保全し、津波の経験を後世に伝えるための津波遺構にしようとする動きがある。ただし、被災を象徴する津波遺構は多数の人が犠牲となった場所であることも多く、津波の恐怖と被災の生々しい体験を思い起こさせるものでもあるため、被災の衝撃から立ち直り、目前の復興に取り組もうとする被災直後の地域社会にとって、津波遺構の保全の是非を判断することはしばしば困難を伴うことになる。

これに対して、二〇〇四年スマトラ島沖地震・津波の最大の被災地となったインドネシア・アチェ州では、津波遺構をめぐって「残すかどうか」がほとんど議論にならなかった。人口四二〇万人のうち約一七万三〇〇〇人が犠牲となる大災害に見舞われたアチェ州では、津波で民家に乗り上げた漁船や内陸に運ばれた巨大船舶が津波遺構として保全され、アチェの津波被災を知るための津波ツーリズム[*1]の拠点としてインドネシア内外の訪問客で賑わっている。これらの「遺物」を残すかどうかが議論の対象とならなかったのは、アチェの津波遺構が無念と痛ましい記憶を象徴する場所としてよりは、むしろ多くの命を救ったり、外来の支援者たちに津波経験を共有してもらう手掛かりとなったりする場所として捉えられていたためであったように思われる。

津波遺構を残したアチェ

州都バンダアチェ市ランプロ地区にある「津波ボー

トハウス」は、津波により民家の上に漁船が乗り上げた津波遺構である。この漁船の上で五九人が命拾いした。約六〇〇〇人の住民のうち四分の三が津波の犠牲となった集落での話である。現在は、残った二階部分が写真資料室として整備され、漁船を支える一階部分は鉄骨で補強されている。漁船を間近でみるためのスロープが増設され、記念撮影用の広場や訪問者向けの駐車場も整備されている。付近には土産物店が軒を並べ、この地区の名産である鰹節調味料が津波ボートハウス印の付されたパッケージで売られている。バンダアチェ市長とランプロ地区の地区長が署名した見学証明書も発行されている。バンダアチェ市が掲げる津波ツーリズム拠点の一つに登録されており、休日にはアチェ内外からの訪問者が観光バスで乗り付けている。

また、津波により海岸から三キロメートル内陸に運ばれた重さ二六〇〇トンの発電船も訪問者で賑わっている。長さ六〇メートル、幅二〇メートル、高さ一三メートルの巨大船舶が住宅地の真ん中に道路を横切る形で鎮座している様子は、被災直後の変わり果てたアチェの景色のなかでもひときわ異様さを放っていた。アチェの津波被災を象徴するランドマーク的存在として津波直後から訪問者が絶えず、発電船を取り囲む形で津波教育公園が設けられている。

モスク以外の建物が津波によって全て押し流されてしまった集落として知られる大アチェ県ランプウ地区では、残ったモスクの一部を津波被災当時のまま保全している。海岸沿いの集落であるランプウ地区では、住民約六五〇〇人の九割が犠牲となった。津波直後はモスク以外に何もない荒野になっており、モスクがこの地域の救援拠点となっていた。現在は樹木も生い茂り、トルコ赤新月社が支援した復興住宅が建ち並んでいる。津波で壊れたモスク

ランプウ地区のモスク。津波はモスクの背後から押し寄せ、柱の間を通り抜けていった。折れた柱の一部はモスク補修後もそのままの形で保全された

の外壁も修繕され、白く塗り直されているが、内部の一角は柱が折れ、天井が落ちかけた被災当時の状況のまま保存されており、展示されている写真とあわせて当時の様子を想像することができるようになっている。

徐々に手が加えられていった津波遺構

津波ボートハウスも発電船も、最初から津波遺構として保全する計画があったわけではない。周辺住民の手で少しずつ手が加えられ、そうした動きを踏まえてアチェの復興を担うために設置された復興再建庁が整備に乗り出し、復興再建庁が解散してからはバンダアチェ市が管理を引き継いで整備が進められ、現在のように津波ツーリズムの拠点となっている。

津波ボートハウスのスロープ前に座って解説を聞く訪問者たち

発電船は邪魔になるので解体して撤去する案もあったが、費用が掛かりすぎるため断念された。津波被災モニュメントとして保全する提案は二〇〇五年二月頃からあり、当初は地元の青年団が自主管理していた。発電船を一目見ようと訪れる人たちの車を駐車するスペースが作られたり、訪問者相手に募金箱が置かれたりした。

その後、隣接した地域の土地が買い上げられ、津波教育公園が設置された。被災当時の写真を展示する小屋が作られると、写真を説明する役を買って出る住民も出てきた。発電船のまわりにはスロープが新たに設置され、子どもからお年寄りまで誰でも船上に上がってバンダアチェ市内の様子を一望することができるようになった。周囲の住宅が再建され、津波直後の様子を想像しにくくなってくると、発電船が津波遺構であることがわかるように、まわりに津波によって壊された住宅跡が復元された。発電船がある集落の犠牲者名を記した慰霊碑も建立されている。現在、発電船は津波の威力を物語る津波遺構として、また、船上からバンダアチェ市とその周辺を一望できる展望スポットとして、地元住民から外国の観光客まで幅広い層の訪問者で賑わっている。発電船の上で結婚式を挙げる人もあらわれている。

津波教育公園。発電船に登るために作られたスロープは津波発生時の避難所を兼ねている

ウレレー海岸近くのムラクサ病院跡地も被災当時のままになっている。壁が押し流され内部が剥き出しになった三階建ての元病院の建物が二棟立っており、その前にはこの建物の来歴を示した掲示板がある。隣の敷地には津波犠牲者を埋葬した集団埋葬地や、津波避難棟を兼ねたシアクアラ大学津波防災研究センターがある。集団埋葬地では毎年一二月二六日に津波被災記念式典が開催され、病院跡地も会場の一部として使われることがある。この地域をあわせて津波グラウンド・ゼロとして整備する構想がある。

無念の記憶の場所

このように見ると、アチェではたくさんの津波遺構を残しているとの印象を受けるかもしれないが、実際には津波被害を受けた建造物で保全されたものはごくわずかで、ほとんどの建物が取り壊されたり改築されたりしている。

では、アチェでは津波の犠牲者を出した無念の場所の記憶はどうなっているのか。津波で大勢の人が犠牲になった場所としてよく知られているのはバンダアチェ市のブランパダン広場である。ここでは津波当日にバンダアチェ市が主催するマラソン大会が開催されており、市長と副市長を含めた参加者約五〇〇人が犠牲となった。しかし、市主催のマラソン大会で多数の犠牲者が出たことについて、迅速な避難誘導の有無を問うたり、補償を市当局に求めたりする動きは見られなかった。

現在は、「世界の国々にありがとう公園」という名前の運動公園として整備され、市民の憩いの場になっている。復興事業に参加した五四の国に感謝の意を示すモニュメントが設置されているほかに、津波犠牲者の数を示したモニュメントや津波記念塔も設置されているが、慰霊碑はなく、追悼の場所というよりは被災後の復興に感謝する場所としての色合いが濃い。

筆者が津波被災以降に続けてきた一〇年間にわたる調査のなかでも、行政の対応が悪かったために犠牲者が増えたとか、設備が不十分だったので助からなかったといったような、他者の責任を問う言葉ややり場のない恨みの声を公に聞くことはなかった。津波を神の試練として受け止めるという。犠牲となった人々は神に召されたのであり、生き残った者は亡くなった人々と神とに試されながら被災後を生きているという。アチェは住民の多くがイスラム教徒であり、インドネシアの中でも特に信仰心が篤い地域として知られているため、大勢の人々が犠牲となった大災害にあたって、誰かの責任を追及したり恨む思いを見せたりせずに受け止める強さはイスラム教の信仰心のためであるという理解が定着しているように見える。これに対して、津波災害を「神の試練」とする考え方については、「人災の部分や社会の矛盾の追及をあきらめる呪文」になっているだけではないかとの疑問の声も聞かれる。[*2]

だが、イスラム教の信仰心のためとするだけでは、アチェの津波被災の体験の意味を十分に理解できないように思われる。

アチェの人々の様子をよく観察していると、津波で身近な人々を失ったことに決して無念を感じていないわけではないことが感じられる。普段は口に出すことがないだけで、ふとした拍子にそれが漏れることがある。それを聞くと、被災当時の記憶は今も生々しく残っており、ただそのことを普段は口にしないだけであることがわかる。

たとえば、自宅で被災したSさんは、押し寄せてきた水が二階に上がる階段を流してしまい、梯子をかけて避難路を確保したときの様子が一〇年たった今でも忘れられないという。まず妊娠中の妻を逃がし、続いて自分の子どもを逃がした。階下に残ったのは、自分と隣家の夫婦とその子どもたちだった。子どもを梯子に登らせ、続いて自分が避難したところで大きな波が来て梯子が流され、隣家の夫婦の姿は見えなくなった。自分のせいで隣家の子どもたちを孤児にしてしまったのではないかと思わずにいられないでいる。

ほかにも、自宅で被災し、自分はソファにしがみついて助かったものの、目の前で妹たちが津波に流されていったDさん、夫婦でメッカ巡礼に出かけており、子どもと高齢者が残る留守宅が津波に襲われて自分たちだけ生き残ったMさん夫婦など、自分から積極的に話すことはしないけれども津波被災当時のことで忘れられない無念さを抱えている人はたくさんいる。

助けようとしたけれども助けられなかった、あるいは、自分の身を守るのに必死で、他の人が流されるのに手助けすらできなかった、といった経験を多くの人が持っている。これらの経験は、家族や友人たちの間で津波当時の経験を互いに話し合う中で共有されている。「助けられたかもしれない」という思いはあっても、それをあまり口にしないのは、無念さはすでに社会で共有されており、日常的に表明する必要がないからなのかもしれない。

被災から一〇年を経たバンダアチェ市を訪れると、街の様子は大きく変わり、津波の痕跡を辿るのは難しくなっていた。人々の関心は復興後のアチェをどのように発展させていくかに移りつつあり、津波は昔の出来事になりつつあるように見える。その様子から、津波被災の体験が風化の危機にあると評することは簡単である。だが、人々の営みを細かに見ていくと、被災直後にはできなかった犠牲者の記念碑をつくる動きや、防災教育の道を志す若者は今も後を絶たない。無念さよりも感謝の気持ちを伝えようとするのは、アチェの津波被災地が世界中から関心を集め、そのことをアチェの人々も十分に理解しているためなのではないだろうか。

*1 アチェにおける津波ツーリズムについては本シリーズ第二巻の西芳実『災害復興で内戦を乗り越える――スマトラ島沖地震・津波とアチェ紛争』第7章第4節「公園と記念碑――世界への応答」(pp. 226–235)も参照。

*2 たとえば柴田直治「被災地から アチェの祈り、レイテの希望」朝日新聞、二〇一三年一二月二九日朝刊コラム。

第三部

支援力をきたえる

都会の人となるためには、人々の合成でできているといえる都会の人となるためには、それはいつまでも消極的な避難小屋に止まるべきではなく、次の名目の建物に身をも心をも移さなければならないのです。

(「震災バラックの思い出」今和次郎『住居論（今和次郎集　第4巻）』ドメス出版、p. 311、1971年)

第5章

研究所の成長と共に歩む

——インドネシアとの防災協力

住宅・都市

小林 英之

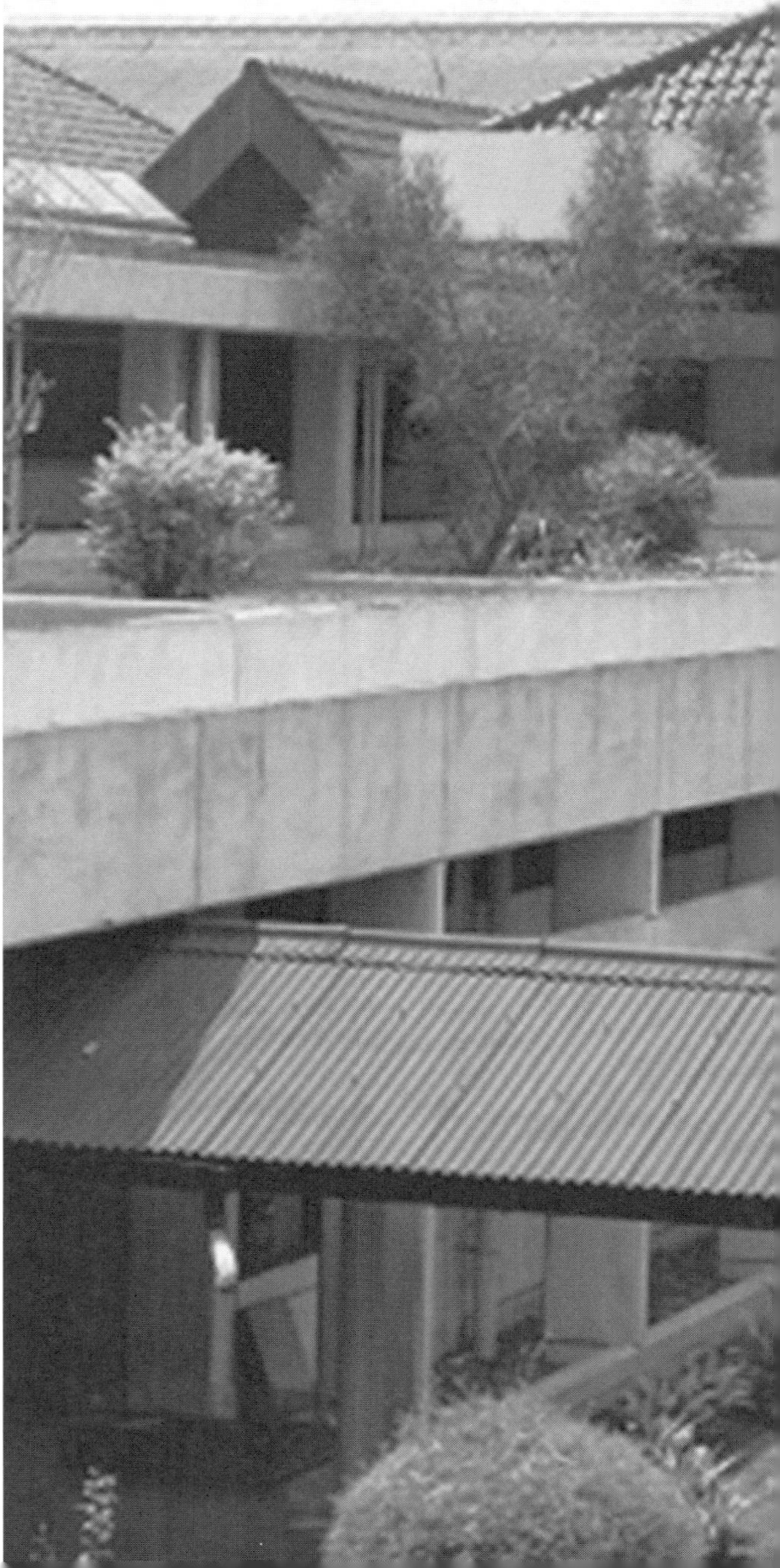

右：人間居住研究所の２階建ての本館。1990年に施設がバンドン市街から郊外の現在地に移転拡充されたときに日本の無償資金協力で建てられた。日本の型枠工法でコンクリートが打設され、自然換気による中庭形式の本館には、屋上緑化等も試みられた（バンドン、2007年９月撮影）

アチェ州バンダアチェ市
ビルン
ロクスマウェ
ムラボ
トバ湖
ニアス島
スマトラ島
メンタワイ島
パダン
マレーシア
シンガポール
ブルネイ
フィリピン
国境
南スマトラ州
パレンバン市
カリマンタン島
(ボルネオ島)
インドネシア
マナド
スラウェシ島
イリアンジャヤ州
(現パプア州) ビアク県
ニューギニア島
パプアニューギニア
ジャカルタ
バンドン
ランプン州
西ランプン県リワ
スマラン
バリ島
スカブミ
クラカタウ火山
スンダ海峡
西ジャワ州
マジャレンカ県
東ティモール
ジャワ島
0
500
1000
km
オーストラリア

1　災害体験を共感できる列島国インドネシア

インドネシアは、日本に似てプレート境界付近に列島を形成する地震・火山国であり、津波の被害も繰り返し受けてきた。*1 住宅は伝統的には木造家屋であり、地域により異なる多様な木造住宅が農村部や都市の周辺部に存在していた。豪雨による低地浸水、地滑りやがけ崩れも多い。一方、気候的な条件から、豪雪や台風等の被害はない。地震のリスクの地域差が大きいため、構造計算に用いる地震力に関する国土全体のゾーニング図が作成されている。地震・津波が多いスマトラ島やジャワ島のインド洋沿岸には大都市は少ない。

ジャワ海沿岸は潮位変化が少なく、堤防のない川沿いの高床式住宅による集落は歴史的な景観であったが、人口の増加と大都市への移動により水害等のリスクの高い低平地にも高密度な市街地が形成され、伝統的な高床式住宅にも床下に貸間が増設されるなど、リスクは増大している。

都市的な雇用機会に近い居住地を求める結果、生活のためにはリスクと共存せざるを得ない。居住立地限定階層と呼ばれる。たとえ住居が失われても、収入が続く限り再建することができる。居住を制限したり、コストのかかる防災対策を義務づけたりすることは必ずしも社会的に受け入れられない。安全な郊外での団地開発による十分な住宅の供給や密集地への集合住宅の導入が試みられてきた。

木材資源が豊富なスマトラ島、カリマンタン島では森林火災が発生し、木造比率が高いこの

*1　スマトラ島北部のトバ湖は巨大火山の火口湖であり、七万四千年前の噴火は、地球上の人類の総人口を一万人以下まで減少させたと言われている。二〇〇四年スマトラ島沖地震の後、オーストラリアの火山学者（モナシュ大教授）のレイ・キャス氏が噴火の可能性を指摘した。

一八八三年、スンダ海峡（スマトラ島とジャワ島の間にある海峡）のクラカタウ火山の噴火は沿岸に大きな津波被害をもたらし、日本の気圧計でも観測さ

地震入力計算用全国ゾーニング図（SNI 03-1726-2002「建築物のための耐震構造計算法」付図より）。その後さらに改訂された

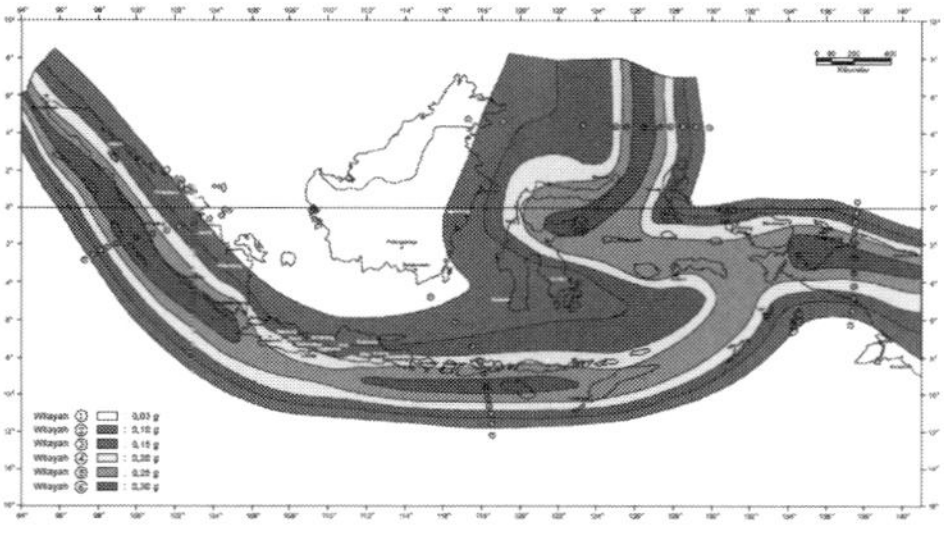

地域の都市では市街地大火が頻発する。一方、木材資源の枯渇・高騰に伴い、ジャワ島が先導する形で煉瓦造住宅が普及し、木造住宅を置き換えている。耐震補強が不十分な場合には小さな地震で倒壊する。

近年ではローカルラジオや携帯電話を通じて地震や津波に関する情報が伝わり、過剰ともいえるほどの避難行動も見られる。地震時に階段に人が殺到し、転倒事故がしばしば生じる。

このような状況に対して、現地の各分野の研究機関を拠点とした防災協力は早くから行われてきた。*2 住宅・都市分野でのインドネシアに対する技術協力も、一九七四年の専門家派遣開始以来、永年の蓄積がある。枯渇し高騰する木材資源に代わるブロックや鉄筋コンクリート等による安全な建物の実現、防火対策、ローコストな集合住宅の供給による低層過密な住宅地の緩和等である。初期の段階から、人口増加と住宅不足の中で安全な住宅地をローコストで供給することは基本的な課題であった。

筆者は、インドネシア公共事業省人間居住研究所（PUSKIM: Pusat Penelitian dan Pengembangan Permukiman、バンドン）に対する住宅政策に関する技術協力のため、一九八四年から二〇〇七年まで短期派遣専門家等として毎年現地での支援活動を行った。これらは必ずしも防災を主目的としたものではないが、安全・安心は住宅政策における重要な柱であり続けてきた。この中で、滞在中に、あるいは特別なミッションとして、いくつかの災害と復興の現場を体験した。本章においてはこれらを振り返って、一外国人が災害に係ることの意味について考える。

人間居住研究所における討論風景（バンドン、2007年2月6日）

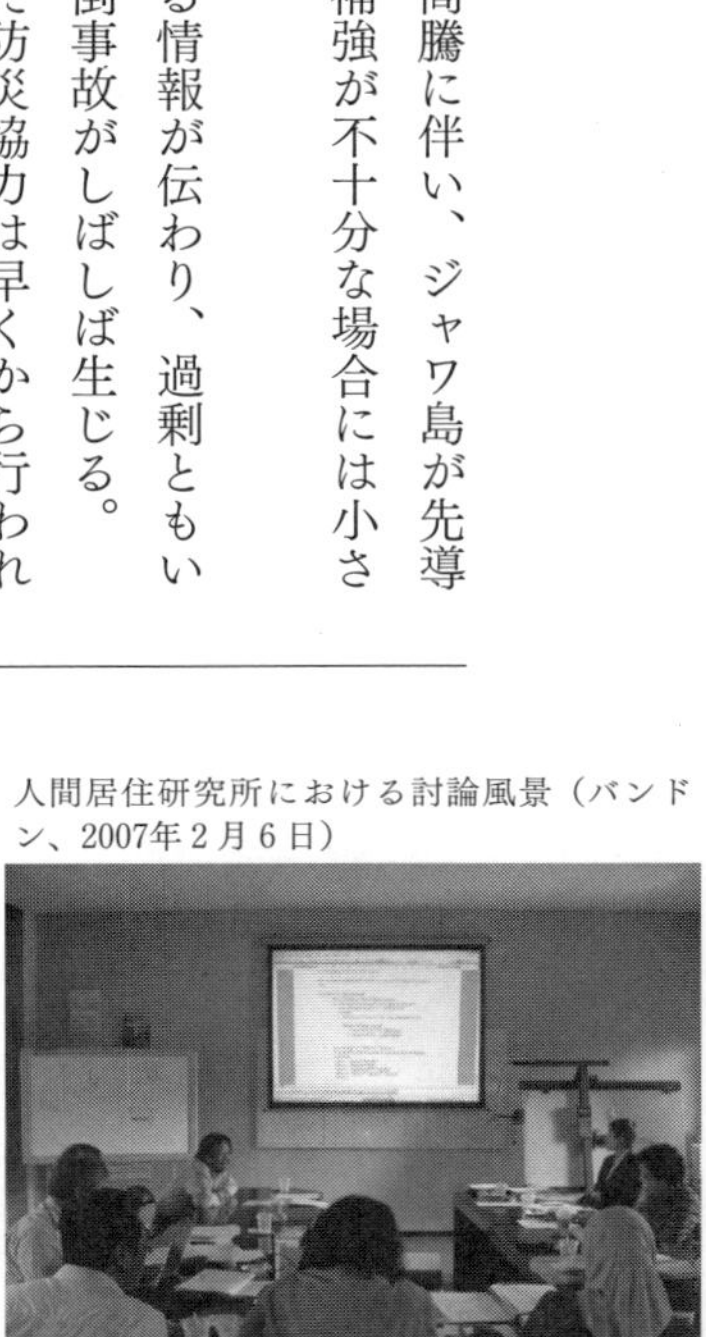

*2　オランダ植民地時代の一九二六年に、クルド山の噴火に備えて、トンネルにより火口湖の水を抜く工事が行われた。戦後のJICA事業に引き継がれている。
　また、ジョグジャカルタ市に近いムラピ山の砂防事業や、ブランタス川の治水事業等が日本の援助により古くから行われている。

2　マジャレンカ地震（一九九〇年七月六日、マグニチュード五・二）

一九九〇年七月のマジャレンカ地震（震源の深さ三四キロメートル）の主な被災地であった西ジャワ州マジャレンカ県は、筆者がインドネシアで調査した最初の地震被災地である。この時、人間居住研究所に短期専門家として派遣されており、技術協力活動の一環として調査を実施した。住宅都市政策分野では最初となる「都市低所得階層のための住宅政策に関する基礎的研究」（第一期一九八四〜八六年、第二期一九八七〜八九年、ＪＩＣＡ研究協力）が終了し、人間居住研究所の郊外への移転拡充を行っていた時期であった。一〇年余り前の一九七九年に新宿百人町から筑波研究学園都市に移転拡充した建設省建築研究所の経験を同研究所の発展のために生かすことが当時期待されていた。

調査は、同研究所のサレ部長に同行し、パンジ写真技師、ウディン運転手と同研究所に供与した車両を用いて陸路で現地に入った、日帰りの活動であった。サレ部長は地震被災地の調査や復興支援の長い経験があり、被災した住宅の実態と一般的な問題をよく把握していた。それまで視察・見学等は、過去の成功した住宅地開発等の現場が主で、被災地を外国人に見せることは稀と聞いていた。研究協力を通じて、低所得階層の住宅地の調査等をチームと一緒になって実施してきたことが、この調査に私が同行することを快諾する背景にあったと思う。

この地震自体は小規模で人的被害はなく、物的な被害のみであり、現地を訪問した八月二八日の調査以前に緊急調査（七月九日）とその後の一通りの支援活動は完了していた。現地では

マジャレンカ地震の被災地で煉瓦造住宅の脇に被災後作られた竹造の応急住宅（1990年8月）

再建活動がすでに開始されており、その復興状況を見ることが調査の主目的であったが、筆者にとっては実際の被災の状況を見る初めての機会となった。被災地の正確な地図は存在せず、被災状況も量的には把握されていなかった。通常は、内務省→地方政府→村長のルートで情報収集、情報提供が行われていた。

一般に、建築に関する被災地の調査は、現場の状況が急変して情報が失われるような調査項目以外は、発災から一〇日～二週間程度経過してからの方が捜索活動などの妨げにもならず、現地に受け入れられやすい。多くの場合、被災した住宅の状況はまだ調査可能なタイミングである。

この時はさらに一か月程度経過していたが、被災状況を把握することはできた。公的な支援はなく、住民は自力で再建活動を行っていた。サレ部長によると、義捐金は寄せられていたが、村長が自宅を立派に再建するために使われ、村民には僅かなコメしか配られなかったという。老婆が一人で暮らす住宅を一軒訪問し、直接寄付を行い、話を聞いた。当時、途上国援助が政府を通して行われると実際の現場に届かないという批判や指摘があったが、このような構造は草の根にまで同型であることを知った。

この地域の伝統的な住宅は、竹を構造材に用い、屋根は草葺き（イジュク椰子）だった。一般に「ルマ・パングン（rumah panggung）」と呼ばれる高床式住宅ではあるが、後述のスマトラ島などと異なり床は〇・五メートル程度と低く、日本の木造住宅と同程度である。このような住宅はほとんど無被害であった。

以後よく見聞した同様の現場から推しても、震度は三～四程度ではなかったかと思われる。しかし、都市的な土間式住宅である煉瓦造の住宅「ルマ・テンボク（rumah tembok）」が農村部

補強なしに再建されている煉瓦造住宅（1990年8月）

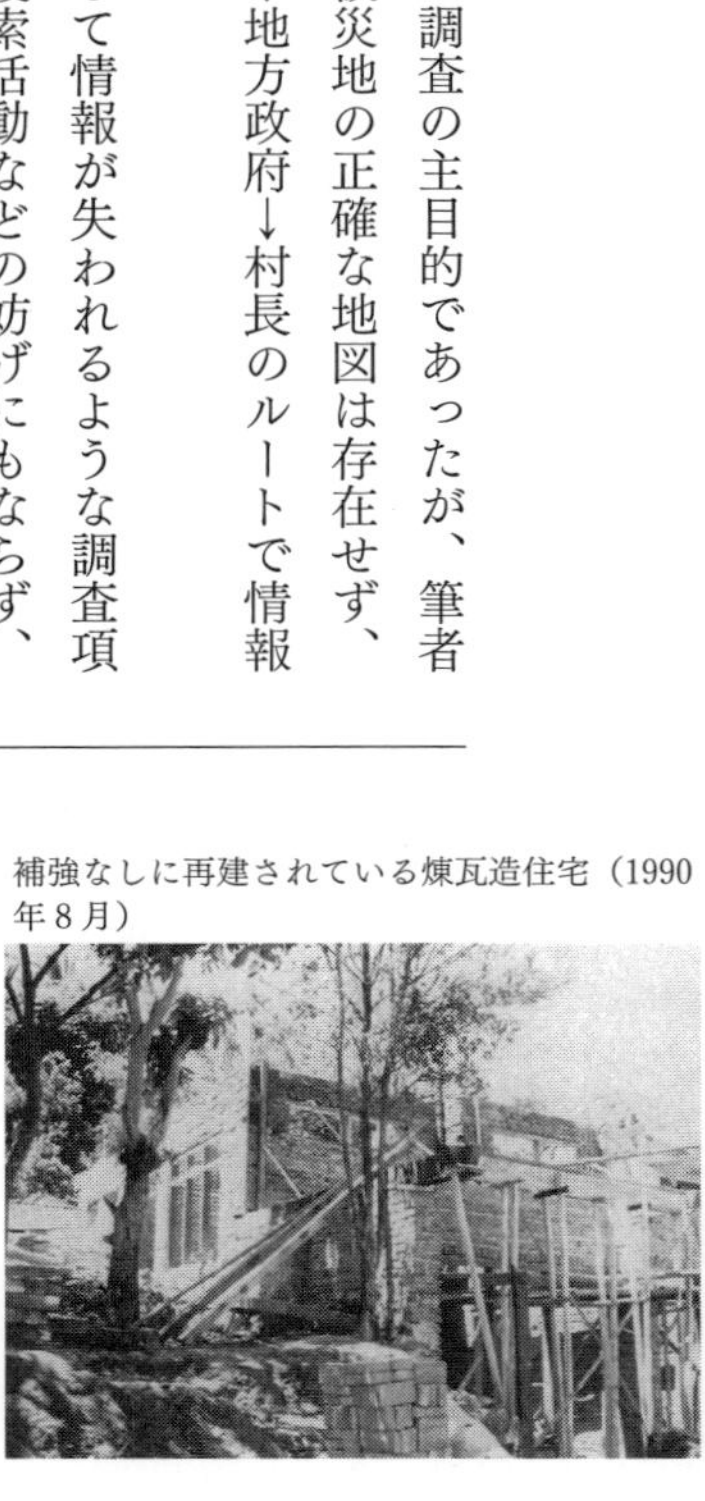

にも普及し、補強がないか不十分である住宅が大破していた。中には、河原石を粘土で繋いで積み上げただけの壁の住宅も見られた。このような壁であっても、表面を漆喰で美しく平坦に仕上げると外観からは構造・材料を判別できなくなる。単に都市住宅の外観を模倣しただけの農村部の都市的住宅は、地震などにより壊れてみて初めてその脆弱な構造が露出する。

当時すでに、耐震性を高めるための技術上のポイントとして、壁の補強ための鉄筋が入った枠組み（柱・梁）の使用とセメント量の確保が重要であることが認識され、人間居住研究所による技術指導が行われていた。人間居住研究所では、技術の社会普及（penyuruhan）のために機材として印刷機を所有し、また、広い国土が対象であることから、バリ島、スラウェシ島などにロカと称する出張所を有していた。しかしながら、工業製品であるセメントや鉄筋の価格は国際市場に連動しており、金を払って調達しなければならない高価な材料であることから、コスト面では、いかにセメントや鉄筋を少なくするか、ということが大工（tukang kayu）・工務店（pemborong）の関心事となる。後述するバンダアチェの被災地では瓦礫の中から値売れする鉄筋を拾い集める子供達の姿があった。

木材を代替する建材として全国的に普及していた煉瓦（bata merah、赤煉瓦の意）は地方により異なる。水田が多いジャワ島では、成形し乾燥した煉瓦を草葺きの小屋の中に粗く積み上げ、間に籾殻（sekam padi）を詰めて燃焼させて製造する。強度は日本で販売されているような煉瓦と大きく異なり、言わば素焼きの植木鉢のような硬さである。感覚的には、「雨で崩れない程度」に焼きが入った日干し煉瓦である。胸の高さから土の上に落として割れなければＯＫという判定が行われていた。価格も当時、一個一円程度であった。

さらに、住宅公団（Perum-Perumnas）により開発・供給される住宅団地にはバタコ（batako、コ

煉瓦工場の例。強度的には低いものであるが、廃材である籾殻で焼く煉瓦は、排出量の観点からはほぼ、ゼロ・エミッション（西ジャワ、1999年11月20日）

ンクリート煉瓦）と呼ばれる孔のないコンクリートブロックが使用され、これを鉄筋の入った柱・梁により補強した住宅の構造強度が、人間居住研究所の実験棟に整備された傾斜台により検証されていた。その構造は、日本で一九七〇年代に建設された「簡易耐火平屋」と類似したものである。しかしながら、一般庶民が個別に建設する住宅にはほとんど普及しておらず、高層ビルにいたるまで安価な煉瓦が広く使われていた。*3

被災に学んで、復興に際しては煉瓦造を避けて竹の住宅に先祖返りしたような応急住宅が建設されていた。一方、人間居住研究所が指導していたように、十分な鉄筋を用いて耐震的に再建している煉瓦造住宅も見られた。しかし、このような情報普及にもかかわらず、中には鉄筋の入った柱を使用せずに安価な煉瓦だけで再建しているような煉瓦造住宅も見られた。

マジャレンカの復興に際しては、民間人（医師）の寄附により、提案的な設計理念に基づく復興住宅も建設されていた。腰まで低い煉瓦の壁を積み、上部は木造とする。これにより、腐朽しやすい足元部分の耐久性を確保しながら、軽い上部構造で耐震性を確保する。*4 半恒久（semi-permanen）と呼ばれるこのような混合構造は、日本の「布基礎*5」を用いた木造住宅とも類似した考え方と見ることもできよう。地震が多いバリ島においては伝統的住宅においても下部煉瓦腰壁＋上部木造の混合構造はよく見られた。しかし、ジャワ島では殆ど普及していなかった。

サレ部長の説明によると、このような住宅形式は、地震が頻発する西ジャワ州スカブミ県において人間居住研究所による復興住宅のモデルとして建設され、地元の大工も参加する方法で建設することにより社会普及の効果があったという。同県では、植民地時代に遡る建築条例においても耐震に関する記述があった。後述のバンダアチェの復興住宅（二〇〇五年〜）において

*3　近年ではsuperbataと称する高強度の煉瓦も入手可能である。

*4　煉瓦を焼く際に、粘土の中に石灰石が混入していると生石灰に変化する。このような煉瓦は雨水と反応して割れる。建材店または現場に積み上げて、施工前にしばらく雨に曝すこともまた知恵である。

*5　布基礎とは次ページ左の写真のような細長く水平に布設した基礎。日本では一九五〇年代以降、コンクリート製のものが普及した。この上に水平の角材である土台をボルトで固定し、上に柱を立てる。

バタコ造住宅の例。1970年代に建設分譲され、その後増築が進み原形を留めるものは少ない。増築部分は煉瓦造が多い（バンドン市内サリジャディ団地、2008年6月8日）

も試みられたが、必ずしも普及しなかったように見える。

サレ部長は、調査と同時に、再建現場での対話を通じて技術指導も行っていた。筆者は単にその活動に一日だけ同行したのみであったが、実際の被災地での住民による再建活動と人間居住研究所による情報普及活動を見ることにより、問題の構図をよく理解することができた。しかしながら、現地に対して貢献できることは、その時には貧しい老婆に対する個人的な寄付以外、殆どなかった。

調査の下図となる地図もないまま行われるこのような活動は、系統的に記録されることがない。当面の目的として作成されるタイプ打ちの原稿に写真を貼り込んだ現地語の調査報告は、図書館等に整理保存されることもなく、時間と共に忘れ去られてゆくように見えた。

日本にも報道されることがないこのような局地的な地震は、高い頻度で発生していた。滞在中に発生した地震については、休日などに運転手と調査車だけを借用して現場を訪問し、記録写真を撮影するように努め、帰国後に作成する業務報告書に掲載した。

人間居住研究所の移転拡充の支援に際しては、印刷機やビデオ編集装置等情報普及のための施設や機材が重視されることとなった。

3　パレンバンの復興市街地訪問

南スマトラ州都パレンバンの大火とその復興（一九八一年）は、「失敗例」として語られていた。後に大臣となるラディナール・モクタール氏から、当時「ＪＩＣＡ技術協力にあたって

左は半恒久住宅の再建例、右は再建住宅の補強柱の鉄筋を庭で組んでいる風景（1990年８月）

は、ジャカルタやジャワ島だけではなく、なるべく地方を見て欲しい」とアドバイスされたことに触発されて、派遣された期間の中では機会を見つけては地方の住宅事情を調べるように努めた。建築行政は地方建築条例により地方政府によって行われていたことから、サブテーマ「建築許可制度に関する研究」を立て、市役所や公共事業省地方建設局などを訪問して建築条例のコピーを収集し、許可取得状況をインタビューすると共に、住宅の実情を把握し写真撮影した［小林 1989］。そのような活動の一環として、パレンバン市役所を訪問すると共に、有名な復興住宅の現場も訪問・調査した。一九九〇年当時、空き家を政府が賃貸住宅に切り替えて運営する政策が検討されていた。

当時、空路も存在していたが、一般庶民が用いている長距離バスを知る必要があると考えて、スマトラ出身のユスフ・バングン研究員とバンドンを朝四時に出発するバスに乗り込み、チレゴン港（二〇〇〇年に西ジャワ州から分離し、現在はバンテン州）から、四国土産のコーナーも残る元「宇高連絡船」でスンダ海峡を渡り、再び陸路でパレンバンをめざし、到着したのは翌朝午前八時であったのを記憶している。バスの車内の中央通路には荷物が満載され、その上を這って後部のトイレに行くような混雑であった。

パレンバンの火災は一九八一年八月に発生した。二一ヘクタールに延焼し三四四四世帯一万三七七六人が焼け出されたが、死者はなかった。二〇〇二年に同災害を回顧した地方新聞記事によると、当時軍が爆弾投下による消火を試み、警察は近隣地区で四〇〇棟に及ぶ破壊消防を行ったという。[*6]

同年九月には大統領令で復興が着手され、一二月には復興事業を任された住宅公団による集合住宅五三棟三五八四戸（うち、一八平方メートルタイプ二一九二戸、三六平方メートルタイプ九七六戸、

＊6 ユディ・シャロフィ「パレンバンの集合住宅史」『スリヴィジャヤ・ポス』紙、二〇〇二年七月一三日。

パレンバンの復興住宅ブミ・イリル・プルメイ団地（1999年、*Pengadaan Rumah Susun di Bekas Kebakaran* より）

五四平方メートルタイプ四一六戸）の建設が着工した。この住宅は、住宅公団にとっては、ジャカルタのマンガライ団地、クレンダー団地、地方政府が住宅公団に建設委託したジャカルタのクボンカチャン団地、バンドンのサリジャディ団地に続く初期の事業であった。完成した住宅はブミ・イリル・プルメイ（Bumi Ilir Permai）団地の名称で分譲され、頭金一割、残りは月賦払いという sewa-beli 方式で被災者に供給された。しかし、戻り入居者は三割に過ぎず、七割の被災者は郊外の団地や戸建て住宅に移住した。一九八六年に内務省令により一九九一年に公団から市に移管され、以後賃貸住宅として運用された。

復興されたこの四階建て集合住宅の団地は、伝えられたように殆ど空き家の状態であった。その要因は分譲方法や費用負担もあると考えられるが、現場でまず感じたことは、周囲の一般住宅がジャワ島の住宅とはあまりに違うこと、それにもかかわらず集合住宅の設計に際してジャカルタに建設されたような集合住宅がコピーされており、殆ど土地の生活様式が考慮されていないことである。

団地周辺の住宅は二メートル程度の高床式住宅である。また、戸あたりの床面積は集合住宅と比較してもかなり大きい。しかし、親とその子供の家族を合せたいわゆる拡大家族が居住しているため、密度感ともいうべき一人当たりの床面積は、被災前後の人口・世帯数・土地面積等が語る通りの狭さであったと感じた。家族形態を見ずに集合住宅のユニット面積だけを論じることはどこか空しい。

過密化に伴い、床下にも居室を設けている例が見られた。一方、往路のバス車窓から見えた都市郊外の風景は、あまり高度に利用されていない農地の中に住宅が点在していた。細かく見ると、水溜りのような場所を敢えて選んで、その上に都市部よりも簡素ではあるが、類似の高

パレンバン周辺、ムシ川に沿った高床式住宅（1990年）

床式住宅を建てている。さらに細かく見ると、高床の上には段差があり、機能別に使い分けられていた。

一方、集合住宅においては、ウォークアップで上下に異なる世帯が入り、現地の人から見ればいわばホテルのような造りであった。集合住宅を建設するに当たり、被災者が従前に居住していた住宅の形や住まい方を調査して設計に反映するような努力が払われた形跡は無い。被災者は周辺の在来住宅の床下空間や郊外等に住居を求めていた。

日本国政府からの無償資金協力として実施された人間居住研究所の移転拡充（一九九〇年、VTA-8）に引き続き、「集合住宅適正技術開発」プロジェクト（一九九三〜九八年、フォローアップ二〇〇四〜〇六年）が開始された。JICAの「プロジェクト方式技術協力」として、研究所内の多分野の開発能力を結集して実施されたものである。この初期段階において、地方の既存集合住宅の実態調査が行われた。賃貸に切り替えてから入居が進んだパレンバンの復興団地もモニタリング調査の対象となり、その結果は実験住宅の設計や指針に反映されることとなった。[*7]

4　リワ地震（一九九四年二月一五日、マグニチュード七・〇）

スマトラ島に平行してインド洋側にプレート境界があり、二〇〇四年のような巨大地震を繰り返している。さらに島内西寄に脊梁山脈が走り、ここにスマトラ断層帯があって、局地的な地震をより高い頻度で発生させている（図5-1）。

大きな都市は東海岸にあるが、降雨量が少なく、平坦な低湿地は未開発である。これに対し

＊7　同研究所の独自予算で行われたパレンバンの集合住宅の調査報告である *Laporan Lapangan: Perencanaan dan Disain Rumah Susun Bumi Ilir Permai*（ブミ・イリル・プルメイ集合住宅団地——パレンバンの設計計画に関する現地調査報告、一九九五年四月）。

ブミ・イリル・プルメイ団地の配置図と、住棟平面例（＊7の文献より）

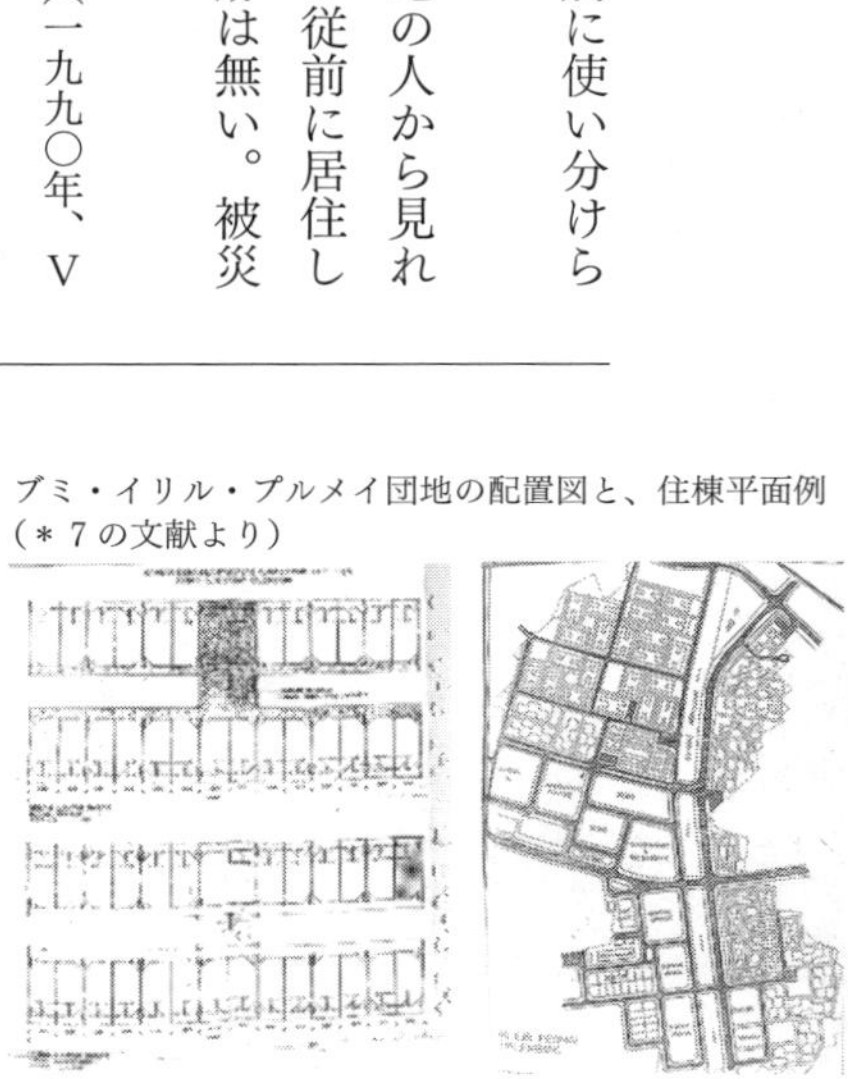

て平坦地の少ない西海岸のパダン周辺は雨に恵まれ、有数の米どころである。

一九九四年三月一〇～一一日に、川上修氏、後藤哲郎氏、人間居住研究所のプルウィト研究員らと共に、スマトラ南部ランポン州西ランポン県都のリワ付近で発生した地震の被災地の調査を行った。この時には、本来の派遣目的である住宅に関する技術協力とは別に特命で被災地

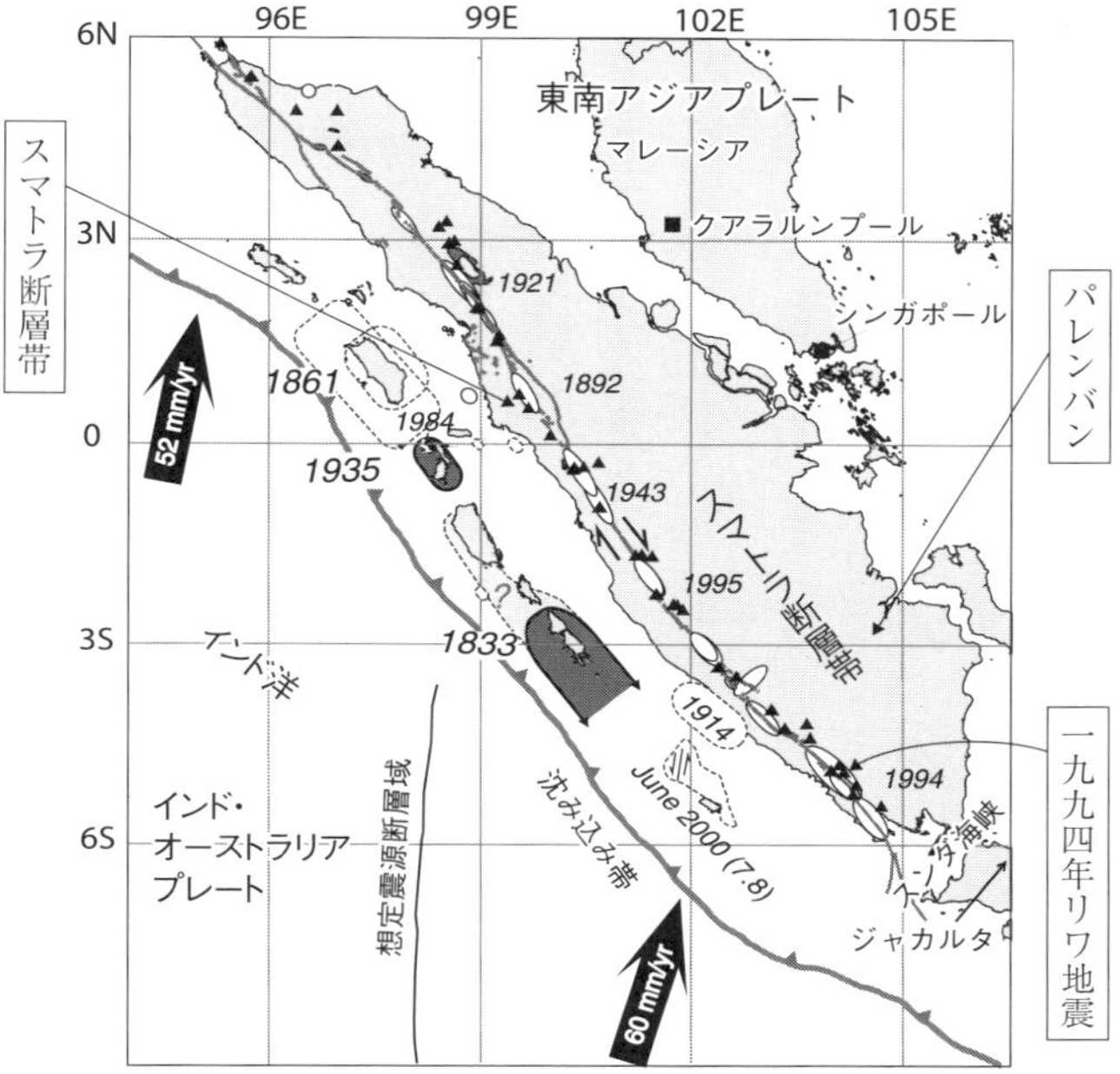

図5－1　スマトラ断層帯とスマトラ島周辺の地震活動（[Natawidjaja et al. 2004] を改変）

インドネシア科学院（LIPI）のヒルマン・ナタウィジャヤ氏らにより、旧宗主国オランダ所蔵史料による歴史地震の研究が進み、プレート境界の巨大地震とスマトラ断層帯を震源とする内陸地震の全体像が解明された。[Natawidjaja et al. 2004] では、珊瑚の成長痕から海面の高さの相対的変動が復原され、1833年以来地震空白域であったパダン－メンタワイ付近を震源とする巨大地震のおそれが指摘されたが、それよりも北のアチェ－アンダマン諸島を震源とする地震（スマトラ島沖地震）が2004年12月に、次いで翌年3月ニアス島付近を震源とする地震（ニアス地震）が発生した。

津波避難場所として指定されている高台の施設を視察する2004年スマトラ島沖地震・津波災害に関する国際研究集会の参加者（パダン、2005年8月、187ページ参照）

の調査を行い、結果をジャカルタの公共事業省で報告することとなった。

この時にも、現地の正確な地図はなく、バンドンから運転手付きの調査車をあらかじめスンダ海峡経由で移動しておき、隊員は別途空路で移動し調査車と合流して現地入りした。現地には、すでに軍隊による支援基地が置かれ、救援活動が行われていた。*8

被災地の住宅は、その殆どが木造住宅であった。地面の上に礎石を置き、その上に太い柱を立て、高さ二メートル程度の高床を構築する。その上に、細い柱で上部構造の居住部分を建てる。屋根には亜鉛引き鉄板（seng）がこのような奥地まですでに普及していた。赤く錆びたものも多く、近い過去の普及ではない。

山岳部の水害の恐れがないような集落で高床となる理由について尋ねてみたが、多くはトラなどの動物などの侵入を嫌う、という回答であった。畑を象に踏み荒らされるような場合もあると聞いた。

被災した木造住宅では、例外なくこの高床部分を支える太い柱が転倒し、上部構造が地面の上に着地していた。その上部構造も、衝撃により崩壊しているような例もあった。

村の古老に聞くと、約六〇年前の地震の記憶が伝えられていた。倒壊に至っていない住宅の中には、寝室の下部に井桁のように丸太を積み上げて、衝撃的に倒れることを和らげているものがあった。このような工夫は、恐らく前回地震の教訓が活きていた時期に建てられた一部の住宅に限られ、新しく建てられた住宅においてはすでに過去の地震の教訓は忘れ去られていた。

ジャワ島のような煉瓦造住宅は、調査時点では集落内部にはまだ余り普及していなかった。数少ない事例では跡形もなく崩れており、原型を知ることはできなかった。

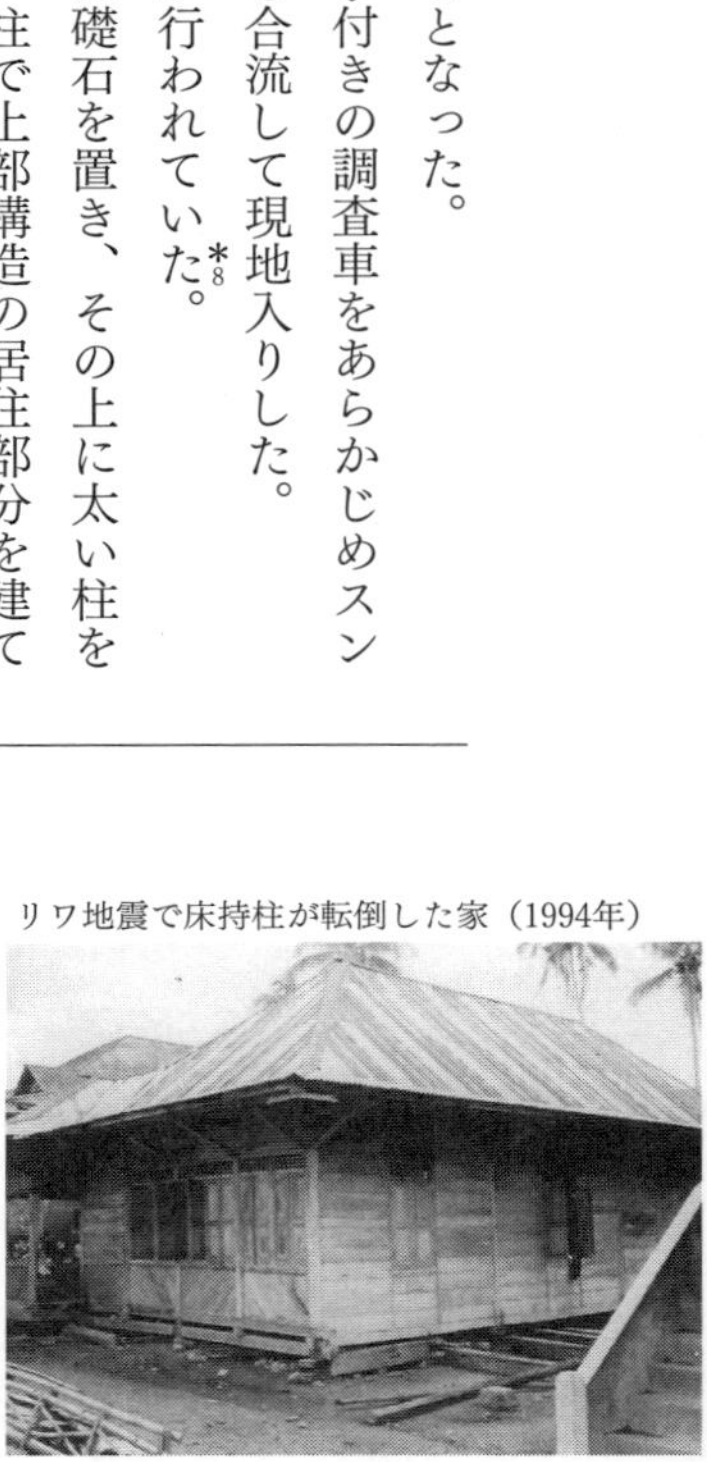
リワ地震で床持柱が転倒した家（1994年）

*8　当時、ABRI masuk desa（AMD、軍隊、村に入る）という標語と共に、国軍が災害復旧等の地域支援に積極的に関与していた。

丸太の床柱ではなく、より細い角材としている場合もあった。さらに、木材資源の枯渇によるためか、あるいは耐久性を考えてか、コンクリート二次製品の柱を床下の柱に用いている住宅もあった。このような、恐らくは国際価格に連動した木材の価格高騰による構造の変化が、揺れに対して脆弱となる変化をもたらしたのであろう。

再建に際して、上部構造が健在で単に床下が崩壊しただけの場合には、大勢で建物全体を持ち上げて順次床下の柱を建て直すような復旧が行われていた。

このような状況に対処するためには、ジャワ島で取り組まれているような耐震性の高い組積造住宅の技術普及は余りにもミスマッチである。重要な点は恐らく、エンジニアリング的なアプローチによる設計基準や計算方法の整備よりもむしろ、住民が実際に体験したことを再建に生かすと共に、この災害の記憶を数十年先の次の災害まで維持することであろう。さらに広くみると、急速な伐採により消滅が進む森林資源の賢い管理を国家レベルで考えることが必要である。

帰路に、都市化が進み煉瓦造住宅が普及し始めていたランポン州都バンダルランポン市の近郊の煉瓦工場に立ち寄ってみた。スマトラでは、煉瓦の製造工程はジャワ島とは全く異なり、石や煉瓦を積み上げた炉（キルン）を用いて薪で焼く（186ページ写真参照）。工場主に強度について尋ねたところ、「投げても割れない」といって投げて見せてくれたが、モルタルの床の上で二つに割れた。後述のバンダアチェでも同様の炉が用いられていた。

調査から戻ってすぐに公共事業省で報告会を開催した。建築基準を担当する高官が対象であった。スマトラ出身の構造技術者で人間居住研究所の所長を務めたことのあるシジャバット氏も参加していた。建築基準の整備により、公共建築物の耐震性を高めることはできるが、建

寝室下の井桁で転倒を防いだ家（リワ、1994年）

築申請・許可の手続きを経ることなく建設されている庶民住宅の安全性を高めるための政策手段は、地域における研修やパンフレット配布など、非常に限られていた。

人間居住研究所の耐震構造研究者の現地調査での関心は、政策手段が存在する公共建築物、例えば庁舎や学校に関する技術基準の妥当性に関するものであった。これに対して、建築許可制度が普及していない地域における民家に関しては、エンジニアリングによる政策手段が存在せず、もっぱら情報普及活動のみとなる。しかし、少なくともこのような現地での発見事項をインドネシア側の研究者や政策担当者に伝達することが重要なのであり、日本に持ち帰ってJICAや学会に対して報告を行っても、被災地への貢献にはさらに長い道のりがあることを認識した。

5　イリアンジャヤ津波災害（一九九六年二月一七日、マグニチュード八・一）

一九九六年二月に発生したイリアンジャヤ州（現パプア州）の津波災害では、国際緊急援助隊への参加を要請され、二月二六日から三月五日までビアク島で現地活動を行った［国際協力事業団 1996］。形の上では隊長であったが、意志決定権をもつJICAの山本課長、ベテランの千里の救急救命センターの甲斐医師を隊員とする小さなチームであり、要請された活動内容は学術調査や、後の本格的な支援のための予備調査ではなく、一回の支援で完結する活動ということであった。当時、「視察」や「学術調査」に近い活動は復旧支援にあまり役立たないという批判がインドネシア側には存在していた。

リワ地震で崩壊した数少ない煉瓦造住宅の例（1994年）

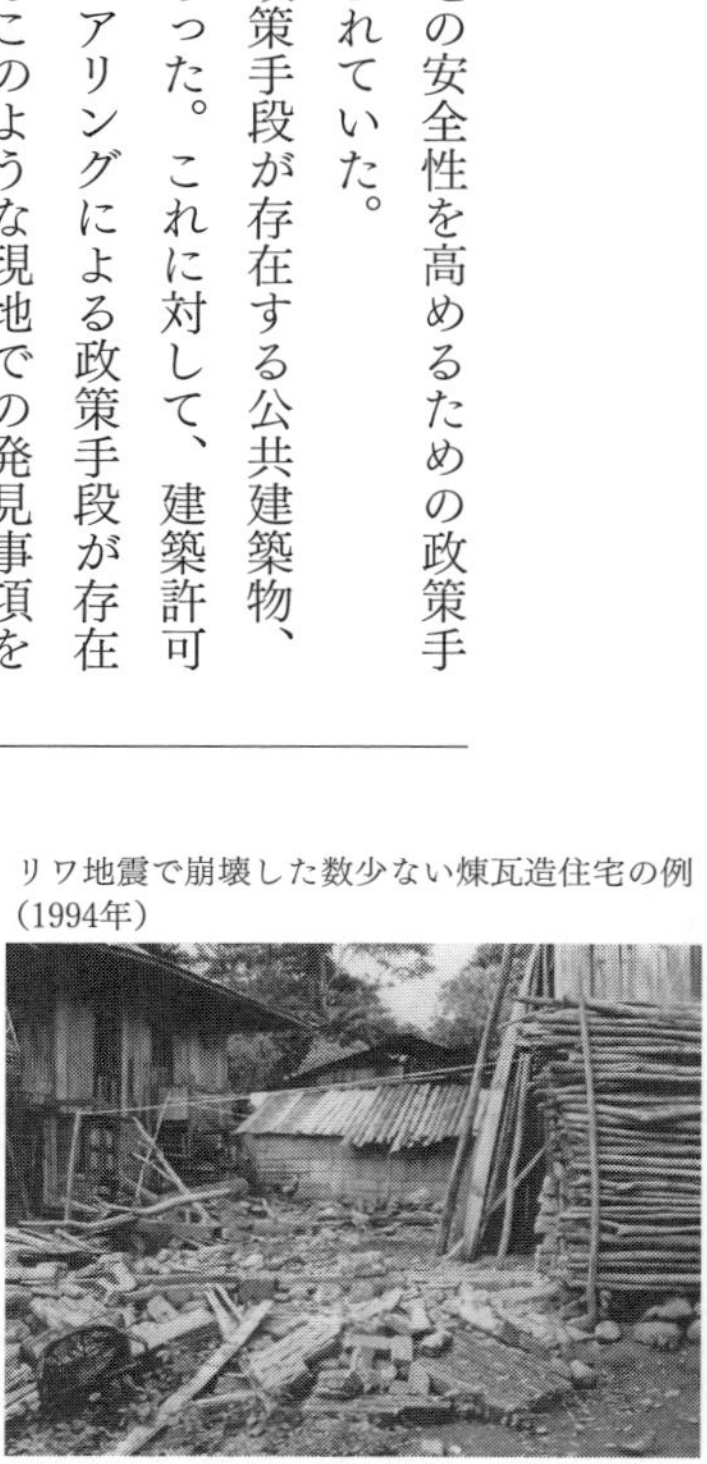

現地の正確な地図はなく、被災状況も全く未詳であった。ＪＩＣＡでは、機材として、成田空港付近の倉庫に常備してあった大工道具セットを供与する、という方針を採った（図5−2）。ジャカルタで、国家災害対策本部（BAKORNAS）のヘロ氏、ＪＩＣＡジャカルタ事務所の乾英二氏、ジャナン氏と合流し、総勢六名で現地入りした。空港施設の一部は震動により被災していたが、大きなものではなかった。被害の殆どは、沿岸部の集落の津波による流失であり、経験的に高台への避難が行われたため、住宅が壊滅しているのに比して犠牲者の数は少なかった。現地における三月二日現在の集計では、死者一〇三名、行方不明五五名、負傷二八〇名、家屋全壊八八四棟、家屋損壊三三七三棟であった。明らかに沿岸部の殆どの集落と住宅は失われていた。従って、必要な支援の内容は生き残った人々の健康維持と、再建のための手段の供与であると解った。

　幸い、市内のホテルが使えたため投宿した。早速、市内のスーパーで少量売られている工具や建材の価格をチェックした。全

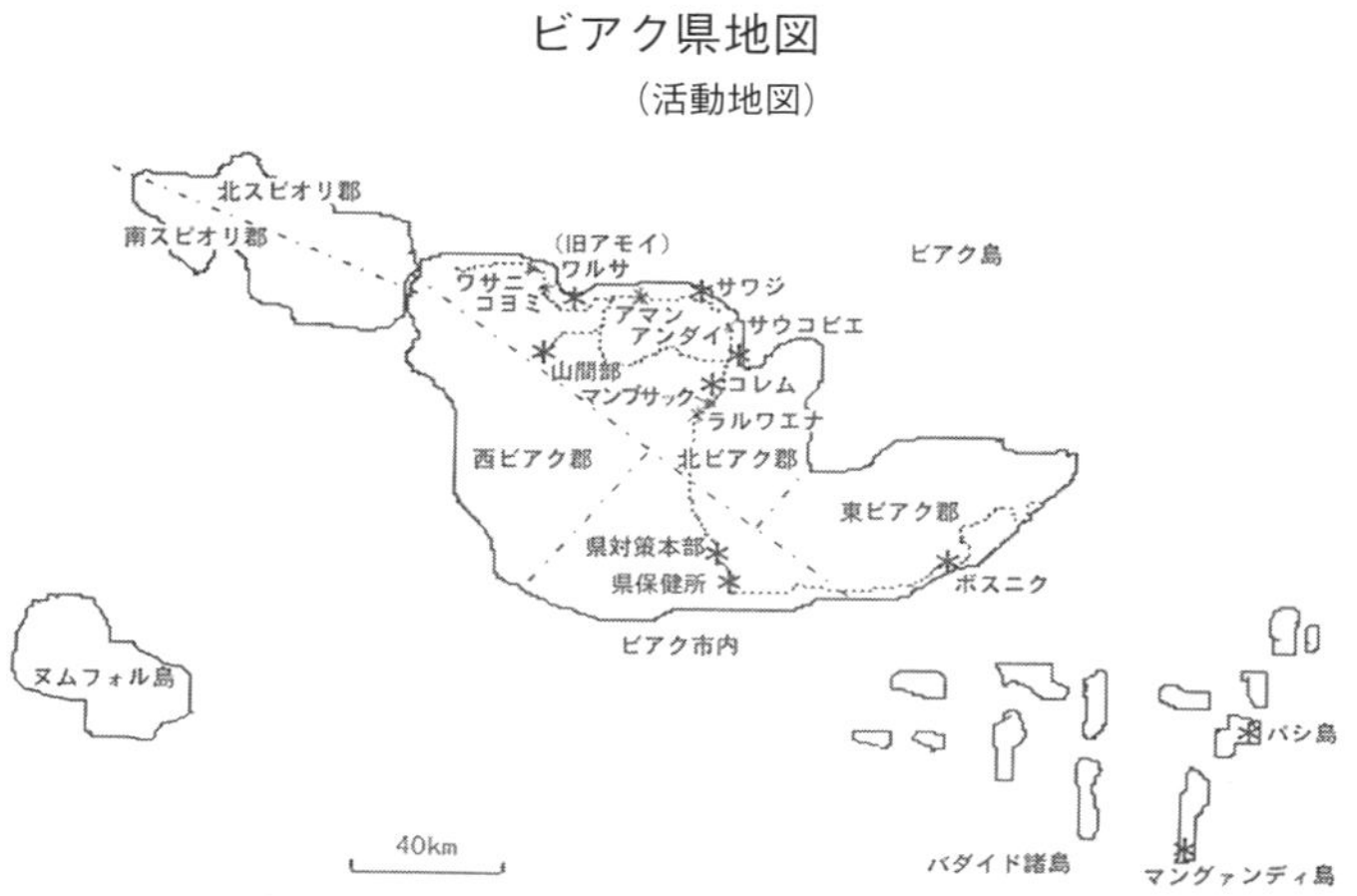

図5−2　イリアンジャヤ津波災害救済、現地活動マップ（［国際協力事業団1996］より）。津波を惹き起こした地震はビアク島北方で発生した。

公共建築物（庁舎）の被災状況。研究所の調査員は、建築基準に従って建てられたこの種の建物、つまり当事者能力と結果責任のある建物の被災状況に関心を寄せていた（1994年）

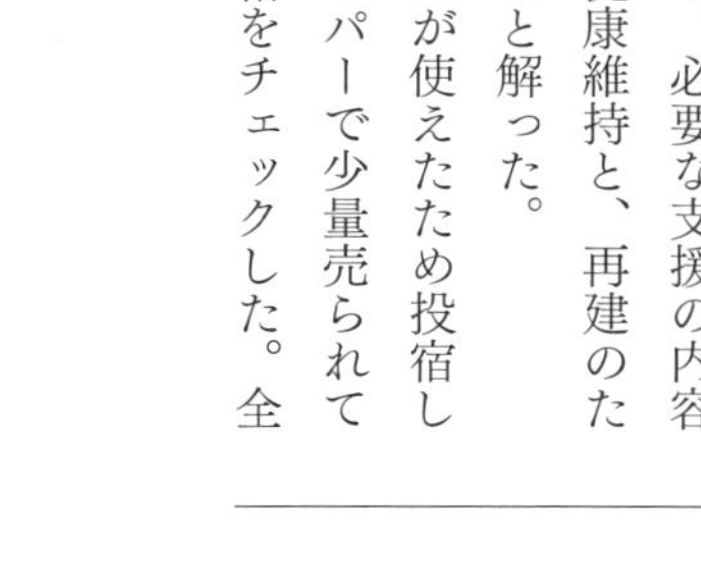

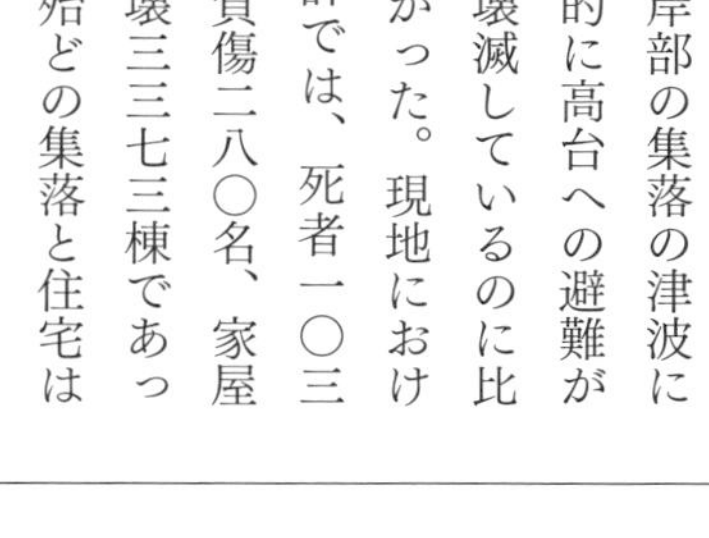

般に、輸送コストが上乗せされるため、ジャワ島よりは高い。さらに、建材店を訪問して、大量調達する場合の価格を交渉した。このとき、スーパーで得た相場感が役立った。店を経営していたのは華僑であった。

現地では軍隊がすでにポスコ[*9]（POSKO）と呼ばれる対策本部を開設し、支援活動にあたっていた。被災者の多くは山に逃げ込んでいた。イリアンジャヤ州は旧蘭領東インドをその領域としたインドネシアの独立後に編入拡大された地域であり、インドネシアからの独立運動が存在していた。このためか、ポスコに詰める兵士は銃を携行し、治安の悪化に備えていた。幸い、活動期間中に発砲等の例は聞かれなかった。

活動のための移動手段として、災害発生後客が無くなっていた乗り合いバスをチャーターし、ＪＩＣＡが成田に備蓄していた大工道具セットのサンプルを持って集落を回った。現場では、日本から携行した鋸や鉋（引き）の使い勝手が中国製（西洋式の押し）と違うため、使用方法を実演した（口絵viページ参照）。その結果、ニーズがあることが判明し、成田に備蓄していたセットを大量に現地に供与することとした。同時に必要な資材のニーズを聞き、損壊した小学校などの診断を行った。住民が三月六日の授業開始を目指して復旧に努めていた小学校の再建を最優先させることとした。

このニーズ調査に基づいて、市内の建材店、金物屋などでスコップ、バール、鉈などの現地で通常使われている復旧に必要な道具や、釘、小学校の黒板用ペンキなどの資材を現地調達した。トラックをチャーターし、約二トンの資材をニーズ調査した村々に配って回った。ヘロ氏は、当初は消極的であったが、チームの活動が村々で非常に歓迎されていることを感じて、積極的に住民と対話するように態度が変化した（図5-3）。

＊9　ポスコについては「災害対応の地域研究」シリーズ第一巻ならびに第二巻も参照。

イリアンジャヤ地震の震動で組積造住宅が崩壊した例。石灰質の砂をセメントで固めたブロックが使用されていたが数は少ない（ビアク県、1996年）

半壊状態であった小学校では、とりあえず振れ止めの筋交を打ち付ける方法を実演してみた。梯子が必要、と地元の人々に問いかけると、「パランサベル（parang sabel）」という刃物だけを用いて、近くの竹を切って数分で梯子を組み立ててくれた。これを用いて、転がっていた廃材から見つけた長い角材を、壁を失ってふらついていた校舎に打ち付けた。釘は直接打てないため市内の建材店で調達したハンドドリルで下穴をあけようとしたが、簡単に折れた。ドリルの刃の代用に釘をまわして下穴とした。流されて不自由していた村人に現地調達可能な安価で素朴な道具と釘などの資材を供給することにより、復興再建が大いに支援できることを実感した。

図5－3　日本から持参した大工道具を村人に贈る筆者（復旧復興に活用していただけるとの確信を得て、道具を村人に供与した。墨壺は算数が専門という小学校の先生に渡した）［国際協力事業団 1996］より

ポスコでは、集落間での不公平があってはならないという指摘も受けた。しかしながら、輸送手段が限られているために、到達可能な範囲に支援は限られた。そこで、支援を行った村名と支援内容のリストをポスコに報告することとした。基本的な道具や資材の支援が有効であるということが軍関係者にも伝わり、ポスコでも釘などの配布を開始したという話を現場で聞いた。

イリアンジャヤ津波の被災地ビアク県ワサニ村の災害救援所ポスコ［国際協力事業団 1996］より

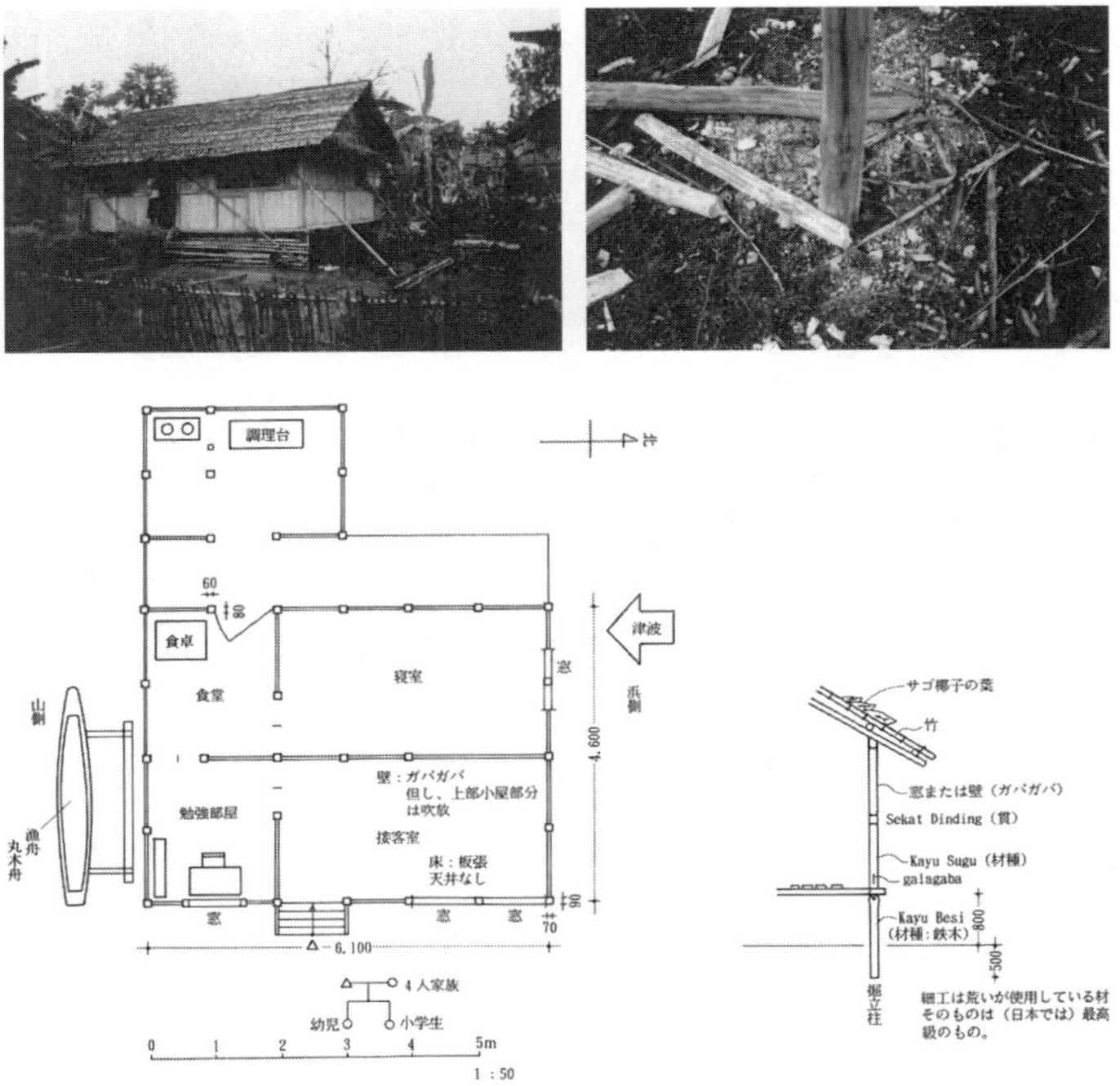

図5－4　残された掘立柱の沿岸部漁家（写真左）**と、その掘立柱の下部**（写真右、ともに1996年２月撮影）、**実測図**（下、筆者作成）*10

現場での支援活動を続ける中で、流失を免れた住宅を探し求めたが、僅かに一棟しか見出せなかった。一時間ほど割いて、記録のために写真撮影、採図、住まい方の聞き取りを行った（図5−4）。

村の古老に以前の災害に関する記憶を尋ねてみた。日本人と出会うのは、この地が激戦地となった戦時中以来、五〇年ぶりのことであるという。当時は、島の南北を結ぶ切り通しの道路や空港建設などの土木工事に動員された。前回の津波（一九七一年一月一〇日、西ニューギニア地震、マグニチュード八・一のことか？）の記憶も伝えられており、地震を感じてからすぐに高台に避難する、という知恵は生かされていた。

*10　北ビアク区北岸、津波被害の大きかったコヨミ村で残った数少ない住宅の一つ。平均的な規模である。築後三年、平均的には一〇年ほどで建て替える。構造柱は七〇×九〇、間柱は六〇×八〇ミリメートル程度だが、製材は一定しない。鉋は未使用、斧仕上げ。仕口に鋸、鑿は使用している。釘は使用。

小学校の復旧支援（ビアク県、1996年２月）
［国際協力事業団 1996］より

沿岸の集落では自給自足の生活が行われていた。住宅のために釘や亜鉛引き鉄板を調達する際には、魚を獲り、タクシーで都市まで運んで市場で売り必要な建材を調達して帰る、との話であった。

県の建築主事が設計したという教会やモスクが大破していた。鉄筋は十分に入っているように見えた。使われたセメントの品質に問題があるのではないかと感じた。

瓦や煉瓦はまだ導入されていなかったが、組積造住宅は少数存在し、土を焼いた煉瓦ではなく、石灰岩の破片をセメントで固めた白いブロックが用いられていた。後述のバンダアチェの被災した教職員住宅にも見られたが、やはり希少例であった。また二〇〇九年、建築行政の研修のためにつくば市にある国土技術政策総合研究所（国総研）に来訪したインドネシアの地方建築行政官たちによると、スラウェシ島北端のマナド地域でもこのようなブロックが用いられているようである。

活動を終えた後、県知事を訪問して報告を行った。追加で要望のあった合板などの提供は続けられた。後年、JICAによる追跡調査が行われ、緊急援助の中で提供された道具は、復旧が完了すると、さらに奥地の村々に送られて使われたという報告があった。

6　バンダアチェ住宅被害調査と復興支援

スマトラ島沖地震・津波（二〇〇四年一二月二六日、マグニチュード九・一）の被災後二か月が経過した二〇〇五年二月末から三月上旬に、家村京大教授を団長とする政府調査団がバンダア

簡単な鉈が1本あれば竹の梯子を数分で作成できる村人の器用さに目を見張る（ビアク県、1996年2月）［国際協力事業団 1996］より

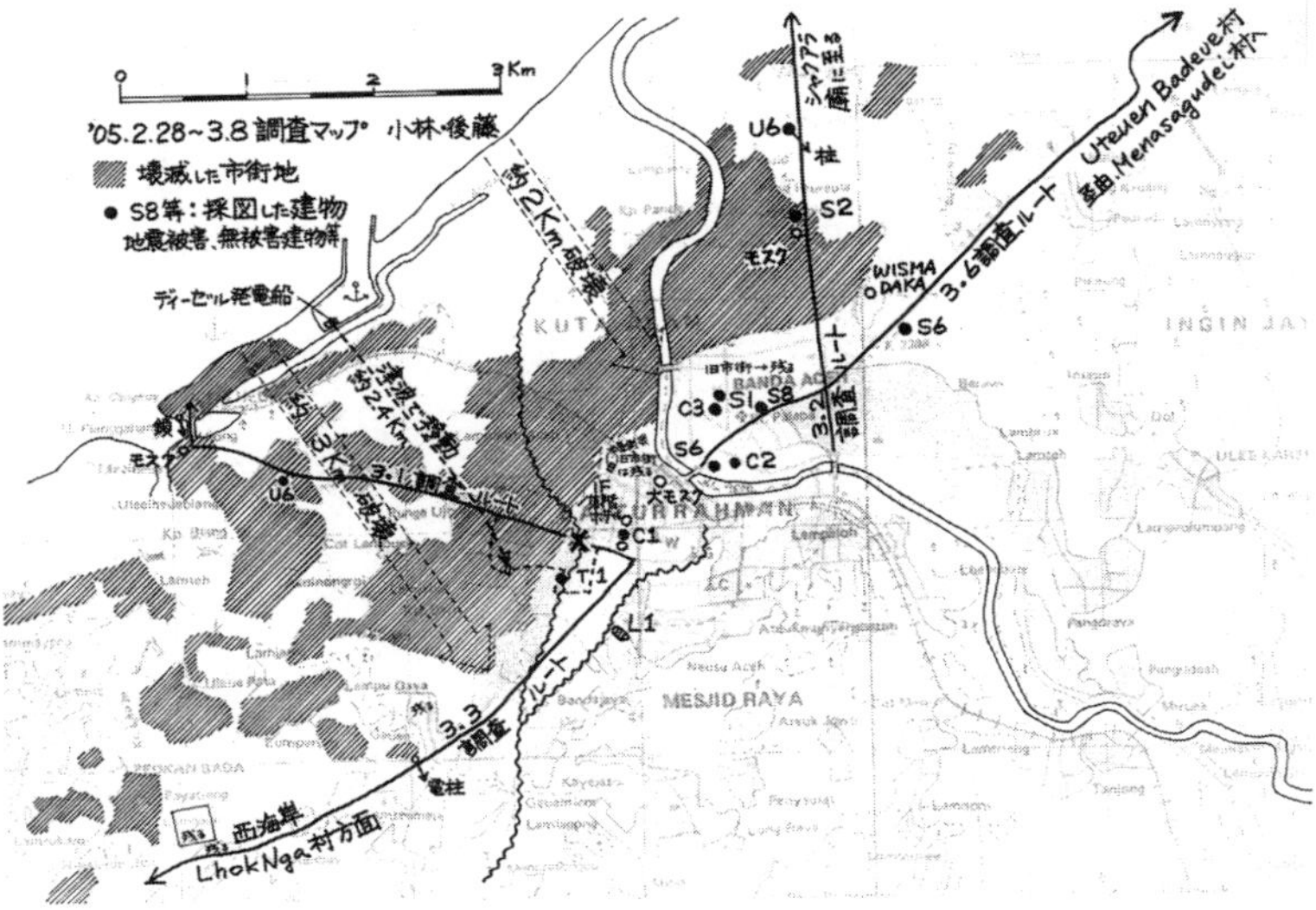

図5－5　バンダアチェでの調査記録と被災範囲の図（筆者作成）［小林 2006］

チェで被害調査を行った（図5－5）。建築分野からは国総研から筆者と後藤哲郎氏の二名が加わった。

この時には高解像度衛星画像がすでに利用可能となっており、報道の映像も大量に存在したため、被災地の状況を画像として把握することは可能となっていたが、それらは広大な廃墟を写すものが多く、地震・津波によってどのような建物や町並が失われたのかに関する情報は限られていた。

調査にあたっては、以下の課題・目的を設定した。

①罹災した住宅の類型
②住宅被害の要因（津波か、その前の地震か）
③被害を免れた地区や住宅類型
④主要な建材と供給体制
⑤調査対象地域は、バンダアチェとその周辺

小学校の復旧支援（1996年2月）［国際協力事業団 1996］より

よく知られているように、発災前、この地域では独立運動とそれを鎮圧しようとする中央政府のにらみ合いが続いていた。しかし調査時点では、沿岸部の軍の拠点の多くが罹災していたことに加え、報道関係者や多くの援助団体が現地入りし、武力衝突などの危険はかなり緩和していた。

人間居住研究所からは、イスメット研究員らの支援チームが現地入りし、中央政府が定めた支援チームの派遣元に基づく支援対象地の地域分けに従って、西ジャワ州に割り当てられた西海岸のムラボ地域を対象として復興計画作成のための調査を行っていた。当時、バンダアチェでは遺体捜索活動が一段落した段階にあり、バンダアチェで面会した同研究員から一千体を運んだという強者を紹介されて話を聞いた。

バンダアチェに関しては、すでに復興計画の理念を図化したような復興都市計画案が作成され、シアクアラ大学の講堂で公聴会が開かれていた。ＪＩＣＡも現地事務所を開設していた。

被災前の市街地形成に関しては、出発前に手に入る限りの地形図などを収集した。これと衛星画像から判読できる残された市街地の状況から罹災した範囲を知ることができる。バンダアチェの市街地全体の状況を見ると、海岸から二〜三キロメートル程度の範囲が罹災していた。

現地ではまず、残された市街地の個人住宅を調査期間中借りることとし、この建物と周辺に関して詳細な図面を採った（図5-6）。[*11] 移動手段としては、運転手付きの車を借り切った。運転手は、「仕事が無い、バンドンに勤め先を紹介してくれないか」と尋ねたが、「じきに特需が発生する」と回答した。派遣前、安否確認のため日次報告を送付することが求められたが、そのために危険を冒しては本末転倒であるため、至近のワルテル（wartel, warung telepon つまり電話の小店の略）という店舗形式の公衆電話から国際ファックスで送る方法を採った。

＊11　図5-6は投宿地周辺の状況。宿泊した個人住宅については断面含め詳細に実測した（本稿では割愛）。

スマトラ島沖地震の震動で崩壊した中高層のＲＣ造建物。左は財務省支局、右は電力会社（2005年３月）

驚いたことに、低層の煉瓦造住宅は殆ど無被害で、主に官庁庁舎やデパート等の高層建築物が地震による被害を受けていた。これはインドネシアのこれまで見た地震被災地の様相とは全く異なっていた。煉瓦造の質が高いためか、震動の性質が異なっていたためか、という大きな疑問が生じた。後の復興段階に見たジャワから出張してきていた職人の仕事よりは丁寧に煉瓦が積まれていた。[*12]

残された区域の住宅に関して、①伝統的木造、②コロニアル式木造、③煉瓦造の三類型が顕著であった。①伝統的木造は、直径二五センチメートル程度の太い丸太を通し柱とした高床式住宅で、太い貫（lhue）によって水平力に対抗するような構造を有していた。前記のリワの木造住宅とは全く考え方が異なっている。半壊状態の住宅が残る境界領域において、津波が下を通り抜けたような形で、基礎石から移動しているような例があった。市内の民家園に展示されていた伝統住宅も津波が下を抜ける形で残っていた。②コロニアル式木造住宅は、日本の在来工法の住宅に近い低い床面を持つ構造で、柱には径一二センチメートル程度の角材が用いられていた。水平力に対抗するような構造は特にない。壁は下見張の板壁である。③煉瓦造は、平屋と二階建てではコンクリート柱の寸法が異なっていた。二階建ての住宅の方が柱の材径が大きい。殆どの住宅が津波で壊滅した区域にあっても、少数の住宅は残されていた。これらは二階建ての、太い補強柱（柱径が二〇センチメートル程度）を持つ煉瓦造住宅であった。概念的には補強された煉瓦造というよりはＲＣ造住宅に煉瓦の雑壁が付いた建物に近いが、呼称と物理的実体の対応関係の境界線は不明瞭である。これらについてもサンプル住宅の実測図を作成した。

煉瓦工場が市の内外に点在していた。煉瓦を積み上げた炉を用いて薪で焼成する方法であっ

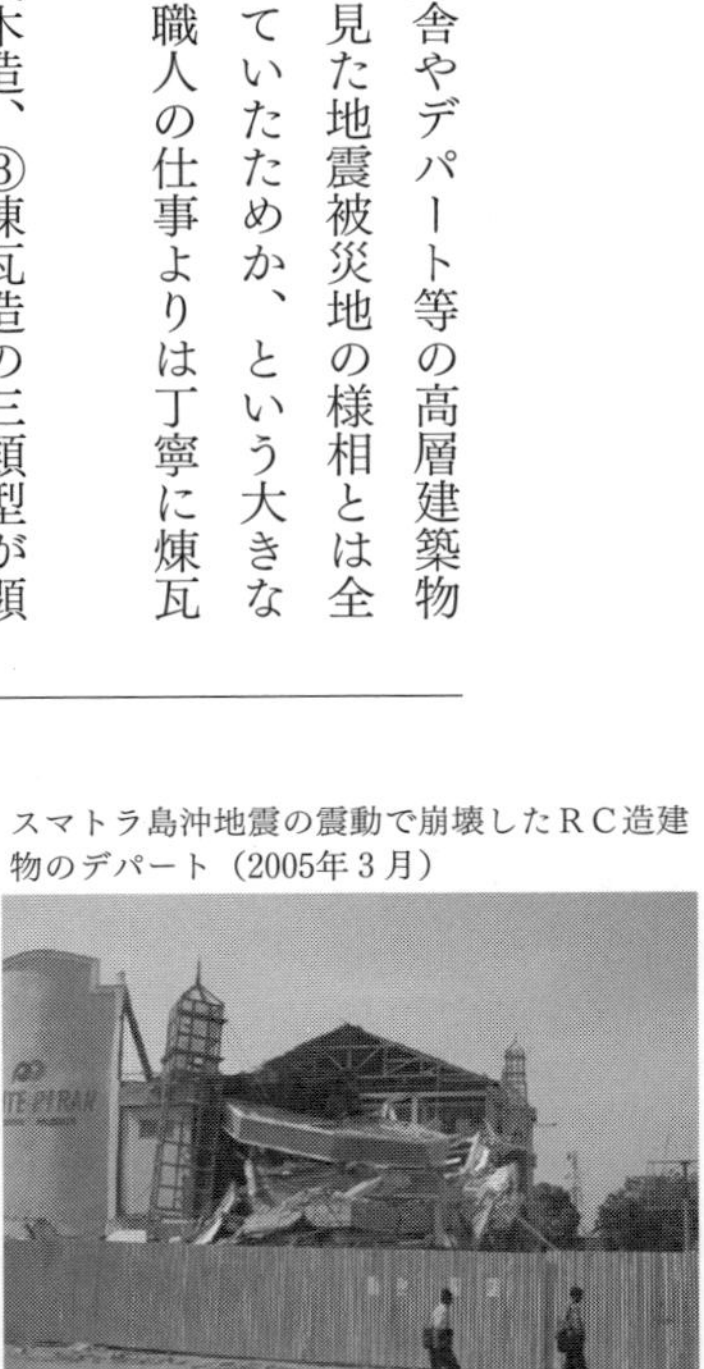
スマトラ島沖地震の震動で崩壊したＲＣ造建物のデパート（2005年３月）

＊12　二〇〇五年一〜三月のバンダアチェでの調査時に幸い、地元職人が煉瓦を積んでいる様子を観察することができた。目地モルタル、水糸の張り方、煉瓦を積む前の水分などもあるが、一日に何段積むかで出来上がりの品質が大きく変わる。筆者がこれまでに見た最高の仕事はバリ島の煉瓦職人（tukang tembok）によるもので、積む前に煉瓦を水中で擦り合わせて、仕上がると目地がほとんど見えない糸目地にしていた。

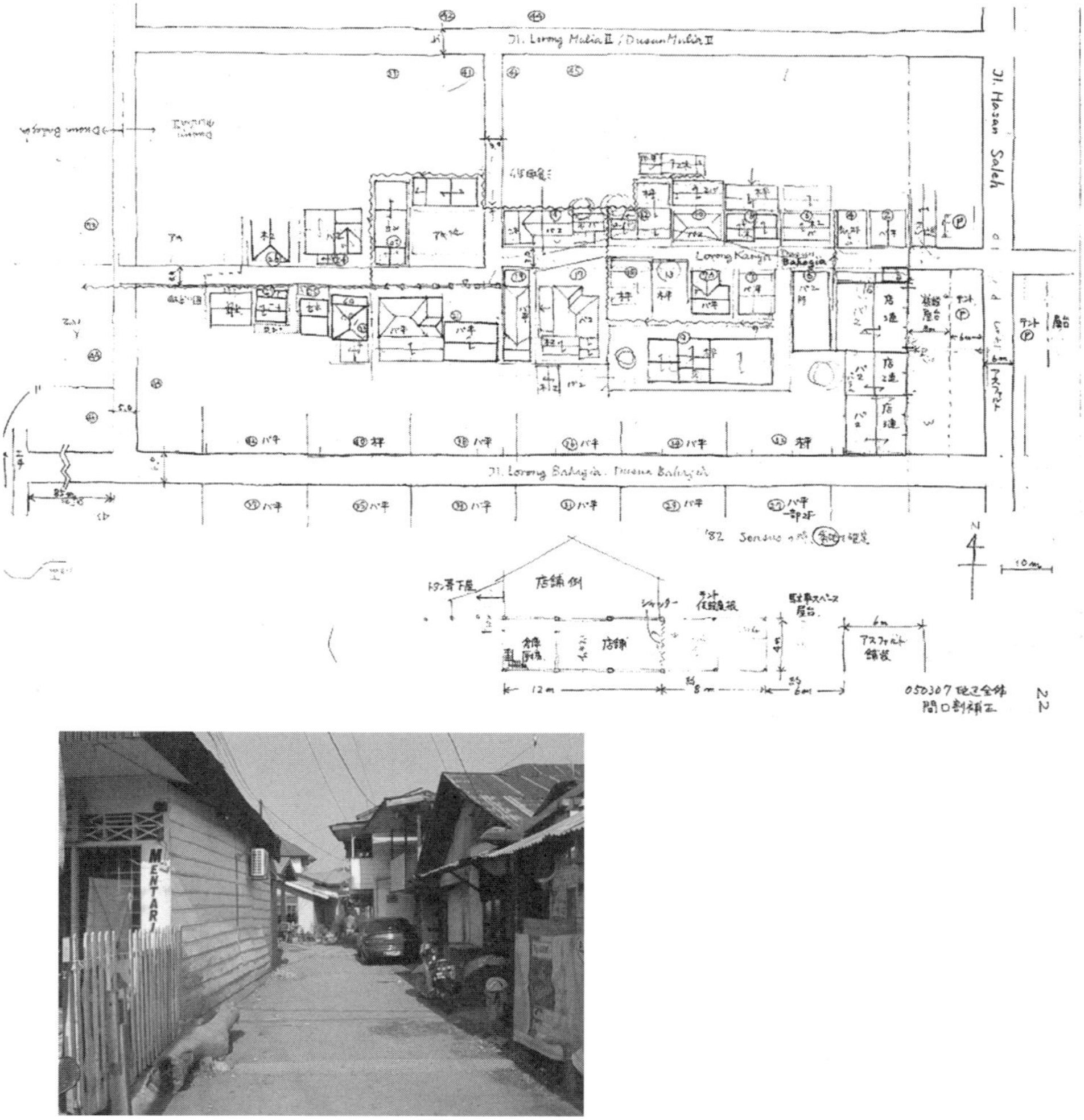

図5－6　調査拠点としたLorong Karya（カルヤ横丁）の状況（震動による被害の跡が殆ど無い不思議な風景。2005年3月筆者撮影、採図）

発見できた数少ない沿岸の漁家。木造平屋の上部（左）が基礎（右）から流されたが林の中にとどまっていた（2005年3月）

表５－１　2005年３月時点での主要建材の価格[*13]

スマント材（Kayu Semantok, 構造用）	3.5百万ルピア／立米
ムランティ材（Kayu Meranti, 通称ラワン）	2.0百万ルピア／立米
ダマル材（Kayu Damar）	2.0百万ルピア／立米
スンバラン材（Kayu Sembarang）	1.8百万ルピア／立米
波トタン（Seng, 屋根用）	45～50千ルピア／８波分 （屋根寸法に合わせて小割で切り売り）
セメント	29千ルピア／40kg 袋
合板	37千ルピア／枚 （厚２mm、寸法2.44×1.22m）
鉄筋（丸棒）	35千ルピア／本 （径10mm ×長さ12m）

表５－２　煉瓦の価格の推移

被災前の価格	：350ルピア／個
2005年3月時点	：500ルピア／個
2006年3月時点	：800ルピア／個

た。調査時点では、焼成炉が地震で損傷し、職人が死亡したためにかなりの工場で生産が停止していたが、まだ復興需要による価格高騰は小幅だった（表5-1、5-2）。

材木は、主に西海岸の道路を通じてアチェ州（NAD：Nanggroe Aceh Darussalam州、当時）南部から供給されており、道路の壊滅により供給が途絶えていた。山岳部を拠点とする独立派[*14]は、材木を資金源としており、価格調査に入った材木商も独立派のメンバーであった。

近郊沿岸部の漁村部は殆ど壊滅していたが、林の中に残存例を発見したため、実測した。基礎から離れて漂流し、数十メートル離れた位置に着地していた。岬地形で林に守られたたために津波が緩和されたことが考えられた（185ページ欄外写真）。

*13 円―ルピアの為替レートは一九八四年頃の四ルピア＝一円から大きく変動して、当時は百ルピア＝一円程度であった。

*14 アチェ州では一九七六年にアチェのインドネシアからの分離独立を求める運動が始めら

2005年３月時点での煉瓦工場の状況。左は操業停止、右は稼働中

家族構成に関しては、ジャワ島とは大きく異なる拡大家族の慣習が見られた。結婚に際して新婦の親が住宅を提供する慣習があるが、土地が限られている場合には同居となり、増築でしのぐ。中には五〇人に達する同居の例も聞かれた。民家園に展示されているようなアチェの大規模な伝統住宅は小さなロングハウスのように桁行方向に連なっているが、家族制度と関係があるかも知れない。

煉瓦造住宅であっても、高床式をスケールダウンしたような数センチメートルの床の段差を屋内に設ける習慣は残っていて、上部構造が流失したような煉瓦造住宅においても、多くは基礎（床）が残されており、段差から間取りを推定することが可能であった。木造住宅の場合、流失すると基礎は残らない。よって、被災前後の比較衛星画像が得られる地区に関しては、基礎の残り方から流失した住宅が木造か煉瓦造かを判読できることが現場観察から判明した。

この政府調査団の目的は被災地支援ではなく、日本の防災に資する教訓を得るための基礎調査という設定であった。そこで、現地復旧活動に資するために、調査終了後に直ちに帰国した調査団と別れ、建築関係団員は直ちにバンドンの人間居住研究所に赴いて三月一五日にこれらの調査結果を報告した。

一度帰国し所内で報告を行った後、同年八月に西スマトラ州都パダンで開催された国際研究集会[*15]でこの調査結果の発表を行った。パダン・メンタワイ区域においては、二〇〇四年スマトラ島沖地震以前からプレート境界の地震空白域における大規模地震が予測されていた。予想された震源域の北側のプレート境界で大きな地震が発生したが、その後も引き続きこの区域での大規模災害の恐れが存在することから、この地域における防災に資することがこの研究集会の目的であった。

れ、津波被災時は内戦状態にあった。津波被災を契機に独立派とインドネシア政府は和平交渉を始め、二〇〇五年八月に和平合意に至った。詳しくは本シリーズ第二巻の［西 2014］を参照。

*15　日本学術振興会（JSPS）、カリフォルニア工科大学（Caltec）、インドネシア科学院（LIPI）共催（International Meeting on the Sumatran Earthquake Challenge. 24-28 Aug. 2005. Padang）.

バンダアチェにおける住宅ファシリテータに対する研修風景（2006年7月24日）

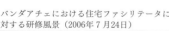

その後二〇〇六年にかけて、アチェ州の復興支援のために復興関係者と連絡を継続し、独立行政法人建築研究所の楢府龍雄氏と二回現地に出張し、多国籍の支援（日本を含まず）を世界銀行が集約し、被災者の住宅再建を支援するREKOMPAKという枠組みに協力した。人間居住研究所出身のパルウォト氏らが考案した都市低所得階層のための住宅支援の枠組みを災害復興に応用したような仕組みになっている。被災者を一〇程度の核家族のグループにまとめて支援対象とし、このグループを単位に口座を開設し、援助資金を直接被災者の口座に振り込む。この資金ルートに現地政府は介入しない。復興される住居集合を形成する一〇家族は、被災前の大家族が再び寄り集まったものであっても、復興に向けて被災前は互いに無関係であったメンバーにより新たに形成された町内会であっても良い。

資金振込みの条件として、建築計画図書の作成を義務付ける。この作成は素人には困難であるために、住宅ファシリテータ[*16]を派遣して支援する。ファシリテータは全国から公募し選考する。多くは三〇代の、建築学科または構造工学科の卒業生で、二〇〇六年時点では三〇〇人規模であった。この人々には、援助資金を受けてインドネシア政府が契約した地区別のコンサルタント（District Management Consultant: DMC）を通じて、住居と賃金を支給した。

州全体を①バンダアチェとその近傍（拠点バンダアチェ）、②西海岸（拠点ムラボ）、③北海岸（拠点ロクスマウェ）の三地区に分割して、それぞれに活動の拠点となる都市に事務所と宿舎を設けた（図5-7、表5-3）。筆者らはファシリテータに対する研修を支援した。マグニチュード九クラスのプレート境界の地震・津波のみならず、リワの地震と同様のスマトラ断層に起因する内陸型の地震が発生するリスクは、復興に際しても考慮しなければならない。そこで、復興住宅の耐震性を確保するための建材の選定や施工管理をこれらファシリテータに対する研修内容

*16　現場では原語のFasilitator Rumahを略してファスルム（Fasrum）と呼ばれていた。

ムラボで活動するファシリテータたち。津波被害に加えて、地盤沈下で水が引かず水没したままの住宅の復興の技術的問題が焦点だった(2006年7月、ファシリテータ撮影)

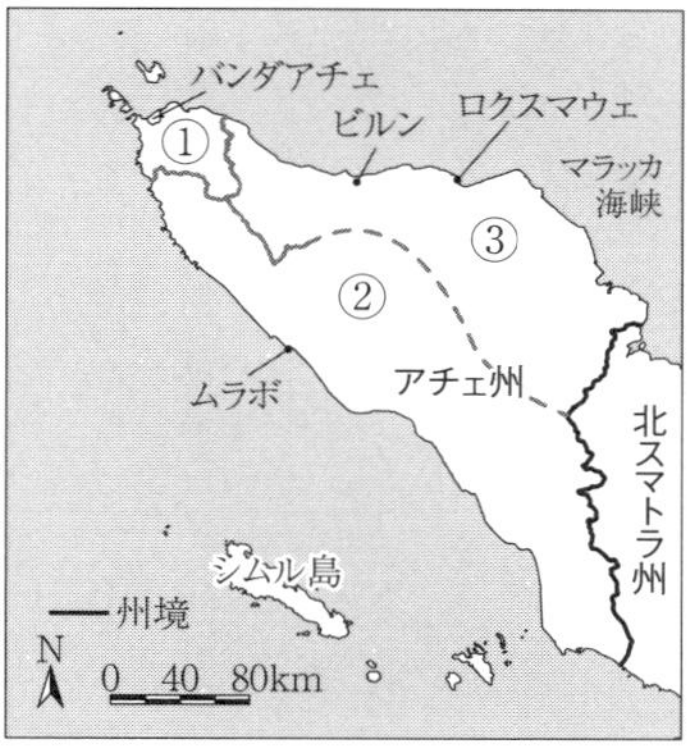

図5－7　地区分け

表5－3　地区別ファシリテータ数

地区	ベテラン	若手	合計
①	38	121	159
②	12	39	51
③	15	44	59
合計	65	204	269

（2006年７月現在）

の柱とした。

復興住宅の設計手続きを円滑化迅速化するために選択的な標準設計を用意することとし、滞在中にコンサルタントによる案が提示されたが、いずれも補強煉瓦造で細かなデザインの違いがあるのみだった。様々な援助団体がプレファブ方式や伝統木造を改良したような形式を工夫提案していたのに対して、これらの補強煉瓦造による標準設計は、発災前の平常時における、いわば「あたりまえ」の無難な時流形式である。但し、政府系の住宅でブロックではなく煉瓦を使用するのは新しいと感じた。小屋組みは木造である。復興段階では、材木の輸送経路は次第に復旧したが、木材資源に関しては政府が管理する森林から伐採した証明書が添付されていることが義務づけられ、価格は高騰していた。

マラッカ海峡側沿岸にも津波が到達したが最大六メートル程度で被災範囲も狭く、全壊・流失し再建を求める被災者はバンダアチェと比較して少なかった。しかし震源からより遠かったにもかかわらず予想とは異なり、震動のみにより一部損壊した住宅に

北海岸のビルン付近の修復住宅。高床式住宅に拡大家族が同居する。応急修理がすでに完了した住宅も資金援助の対象とした（2006年７月、ファシリテータ撮影）

関して、再建ではなく修理の支援を求める被災者はむしろ多かった。

この活動とは別に、人間居住研究所では、発災前にアリーフ研究員らが開発していた手作りプレファブ方式ともいえるような独自のＲＩＳＨＡシステムを、[*17] 国際移住機関（ＩＯＭ）による日本の資金を背景とした住宅再建支援の枠組みに投入し、短期間で成果を挙げた。プレキャストコンクリートの人手で運べる小さな部材を建築現場に近い下小屋で手作業により作成し、現場ではボルトで接合して組み上げる。土地の権利が確定していないような場所でも後日分解して移築できる、仮設住宅という位置づけであった。型枠、セメント、金物などを外部から供給し、人間居住研究所で試験体製作等を担当していた職人が現地に赴き技術指導する方法が採られ、生産性を大いに伸ばした。

これに対して筆者が関与した枠組みでは、母体となったスキームが自力建設、地場産材の活用といった平常時の住宅政策の理念を基礎としていたため、復興初期には外部から搬入した材料や部材を用いるプレファブ方式等と比較して煉瓦や材木等の在来からの建築資材の価格高騰による困難に直面し、立ち上がりは悪かった。しかし、二〇〇五年三月の地震で被害を受けたニアス島も対象地に加え、長期にわたる支援を継続することにより、最終的には二〇〇九年一二月までに一万九一一二戸の住宅を再建・修復した。

この時の援助資金を背景とした建築計画手続きは、二〇〇六年のジャワ地震の復興支援にも行われ、さらに建築許可制度の社会的な普及を支援するＪＩＣＡの建築行政プロジェクトとして継承されることとなった（二〇〇八〜一四年度）。

＊17　Rumah Instan Sederhana Sehat（ローコスト健康インスタント住宅）の略。日本から供与した施設・機材を用いて独力で耐震実験も行われた。

人間居住研究所が開発したRISHAシステムによる仮設住宅（2006年３月）

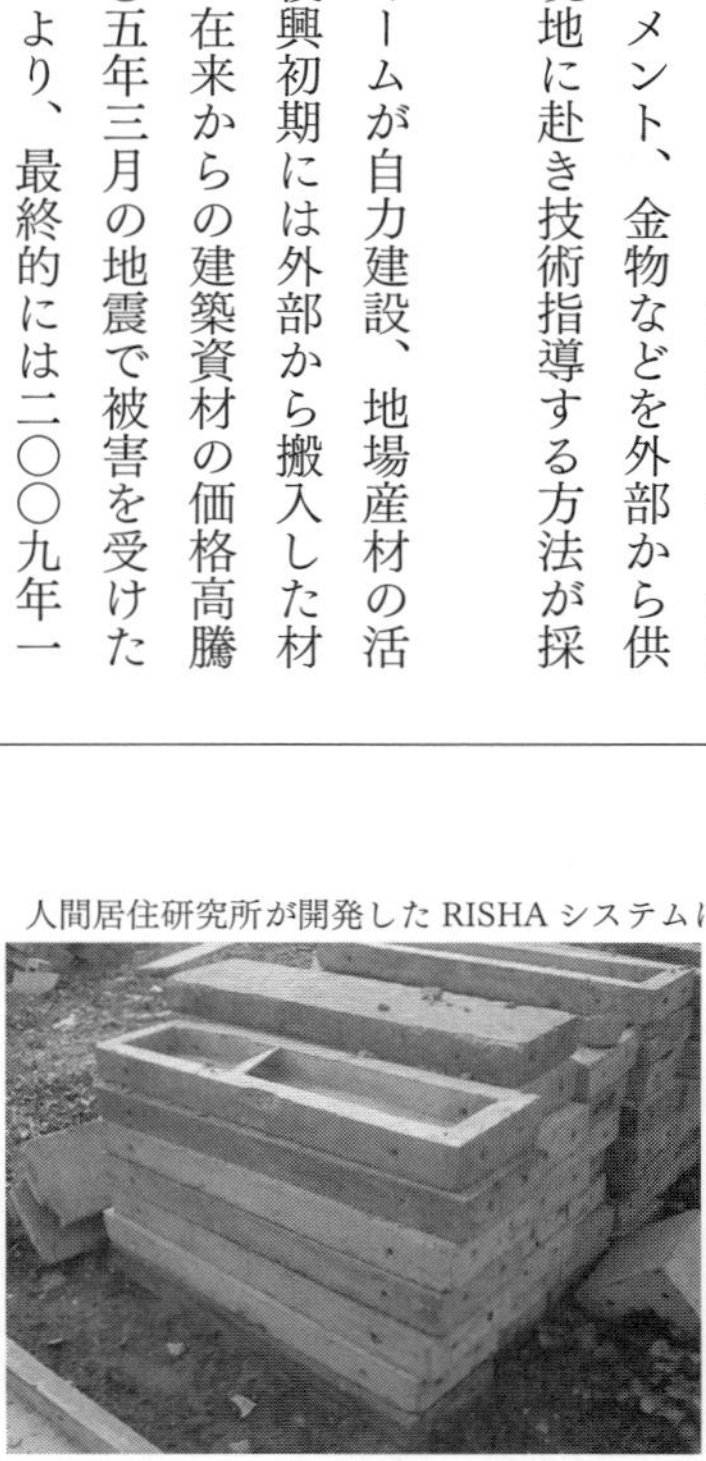

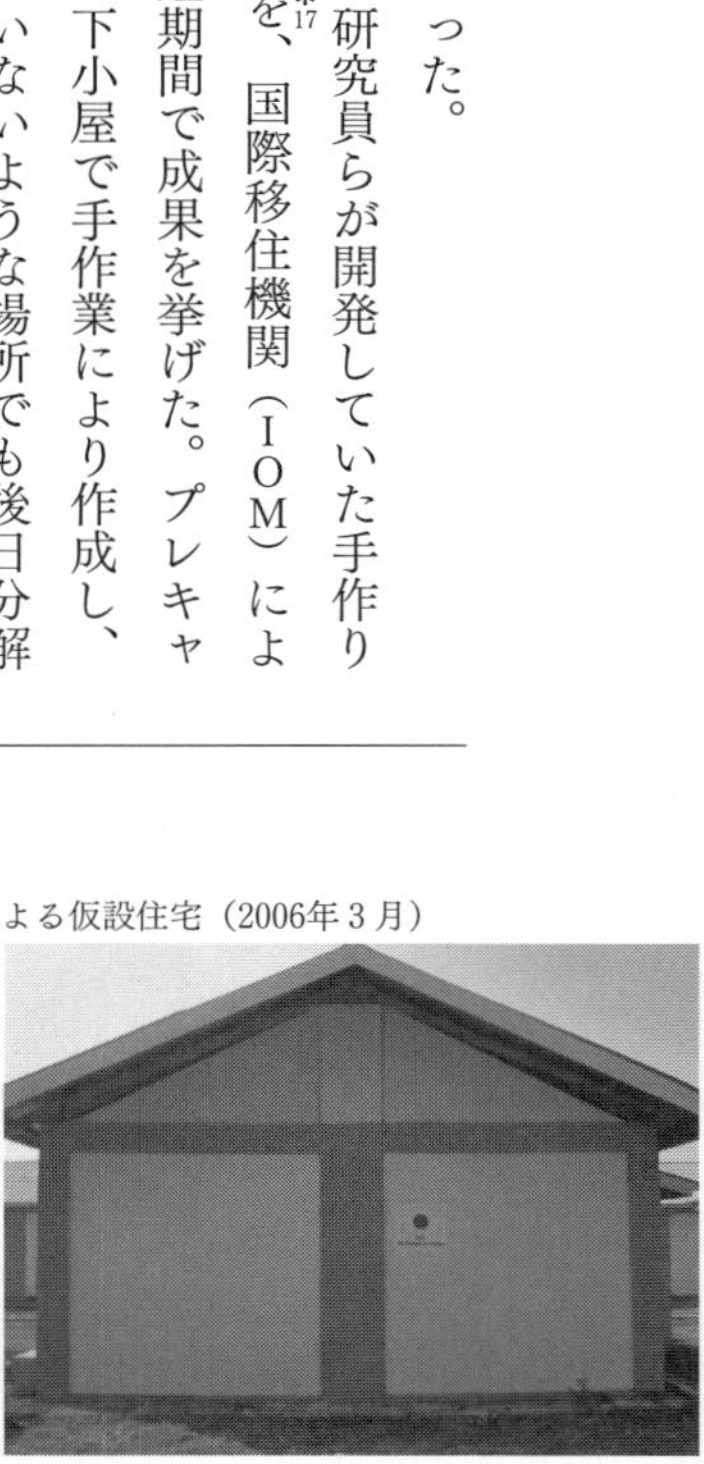

7　防災協力とは何だったか

防災は、単に「防災」という閉じた領域に限定される技術体系ではなく、土木・建築や都市計画のみならず気象、地球物理、情報システムなど多岐の分野に関係している。筆者が関与したインドネシアに対する技術支援は、必ずしも防災に限定した活動ではない。しかし、日本が行ってきた技術協力には、災害とりわけ地震に対する安全性を確保する技術に対するリクエストが基本にあったように感じている。

住宅・都市分野でインドネシアに対して、人間居住研究所という具体的な拠点の整備を支援し、問題を自立的に解決する人材を育成する努力を継続してきたことは、防災分野における国際協力の一形態として、一定の効果があったと考えている。さらに、協力を開始した一九八〇年代と比較すると、現在では共同研究や業務外注を通じて現地の大学や民間コンサルタントにも人材と技術力が育ってきている。

以上各節において見たいくつかの事例をふり返り、改めて防災協力とは何であったかということを考察してみたい。

⑴ 建物や設備のもつ二面性

建築物をはじめとする人工物は、適切に建設されれば人間や生活を保護するシェルターとしての役割を果たすが、地域の環境条件との関係において不適切に供給されると、それ自体が凶器となって生活や経済を脅かす可能性もある。

分解移築可能な仮設住宅という位置付けで、土地境界が未確定の地区にも急ピッチで建設されていった

日本の災害史の中では、災害を経験して人々の価値観が変わり、科学的な知識や技術的な手段が蓄積されることにより、安全な生活が実現されてきた。そのことが災害の様相を変化させてもきた。

前近代に形成された地域の民家の特徴などにも過去の災害経験が反映されていることを見出すことは多い。第4節のリワ地震でもそのような事例の一端が見られた。過去の様々な時点で動的に形成されたものの蓄積である「伝統的」技術は、裏付けとなるデータや理論を伴わない経験的な知識として継承されている。現代科学では、そのような経験知を単に「非科学的」として切り捨てるのではなく、例えば伝統的工法で作成した試験体の破壊試験により、このような経験知の効果と限界を実験的な方法により後付で確認するような研究もすでに行われている。インドネシアでは、安いが強度の低い煉瓦やブロック等の組積造を有効に活用する方法が模索されてきた。

特定の災害（例えば地震）だけに適応すると、想定外の別の災害（例えば火災）で大きなダメージを受ける場合もある。

(2) 資源環境問題

我が国の一九七〇年代の状況を振り返ると、人口増加に続いて都市化が進行し、土地の不足や木材をはじめとする建材資源の枯渇・高騰への対策が課題となった。それに対処して、人工地盤の開発（住宅や都市の立体化）や、木材資源の輸入による調達が模索された。国際援助活動も、資源供給国と良好な関係を構築し、物資の輸入を図るための布石としての側面を有していた。

しかしそのことの結果として、輸出国側での資材価格の変化が生じた。インドネシアでは木

津波の後に残された伝統的な住宅。通し柱と太い貫で水平力に抵抗し、津波は床下を抜け、元の場所から数十センチ移動するに留まった（バンダアチェ、2005年3月）

材から煉瓦への移行が加速した。日本では関東大震災で否定された煉瓦が、同じような地震国であるインドネシアにおいては現在広く普及している。補強されない煉瓦造等の組積造建物は防災よりもむしろ恒久性の面から社会に評価され、都市的なステータスとして農村部にも普及する。この変化は、木造建築により構成されてきた都市や農村の景観を一変させる。急速に消滅する伝統的住宅の記録保存的な意味を込めて、ジャカルタ郊外に民家園のタマン・ミニ[*18]が造営されたのも経済開発が始動した七〇年代であった。

新たな資源環境における安全性の確保には、非伝統的な技術の研究開発が求められる。資源環境の急速な変化には、緩やかな経験的適応は追いつかない。新たな材料に対処して正しい補強を行う方法についての技術開発が行われ、公団等を通じて供給された。国産化を果たしたセメントを多用することは産業政策にも適っていた。

石炭や森林は植物的過程により、また石灰岩は動物的過程により、大気中の二酸化炭素が固定されたものである。これらを採掘し燃焼させるプロセスが地球温暖化の原因として問題視されるようになった。

自然林の伐採に代わり、成長の速いマメ科の樹種の植林や建材への活用方法が現在のインドネシアでは模索されている。例えばアカシア・マンギウムやアルバシア・ファルカタ等の成長の速いマメ科の樹種が有力な候補である。ファルカタは、輸出に適さない安い建材として農家等の建築に用いられていたが、近年では「南洋桐」集成材として日本にも輸出されるようになった。

木造建築の復活を予見するかのように、建築防火に関する技術も急速に整備されている。石油生産過程の副産物として安価に製造される石膏ボードも広く使われ始めた。

伝統的木構造に断熱材等を加味して再建された復興住宅。伐採規制の対象外となった椰子材を使用したため、寿命は短い（バンダアチェ、2006年3月）

*18　正式名称は「麗しのミニ・インドネシア公園」（Taman Mini Indonesia Indah）。一九七〇年に構想され、一九七五年四月に開園した。

排出量削減にもかかわらず不可避である地球温暖化は海面上昇をもたらし、これは農地や宅地として利用可能な低平地の土地を徐々に減少させる。短期的事象としては水害の発生頻度が上昇し、沿岸の住宅地は放棄せざるを得なくなる。このような状況に対処して、移転、立体化、沿岸部のインフラ整備等が模索される。インドネシアにおいても、「二〇〇〇タワー政策」（二千棟の高層住宅を建設する政策、二〇〇七年）のように住宅の立体化が政策的に推進されている。

(3) 世帯の資産形成

住宅内部に眼を遣ると、家電製品をはじめとする家財道具が増加しつつある。このことは、雨漏りや建物の崩壊による経済損失を大きくする。簡素な安い建物で済ませ、被害を安くするという災害への適応方法は通用しなくなる。堅牢なシェルターを構築する必要が生じる。

亜鉛引き鉄板屋根の普及、瓦屋根の普及は急速に進んだ。さらには天井の普及といった形で表れる。耐震性に対する期待も大きくなる。エアコンは、自動車やオフィスから住宅へと普及しつつある。これは熱帯において非伝統的な気密性の高い住宅への志向を促す可能性が高い。

住宅統計調査においても、壁の材料に着目した仮設／恒久という分類に加えて、天井のあるなしで住宅のグレードを評価する指標が導入されている。

(4) 災害の発生頻度

寺田寅彦が「忘れた頃に」と言ったように、人間社会にはインターバルの閾値のようなものがあり、それより長い間隔で生じる稀有な現象に対しては対応が行われないように見える。近頃は同時代を生きる人々の間の通信がどんどん発達し高速化する一方、ファイルの保存形式の陳腐化や記録媒体の脆弱性などもあり、時代間の通信は危うくなってきている。同時代的な通

ジャカルタ郊外の民家園「タマンミニ」に展示されている地方の民家（2007年４月）

信速度を重視する情報化時代に、もしかするとそのような閾値が下がっているのではないかと懸念される。

水害対策においては、防災インフラが保護しうる水位と発生確率、それにインフラ整備費用等とそれが保護する便益を価格評価した治水経済統計という手法が一九世紀から行われてきた。しかし、発生確率の評価は記録の保存状況に依存する。

過去の災害経験は様々な形で継承されている。住宅の形式やコミュニティ・インフラとして有形の記憶となっている場合もある。地域の古老の記憶として語りつがれている場合もある。記録文書として長期に保存されている場合もある。インドネシアにおいても、旧宗主国オランダに保存されている記録等による過去の地震の研究が始まっている。

本章で述べたインドネシアの被災地での活動に際しては、前回の類似のイベントに関する地域の記憶を発掘するように努めた。平均寿命がまだ短いインドネシアであるが、過去を知る老人は村々で大切にされており、被災地の調査に際して過去の伝承や前回の類似の災害に関する記憶を聞くことができた（第4、5、6節）。

(5) 研究機関の能力形成

筆者が長く勤めた建設省建築研究所は、戦後UNESCOの支援も受けて発展した。その経験を活かす形で、同研究所はペルーのCISMID（地震防災センター）や、インドネシアの公共事業省人間居住研究所等への支援を行ってきた。

インドネシアの人間居住研究所は、外国の技術を受け入れる窓口として有効に機能してきた。さらに、バンダアチェの復興にも投入された手作りプレファブ方式のように、国内に生じる様々な地域的な問題を自力で解決する能力を形成してきた。

被災地で出会った老婆。一人暮らしの小さな家は材料こそ細いが伝統的な架構で無被害だった（ビルン、2006年7月）

かかる研究機関の存在意義として、当面する国内の行政的な課題に迅速に対応することが期待されることが多い。しかし、長期的に見ると、地域において古老を通じて記憶され語り継がれてきたような過去の災害経験や対処法が、資料として国家的に蓄積保存されているような効果も期待してよいのではないかと思う。この側面においては、インドネシアの研究機関の情報蓄積はまだ不十分であり、今後の充実が期待される領域であるように感じる。

(6) 建築行政制度

都市計画の実現や安全な建築技術の普及を図るためには、建築許可制度が社会的に定着する必要がある。

一九八六年頃に研究協力事業の中で調査した地方の建築制度においては、建築行政は地方建築条例（Peraturan Bangunan）に基づく建築申請と許可に基づいて行われていた。一九七〇年代には、人間居住研究所が作成したバンドン市建築条例がモデル建築条例として機能し新たに策定される建築条例の見本とされていた。しかし、一般庶民が建設する住宅は殆どこのような手続きを経ないまま行われていた。一九九七年の通貨危機とその後の政権交代・行政改革の後には、国の役割は公共事業・直接建設から基準作りにシフトすることとなり、耐震基準は国の基準（SNI: Standar Nasional Indonesia、日本のＪＩＳに相当する）の形で整備され、現在ではこれらの遵守を地方建築条例の中で謳うことが勧奨されている。

これらの改革が実効性を得るためには、建築許可制度が公共建築物や富裕層だけでなく庶民住宅にも普及することが必要不可欠であり、それを欠いては都市計画も実現することができない。

アチェ州の復興（第6節）で触れたように、災害復興に際しての外国からの援助資金供与の

人間居住研究所の実験棟における構造実験風景（バンドン、2007年４月11日）

条件として庶民が建築許可申請を行うというシナリオは動き始めているようだ。住宅や集落の計画は太古から行われてきた。住宅ファシリテータという復興支援員の役割は、日本における二級建築士のような形で普及すれば、庶民や市井の施工業者の頭の中にある集落や民家の計画内容を行政文書である建築許可申請書の形に資料化する職能として定着する可能性がある（図5−8）。

(7) 復興と防災のギャップ

被災地の復興において、直近の体験に基づく防災的配慮が突出する傾向があり、限られたリソースの配分に支障を来す恐れがある。二〇〇四年スマトラ島沖地震・津波災害の復興においては、遠い将来に想定される次の大規模の津波に即座に対処することよりも、むしろ近い将来にも生じうるスマトラ断層による地震への備えが配慮され、建物の耐震性が重視された（第6

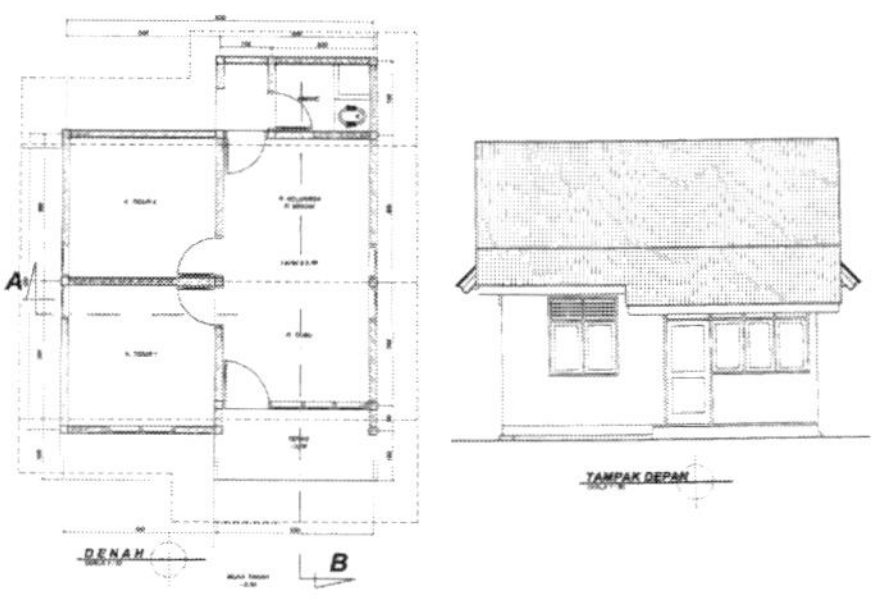

工事積算資料の例：補強煉瓦造36㎡タイプ

No.	工事内容	数量	単位	B	B	C
1.	Pek. Persiapan 準備		-		-	-
1.1	Pek. Pembersihan 掃除	36	㎡	-	-	-
1.2	Pek. Pengukuran/bowplank 測量・遣方	12	m	-	-	-
2.	Pek. Tanah 土工		-	-	-	-
2.1	Pek. Galian tanah 根掘	2.16	m³		-	-
2.2	Pek. Urugan tanah uk.	0.03	㎡	-	-	-
2.3	Pek. Perataan & pemadatan tanah 整地	36	㎡	-	-	-
3.	Pek. Struktur 構造		-	-	-	-
3.1	Pek. Pasir urug 砂	0.33	m³	-	-	-
3.2	Pek. Lantai kerja 捨てコン	0.21	m³	-	-	0
3.3	Pek. Pondasi batu kosong 基礎	1.43	m³	-	-	-
3.4	Pek. Pondasi batu kali 基礎石	3.23	m³	-	-	
3.6	Pek Sloof uk. 16/20 土台	1.24	m³	-	-	0
3.6	Pek. Kolom 16/16 柱	0.94	m³	-	-	0
3.7	Pek. Ring balk 16/16 桁	0.96	m³	-	-	0
3.8	Pek. Kuda2x beton 16/20 壁梁	1.13	m³	-	-	0
3.9	Pek. Lantai rabat beton h-6cm 床	2.13	m³	-	-	0
4	Pek. Dinding 壁工事			-	-	-
4.1	Pek. Dinding bata 煉瓦壁	93.23	㎡	-	0	-
4.2	Pek. Plesteran 漆喰塗	186.96	㎡	-	-	0
6	Pek. Pintu dan Jendela 戸窓			-	-	-
6.1	Pek. Kusen pintu & jendela 戸窓木枠	0.63	m³	0	-	-
6.2	Pek. Kaca jendela 窓硝子	3.32	㎡	-	-	-
6.3	Pek. Daun pintu teakwood 戸板	4	個	0	-	-
6.4	Pek. Daun pintu km/wc 浴室戸	1	個	0	-	-
6.6	Pek. Jalusi papan krepyak 1.6/10 窓手	11.00	㎡	-	-	-
6.6		6		-	-	-
6.7	Pek. Daun jendela uk. 60x120 窓	3	個	-	-	-
6	Pek. Assesories & perlengkapan 設備			-	-	-
6.1	Pek. Kunci tanam pintu 鍵	4	個	-	-	-
6.2	Pek. Grendel pintu km/wc 浴室鍵	1	個	-	-	-
6.3	Pek. Engsel jendela 3" lyon 窓金具	9	Pas	-	-	-
6.4	Pek. Engsel pintu 4" lyon 戸金具	6	Pas	-	-	-
6.6	Pek. Grendel jendela 窓	9	個	-	-	-
6.6	Pek. Hak angin 窓止	9	個	-	-	-
7	Pek. Cat 塗装工事			-	-	-
7.1	Pek. Cat Kusen pintu & jendela 戸窓枠	13.69	㎡	-	-	-
7.2	Pek. Cat Pintu 戸板	16.29	㎡	-	-	-
8	Pek. Atap 屋根工事			-	-	-
8.1	Pek. Rangka atap gording uk. 6/10 小屋組	0.46	m³	0	-	-
8.2	Pek. Konsole gording samping uk. 6/10 軒	0.10	m³	0	-	-
8.3	Pek. Atap seng 鉄板屋根	88.13	㎡	-	-	-
8.4	Pek. Bubungan seng 棟	7.84	m	-	-	-
8.6	Pek. Listplank uk 2/20	31.00	m	-	-	-
8.7	Pek. Papan ruiter 2/20	7	m	-	-	-
9	Pek. Mech dan Elec. Serta Plumbing 配線配管			-	-	-
9.1	Pek. Instalasi listrik 電気工事	1	Ls	-	-	-
9.2	Pek. Closet jongkok 便器	1	Ls	-	-	-
9.3	Pek. Bak Air − 1/2 bata camp: 1:2 水槽	1	Ls	-	-	-
9.4	Pek. Septictank + resapan 便槽	1	Ls	-	-	-
9.6	Pek. Floor drain uk. 3" 排水口	1	Ls	-	-	-
9.6	Pek. Instalasi air limbah uk. 3" 排水管	12.00	m	-	-	-
9.7	Pek. Instalasi air kotor 汚水管	1	Ls	-	-	-

図5−8　復興住宅の設計図と材料数量表

地震時の地盤沈下による水没家屋と、再建に際しての基礎の嵩上げ（ムラボ、2006年7月）

節）。最も近い過去だけではなく、未来を永い時間の中で考える視点も必要であろう。

(8) 実験場・住宅展示場としての復興現場

防災技術を社会的に普及するための手段として、一九九〇年代までは情宣活動が中心であった。モデル的な住宅を建設し、視覚的に訴えるビデオ教材等を用意した。災害復興現場は、このような意味でもショールームとなっている。バンダアチェにおいては、様々な援助団体が様々な建築技術を導入した。第2節で触れた布基礎と上部木造による半恒久住宅、RC基礎の高床式住宅、軽量鉄骨に構造合板を用いたプレファブ住宅、軽量発泡コンクリートブロックを用いた住宅等である（190・193・199～201ページの写真参照）。今後数十年を経て、新たに提示された住宅の形や建設技術が地域的条件に基づいて選別され、良いものが定着していくことを見守りたい。

(9) セルフビルドの能力

一九八〇年代に技術協力に筆者が従事した当時から、セルフビルドは住宅協力の要素として重視されていた。伝統的な農村住宅において居住者が自ら建築作業を行うことは行われており、我が国の建前のように集中的に労働力を必要とする局面においてコミュニティが協力したり、道普請などのコミュニティ・インフラ整備に際して共同作業するユイのような慣習は、インドネシアではゴトンロヨン（Gotong Royong）として知られていた。また、「頼母子講」のように零細な資金を集約して、住宅建設などのために一時的に資金を融資する仕組は、インドネシアではアリサン（Arisan）と呼ばれていた。*19

一九九六年イリアンジャヤ地震津波災害救済（第5節）や二〇〇四年スマトラ島沖地震・津波災害復興支援（第6節）においては、自力建設や小規模集団による共同復興が考慮された。

*19　日本の「コーポラティブ住宅」はほぼ共同計画の意であるが、インドネシアではまさに共同作業で団地を開発することを意味していた［小林 1988］。

中部ジャワ州都スマラン市沿岸部のグヌンマス地区。地盤沈下による水没家屋であるが、海面上昇が進行するとこのような風景が多くの沿岸都市に拡大すると予想された（2003年）

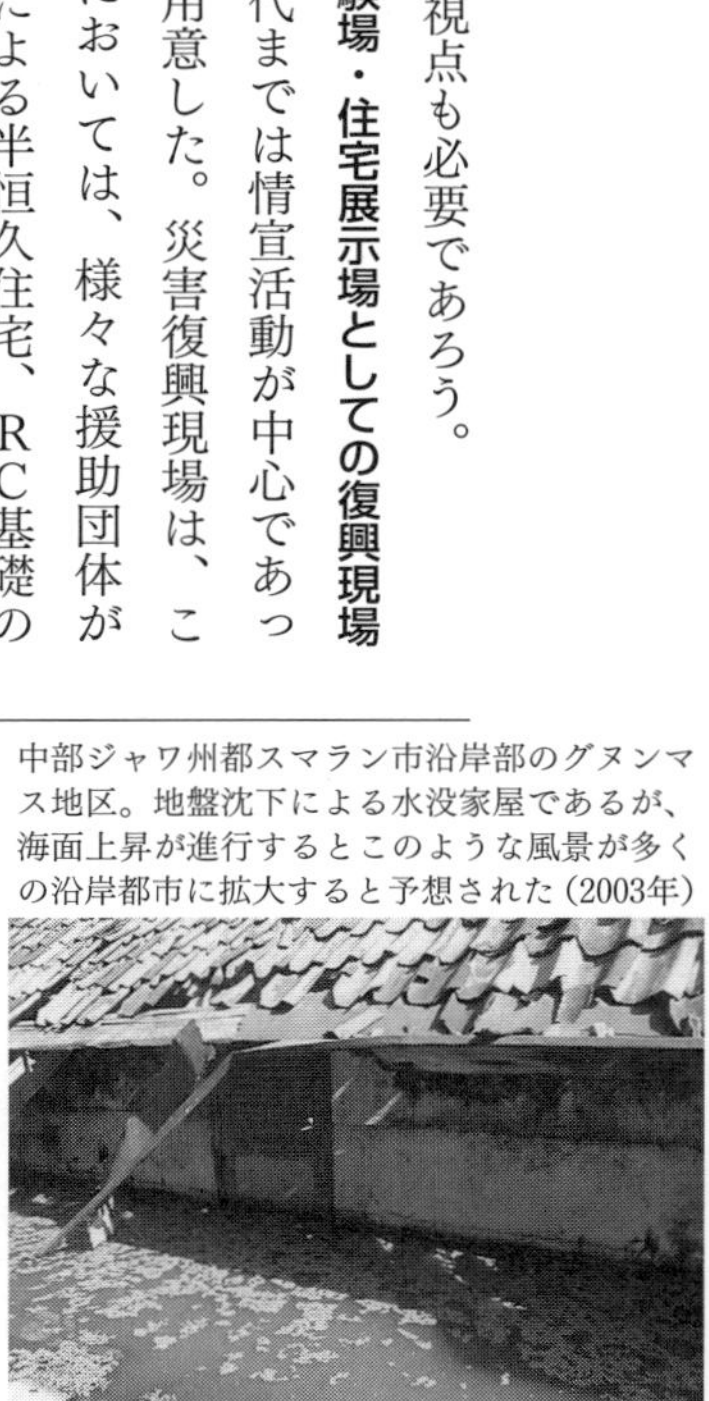

これらは、我が国では福井地震（一九四八年）を最後にあまり考慮されなくなった事柄である。

＊　　＊

経済発展は、資源エネルギーを有効活用する技術に支えられ、社会的な分業や知識・制度の蓄積により途上国の庶民生活も変化させてきた。人間居住研究所のテーマもそれに伴い変化し高度化してきたと言えた。

しかしながら、災害は一時的にせよ原始的な状態を再現する。集落の風景は自然の海岸のような風景に変化し、人々は日常生活や建設に必要とされる道具を失ってしまう。

このような異常事態に対処するために、技術をさらに高度化し、情報通信技術を駆使した警戒体制、情報普及等が試みられる。確かに、携帯電話の普及や衛星画像の活用は、被害状況の把握や支援活動の参加者の間のコミュニケーションを大幅に増強し、携帯電話の番号を交換しあうことが被災地での挨拶となった。

しかし、その裏側で、イリアンジャヤの人々が今でも持ち続けているような基本的な人間力、簡単な道具だけで雨露をしのぐ屋根を作るだけの基礎体力と常識もまた、先進国にあっても失いたくないものである。

建設事業や技術開発に関しては、ＰＣＭ（プロジェクトサイクル・マネジメント）のような目標設定と評価のシステムが導入され、「インドネシア集合住宅適正技術開発」がＪＩＣＡ技術協力における最初の適用例となった（一九九三年〜）。現在ではこのような評価システムは研究機関における評価にも用いられている。しかしながら、能力形成（Capacity Development）の考え方もまた近年では台頭してきている。自ら問題を発見し、リソースを獲得・投入して解決する能力を高める取組みである。これは様々な経験を積むことによりスパイラル・アップしていく

臨港部に建設された半恒久住宅（上部のみ木造、バンダアチェ、2006年３月10日）

ような終りのない循環過程としてとらえられる。

防災は、どちらかと言えば後者のアプローチに近い。そして、能力形成に成功するならば、以前は災害となっていた事象が単なる日常の一部に過ぎないものになるであろう。このような意味で今後、彼の国に再び天変地異が生じた時に、建物や人生の時間の損失という面を調査するだけではなく、あたかも何事も無かったかのように生き残っている集落や人々の姿にも着目していく必要があるのではないだろうか。

参考文献

日本語

国際協力事業団 1996『インドネシア共和国イリアンジャヤ地震災害救済国際緊急援助隊専門家チーム報告書』。

小林英之 1988「インドネシアにおけるコーポラティブによる住宅都市開発」『都市計画論文集』No. 23, pp. 325–330.

——— 1989「インドネシアにおける都市計画・建築制度——その背景および庶民住宅地形成に向けての現実と展望」『都市計画論文集』No.24, pp.127–132.

——— 2006「二〇〇四年一二月二六日スマトラ沖地震津波災害におけるバンダアチェの住宅被害と再建」『地域安全学会梗概集』(18), 13–16.

——— 2007「二〇〇四年スマトラ沖津波災害バンダアチェの住宅被害と再建」(日本建築学会ワークショップ 2007.1.22)

小林英之・後藤哲郎 2005「スマトラ沖大地震と津波によるインドネシア・バンダアチェの住宅等被害」(科研費報告書 2005.5.26)

西芳実 2014『災害復興で内戦を乗り越える——スマトラ島沖地震・津波とアチェ紛争』京都大学学術出版会。

臨港部に建設された高床式住宅（基礎部ＲＣ造、バンダアチェ、2006年３月５日）

英語

Natawidjaja, D. H., K. Sieh, S. N. Ward, H. Cheng, R. L. Edwards, J. Galetzka, and B. W. Suwargadi. 2004. "Paleogeodetic records of seismic and aseismic subduction from central Sumatran microatolls, Indonesia." *Journal of Geophysical Research*, 109, B04306, doi:10.1029/2003JB002398.

インドネシア語

Laporan Lapangan: Perencanaan dan Disain Rumah Susun Bumi Ilir Permai — Palembang, dalam rangka Penelitian dan Pengembangan Dasar Perencanaan dan Disain Rumah Susun dan Lingkungannya.（『ブミ・イリル・プルメイ集合住宅団地――パレンバンの設計計画に関する現地調査報告、集合住宅適正技術開発プロジェクトの一環として』人間居住研究所、一九九五年四月）

Pengadaan Rumah Susun di Bekas Kebakaran（『大火の跡地への集合住宅の建設』インドネシア地方行政改革協会、一九九九年）

内陸部に建設された鉄骨と構造合板による住宅（バンダアチェ、2006年3月5日）

第6章

災害でも止まらない社会へ

――コミュニティ・企業・アジア

企業防災と地域協力

小野 高宏

右：神戸市にある人と防災未来センター東館の入居機関。国連をはじめ、防災・減災に関係する組織の一大拠点となっている。

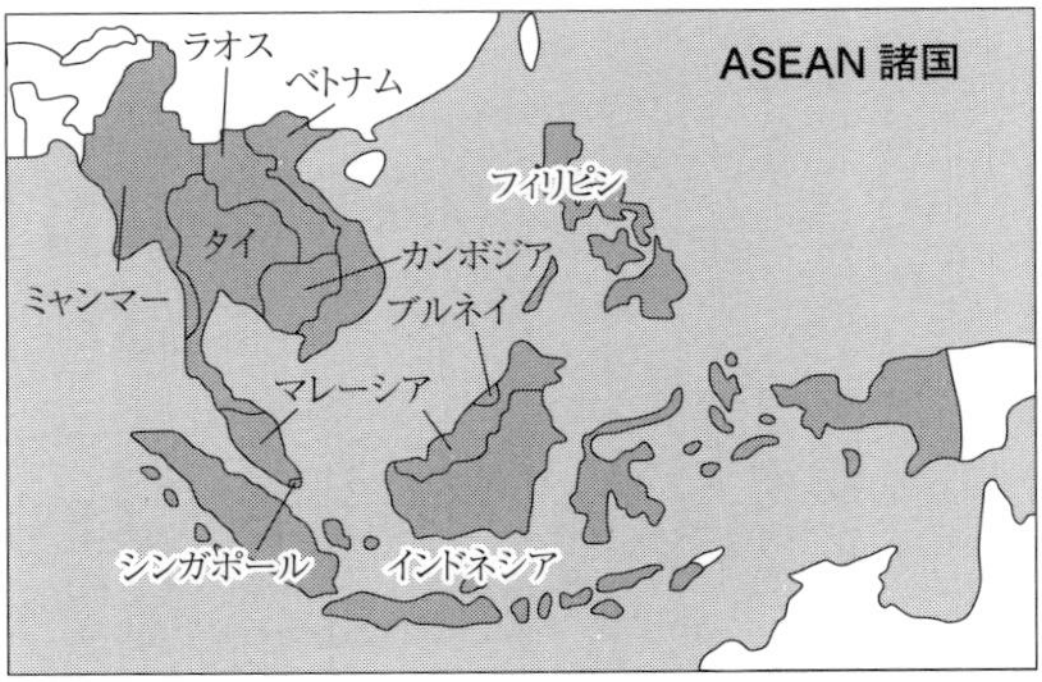

本章に出てくる主な略語

ABAC	APEC Business Advisory Council　APEC ビジネス諮問委員会
ADRC	Asian Disaster Reduction Center　アジア防災センター
AHA センター	ASEAN Coordinating Centre for Humanitarian Assistance　ASEAN 防災人道支援調整センター
AMCDRR	Asian Ministerial Conference on Disaster Risk Reduction　アジア防災閣僚級会議
APEC	Asia-Pacific Economic Cooperation　アジア太平洋経済協力
BNPB	Badan Nasional Penanggulangan Bencana　〔インドネシア〕国家防災庁
DDMFSC	Department of Dyke Management and Flood, Storm Control　〔ベトナム〕堤防洪水暴風管理局
DDPM	Department of Disaster Prevention and Mitigation　〔タイ〕防災局
DMC	Disaster Management Committee　〔ラオス〕国家、県、郡それぞれの防災委員会
DMRC	Disaster Management and Relief Committee　〔マレーシア〕災害管理救援委員会
DPM Act	Disaster Prevention and Mitigation Act　〔タイ〕防災法
DPMA	Disaster Prevention and Mitigation Academy　〔タイ〕防災アカデミー
EPWG	Emergency Preparedness Working Group　緊急事態準備作業部会
HFA	Hyogo Framework for Action　兵庫行動枠組
IAP	ISDR Asia Partnership　ISDR アジアパートナーシップ
IDNDR	International Decade for Natural Disaster Reduction　国際防災の10年間
IFRC	International Federation of Red Cross and Red Crescent Societies　国際赤十字赤新月社連盟
ILO	International Labour Organization　国際労働機関
IRP	International Recovery Platform　国際復興支援プラットフォーム
ISDR	International Strategy for Disaster Reduction　国際防災戦略
MARD	Ministry of Agriculture and Rural Development　〔ベトナム〕農業・農村開発省
MHA	Ministry of Home Affairs　〔シンガポール〕内務省
NCDM	National Committee for Disaster Management　〔カンボジア〕国家および地方の防災委員会
NDCC	National Disaster Coordinating Council　〔フィリピン〕国家災害調整委員会
NDMC	National Disaster Management Centre　〔ブルネイ〕国家災害管理センター
NDMC	National Disaster Management Committee　〔ラオス〕国家防災委員会
NDRRMC	National Disaster Risk Reduction and Management Council　国家災害リスク軽減・管理評議会
NSD	National Security Division　〔マレーシア〕国家安全保障局
NSDP	National Strategic Development Plan　〔カンボジア〕国家戦略開発計画
OCD	Office of Civil Defense　〔フィリピン〕民間防衛室
RRD	Relief and Resettlement Department　〔ミャンマー〕救済・再定住局
SAARC	South Asian Association for Regional Cooperation　南アジア地域協力連合
SCDF	Singapore Civil Defence Force　シンガポール市民防衛庁
SDMC	SAARC Disaster Management Centre　SAARC 防災センター
SNAP	Strategic National Action Plan　〔カンボジア〕国家防災戦略行動計画
UNDP	United Nations Development Programme　国連開発計画
UNESCAP	United Nations Economic and Social Commission for Asia and the Pacific　国連アジア太平洋経済社会委員会
UNISDR	United Nations International Strategy for Disaster Reduction　国連国際防災戦略
UNOCHA	United Nations Office for the Coordination of Humanitarian Affairs　国連人道問題調整事務所
WB	World Bank　世界銀行

1　自然災害とアジア

災害発生件数と被害の状況

過去の地球上における災害発生状況を地域別に眺めると、自然災害[*1]の約四〇%がアジアで発生しており（図6-1）、死者数も約五〇%がアジア地域に集中している。また、被災者数でも圧倒的にアジア地域の割合が多く、全体の九〇%近くを占めている。アジア地域の国内総生産GDPは世界の約三割であるが災害による経済的損失は世界の約五割に達しており、アジアは他の地域に比べて産業が被災しやすい傾向にある（図6-2）。アジア諸国には一九九〇年以降日本の製造業を中心とした企業が数多く進出し、工場を立地するなど産業集積を構築してきた。二〇一一年三月の東日本大震災では、直接被災していないものの全国の多くの中小企業が取引先と共に連鎖倒産に直面した。また、二〇一一年一〇月にタイで発生した洪水では、タイの被災工場と取引のある世界中の自動車関連企業が部品供給停止で生産ラインを止めざるを得ず、また、それが原因となって生産不能となった完成車の台数減少に影響を受けた別の関連部品工場や鉄鋼メーカー等も生産を止めるなど、多くの関連企業が大きな経済的なダメージを受けた。日本はアジア地域の一員であり、自然災害による被災者を軽減させると共に、サプライチェーン（供給網）を通じて日本の産業界に与える影響をミニマイズするためにもアジア諸国の状況に関心を示し、防災減災力向上に協力していく必要がある。

本章では、自然災害が頻繁に発生するアジア地域を取り巻く国々の防災体制や地域の防災枠

*1　私たちの暮らす地球では地域や取り巻く環境によってさまざまな種類の自然現象が起きている。降雨、降雪、雷、火山の噴火、地震などが一例である。本書「はじめに」にもあるとおり、これらの自然現象が我々の生活圏で発生すると死者や負傷者が出たり、我々の日常生活に影響を及ぼしたりするが、こういった状況になって初めて自然災害と呼ばれることになる。また国家の経済的な発展や組織の活動を阻害する場合や、生態系など環境へ影響を及ぼす場合も自然災害になる。

1992年インドネシア、フローレス地震津波で陸に打ち上げられた船（牧紀男撮影）

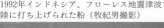

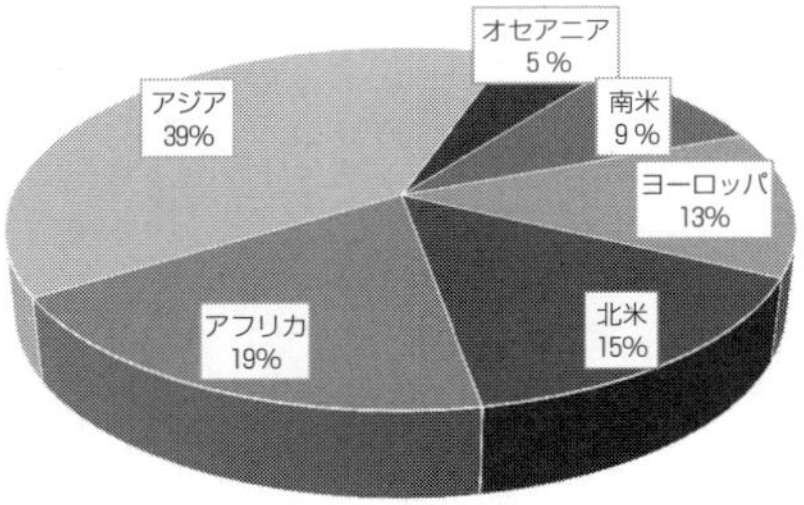

図6－1　自然災害の件数割合（1972～2011年）
［Asian Disaster Reduction Center 2012］

組を示すと共に、二〇一一年にタイで発生した洪水の影響で自動車産業を中心に日系企業がサプライチェーンの途絶による大きな損失を被った事例等を通じ、企業から見たアジアの重要性について確認してみたい。さらに日本政府がこれまで取り組んできた「事業継続計画」の普及促進の現状と東日本大震災の教訓などから、今後日本の企業がとるべきリスク対応戦略やアジア諸国との関係等について考察を行う。

レジリエントな社会へ

自然現象の発生は止められない（図6-3）、そうであれば受ける被害や影響を少なく抑えようというのが「減災」という発想で、一九九〇年以降広く一般的になってきた。国や組織が自然災害で受ける被害を少なくするには、影響の及ぶ範囲を狭め、影響の及ぶ期間を短くするように事前準備をしながら、いざと言う時の体力、行動力やスキルを身につけておくことが必要となる。こうすることで社会活動、日常生活や企業活動等を止めることなく継続する、あるいは止まっても直ぐに元通りに戻すことが可能となる。しかしながら、災害による被害や影響を減少させるために国や組織が推進すべき防災・減災対策の手法は、国や組織の成熟度、規則、仕組みなどによってそれぞれ異なっており、統一的な手法は残念ながら存在しない。

例えば、社会整備が進む先進国ではダムの建設や河川の水流量の調整、住民への早期警報の仕組みなどが行き届いているため、豪雨が続いたとしても河川が決壊して洪水に至る可能性が

2004年インド洋津波の被災地に建ち並ぶテント（インドネシア・バンダアチェ近郊、牧紀男撮影）

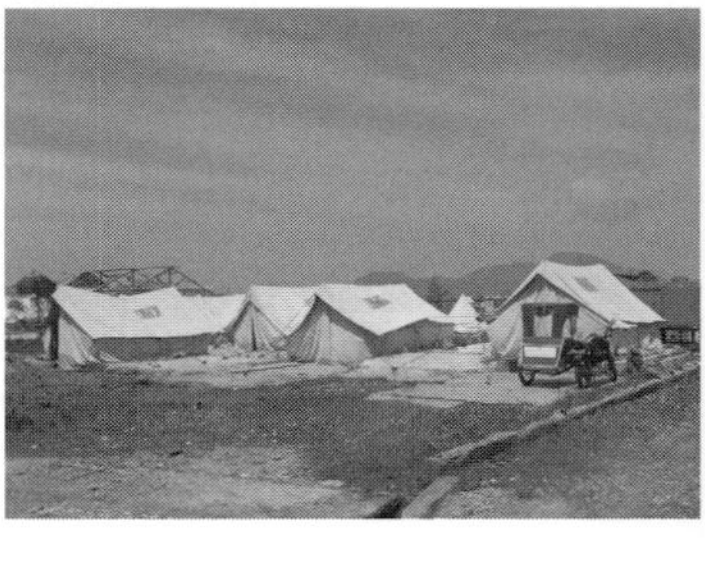

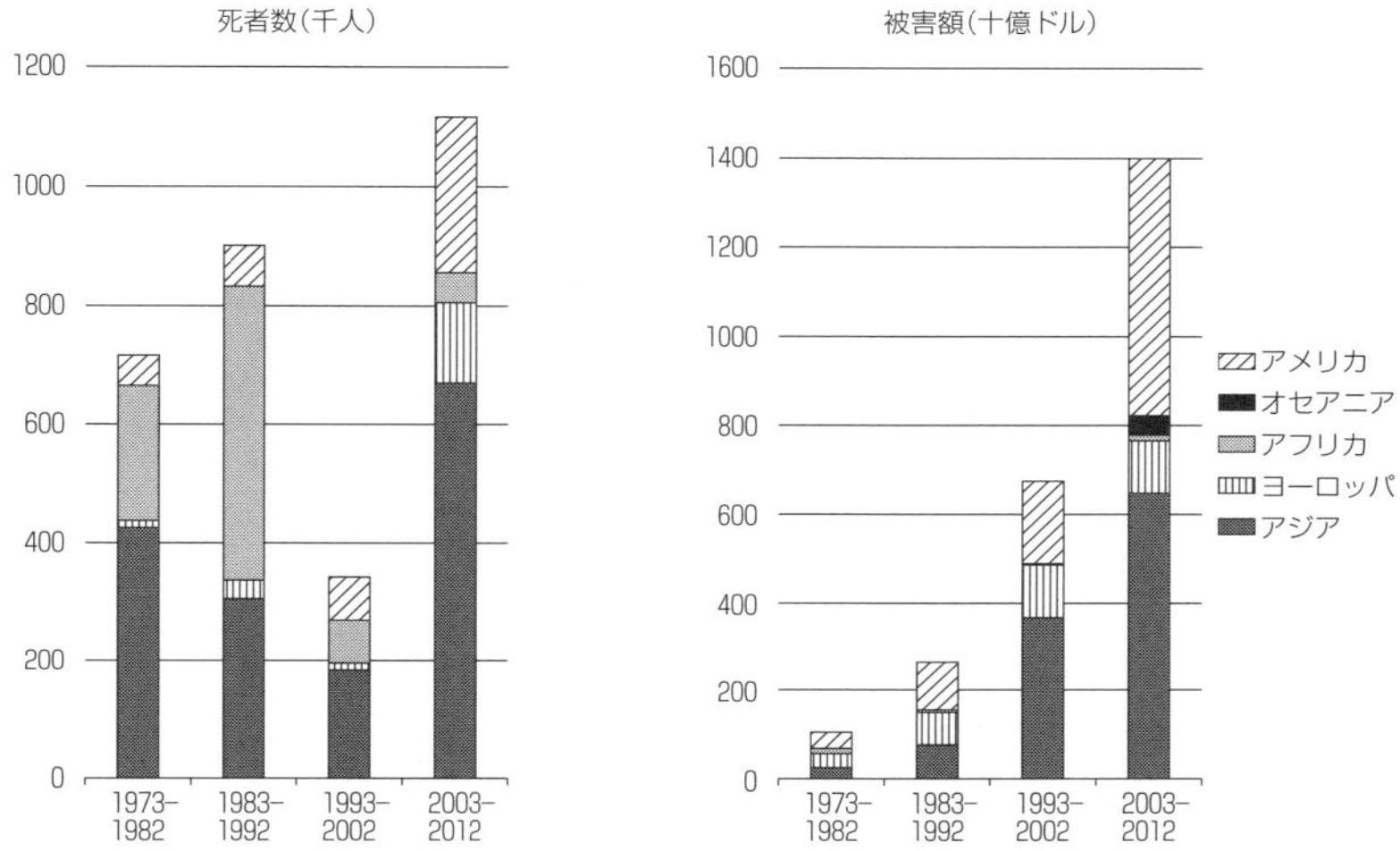

出典：EM-DAT: The OFDA/CRED International Disaster Database - www.emdat.be. Université Catholique de Louvain. Brussels (Belgium) の資料をもとに内閣府作成。

図6－2　自然災害による死者数と被害額［内閣府 2014］

低い。これは事前準備をバランスよく実施している点が功を奏して減災に繫がっている。一方、社会整備が不十分な発展途上国の場合、国内における防災体制や法制度が確立されていない上に治水対策などに必要な予算も取れていない。このような状況で、豪雨が続くと容易に洪水が発生してしまうこととなり、人命救助や傷病者への治療といった人命安全や物資の供給、避難場所の提供といった災害発生直後の応急対応に国家資源を投入する必要が出てきてしまうのである。このように減災へ向け、行政の、どの部局がどのような対策を導入しているかを見ることで国や組織の防災・減災に対する対応レベルを考察することができる。

　社会全体は自治体、交通機関や電気・ガス・水道・通信といったライ

2011年東日本大震災で被災した陸前高田市役所（2012年12月）

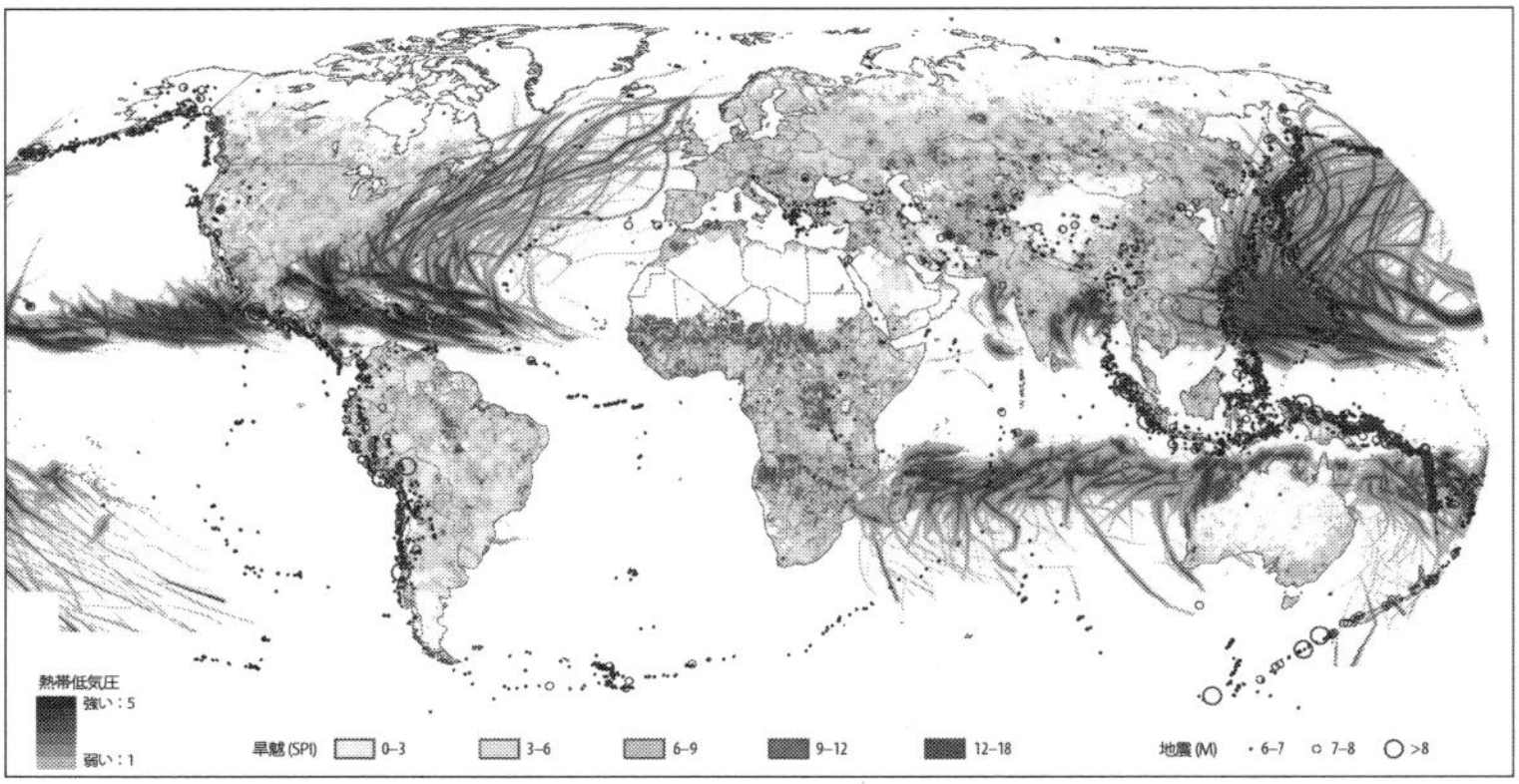

図６－３　自然の異常外力に襲われた場所［World Bank & United Nations, *Natural Hazards, UnNatural Disasters*（『天災と人災』）より］

1950～2010年２月に発生したマグニチュード６以上の地震と、1975～2007年の熱帯低気圧（台風も含まれる）の進路、および国連世界防災白書2009のために収集された標準化降水量指数（SPI）から干ばつ状態にあるとみなされる場所を示す。地震の大きさは円の大きさで、また、熱帯低気圧と干ばつは色の濃さでその強さ、深刻さを表している（カラー口絵参照）。東アジア、南アジア、中央アメリカ、南アメリカ西部がこれらの自然現象の影響を受けやすいことが見てとれる［World Bank & United Nations 2010］（千葉啓恵氏訳の日本語版も参考にした）。

フライン、学校や病院、企業、地域コミュニティ、個人（住民）等の構成員が複雑に絡みあい役割を分担しながら機能している。災害にも止まらない強い社会を目指すには、ある一部分を強化しても全体としての効果は低く、全体最適を維持しながら社会全体のレベルアップを目指すことが重要となる。

2　地域コミュニティ防災から企業防災へ

地球上で発生した自然災害の件数は一九八〇年から二〇一〇年までの三〇年間で約二・五倍にも増加し[*2]、特に発展途上国を中心に深刻な被害

*2　EM-DATのデータをもとに作成された「2010 disasters in numbers」より。http://cred.be/download/download.php?file=sites/default/files/PressConference2010.pdf

津波から村人を守った岩手県普代村の防潮堤（2012年８月）

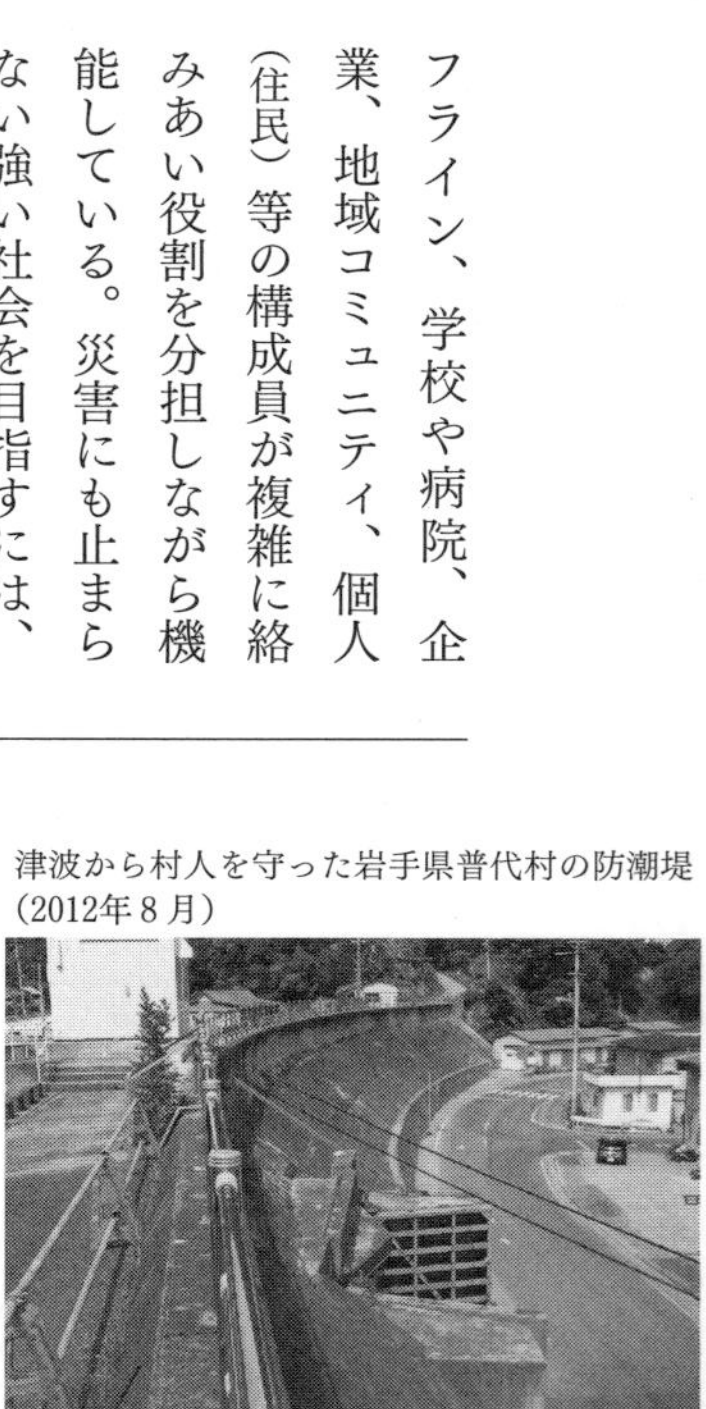

を引き起こして来た。工業の発展で労働者が農村部から都市部に流入し貧富の差の拡大とともに貧困層が河川下流の低地に密集して居住する一方で、河川の治水対策や建物の耐震対策、インフラ整備などが間に合わない中で自然災害に見舞われてしまったためとも言われている。こういった事態を受けて国連は二〇世紀最後の一九九〇年代を「国際防災の一〇年間（ＩＤＮＤＲ）」と定め、防災・減災の枠組みの具現化に向けた議論を開始した。そして中間年である一九九四年には第一回国連防災世界会議が神奈川県横浜市で開催され、「横浜戦略」[*3]が採択された。この中では「国際防災の一〇年間」が終了した後も防災・減災の取組みが継続して推進されるような新たな枠組みの必要性が提唱され、一九九八年には神戸市のアジア防災センター（ＡＤＲＣ）、二〇〇二年には国連国際防災戦略（ＵＮＩＳＤＲ）などの発足につながった。[*4]

その後、第二回国連防災世界会議が二〇〇五年に兵庫県神戸市で開催され、「兵庫行動枠組（HFA: Hyogo Framework for Action）」が採択され、次の三つの戦略目標が設定された。

【戦略目標1】持続可能な開発の取組みに防災の観点をより効果的に導入する。

【戦略目標2】災害対応力を体系的に高めるために、全てのレベル、特にコミュニティ・レベルで制度、仕組みおよび能力を開発強化する。

【戦略目標3】被災したコミュニティの復興に際し、リスク軽減アプローチを緊急時の備え、応急対応、復興プログラムの設計、実施に計画的に導入する。

さらにこれらの三つの戦略目標を各論に落とし込み、政府が主体的に目標達成に向けた各種施策を展開しＵＮＩＳＤＲが進捗管理を行う枠組みが整備された。

ＵＮＩＳＤＲは国連組織の中で防災対策に関する中心的な役割を担う唯一の組織としてス

*3 「横浜戦略」は、持続可能な経済成長は災害に強い社会の構築と事前の準備による被害軽減が不可欠であり、人命、財産を守り被害を軽減するために地球規模の防災体制の確立が必要であるとする。

*4 アジア防災センター、国連国際防災戦略については第3節で詳述。

国連会議での模様（2011年５月）

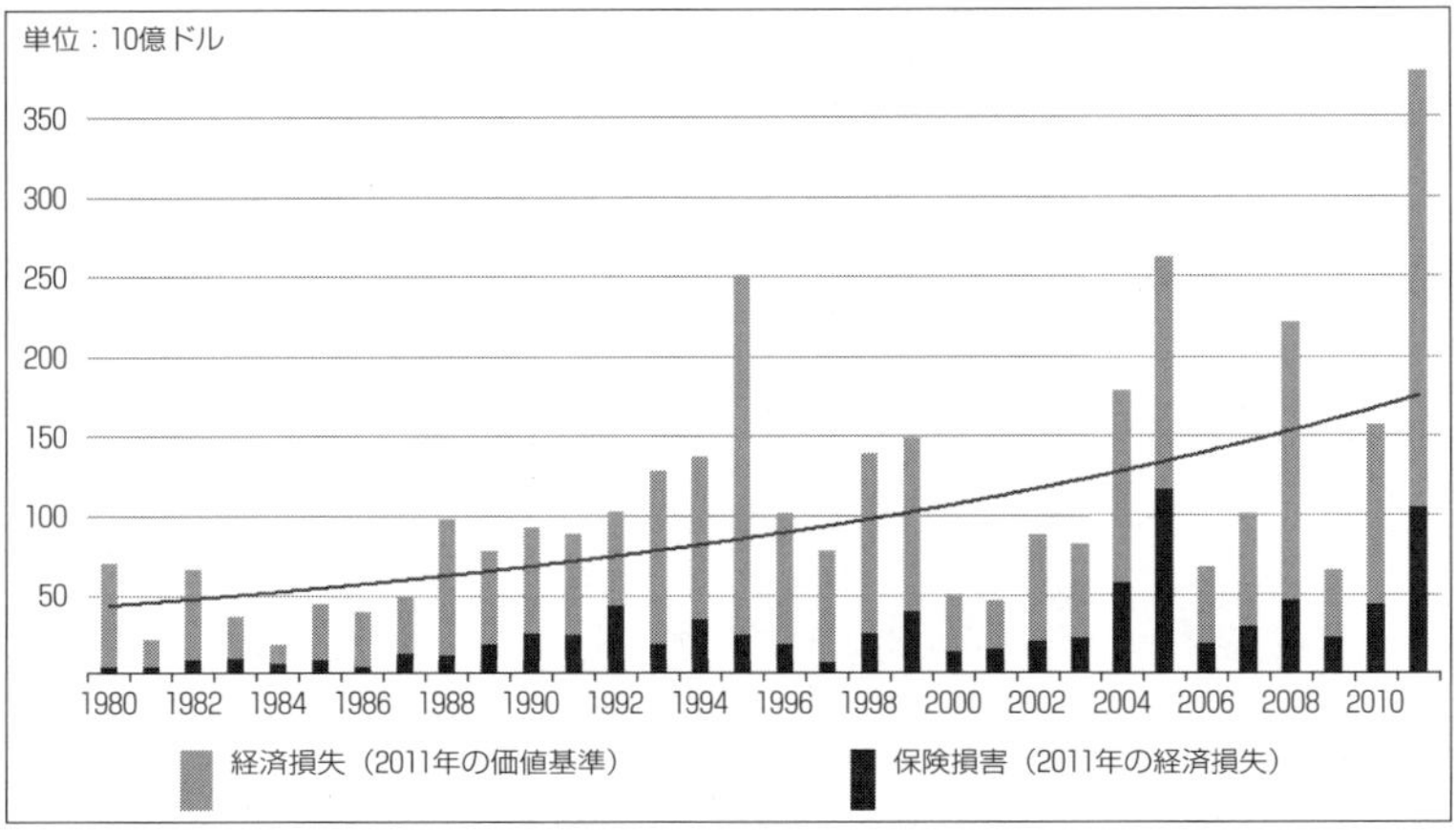

図６－４　世界の自然災害による経済損失（1980～2011年）出典：Munich Re's Geo Risks Research, NatCatSERVICE

2011年の世界の自然災害による経済損失・保険損害はともに観測史上最大となった。東日本大震災とニュージーランド地震が経済損失全体の約60％を占めるという［ミュンヘン再保険会社 プレスリリース2012年１月４日］。

タートしたわけであるが、彼らは災害を「コミュニティまたは社会の機能の深刻な中断であり、広範な人的、物的、経済的もしくは環境面での損失と影響を伴い、被害を受けるコミュニティもしくは社会が自力で対処する能力を超えるもの」と定義するなど、災害がコミュニティに与える影響を重視する形となっていた。

この流れを受けて、一九九〇年代から地域防災力を高めるためにコミュニティ防災（CBDRM: Community-Based Disaster Risk Management）と呼ばれる活動が世界各地で主流となった。コミュニティ防災とは、災害に対して最前線で対応するのはコミュニティや住民であると認識した上で、住民を教育して危機に対する物理的な備えや精神的な心構えを根付かせる手法である。この活動は市民

国連会議での日本ブース（2011年５月）

社会の成熟度合いや住民同士の結束力などにより内容は大きく異なるが、行政側の理解と支援を前提に、反復実施を続けて防災意識を向上させると共に習慣や文化に浸透させる工夫が必要となる。*5

自然災害の予知や予報技術の革新、早期警報の仕組みや通信連絡技術の向上、建築基準法などの災害対策関連法整備、市民の意識の向上、都市整備などの促進と、コミュニティ防災活動の定着により二〇〇〇年以降の自然災害による死亡リスクは先進国のみならず途上国においても減少の傾向にある［国際連合 2011］。

その一方で、近年先進国を中心として問題視されることは自然災害による経済的な被害の大きさである。自然災害による経済損失額は増大の一途を辿っており、これは急速な都市化や工業化による沿岸部への工場等の集中、設備の高度化・高額化、工業団地などの産業集積による企業資産の集中化、住宅など個人資産の高額化・密集化等によって資産の一極集中が進み、自然災害が発生した場合の被害も大きくなるという理由によるものである（図6-4）。この流れを受け、近年では社会や企業が災害に強くなることで経済的な被害を軽減することに世界的な関心が集まっている。こうして、二〇一五年三月には宮城県仙台市で第三回国連防災世界会議が開催され、兵庫行動枠組HFAのフォローアップと新戦略が採択されている。

3　防災・減災を普及促進する国際機関と地域的取組み

社会全体はさまざまな組織が役割分担をしながら機能しているため、防災・減災を推進する

＊5　アジア防災センターでは「アジア地域における「稲むらの火」普及プロジェクト」として、アジア諸国で用いられることを想定してベンガル語・ヒンディー語・タミル語・ネパール語・英語・シンハラ語・タガログ語・マレー語・インドネシア語に訳したテキストを作成して配布している（http://www.adrc.asia/publications/inamura/list_jpn.html）。「稲むらの火」は、一八五四年に発生した安政地震による津波から村人を守る物語。小泉八雲の作品で国語の教材にも使用されていたことがある。モデルは和歌山県有田郡の濱口梧陵（ヤマサ醤油株式会社「稲むらの火の館」http://www.yamasa.com/enjoy/inamura/）。

「稲むらの火」インドネシア語版の表紙（左は一般用、右は子ども用のバージョン）。地域の特性や読者の年齢にあわせて伝え方にも工夫が見られる。編集・発行：アジア防災センター・ADRRN、協力：内閣府（防災担当）

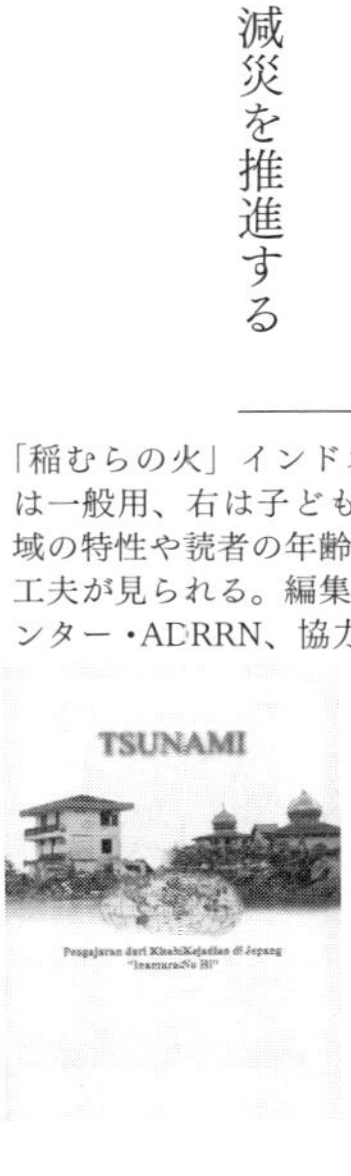

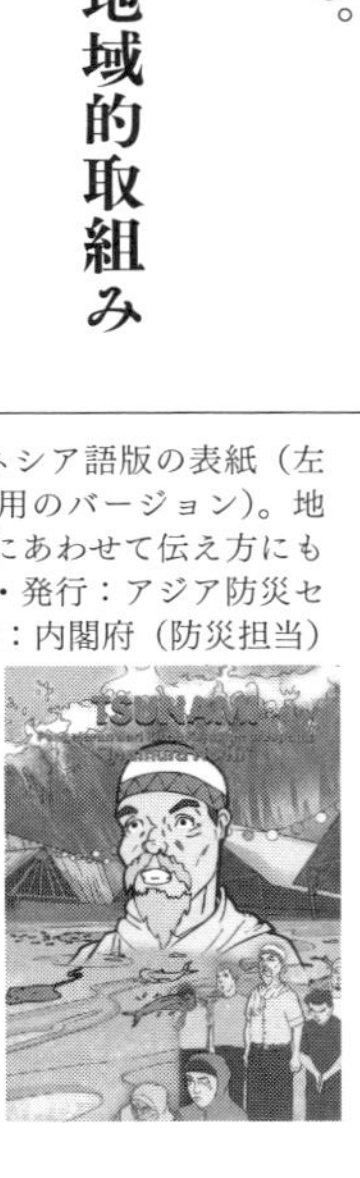

ためには国や組織が強くなると同時に地球全体や地域全体としても一体的な取組みを行っていく必要がある。以下に防災・減災を担当する代表的な国際機関や地域的取組みを紹介する。

国連国際防災戦略（UNISDR）とISDRアジアパートナーシップ（IAP）

一九九四年に第一回国連防災世界会議が横浜市で開催され、二〇〇二年に正式に発足した国際防災協力を専門的に促進する唯一の国際機関。本部はジュネーブ。二〇〇五年に神戸市で第二回国連防災世界会議が開催されて兵庫行動枠組（HFA）が合意されてからは、UNISDRとして同枠組の普及促進と進捗のフォローアップを行っている。地域事務所[*6]を中心とした取組みも推進しており、アジア地域ではタイのバンコク事務所が二〇〇三年にISDRアジアパートナーシップ（IAP）という体制を発足させ、アジア各国政府、NGO、国連機関、国際機関などと連携した会合を年間二回開催している。また隔年では各国防災大臣が出席するアジア防災閣僚級会議（AMCDRR）も開催し、地域としての情報共有と課題解決に向けたハイレベルの議論が行われている。

国連アジア太平洋経済社会委員会（UNESCAP）

一九四七年に国連経済社会理事会の下に五つの地域委員会の一つとして国連アジア極東経済委員会が設立され、太平洋地域加盟国の増加と社会開発の必要性を反映させるため、一九七四年に名称を国連アジア太平洋経済社会委員会（UNESCAP）と改め、経済・社会開発のための協力機関として広範囲な分野で地域協力プロジェクトを遂行している。事務局本部はタイのバンコクにあり、西はロシア連邦から東は南太平洋諸島にいたる地域を対象に約六〇の域内外の加盟国がある。経済的な被害の軽減のために防災・減災への取組みを強化している。

神戸の東部新都心「HAT神戸」。アジア防災センターや国連防災戦略（UNISDR）駐日事務所がある

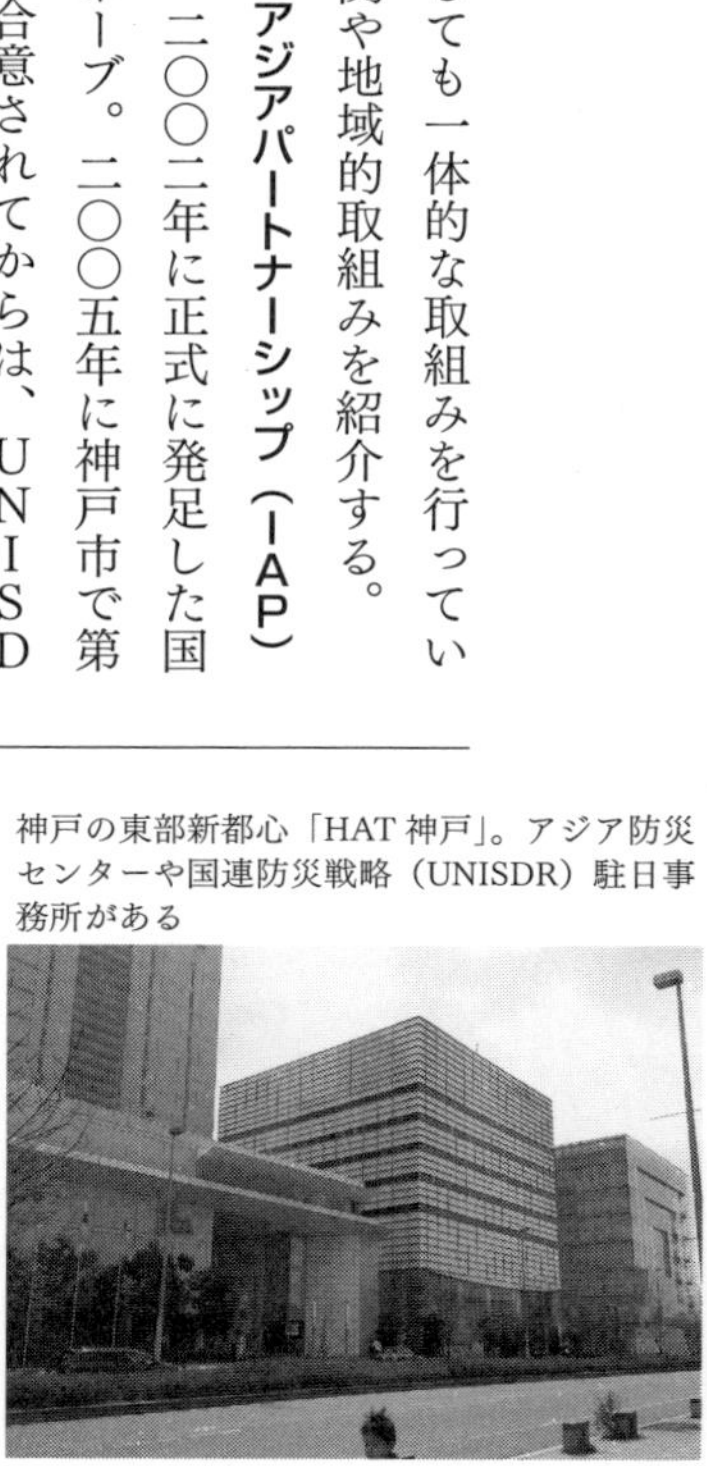

*6　地域事務所等はナイロビ、カイロ、バンコク、パナマ、ブリュッセル、タジキスタン、仁川、神戸などにある。

国際復興支援プラットフォーム（IRP）

兵庫行動枠組（HFA）では、災害の発生後に復興再建を検討する際には災害予防の観点を盛り込む必要性が戦略目標の一つとして位置付けられた。これを踏まえ二〇〇五年五月に日本政府をはじめ国連開発計画（UNDP）、国連国際防災戦略、国連人道問題調整事務所（UNOCHA）、国際労働機関（ILO）、アジア防災センター（ADRC）、世界銀行（WB）、国際赤十字赤新月社連盟（IFRC）等と連携し、より良い災害復興のための国際支援の枠組みとして、国際復興支援プラットフォーム（IRP）[*7]が設立された。国際復興支援プラットフォームは毎年一月に内閣府、兵庫県、アジア防災センター等と共に「国際復興フォーラム」[*8]を開催し、世界各地で発生した災害の経験と教訓を国際的な防災枠組に役立てるための方策について議論を展開している。また、世界各地での復興における教訓や優良事例をまとめた「分野別復興ガイダンスノート」を作成し、各国政府職員を対象とした研修も実施している。

アジア防災センター（ADRC）

アジア防災センター（ADRC）は、アジアにおける災害軽減を推進する組織として、一九九四年の第一回国連防災世界会議の決議を踏まえ、阪神・淡路大震災から三年後の一九九八年七月に神戸市に設立された。世界の自然災害と防災情報の共有、防災・減災のための人材育成、コミュニティの防災力向上を三つの柱とし、より安全・安心で豊かなアジア地域を創造することを目標に活動を行っている。二〇一四年現在、メンバー国三〇か国、アドバイザー国五か国によって構成され、アジア諸国の協力、連携を推進しながら様々な国連機関、国際機関等と積極的に連携して兵庫行動枠組の推進に取り組んでいる。また毎年、メンバー国によるアジア防災会議（ACDR）を開催し、防災の主流化の更なる推進や、防災・減災における高度な

＊7 International Recovery Platform の略称。事務局は神戸にある。

＊8 二〇一五年のフォーラムは、IRP設立一〇周年及び阪神・淡路大震災二〇年事業として、国連等国際機関、研究者、政府高官などの英知を集め、「国家や地域と連携した復興に向けた計画と枠組」「復興の経済効果」「東北地方からのメッセージ」などのセッションやパネルディスカッションを通じて、災害からの「Build Back Better」を実現する方策について討議を行うとともに、二か月後に仙台で開催される「第3回国連防災世界会議」に向けた発信を行った。

国連の国際会議の模様（IAP Meeting、バリ、2012年4月）

衛星技術の活用、民間セクターの活用、多様な主体による災害リスク軽減に関する課題に取り組んでいる。

東南アジア諸国連合（ＡＳＥＡＮ）・ＡＨＡセンター

東南アジア諸国連合（ＡＳＥＡＮ、アセアン）とは、東南アジア一〇か国の社会、経済、政治、文化等に関する地域協力連合で、本部はインドネシアのジャカルタに所在する。一九六七年の「バンコク宣言」によってタイ、インドネシア、シンガポール、フィリピン、マレーシアの五か国で設立され、その後ブルネイ、ベトナム、ミャンマー、ラオス、カンボジアが順次加盟した。過去一〇年間に高い経済成長を見せており、域内人口が六億人を超える巨大なマーケットとして世界各国から注目されている。

ＡＨＡセンター（ＡＳＥＡＮ防災人道支援調整センター）は、東南アジア諸国連合防災協定（ＡＡＤＭＥＲ）に基づきＡＳＥＡＮ域内の自然災害や緊急事態への対応の際に加盟国の災害対応機関間の連絡・調整を行う地域機関で、二〇一一年一一月に発足した。

アジア太平洋経済協力（ＡＰＥＣ）

アジア太平洋経済協力（ＡＰＥＣ）は、アジア太平洋地域の二一の国と地域（オーストラリア、ブルネイ、カナダ、チリ、中国、中国香港、インドネシア、日本、韓国、マレーシア、メキシコ、ニュージーランド、パプアニューギニア、ペルー、フィリピン、ロシア、シンガポール、チャイニーズ・タイペイ、タイ、アメリカ、ベトナム）が参加する経済協力の枠組みで、第一回会合は一九八九年に開催され、本部はシンガポールに所在する。世界全体のＧＤＰの約五割の経済規模、世界全体の貿易量の約四割および世界人口の約四割を占め、アジア太平洋地域の持続可能な成長と繁栄に向けて、貿易・投資の自由化、ビジネスの円滑化、安全保障、経済・技術協力等の議論を行っている。Ａ

国連の会議での国際復興支援プラットフォームのブース（2011年5月）

PECには諮問機関の一つに民間企業の委員で構成されるAPECビジネス諮問委員会（ABAC）があり、官民連携して地域の持続可能な成長に向けた取組みを行っている。さらに防災分野は重要分野の一つに位置付けられており、メンバー国・地域により緊急事態準備作業部会（EPWG）が組織され、防災の取組みに係る情報交換や共同プロジェクトの実施等が定期的に行われている。

南アジア地域協力連合（SAARC）

南アジア地域協力連合（SAARC）は南アジアの地域協力の枠組として一九八五年に発足、本部はネパールのカトマンズに設置されている。南アジア諸国民の福祉の増進、経済社会開発および文化面での協力、協調等の促進等を目的としており、八か国（インド、パキスタン、バングラデシュ、スリランカ、ネパール、ブータン、モルディブ、アフガニスタン）が加盟する。この地域は多くの自然災害が発生することから、インドのニューデリーにSAARC防災センター（SDMC）が二〇〇六年に設置され、防災・減災に関する情報交換や研究活動が行われている。

4　ASEAN諸国の自然災害と防災体制

ここでは日本企業の進出先として代表的なASEAN諸国一〇か国の主な自然災害と防災行政体制について紹介する（本章扉裏の地図参照）。

インドネシア（Republic of Indonesia）

インド洋と太平洋の間の約一万七五〇〇の群島からなる。ユーラシアプレートやオーストラ

国際会議の模様（IAP Meeting、バリ、2012年4月）

リアプレート、太平洋プレート、フィリピン海プレートがせめぎあう環太平洋火山帯に属しているため、地震や火山活動が多い。熱帯気候で高温多湿であるが、高地では温暖な気候となっている。洪水、地すべり、干ばつ、津波、地震、火山活動、山火事が主な災害で、特に洪水、地震が頻発している。

二〇〇七年四月　防災法（二〇〇七年第二四号法律）[*9]（Disaster Management Law, 2007 No. 24）が制定され、二〇〇八年　迅速、適切、効率的、効果的な防災の政策立案と対策の実行を担う国家防災庁（ＢＮＰＢ）が設立されている。

カンボジア（Kingdom of Cambodia）

東にベトナム、西にタイ、北にラオス、南にタイ湾と面している。メコン川は国を二分し、約八〇％の国土はメコン川下流域にあり、産業は農業生産に依存する。気候は熱帯性気候で蒸し暑く、雨期（五月～一〇月）と乾期（一一月～四月）に分けられる。洪水はメコン川、トンレサープ湖沿いに発生しやすく、一方で干ばつは国の東部、西部、北西部で起こりやすい。洪水や干ばつ災害の深刻さは年々増している。

二〇〇二年の行政令（No. 30 ANKR.BK）により国家および地方の防災委員会（ＮＣＤＭ）の設置が決定され、関連省庁、軍、民間航空局やカンボジア赤十字社の代表者のメンバーで構成されている。「国家戦略開発計画（ＮＳＤＰ）2009–2013」、「国家防災戦略行動計画（ＳＮＡＰ）2008–2013」「国家防災行動計画2014–2018」「コミュニティ防災計画」、「国家洪水・干ばつ緊急事態計画」（改訂中）等の防災に関する国家計画がある。

シンガポール（Republic of Singapore）

赤道直下の北緯一度に位置する。北のマレー半島（マレーシア）とはジョホール海峡で隔てら

＊9　防災法第二四号と略されることもある。

1992年インドネシア、フローレス地震津波により被害を受けた住宅（牧紀男撮影）

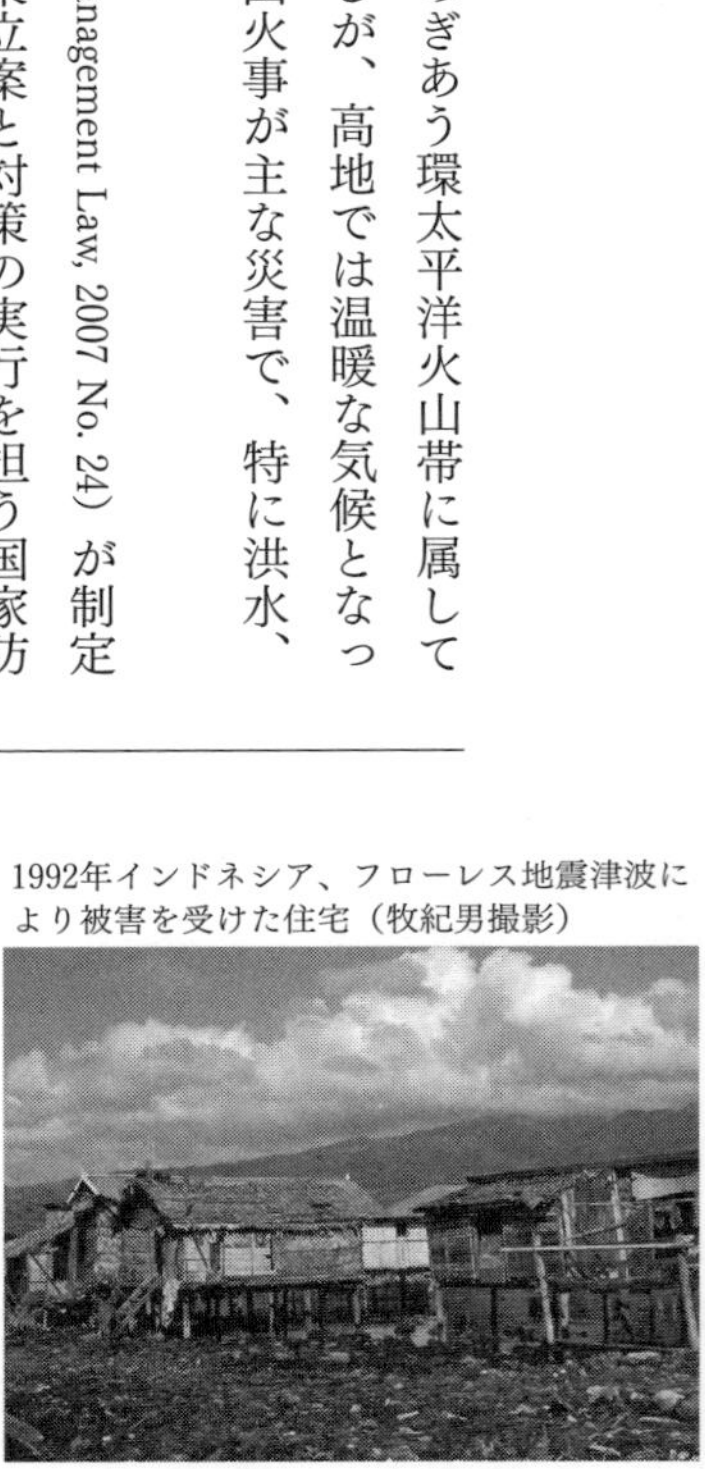

れており、シンガポール島と周辺の小島からなる。一年を通じて高温多湿である。地震、台風、火山の噴火などといった自然災害のリスクは非常に低いが、新興感染症や火災などの事故の予防が国家的な課題となっている。

一九八六年の市民防衛法が非常事態宣言と救助隊員の動員・配備のための法的枠組を定めており、その他火災安全法（一九九三年制定）、市民防衛保護法（一九九七年制定）などがある。内務省（ＭＨＡ）が国家の安全や防護のための政策立案を行い、国家災害の発生時にはシンガポール市民防衛庁（ＳＣＤＦ）が緊急事態対応を行う。

タイ（Kingdom of Thailand）

東にカンボジア、北にラオス、西にミャンマーとアンダマン海があり、南にはタイ湾とマレーシアがある。国土はインドシナ半島の中央部とマレー半島の北部からなる。北部は山岳地で、中央部にはチャオプラヤーデルタがあり、世界有数の稲作地帯となっている。タイの気候は熱帯で雨期（八月から一〇月）にはしばしば洪水が引き起こされる（第1章参照）。洪水、地滑り、森林火災、風害、干ばつ、落雷、雹《ひょう》、感染症が主な災害となっている。

一九七九年の市民防衛法に代わり、二〇〇七年に防災法（DPM Act 2007）が制定された。防災政策策定機関としては、国家レベルでは首相が議長をつとめ関連省庁の代表により構成される国家防災委員会、地方レベルでは地方防災委員会がある。政策実施機関としては、二〇〇二年に防災局（ＤＤＰＭ）を内務省の傘下に設立、また、防災に関する人材育成のために防災アカデミー（ＤＰＭＡ）が設立されている。

フィリピン（Republic of the Philippines）

東南アジア、西太平洋に位置し、東をフィリピン海、西を南シナ海、南をセレベス海、ボル

2004年インド洋津波で甚大な被害を受けたインドネシア・バンダアチェ（牧紀男撮影）

ネオ海域に囲まれた島国。ルソン島・ヴィサヤ諸島・ミンダナオ島などを中心に七一〇〇の島からなる。熱帯気候、海洋気候。雨期（六月～一一月）と乾期（一二月～五月）がある。毎年多くの台風が襲来する太平洋台風ベルトの一角をなしている。また、環太平洋火山帯に位置しており、地震や噴火が起きやすい。さらに地理的・地形的に津波、海面上昇、土砂災害、鉄砲水・洪水、干ばつなどの被害を受けやすい。

一九七八年に防災に関する大統領令第一五六六号が交付され、国家災害調整委員会（ＮＤＣＣ）が創設された。また、二〇一〇年には新防災法（RA10121）が制定され、災害リスク軽減から災害管理、復興などすべての面に及ぶ活動や方策に関する政策、計画の策定および実施を含むものとなった。法改正によって国家災害調整委員会から改称された国家災害リスク軽減・管理評議会（ＮＤＲＲＭＣ）が政策立案と調整作業を所掌し、実際の防災活動の促進は民間防衛室（ＯＣＤ）が所掌している。

ベトナム（Socialist Republic of Viet Nam）

インドシナ半島東側に位置し、中国、ラオス、カンボジアに国境を接する。南北に長く、南部はメコンデルタを中心として平地が広がり、中部は傾斜地や山地が大部分を占め、北部は南の紅河デルタを除き山地や丘陵からなっている。南部は熱帯、北部は温帯性の気候であり、雨期（四月～一〇月）がある。台風による洪水、風害、干ばつ、虫害、地滑り、森林火災などが起こりやすい。

一九九四年に「災害軽減戦略・行動計画」を策定し、技術的・制度的側面から災害管理対策の必要性を明確にした。また、二〇〇七年一一月に「二〇二〇年に向けた国家防災戦略」が承認された。中央政府レベルでは、省庁間機関である国家委員会の下に事務局として農業・農村

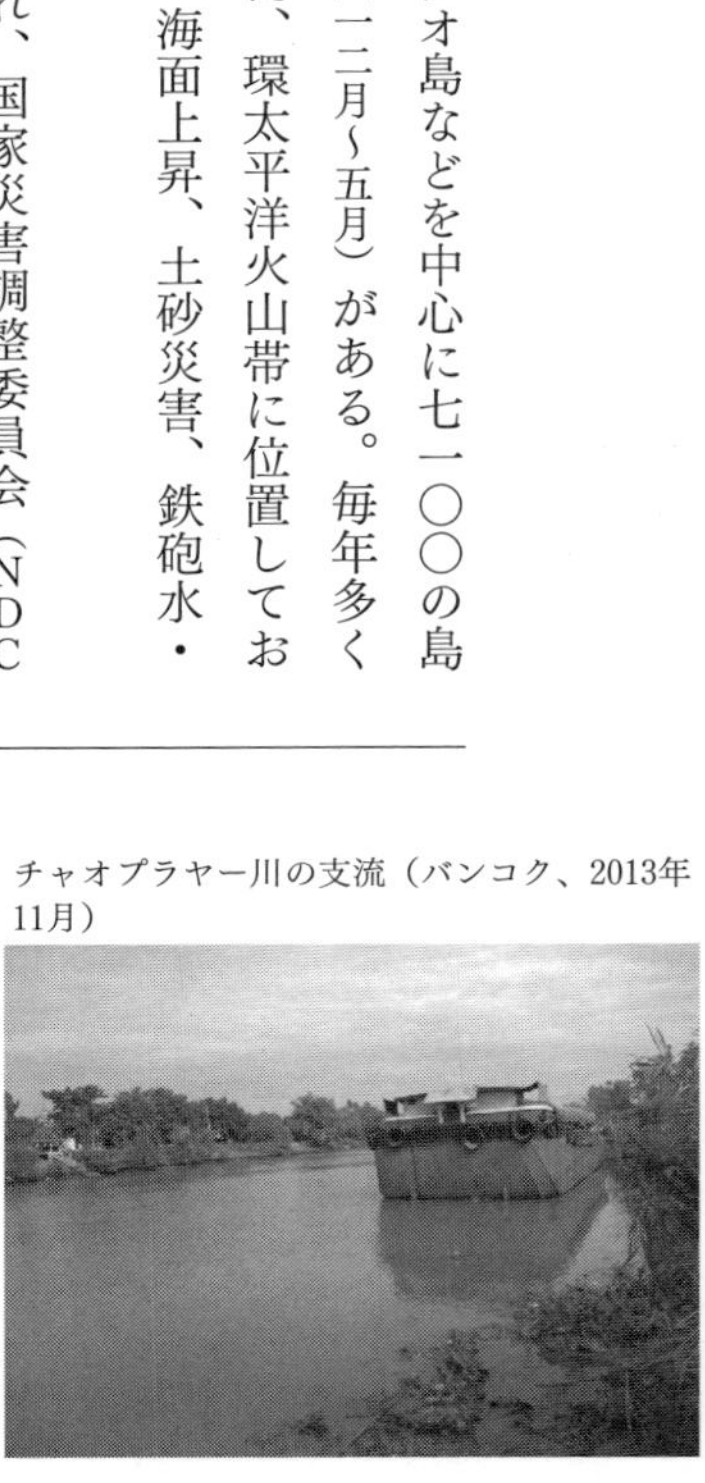
チャオプラヤー川の支流（バンコク、2013年11月）

開発省（ＭＡＲＤ）があり、堤防洪水暴風管理局（ＤＤＭＦＳＣ）が防災活動の推進役を務めている。

マレーシア（Malaysia）

マレー半島南部の西マレーシア、ボルネオ（カリマンタン）島北部の東マレーシアからなる。隣国は、インドネシア、シンガポール、タイ、ブルネイ。国土面積の約七〇％は熱帯気候。洪水、地すべり・斜面崩壊、煙霧、森林火災が主な災害である。

一九九七年に発令された国家安全保障会議（ＮＳＣ）指令二〇号により統合緊急事態管理システムを構築、様々な機関の役割と機能を規定している。首相府の国家安全保障局（ＮＳＤ）が災害対策に関連するすべての上位として設置され、災害管理救援委員会（ＤＭＲＣ）が災害管理に関連する活動の調整を担っている。

ブルネイ（Brunei Darussalam）

ボルネオ（カリマンタン）島北部に位置し、北側が南シナ海に面する他は陸地ではマレーシアに囲まれている。熱帯雨林気候で、沿岸部を除き熱帯林となっている。地震、火山といった災害のリスクは低いが、モンスーンによる洪水、土砂災害が発生する。

二〇〇六年の災害管理指令に基づいて設置された国家災害管理センター（ＮＤＭＣ）が予防、応急対応、復旧復興の政策から遂行までを担っている。

ミャンマー（Republic of the Union of Myanmar）

インドシナ半島の西端にあり、タイ、ラオス、中国、バングラデシュ、インドと国境を接する。南北に長い地形を有しており、海側はマルタバン湾・ベンガル湾・インド洋と面する。国土の中央をエーヤワディー川が縦断しており、河口付近はデルタ地帯となっている。火事、洪水、サイクロンなどの災害が起こりやすい。とりわけ雨期にはしばしばサイクロンに襲われ

屋根の下まで浸水した跡が見えるバンコク郊外の店（2013年11月）

る。

二〇〇五年に首相を長とする防災中央委員会を設置して防災政策やガイドラインを策定し、予算や関連機関の防災活動の調整を行っている。二〇一三年には防災法が制定された。防災対策全般は救済・再定住局（RRD）が所掌し、保健局、気象水文局、消防局、人間居住・家庭開発局、灌漑局と連携して推進している。

ラオス（Lao People's Democratic Republic）

中国、ミャンマー、ベトナム、カンボジア、タイと国境を接するインドシナ半島の内陸部の国。国土の大部分が山岳部によって占められているが、近年では森林破壊が深刻な問題となっている。メコン川周辺には平野が広がる。熱帯モンスーン気候に属し雨期（五月〜一一月）と乾期（一二月〜四月）がある。干ばつ、地震、感染症、異常気温、洪水、地すべり・斜面崩壊、噴火、高潮、森林火災、暴風などが主な災害となっている。

一九九九年に制定された首相令第一五八号により、国家、県、郡それぞれに防災委員会（DMC）が創設され、二〇〇七年には災害対応から予防へ政策を変更した政府令が首相府により発行された。国家防災委員会（NDMC）は国の災害防止・予防活動その他の取組みの調整を行っている。

5　アジアに依存する日本——産業集積構造の構築

世界の貿易を見てみると一九九〇年から二〇一〇年の二〇年間で日本から欧州（EU）や北

1991年フィリピン、ピナツボ火山噴火災害の被害（牧紀男撮影）

米（ＮＡＦＴＡ）*10に対する輸出入額は欧州が一〇六〇億ドルから一五九〇億ドル、北米が一六四〇億ドルから二二一〇億ドルと一・三〜一・五倍程度の増加であるが、中国やＡＳＥＡＮ諸国などアジアに対する輸出入額は中国が三八〇億ドルから三五二〇億ドル、ＡＳＥＡＮ諸国が六六〇億ドルから一九九〇億ドルと三〜一〇倍に大幅に拡大しており、実額でも欧米を上回っている（図６−５）。

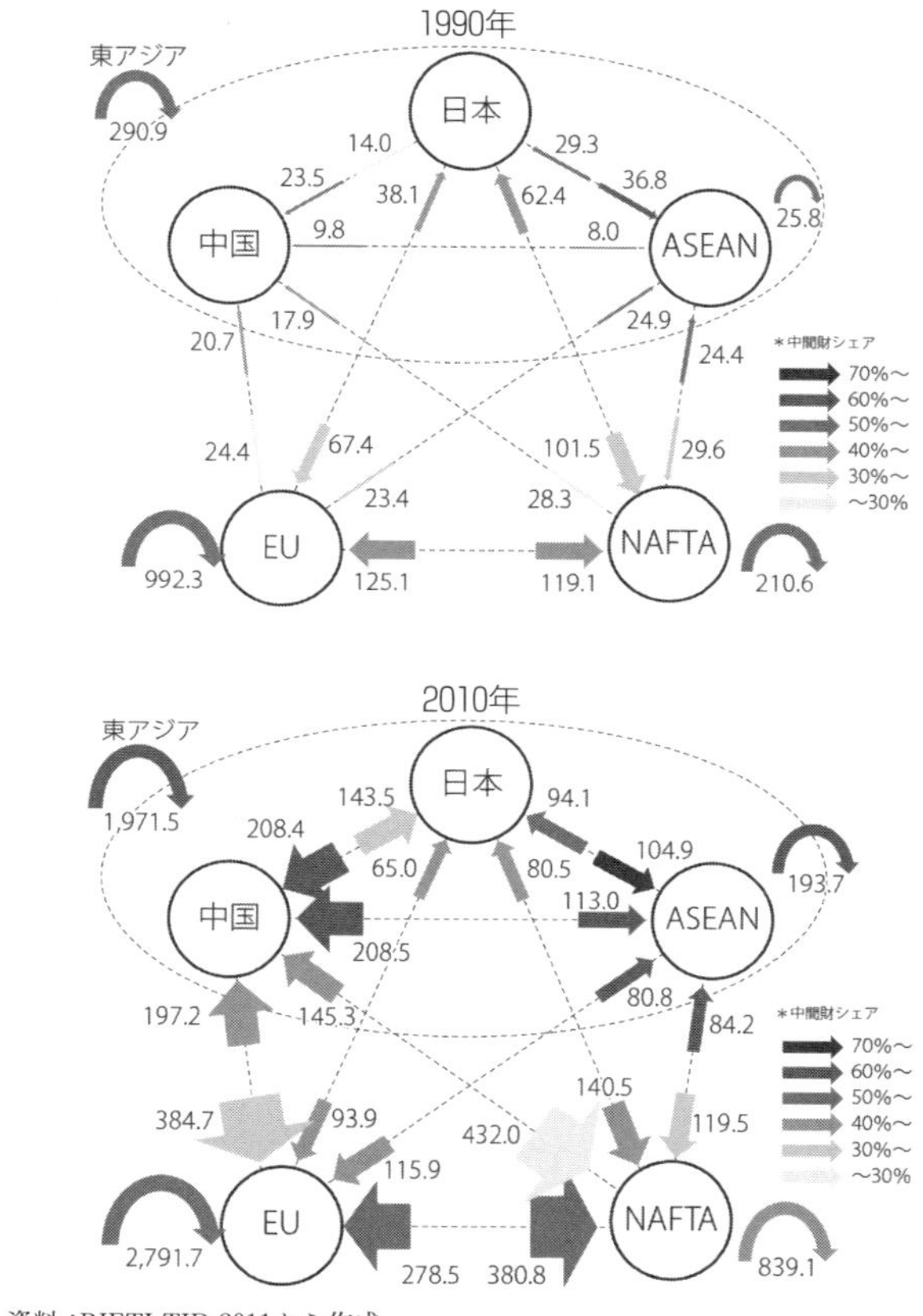

資料：RIETI-TID 2011から作成。

図６−５　世界の輸出入額［経済産業省 2012］
図で矢印は貿易フローを示し、矢印の大きさは貿易額（単位10億ドル）、矢印の濃度は中間財のシェアを表している（色が濃くなるほど中間財のシェアが高い）。

*10　北米自由貿易協定（NAFTA: North American Free Trade Agreement）は米国、カナダ、メキシコの3か国で構成される自由貿易協定。一九九二年一二月に調印され、一九九四年一月に発効した。

工業団地の土嚢

また、どのような財物が貿易取引されているか商品の傾向を見てみると、ASEAN諸国や中国から日本や欧米諸国への輸出は完成品などの最終財のシェアが高いが、反対に日本や欧米諸国からASEAN諸国への輸出は加工品や部品などの中間財のシェアが高い。さらにASEAN域内を見てみると、諸国相互においては中間財が主体の貿易となっている。これは、日本が部品を中心とした中間財をアジア諸国に輸出して、労働コストも輸送コストも比較的低い場所で完成品への組み立てを行い、最終消費地である欧米や日本に輸出していることを表している。また、ASEAN諸国では地域内において国際的な分業が進み、国境を跨いだ形で生産拠点が分散しているために、必要な中間財が相互に移動しながら付加価値を付けていく

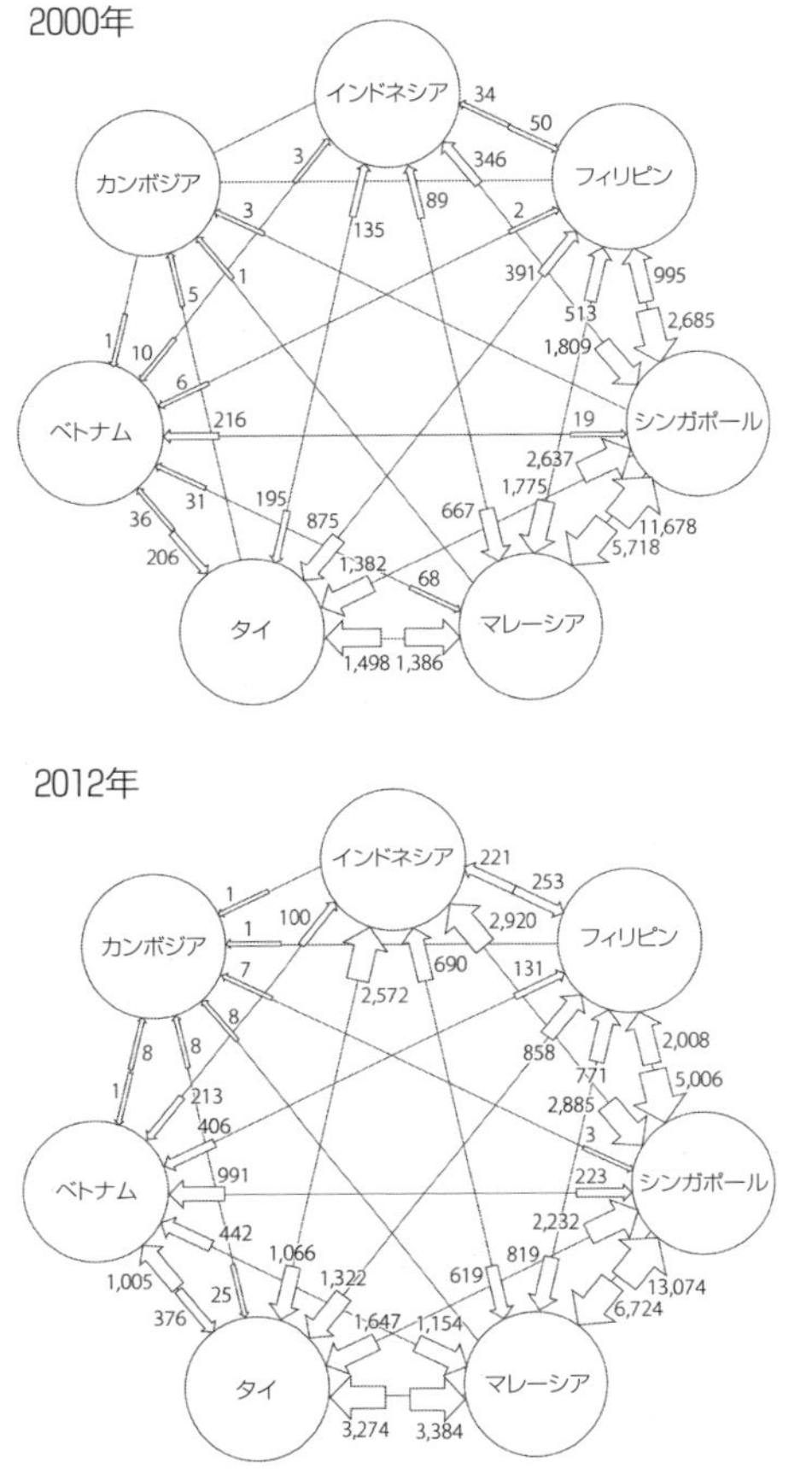

資料：RIETI-TID から作成。

図 6－6　ASEAN 域内の部品貿易額［経済産業省 2014］
貿易額が多いほど矢印の幅が広い（単位100万ドル、100万ドル未満の数字は省略）。

自社で設置した防水壁

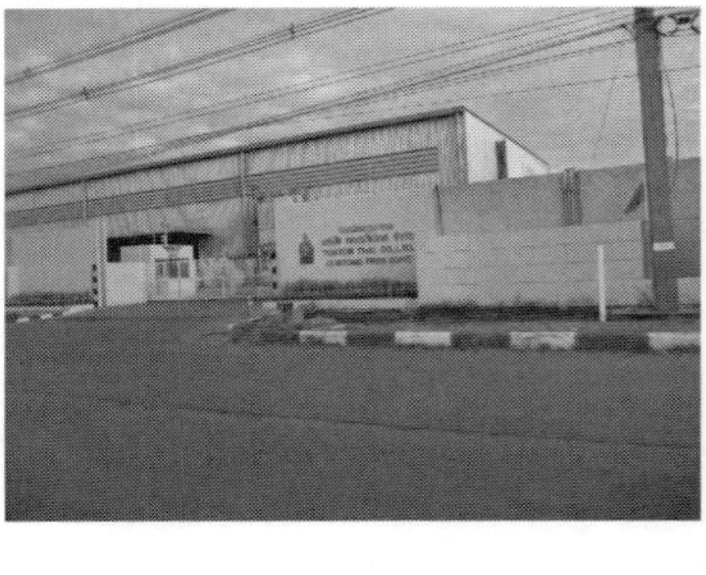

形態の域内生産分業構造が発達してきている。

二〇〇〇年から二〇一二年のＡＳＥＡＮ域内の部品貿易額の推移を見ると、シンガポール・マレーシア間は実額ベースでほぼ同じ水準であるが、タイ、インドネシア、マレーシア、ベトナム、フィリピン、カンボジアでは相互の輸出入額が何倍にも拡大しており、中間財を中心に域内での産業集積が進み相互依存する関係が構築されていることがわかる（図6-6）。

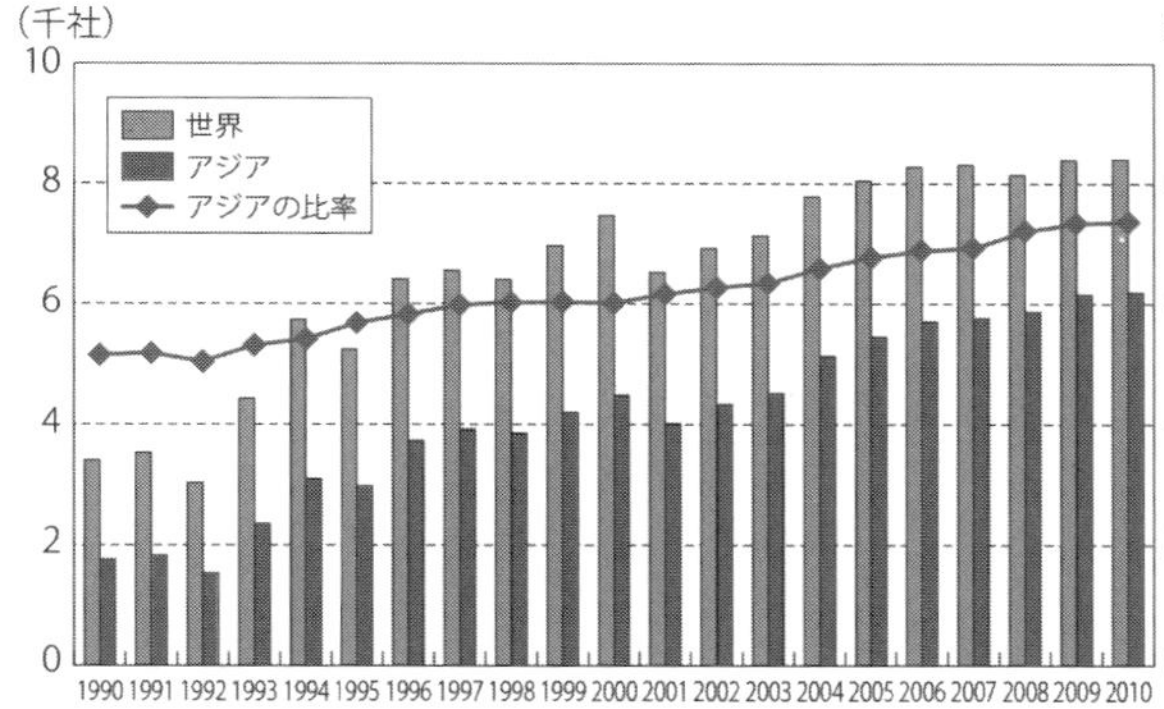

資料：経済産業省「海外事業活動基本調査」から作成。

図6－7　日系製造業　現地法人数の推移［経済産業省 2012］

アジアにおいて生産分業が発達した背景には、製造業を中心とした日本企業の海外展開が大きく関連している。日本の製造業は一九八五年のプラザ合意後の円高を契機に海外へ積極的に進出し、現地法人を設立して生産拠点の海外移転を進めてきた。進出地域としてはアジアが最も多く、アジアが占める比率も毎年上昇している。現在ではアジアは全世界の八割近くを占めておりアジア人気が窺える（図6－7）。海外進出している製造業は製造工程だけでなく、販売や調達に関連するグループ企業のネットワークを現地で構築するケースも多い。

自動車産業の部品調達状況を見てみると、日本からの調達が約三割で殆どが親会社からの調達となっている。現地調達は約六割で、そのうち現地日系企業からは約三割、現地地場企業からが約七割となっ

自社で設置した防水壁の脇にたくさんのバイクが並ぶ

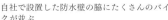

ている。このように現地地場企業との取引も実は多くあり、彼らの成長にも寄与してきたと同時に彼らに大きく依存する関係が構築されていることがわかる。これらの現地地場企業は次第に競争力を付けてきており、現在は良きビジネスパートナーであるが、将来は競合する関係になる可能性がある。

日本の製造業は日本を起点とするサプライチェーンをアジア諸国に伸ばし、産業集積を構築することでアジア諸国の産業経済を大きく支えながら自らも利益を確保し成長を遂げてきたが、一方でアジア諸国に大きく依存する関係にもなっていることを認識する必要があろう。

6　タイ大洪水による自動車産業への影響

二〇一一年一〇月に、タイ北部から首都バンコクにかけて、チャオプラヤー川流域の広大な範囲で長期間にわたり浸水被害が発生した（口絵iiページ参照）。この洪水の影響でバンコク北部に位置するアユタヤ地域の工業団地が長期間水没し、数か月にわたり自動車関連部品を製造する工業団地の入居企業が生産停止を余儀なくされ、アジアのデトロイトとも呼ばれるタイの自動車産業に大きなダメージを与えた。近年発生した自然災害の中でもこのタイの洪水は経済的な損失規模が甚大であった。

この洪水が発生した原因としては、例年を大幅に上回る降雨量がチャオプラヤー川の治水対策の限界を上回り、想定しなかった水門の決壊や破堤が起きてしまったことが大きい。しかもチャオプラヤー川は勾配の極めて緩い川であり、タイ湾に注ぐ河口から一〇〇キロメートル上

区画内の新旧防水壁と排水ポンプ。柱に浸水痕が見える

表6－1　アユタヤ・パトゥムタニ地域で浸水した工業団地の状況［経済産業省 2012］

工業団地名	所在県	企業数	（うち日系）	浸水日	排水完了日
サハ・ラタナナコン	アユタヤ	42	35	10/ 4	12/ 4
ロジャナ	アユタヤ	218	147	10/ 9	11/28
ハイテク	アユタヤ	143	100	10/13	11/25
バンパイン	アユタヤ	84	30	10/14	11/17
ファクトリーランド	アユタヤ	93	7	10/15	11/16
ナワナコン	パトゥムタニ	190	104	10/17	12/ 8
バンカディ	パトゥムタニ	34	28	10/20	12/ 4
浸水した7つの工業団地計		804	451	10/ 4	12/ 8

資料：ジェトロホームページ、ジェトロ・バンコクセンター「タイ国工業団地調査報告書」、newsclip 社「タイの主要工業団地と賃貸工場・倉庫」から作成。

流のアユタヤ地域で標高差が僅か二メートルという地形が災いして排水が難航、浸水が長期間にわたってしまったことが事態を深刻化させた。加えて気象情報や河川などの水文観測情報の共有体制や災害情報伝達網の整備にも不備があり、政府の洪水対策の指揮命令体制が統一化されていなかったこと、政府と地域との間で洪水対応の連携がうまくいかなかったこと等も挙げられる（本書第1章参照）。浸水した工業団地に入居する日系企業からは、政府や工業団地側からの洪水警戒情報が錯綜し、情報提供も遅く、またタイ語のみであったために必要な初動対応が遅れたとの指摘もある。

アユタヤ地域の工業団地では、洪水の発生後、一〇月四日から二週間で七つの工業団地が浸水し、すべての工業団地で排水が完了したのは一二月中旬であった。工業団地に入居する企業八〇四社が直接の被害を受けて操業停止となり、そのうち日系企業は過半数の四五一社であった（表6-1）。

今回直接的に洪水の被害を受けた工業団地入居企業の多くは自動車の基幹部品に利用される電

工業団地内に残る水溜り

表6－2　**自動車の生産台数**（前年同月比、単位%）［経済産業省 2012］

前年同月比		インドネシア	フィリピン	ベトナム	マレーシア	タイ
2011	10	22.6	▲11.7	2.7	▲5.2	▲67.6
	11	0.7	▲22.1	▲11.3	▲2.5	▲85.0
	12	28.6	2.4	▲15.6	▲22.8	▲27.6
2012	1	8.5	▲11.9	▲29.7	▲14.7	▲4.0

▲はマイナスを示す

表6－3　**タイからの自動車エンジン・部品の輸出動向**（前年同月比、単位%）［経済産業省 2012］

	輸出先	日本	中国	台湾	インドネシア	マレーシア	ベトナム	フィリピン	カンボジア	豪州	米国
2011	9	17.3	0.8	6.0	37.7	10.3	28.8	▲31.2	31.7	▲39.4	39.3
	10	4.3	▲38.2	▲46.3	10.1	▲19.9	▲3.0	▲39.8	▲18.5	▲93.6	▲39.2
	11	▲14.4	▲27.3	8.8	▲16.3	▲29.1	▲13.0	▲30.9	▲89.0	▲78.7	▲59.4
	12	26.1	3.4	▲21.5	9.0	4.4	▲5.0	▲14.8	▲15.3	4.7	67.9
2012	1	9.2	19.7	▲35.9	21.5	13.6	▲40.3	0.4	65.5	▲63.7	8.1
	2	14.8	53.3	▲39.3	20.9	31.1	▲10.6	20.0	49.9	▲55.7	▲16.8
	3	13.7	81.4	▲39.1	13.1	31.5	▲4.9	▲10.2	35.9	▲57.3	20.8

▲はマイナスを示す

機・電子部品を製造していたため、被災企業の部品供給停止が自動車の組立工程を大幅に遅延させることで、自動車メーカーに大きな間接損害を与えることとなった。

しかし、自動車メーカーの完成車製造拠点[*11]の多くがバンコク南東部の工業団地周辺に位置していたために直接の洪水被害は受けなかったことが幸いし、洪水収束後には比較的早期に生産回復が可能となったと言われている。

タイの自動車生産台数の推移を見てみると、洪水発生直後の一〇月には前年同月比で六七%減少、さらに一一月には八五%減少となっている。また、特定部品の供給が止まったことで、

＊11　一部のメーカーでは完成車製造拠点が直接洪水の被害を受けている。

工業団地に作られた防水壁

ＡＳＥＡＮ諸国における生産台数に影響が及んでいる。特にタイでの生産が急減した一一月には、フィリピン二二％減少、ベトナム一一％減少、マレーシア二％減少とサプライチェーンによる影響が生じている（表6-2）。

自動車エンジン・部品の輸出量を見てみても、二〇一一年一一月には中国二七％減少、豪州七八％減少、米国五九％減少など数字が激減している（表6-3）。

日系自動車メーカーはタイ、インドネシア、フィリピンなどで九割以上の生産シェアを誇っており、タイがＡＳＥＡＮ諸国を中心とする周辺国・地域への部品供給網のハブの役割を担っている。このように特定の部品の供給途絶がグローバルに影響を与えたことは、タイの自動車を中心とした機械産業が日系企業の活動拠点として大規模かつ高度化した産業集積を構築していることを示唆しており、その重要性が理解できる。

7　大災害を経験した日本企業の対応

ここでは日本政府が取り組んできた民間企業の災害対策の普及状況と、二〇一一年に発生した東日本大震災やタイの洪水等の大規模災害によって得られた教訓を踏まえた今後のリスク対応について検討する。

事業継続計画ＢＣＰの策定とブラッシュアップ

これまで内閣府は東京を含む首都圏で近い将来に直下型の巨大地震が発生すると想定し、予

東日本大震災の津波で流された企業の建物
(2011年８月)

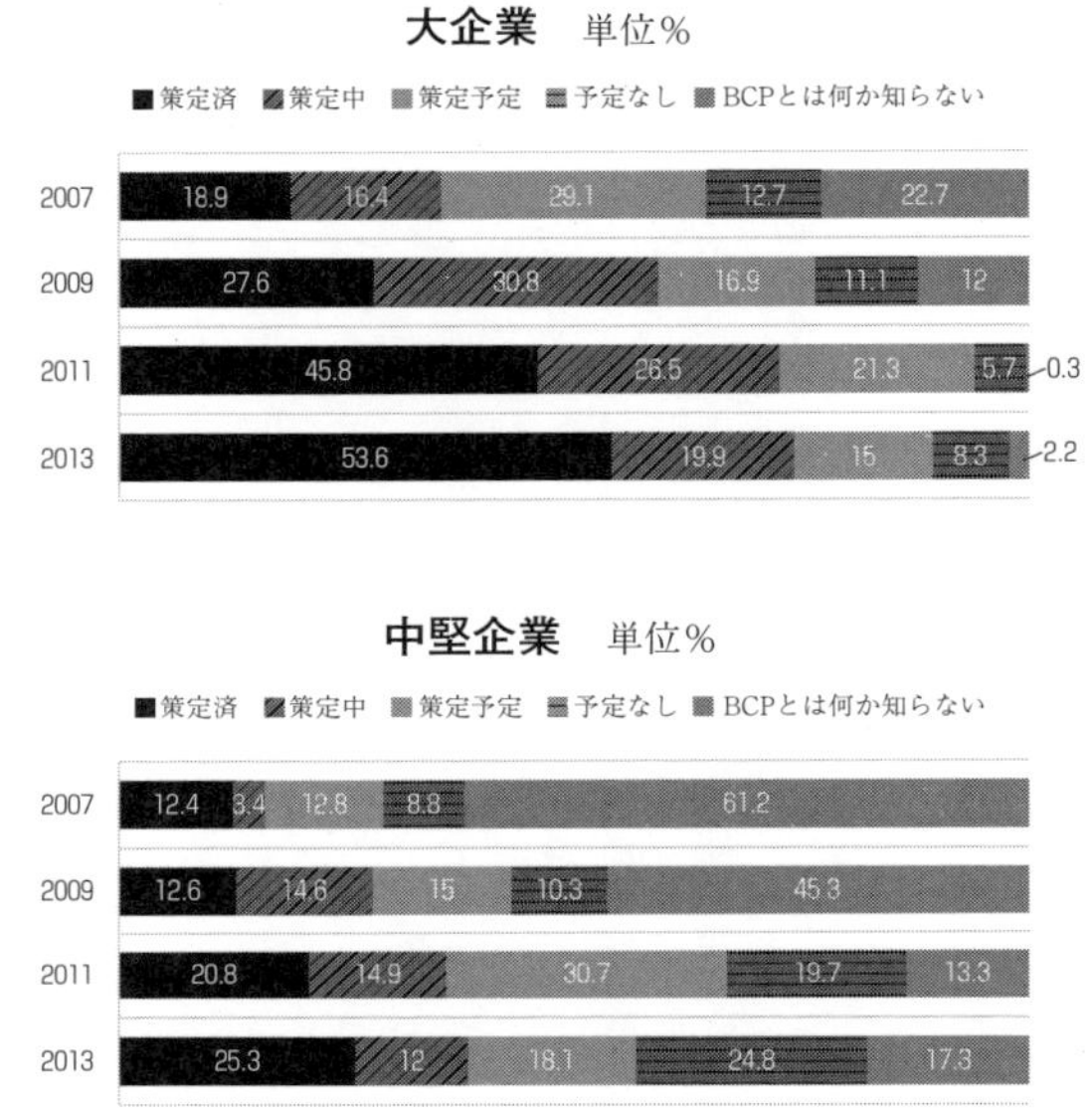

図6－8　大企業、中堅企業のBCP策定状況［内閣府 2014］

想される甚大な人的物的被害の削減に向けた各種の対策を実行に移してきた。その中で特に経済損害の削減については、民間企業における事業継続計画[*12]（BCP: Business Continuity Plan）の導入率目標を大企業一〇〇％、中堅企業[*13]五〇％と定め、「事業継続ガイドライン」を公表するなど事業継続計画策定に向けた普及促進活動を推進してきた。この取組みが功を奏し、各自治体や商工会議所、業界団体からも多くのガイドラインが公表されるなど事業継続計画の産業界における認知度は飛躍的に向上し、普及にも大きく貢献している。これは内閣府が実施する事業継続計画導入実態調査の結果にも反映されている。二〇〇八年には大企業で約二割、中堅企業で約一割だった策定率が二〇一三年には大企業で約五割超、中堅企業で約二五％と増加、策定中と答えた企業も含めると大企業で七五％、中堅企業で三七％にも達している（図6-8）。また、二〇一二年には国際標準であるISO22301事業継続マネジメント（要求事項）が発効され、さらに関心は高まりを見せている。

東日本大震災で被災した企業（2011年8月）

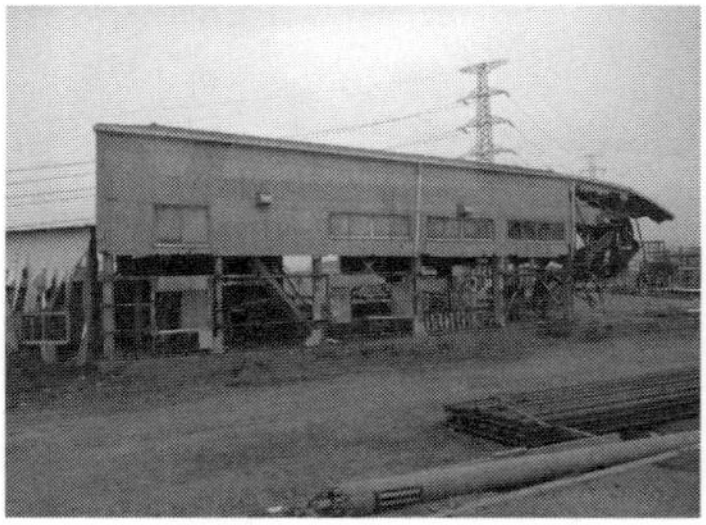

*12　大地震等の自然災害、感染症のまん延、テロ等の事件、大事故、サプライチェーン（供給網）の途絶、突発的な経営環境の変化など不測の事態が発生しても重要な事業を中断させない、または中断しても可能な限り短い期間で復旧させるための方針、体制、手順等を示した計画のことを事業継続計画と呼ぶ（内閣府「事業継続ガイドライン」http://www.bousai.go.jp/kyoiku/kigyou/pdf/guideline03.pdf）。

*13　ここでいう大企業、中堅企業は、「卸売業」「小売業」「サービス業」「製造業その他」の業種ごとに資本金、常用雇用者数によって分類されている。例えば「製造業その他」の大企

二〇一一年三月一一日に東北地方を襲った東日本大震災では、津波によって多くの尊い命が失われたが、企業活動にも大きな支障を来した。帝国データバンクの「「東日本大震災関連倒産」の動向調査（震災後一年間集計）」によると、計一万七五七人を雇用する六五六社の民間企業が一年以内に倒産している。しかし、東北地方に立地していた企業は七九社で全体の一二％に過ぎず、ほとんどは全国に点在する中小企業であり、倒産理由はサプライチェーンの中断による「間接的な損失又は損害」であったことから、中小企業においても事業継続計画の策定にサプライチェーンの視点を盛り込む必要性が認識されるようになった。

官民連携の必要性――自治体・地域・企業

また、東日本大震災では、地域を守るべき自治体が被災してその機能を喪失し、発災直後の初動対応やその後の復旧復興に必要なプロセスを停滞させた事例が多く見られた。これらの自治体の機能喪失が、住民の生活に支障を来したと同時に民間企業の活動に対しても大きな影響を与えている。一方で、生活に必要なライフラインの中でも交通機関、電気、ガス、通信、病院、コンビニ・スーパー等の多くは民間企業によって運営されている。また、災害時の物資輸送や破損した道路の復旧工事等で自治体と災害時応援協定*14を締結している民間企業も数多く存在しており、改めて自治体と民間企業が相互に依存している関係にあることと、更なる官民連携の必要性が認識されている。

市民社会におけるステークホルダーの担う責任と役割は経済発展と共に密接に絡み合い、相互依存関係にある。そして民間企業は雇用を創出し地域経済を支え、地域の持続可能性を確保する上で大きな役割を果たしている。さらに災害が発生した際に企業が担う役割は、まず地域

業は、資本金一〇億円以上かつ常用雇用者三〇一人以上、中堅企業は資本金三億円超一〇億円未満かつ常用雇用者三〇一人以上である。

*14　防災白書によると、東日本大震災をはじめ近年の災害時において、物資の運送・供給をはじめとする様々な分野で民間企業等と行政の間で締結した協定は大きな効果をあげた。また、その重要性は増しており、物資、災害復旧、救急救護、放送要請、輸送等に係るすべての分野にわたって必要に応じて協定の締結を進めるべきとしている。

被災した宮城県のガソリンスタンド（2011年8月）

を守る一員となることである。災害時には被災した社員や取引先社員、住民に対して救援物資や避難スペースを提供するなど、資源や資本を多く有する分、その役割が一層重要となる。発災後にはインフラの復旧や住民の雇用の確保など、生活環境の維持改善に企業活動は不可欠と言える。復旧から復興といった中長期的なフェーズにおいては、従業員でもある住民の安定的な雇用が精神的経済的な安心につながり、地域の健全性維持のためにも重要であり、地域の早期復興には欠かせない要素となる。民間企業が求められる役割と機能を発揮して社会のレジリエンスの維持に貢献するためには、企業自体が災害に対してレジリエントである必要があることを改めて思い知った。

こういった経験を踏まえて、多くの企業では策定済みであった事業継続計画に自治体や地域との連携の観点も盛り込むような動きが広がった。また、「訓練を十分に行っていなかったので満足な対応ができなかった」「事業継続計画を一応策定はしていたが内容の見直しと社員への浸透が不十分だった」という反省の声もあり、今後社内における取組みの体制や姿勢を見直し、定期的な訓練と継続的な研修等により事業継続計画の有効性を常に確実にしておく必要がある。

また、同年秋に発生したタイの洪水に関しては、豊富な労働力を求めてアジアに進出して一大産業集積を築き上げた日本の製造業が、自然災害が頻発してインフラ環境も未整備な場所に引き続き事業所を置き続けるかどうか検討を迫られることとなり、また、自社のサプライチェーンに含まれる各サプライヤーの立地環境や災害対応体制に対しても実態を把握しておく必要性が新たに生じている。*15

ジェトロ（日本貿易振興機構）・バンコクのアンケート調査によると、直接被災した企業の八

東日本大震災の津波から村人を守った普代水門

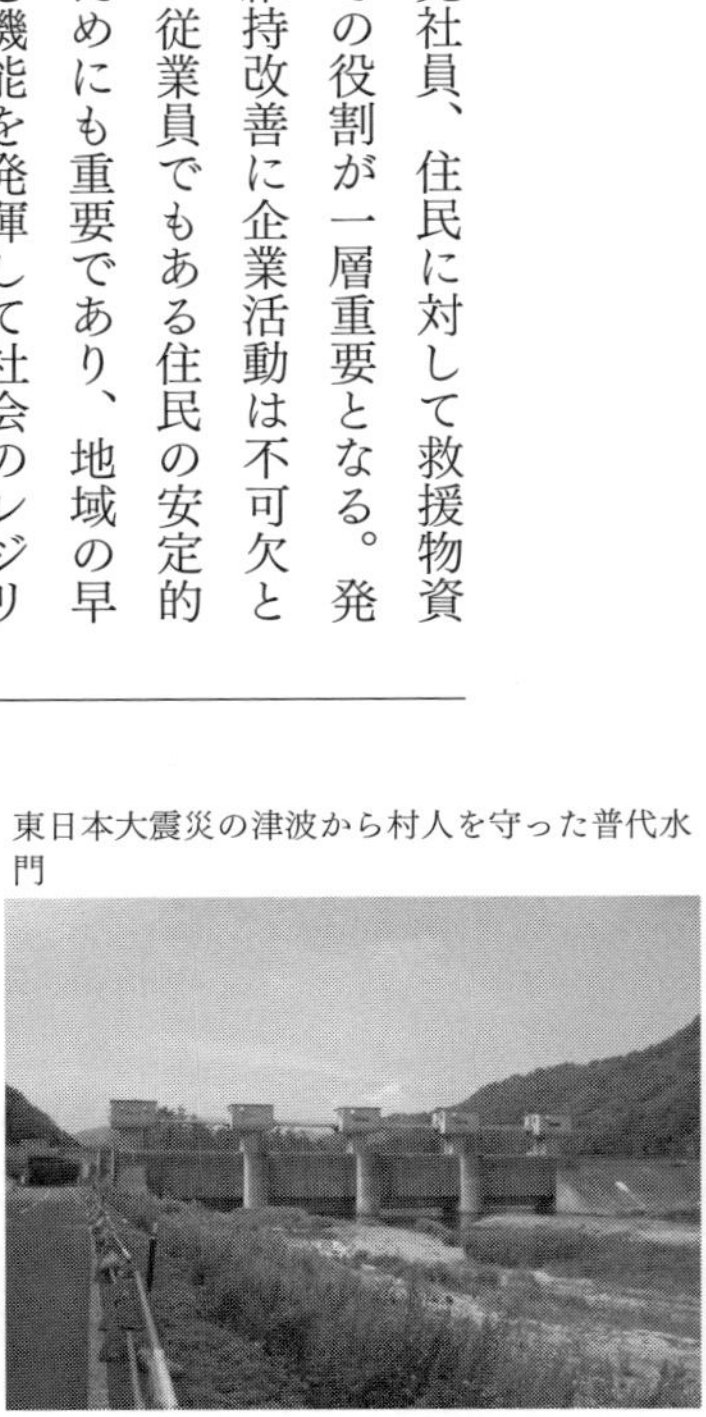

*15　二〇一一年に発生したタイの洪水は甚大な経済被害を引き起こしたが、このような大規模災害に備えるためにアジア諸国はここ数年で民間企業の事業継続計画の導入促進に向けて検討を始めている。アジア太平洋経済協力APECは二〇一一年に二一の国と地域の民間企業に対して事業継続計画の策定実態を把握するためのインターネット調査を行い、政府主導によるPR活動や公的支援導入の必要性を指摘している［アジア防災センター ADRC 2011］。また、大企業より体力の無い中小企業の事業継続計画への認知度が大企業と比較して低かったこともあり、中小企業でも簡単に事業継続計画が策定できるハンド

割が引き続き同じ場所で事業を継続すると回答しており、一方、タイ国内の他の場所に移転すると回答した企業は約二割であった。タイの国内にサプライヤーや取引先を含めた産業集積のサプライチェーンが形成済である場合には、それを捨てて別の国や場所に新たに進出することは事実上困難であり、同じ場所に留まって洪水対策を進めることを選択した形となっている。ただ、一部の企業はタイの東側に位置するカンボジアやラオスの国境近くに移転するが、引き続き従来の取引形態を維持するという選択を行っている。さらに洪水の対策を含む様々な新規政策を打ち出す中で、タイ政府は二〇一三年一月から最低賃金[*16]を約四〇％も大幅に引き上げており、労働コストの上昇に対する懸念も日系企業にとっては移転問題と併せて頭の痛い検討課題となった。

二〇一二年に発表されたバンコク日本人商工会議所のアンケート調査でも、日系企業が洪水に関してタイ政府に求める事項として、「早期の治水計画策定」、「迅速かつ正確な情報提供」、「保険制度の創設」などが多く挙がり、抜本的な洪水対策が日系企業が引き続きタイ国内にとどまるための要件となっている。また、工業団地側は入居している企業が退去してしまうことを防止するために、さらに大規模な洪水が発生しても浸水しないよう二重三重に工業団地の周囲に防水堤防を設置し、排水ポンプを整備するなど万全の対策を打ち出している。

日系企業は単に洪水対策を自社拠点で実施するだけなく、サプライチェーンの途絶リスクに留意するために、部材等のサプライヤー、委託先など協力会社を取り巻くリスク実態を総合的に把握しておくことが求められることとなった。

ブックを二〇一三年に発行した［アジア太平洋経済協力 APEC 2013］。政府がどのように普及促進に関与するべきかを調査したレポートも二〇一四年に発行している［アジア太平洋経済協力 APEC 2014］。

*16　タイ政府は、投資や輸出、安い労働力に依存した経済構造のために競争力の向上が制約されているとして今後の競争力強化のための高付加価値産業を奨励する方針を示し、最低賃金を引き上げた。

中小企業向 BCP 事業継続計画ハンドブック
編集・発行：APEC 中小企業作業部会
制作協力：アジア防災センター

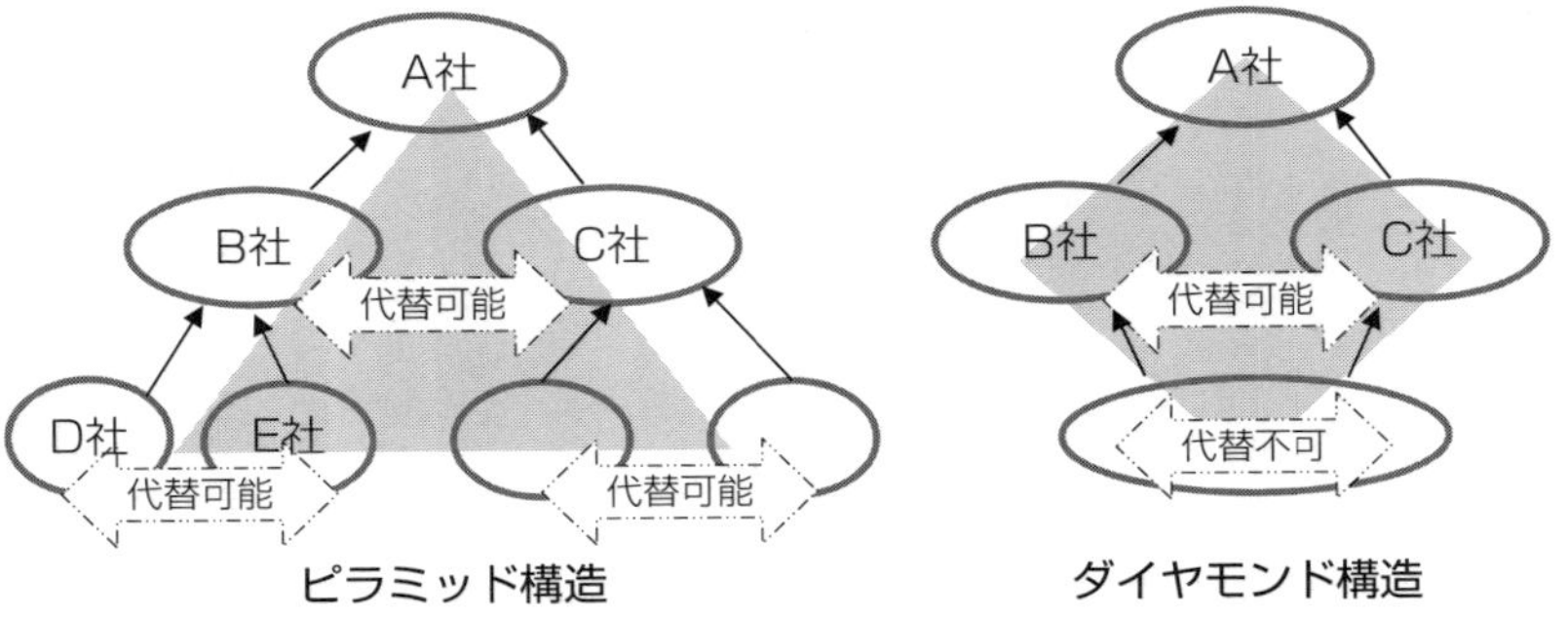

図6－9　ピラミッド型とダイヤモンド型のサプライチェーン

ピラミッド型はサプライチェーンの川上・川下の各層において代替可能性を確保している構造、ダイヤモンド型はサプライチェーンの途中に特定事業者に生産が集中している部材が存在している構造である。

企業のリスクマネジメント戦略――サプライチェーンの効率化と冗長性

二〇一一年に発生した大規模な二つの災害は、日本の企業に対してリスクマネジメントはどうあるべきか深く考えさせるものとなった。従来の日本企業はサプライチェーンの効率化に腐心する中でコスト削減に成功してきたが、今回の大災害ではサプライチェーンの部分的停止が全体に負の影響を与えたこととなり、効率化の進んだサプライチェーンほど災害に脆弱である一面を改めて見せ付けられたためである。

調達する部材やサービスの代替先が無い場合にはサプライチェーン途絶を回避するために在庫を増やすなどの工夫が必要になるが、自社と直接取引の無いn次サプライヤーの実態まで把握しておく必要が出てくる。特に日本には世界シェアも高いオンリーワン技術が多いため、自社のサプライチェーンが「ダイヤモンド構造」なのか「ピラミッド構造」なのか分析して可視化し、必要な対策を講じておくことが求められる（図6-9）。

売りに出た工業団地の区画（タイ、2013年11月）

国際標準を戦略的に活用するという手段もある。企業にとって標準化の意義は品質、安全性の確保や互換接続性の確保、信頼できる認証制度の導入などであるが、自社製品の競争領域と隣接する非競争領域を上手に峻別して非競争領域をサプライチェーンの調達側に持ってくるよう戦略的に国際標準を活用できれば、サプライヤー間の競争が促進されることで調達先の複数化・多様化が可能となるとともに、コストダウンも図ることができる。また、競争領域には自社の得意分野で付加価値をつけることが可能となる［新宅・江藤 2008］。

このように「無駄を省く効率化」と「冗長性[*17]や代替性」は一見正反対の事由と見えるが、実はサプライチェーンを分析して強化する過程において、両者が有機的に融合することで事業環境を改善し競争力の強化につながることができると言われている。

アジアをはじめとした新興国では防災・減災に向けた国内のインフラや法体系、行政の体制等の整備が確実に進んできているが、まだ解決すべき課題は多い。また、地理的にも今後大規模な自然災害に見舞われる可能性は少なくない。日本の企業はこういったことを常に念頭に置き、過去の災害を教訓として組織の置かれた事業環境を再度確認・点検し、災害を含めた様々な周辺リスクへの対応力をさらに向上させるような取組みを強化していくべきである。

そのためには、日本を起点としてグローバルに繋がっているサプライチェーンの各々の拠点における立地環境、歴史、文化、法体制等を学び、十分に理解を深めておく努力が必要であろう。また繰り返しになるが、企業は自治体や電力、ガス、水道、鉄道、交通、病院、学校等のインフラとも相互依存の関係にある。そして社員の生活を守り、法人税を負担して地域経済を支えながら、地域社会の一員としてその持続可能性を確保する上で大きな役割を担っていることを忘れてはならない。

*17 「冗長」という言葉は一般に「くどい」「長い」「余剰・無駄」というネガティブなニュアンスで使われるが、防災の世界では事件や事故が発生しても致命的な事態には至らないように安全性を確保しておくための対策を「冗長化」、そして冗長化で得られる安全性を「冗長性」と呼んでいる。在庫、備蓄、バックアップ、代替手法、二重化など安全策の総称として使われる。

入居社のいない建屋（タイ、2013年11月）

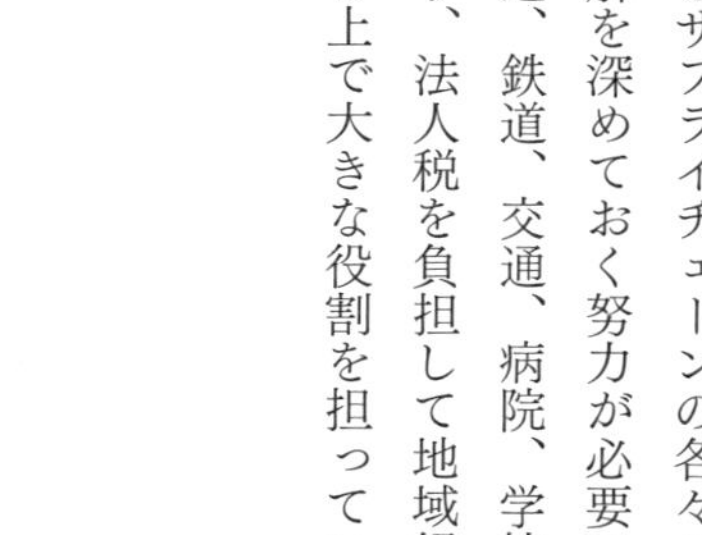

参照文献

英語

Asian Disaster Reduction Center. 2012. *Natural Disasters Data Book 2012*.

Ono Takahiro. 2012. Business Continuity Planning Status of the Private Sector in the Asia Pacific Resion. *Journal of Disaster Research*, 7(4): 386–391.

———. 2014. Consideration of Public Support to Enhance Private Sector's Business Continuity Management. *Journal of Disaster Research*, 9(7): 752–756.

World Bank & United Nations. 2010. *Natural Hazards, UnNatural Disasters: The Economics of Effective Prevention*. World Bank.（世界銀行・国際連合共編千葉啓恵訳 2011『天災と人災――惨事を防ぐ効果的な予防策の経済学』一灯舎）https://openknowledge.worldbank.org/handle/10986/2512

日本語

アジア太平洋経済協力 APEC. 2014. *How to promote Business Continuity Planning to mitigate the impact of disasters*. アジア太平洋経済協力 APEC.

———. 2013. *Guidebook on SME Business Continuity Planning*. アジア太平洋経済協力 APEC.（アジア防災センター訳 2014『中小企業 BCP 事業継続計画ガイドブック』）

アジア防災センター ADRC. 2011. *BCP Status of the Private Sector in the APEC Region 2011*. アジア太平洋経済協力 APEC.

———「メンバー国防災情報」http://www.adrc.asia/disaster_j/index.php

帝国データバンク「「東日本大震災関連倒産」の動向調査（震災後1年間集計）」http://www.tdb.co.jp/report/watching/press/p120303.html

小野高宏・石渡幹夫 2014「事業継続計画（9章）」フェデリカ ランギエリ・石渡幹夫編『大災害から学ぶ東日本大震災からの教訓』世界銀行、pp. 81–88.

片山裕・小野高宏 2014「第9章　企業と国際防災」『国際防災協力体制構築の検討　アジアを中心に』ひょう

防水壁の外側の風景（タイ、2013年11月）

ご震災記念21世紀研究機構、pp. 84–93.
経済産業省 2012『通商白書』。
――― 2014『通商白書』。
経済産業省・文部科学省・厚生労働省編 2011『ものづくり白書』。
国際連合 2011『国連世界防災白書』。
新宅純二郎・江藤学 2008『コンセンサス標準戦略――事業活用のすべて』日本経済新聞出版社。
「大災害と国際協力」研究会（明石康・大島賢三監修、柳沢香枝編）2013『大災害に立ち向かう世界と日本――災害と国際協力』佐伯印刷。
内閣府 2014『防災白書』。
ミュンヘン再保険会社 二〇一二年一月四日プレスリリース「二〇一一年の世界の自然災害――地震が観測史上最大損失の主な要因」http://www.munichre.co.jp/public/PDF/Press_revised_2011_FY_natcat.pdf

電気設備を止水板で守る工夫（タイ、2013年11月）

大規模災害時の遺体の管理――救援者が知っておきたい知識

高田　洋介

技術協力や企業経営を通じて防災の国際協力を進める上では、国や地域ごとの文化慣習にも十分に配慮する必要がある。どの災害でも共通に取り組まなければならないが、国や地域ごとに対応が大きく異なるものに遺体への対応がある。特に大規模な自然災害においては、一度に数千人から数万人の方が亡くなる場合もあり、遺体への対応が課題の一つとなる。一般に報じられることは少なくても、大規模災害時には必ずだれかが遺体への対応を担当している。遺体は最終的には葬ることになるが、そこには宗教やその国での文化慣習が強く結びついており、国ごとに対応が異なる。ここでは、遺体に対する宗教ごとの対応と大量の遺体への対応について紹介する。

遺体の変化と災害犠牲者身元確認（DVI）

二〇〇四年一二月、スマトラ島沖でマグニチュード九・一の地震が発生し[*1]、二二万八〇〇〇人以上の方が東南アジアなどの一四か国で亡くなった[*2]。災害直後から国際救援活動を開始すると、救援者は多くの遺体を目にすることがある。しかし、日本の葬式で目にするようなきれいな遺体はほとんどなく、救援者が心的外傷を被るほど変わり果てた様相を呈していることの方が多い。その理由はおもに、死亡してから海外の救援者が遺体に接するまでに時間がかかっていることに起因する。遺体は気温が20℃前後では死後数十分で死斑が出始め、三時間ほどで関節が動きにくくなる死後硬直が出現する。死後硬直は死後二〇時間で最高となり、その後、筋肉の変性や腐敗現象によって漸次緩解する。また死後数時間後から腸内で腐敗ガスが発生し、腐敗が始まる。さらに、消化液によって臓器が消化される自家融解現象も腐敗と同時に進んでいく。これらの死体現象によって、死後一～二日経過すると、下腹部から上腹部の順に淡緑色の変色が出現する。その後、腐敗ガスによって皮下にガスが貯留し、やがて全身が腫れ上がり、巨人様化が起こる[*3]。

国際的な論調として、このような状況下でも遺体が誰であるのかを識別すべきという流れになっており、災害犠牲者身元確認（DVI: Disaster Victim Identification）作業の国際支援が近年の災害では行われている。ＤＶＩには五つの工程、Stage 1：現場での試料収集、Stage 2：死体からの情報収集、Stage 3：行方不明者の生前情報検索、Stage 4：生前と死後データのマッチング、Stage 5：報告会による情報共有がある。[*4] 国際刑事警察機構（ICPO-INTERPOL）は二〇〇四年のスマトラ島沖地震・津波災害や二〇一三年のフィリピンでの台風災害に対してＤＶＩチームを派遣し、身元確認作業の支援を行っている。[*5] 日本からも国際緊急援助隊専門家チームとして、警察の鑑識専門家を派遣している。[*6]

宗教と葬儀の関係

二〇〇四年の津波災害において、最大の犠牲者を出したインドネシアなどではあまりの遺体の多さに遺体を火葬処理しようと検討されたが、イスラム教徒からの猛抗議があり、土葬に変更したという話がある。イスラム教では、死者は最後の審判の後に肉体を持って復活するという教義を持っており、その器となる肉体を火葬してしまうと復活できないという考え方である。また、「火」を意味する「ナーム」はアラビア語で地獄を意味し、不義を働いた者は復活を許されず、火地獄で永遠の責め苦を受けるとされている。しかし、インドを中心として世界の九億人が信仰するヒンドゥー教では、人の魂は生まれ変わるという輪廻の考え方があり、イスラム教とは逆に未練や執着をこの世に残さないように遺体を焼き、遺灰はガンジス川に罪と共に流す。例外として、僧侶（バラモン）はすでに輪廻から解脱し、この世に生まれ変わらなくてもよいため、お墓を作って棺に納めて土葬してもよいという考え方である。輪廻転生という考え方で共通する仏教も同様に火葬が主流である。しかし地域によって対応は異なり、例えばミャンマーでは十分に火葬場が整備されておらず、約八割の地方では土葬を行っている。また、ミャンマー仏教（上座仏教）では、遺体は魂の抜け殻で遺体は破棄する感覚に近く、火葬は何人もまとめて灰にして業者が処分するという。一方、アメリカ合衆国では、キリストの復活による神の再臨にそなえて、遺体をそのまま土葬にする習慣がまだ根強く残っている。特徴的なのは、遺体からガスや血液を除去し、洗浄や防腐剤の注入などを行うエンバーミングの実施率が九〇％以上と高いことである。*7

遺体が感染症に及ぼすリスク

自然災害時、大量の遺体が腐敗していくことで感染症が流行する根拠はない。大部分の病原体は、遺体内で四八時間を超えて生存することはできず、遺体から感染症が流行することは稀である。ただし肝炎ウイルス、HIVなど血液伝播性疾患を有した遺体では、その遺体処理の際、死者の血液や体液が処理者の目やどの粘膜等に触れることで感染する可能性がある。また、結核菌が遺体の呼吸器官内に残存していた場合、その口や鼻孔から噴出し、エロゾールとなって飛沫感染を引き起こすこともあり得る。下痢症疾患（コレラ、大腸菌、A型肝炎、ロタウィルス、サルモネラ、赤痢、腸チフス、パラチフスなど）に罹患した遺体も、死後に便が体外に漏出して感染症を引き起こす可能性がある。以上のことから、遺体処理に関わる者は、予防措置として手袋、マスク、汚染防止衣の使用、消毒の徹底を行う必要がある。*8 二〇一四年、西アフリカ諸国で致死率の高いエボラウイルス病（EVD）が流行した。EVD流行国はイスラム教を主たる宗教とし、その聖典であるコーランに死者を洗い清めることが規定されている。その際に十分な個人防護具を身につけずに遺体洗浄を行ったことが感染を拡大させた要因の一つと言われている。災害時でも同様に、遺体処理にあたる者は感染防御を行ったうえで対応することが必要である。

遺体の保存のためのガイドライン

大量遺体のDVIには時間を要するため、遺体を防水遺体バッグに入れ、長期保存のために2～4℃で保管できる設備へ収容する。ドライアイスの使用は短期保存にしか適応がない。長期保存の案として、民間の保冷貨物コンテナの利用がある。この方法では一コンテナに五〇体を上限に収容が可能となる。しかしこのような設備が整わない場合、仮埋葬が推奨される。地下温度は地表温度よりも低く、天然の冷蔵庫となるためである。仮埋葬する場所は飲み水の水源から最低でも二〇〇メートル離し、一・五メートル以上深くしなければならない。埋葬の際、個々の遺体には番号をふり、体は四〇センチメートル間隔で並べる。埋葬後、それぞれの遺体が埋まっている位置に印を表示する。これらガイドラインを無視し、大量遺体を混ぜて一度に埋葬すると、家族やコミュニティに対して心的外傷を負わせることとなり、後に掘り起こして身元確認することができなくなるため、大規模埋葬によって遺体処理を急ぐ事は有害無益である。[*9]

---

*1 “Magnitude 9.1 - Off the West Coast of Northern Sumatra.” U.S. Geological Survey. http://earthquake.usgs.gov/earthquakes/eqinthenews/2004/us2004slav/

*2 Tsunami Global Lessons Learned Project. 2009. *The Tsunami Legacy: Innovation, Breakthroughs and Change.* Tsunami Global Lessons Learned Project Steering Committee.

*3 永野耐造・若杉長英 1995『現代の法医学』第三版、金原出版。

*4 “Victim identification process.” New Zealand Police. http://www.police.govt.nz/major-events/previous-major-events/christchurch-earthquake/victim-identification-process

*5 “Response teams.” INTERPOL. http://www.interpol.int/INTERPOL-expertise/Response-teams/Incident-Response-Teams

*6 在タイ日本国大使館「津波被害復興支援」 http://www.th.emb-japan.go.jp/jp/oda/tsunami.htm

*7 中村俊哉 2005「インドネシアの死生観――バリ、ジャカルタ、ジョグジャカルタにおけるインタビューから」『福岡教育大学紀要 第四分冊 教職科編』54: 199–221.

*8 國井修 2005「災害地における感染症対策――スマトラ島沖地震・津波に対する対策と課題」『感染症』35 (5): 167–178.

*9 Oliver Morgan, Morris Tidball-Binz & Dana van Alphen (eds.). 2006. *Management of Dead Bodies after Disasters: A Field Manual for First Responders.* PAHO.

おわりに――アジアの防災モデル確立に向けて

山本博之

「災害対応の地域研究」シリーズの第三巻となる本巻には、シリーズ全体の位置づけにおいていくつか特徴がある。

一つ目は時間的・空間的な広がりである。第一巻と第二巻では、二〇〇四年のスマトラ島沖地震・津波の最大の被災地となったインドネシア・アチェ州およびスマトラ島を対象に、第一巻では被災直後の緊急対応の時期を、第二巻では被災から約一〇年間のアチェ州復興過程を扱った。そこでの議論を踏まえて、本巻ではアジア、とりわけ東南アジア諸国（ASEAN諸国）の防災・減災に対象を広げ、また、対象とする時間の幅を少し長く取って数十年の単位で捉えている。続く第四巻では対象を世界全体に広げて百年単位で災害と復興を捉え、最終巻となる第五巻では第四巻までの議論を踏まえてアジア、そして日本の事例に立ち返って考える。

二つ目は、対象とする災害の種類である。第一巻と第二巻では地震と津波が議論の中心だったが、本巻では洪水と台風を取り上げるとともに、人為的に引き起こされる災厄である紛争や内戦、そして火災も対象としている。自然災害と人為的な紛争を「災害対応」の枠組みで議論することについては第一巻でも論じたが、本章でもそのことについて後で少し検討したい。

また、本巻は、一つの地域に長期間滞在し、現地の言葉を身につけ風俗習慣に通じた地域研究者と、防災・

イギリス植民地時代と独立後を通じてマレーシア国内の主要な治安問題であった共産主義ゲリラとの戦いの歴史が記録されている警察博物館（マレーシア・サラワク州）

減災の専門性をもとに複数の地域で調査研究や支援事業を進めてきた防災研究者の協働により編まれている。地域研究では、定義や理論の重要性も強く認識しつつ、現実世界が抱える諸課題への取り組みに学術研究から寄与することもまた強く意識しており、そのために異業種・異分野の協力連携が不可欠となる。異業種・異分野の協力連携は言葉で言うほど容易ではなく、たとえ互いに協力連携の意思を持っていてもそれぞれの専門性から導かれる結果がかみ合わないこともあり、協力連携の試みが本巻でどれだけ実を結んでいるかは読者のご批評を仰ぐしかないが、本巻は、現場での協力連携を経験したそれぞれの専門家がその経験から得られる知見をアジアにおける国際協力と防災にどのように位置づけるかを示そうとする試みである。

本巻の主題は、共編者の一人である牧紀男が序章で整理しているように、災害が頻発するアジアの災害に対する回復力と、それをふまえたアジアの防災モデルについて考えることであり、その際に重要となるのが地域の文脈と防災の文脈である。また、「災害対応の地域研究」シリーズでは巻ごとのキーワードを裏表紙に示しており、本巻のキーワードはOutsiderすなわち「よそもの」である。よそものとは、他の地域あるいは社会から来た人のことだが、当事者意識を持たずに無責任な関わり方をする人という意味ではなく、同時代に生きる者として当事者意識を持つ存在である。しかも、被災地の外に生活や活動の基盤があることから、支援活動に関わりやすく、被災地にない物資や情報を提供できることに加え、地元のしがらみや利害関係がないために新たな考え方や方法をもたらしうる存在である。

このことは、私の大学院時代からの研究と関連している。私は、大学院進学後にマレーシアのサバ州に六年間滞在し、現地家庭に居候して現地の研究所と大学に勤務しながらサバの現代史を研究していた。もともと多様な民族から成り、さらに国内の他地域出身者や外国人が多く住むサバでは、少なくとも一九九〇年代までは、日常生活でも政治経済でも出自が何らかの決定に影響を与えることはほとんどなく、たとえ外来者であろうともその場にどう貢献するかによって判断し受け入れるという社会だった。[*1] サバ社会を研究する過程で、マ

イギリス植民地支配からの独立を果たした1963年に国内の各民族がマレーシア建国の理念を刻んだ「誓いの石」（マレーシア・サバ州）

レーシアにとってよそものである私がマレーシアの歴史を研究する積極的な意味は何なのかを考え、マレーシアではさまざまなよそものが当事者として関わることで社会が発展してきたという見方を得るようになった。本巻がよそものをキーワードとしている背景にはこのような考え方がある。（かつて国内外で対立を抱え、事故や災害にも見舞われてきたマレーシアが外来者を社会にうまく位置づけて社会全体の発展を試みてきた経験の一端を本章の欄外の写真で紹介している。）

以下では、本巻の論点を整理し、序章の牧の問いかけに応答することを通じて、シリーズ全体として第四巻以降の議論への橋渡しを試みたい。本巻は、序章に続き、「抵抗力をつくる」（第一部）、「回復力によりそう」（第二部）、「支援力をきたえる」（第三部）の三つの部に分けられている。まず、序章を含めて、これらの章の議論を簡単に整理したい。

都市化するアジアとその回復力

牧は序章で、防災研究の立場から、近年の経済成長に伴ってアジアの災害のあり方が変わりつつあることを紹介し、それを「アジアの災害で日本が止まる」と表現する。

災害の被害は住民の暮らしぶりや資本の蓄積の様子と耐震の技術や制度によって先進国型と途上国型に分けて捉えることができる。先進国型では人的被害が小さく経済被害が大きいのに対し、途上国型では人的被害が大きく経済被害が小さい。アジアの多くの地域では途上国型の被害が見られるが、近年ではアジアの経済成長

*1 たとえばサバが一九六三年にイギリスから独立した際に初代の州首相となったドナルド・ステファンは、ニュージーランド人とイギリス人とサバ先住民と日本人を祖父母に持ち、外貌は白人であったが、サバの人々によりサバ先住民の族長に祭り上げられ、初代の州首相として受け入れられた。山本博之『脱植民地化とナショナリズム —— 英領北ボルネオにおける民族形成』（東京大学出版会、二〇〇六年）を参照。

ボルネオ島北部がマレーシアに統合されたことに反対した隣国インドネシアとの間で1963年12月から1966年12月にかけて国境地帯で生じた武力衝突の犠牲者を弔う記念碑（サバ州）

が著しく、都市型の生活様式がとられるようになった結果、アジアの災害では人的被害も経済被害も大きい状況が生じている。しかも、アジアの災害では被災地での被害が大きいだけでなく、アジア域内の社会的流動性が高いため、災害の影響が国境を越えてアジア全域に及ぶ。日本ももちろんその例外ではない。

また、防災についても、先進国のように世界標準モデルを採用した防災の世界と、伝統的なアジアの防災の世界の二つが見られる。しかも、この二つの防災の世界は先進国と途上国で明確に分かれているのではなく、同じアジアの国の中でも、そして同じ首都の中でも、世界標準モデルの防災の世界に住む人と伝統的なアジアの防災の世界に住む人が同居しているのが今日のアジアの防災に見られる状況である。

牧は、このような状況を踏まえた上で、アジア的な災害対応を参考にしてアジアの回復力に学び、そのよいところを取り入れたアジアの防災モデルの確立の必要性を訴える。その際には、牧が地域の文脈と防災の文脈と呼ぶように、国別に災害と防災について知ることとともに個々のコミュニティの事情を見て災害と防災について知ることも重要である。

「現地の人は満足している」と「現地の仕組みが貧弱」を超えて

第一部「抵抗力をつくる」では、二〇一一年のタイ大洪水と二〇一三年のフィリピン台風災害を扱っている。第1章では現地の人たちが満足しているからよそものは手を出さなくてよいとする立場が批判され、第2章では現地の仕組みが貧弱だからよそものは手の出しようがないとする立場が批判されている。両者は表現の上では相反するように見えるかもしれないが、現場で実際に何がなされているかをきちんと見た上で現実の課題を具体的かつ実践的に解決する方策を考えようとする点で共通している。

第1章でタイ大洪水について論じた星川圭介によれば、非常に勾配が緩やかなデルタからなるタイでは、かつては水量が増えると農村の水田に水を供給して洪水対策としていたのに対し、最近では都市部以外でも都会

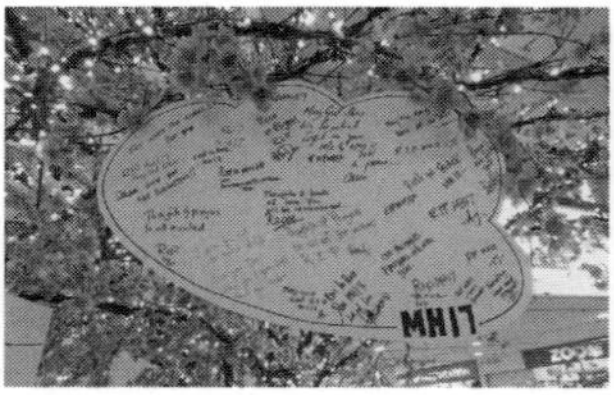

ウクライナ領空で2014年7月に撃墜されたマレーシア航空機（MH17便）の犠牲者に対する追悼メッセージ（マレーシア・クアラルンプール市）

と似た生活様式が増えており、農村でも洪水があると都市と同様に困る人々が増えている。星川は、タイの都会の住民が根拠なしに「農村の人々は洪水に慣れているから問題ない」と言うことの問題性を指摘する。ここには、「タイの人々は洪水に慣れているから問題ない」と言ってしまう外国人に対する批判も込められているように感じられる。「洪水に慣れている」という一面的な見方に対し、星川は、現地社会に現実にどのような利害関係があるのかをまずきちんと見ること、そしてその利害関係の間で合意形成に至ることの難しさを理解した上で、当事者が解を求める営みに参加することが大切であると訴える。その上で、災害の影響を国境で区切ることはできず、そのため解を求める「当事者」とは現地の人々だけでなくよそものである私たちも含まれると結んでいる。

第2章でフィリピンの台風災害について論じた細田尚美は、一見すると星川と対照的に、現地社会の営みの中に災害対応に関わる積極的な解釈を見出そうとする。細田はフィリピンを事例としているが、この論考での初発の問題関心は日本の災害対応に置かれている。[*2] 日本では災害対応における共助の重要性が唱えられており、そのため日頃からの近所付き合いが促されている。これに対し、公助は弱いが共助が強いと言われるフィリピンの事例を検討した細田によれば、強いリーダーシップのもとで従来の枠組みを超えた臨機応変な助け合いが見られるところにフィリピンの共助の特徴がある。フィリピンの災害対応では、自助・共助・公助そして外助のうち共助の部分が特に大きく、どこからどこまでを共助と見てよいのかわかりにくく、自助・公助・外助と共助の間の線引きが難しい。このことはフィリピンの共助の豊かさを示しており、それゆえに細田はフィ

*2 フィリピンの災害対応では公助すなわち政府の役割が不十分であることがしばしば指摘されるが、そのことだけをもってフィリピンの災害対応を捉えるならばフィリピンの災害対応の現実に対して一面的な理解になるとして、公助以外の部分（たとえば共助）で災害対応がどのように進められているかにも目を向け、その上で共助に公助の性格を与えるにはどうすればよいかを検討している。

国内各地の主要なバス停につくられたメッセージボードにはウクライナ領空で撃墜されたマレーシア航空機の犠牲者に対する市民からのメッセージが寄せられた（クアラルンプール市）

リピンの共助に注目する。コミュニティや隣近所などの枠組みを作り、その中で日常的に助け合いを重ねることで災害時の共助を促進しようとする発想に対しては、共助の肝は日頃の助け合いの枠を超えた臨機応変な助け合いにあるとし、枠組みを決めてその中で日頃の助け合いを強めようとするあり方の限界を指摘している。

抵抗力をつくるには、どの枠組みで誰と一緒に取り組むのかという枠組みを固定しないことが重要である。コミュニティの成員が域外に流出したり、域外から新たに参入者を迎えて成員の構成の多様化が増したりすることは、コミュニティの結束を弱めるものと捉えられがちだが、外部とのつながりを多様にすることでコミュニティとしての抵抗力を増す側面があることにも積極的に目を向けるべきだろう。

完全には解決しない状況に折り合いをつける

第二部「回復力によりそう」では、人為的な災厄である紛争を取り上げることで、自然災害と人為災害を共通に論じる枠組みを模索しながら、災厄への対応と回復力について検討している。天災と人災という区別があるように、自然災害と紛争を単純に同列に並べることはできないものの、災厄への対応、とりわけ社会の対応を考える上では、自然災害と紛争への対応の事例を相互に参照する意義があるように思われる。そこで、両者を比較検討する際の共通の土台を簡単に整理しておきたい。なお、以下の記述では「災害」に自然災害と人為災害（紛争）を含めている。

自然災害であれ紛争であれ、災害は社会に亀裂をもたらす。同じ災害でも、それによって被る影響は人により場所により必ず異なるためである。亀裂が心理的な状態であれば個人の心の持ちようによって解決できると思うかもしれないが、災害の影響は自然環境に打ち込まれ、長年にわたり影響を及ぼし続けるため、心の持ちようだけでは解決できない部分が残る。

自然災害では全てが焼けたり流されたりしてから新しいものをつくるというゼロからの再建が強調されるの

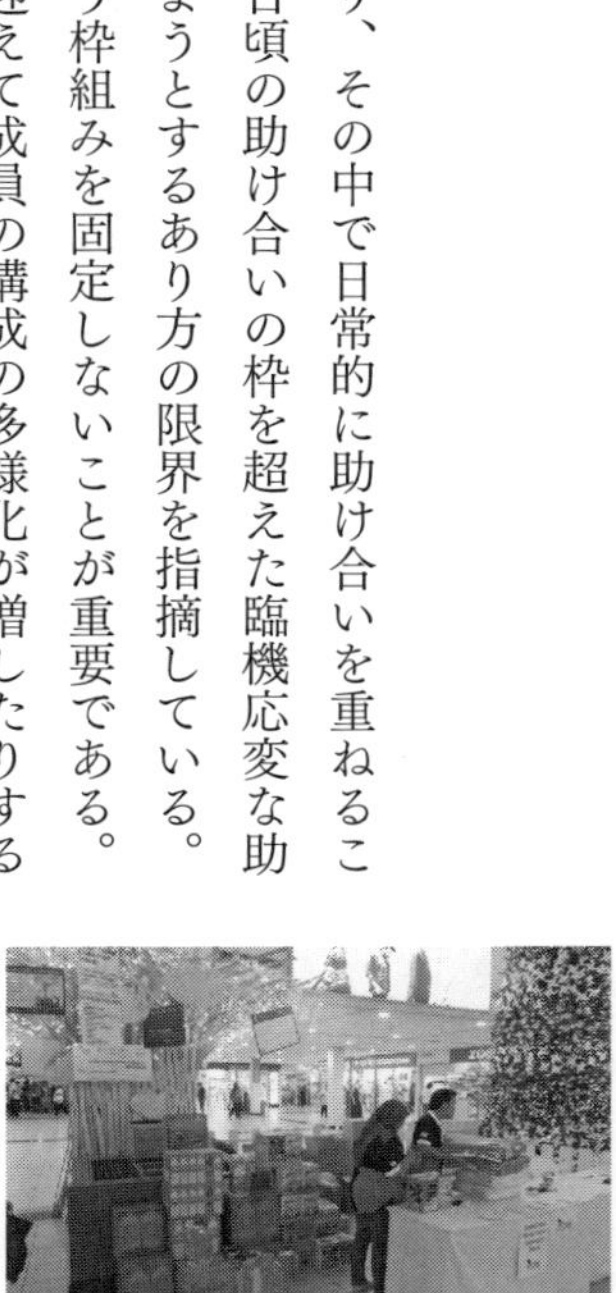

マレーシア建国以来最大規模となった2014年12月の洪水災害では、個人が寄付したい物資をスーパーマーケットで買い、店の前に設置された支援団体のカウンターに手渡す支援方法がとられた（クアラルンプール市）

に対し、紛争ではその原因や結果が建物や町並みに残るためにゼロからの再建とはならないとする見方がある。ただし、災害遺構を撤去すべきか残すべきかをめぐって議論があるように、自然災害でもゼロからの再建となるわけではなく、また、東日本大震災では災害時の対応をめぐって被災地の中で訴訟が起こりうることも知られることになった（スマトラの事例について考察した西芳実の第二部コラムも参照）。

紛争後の社会の亀裂の解消のため、事実究明のための委員会や裁判が置かれることがある。委員会や裁判の開催という形式だけ見るならば、第3章と第4章は異なる事例に見えるかもしれない。しかし、この二つの章がともに訴えているのは、紛争は決して完全には解決しないという重い事実である。紛争により、自然環境には地雷や不発弾などの武器が残り、人々の心には恨みが残る。それらを取り除く作業はずっと続けられるが、完全に取り除かれる日が来るかどうかはわからない。それでも、自然環境には地雷や不発弾を抱え、心には恨みを抱えたままでも、それらと折り合いをつけながらやっていくしかない。そこでとられる一つの工夫が公の場では「触れない」という対応であり、その際によそものが大切な役割を果たしうる。

第3章でカンボジアの内戦を扱った小林知は、紛争地における和解後の復興過程について二つの側面から論じている。[*3] 一つは武器の除去である。紛争は和解によってすべてが解決するのではなく、残された武器の処理という課題が残る。銃のように人々の手に残る武器だけでなく、地雷や不発弾のように自然環境のなかに残される武器もある。また、武器ではないが環境汚染として残る紛争の影響もあり、復興過程ではその除去も課題となる。

＊3　ポル・ポト派に関しては、なぜそれが起こったかを理解するにあたり、西洋的な高度な教育を受けた人が行ったことに注目して、人間性を顧みることなく近代性を追求したために生じたと受け止めている。なぜポル・ポト派はあのようなことを起こしたのかと問いかけるかわりに、それはなぜポル・ポト派が登場する時代だったのかと問いかけることで、ポル・ポト派の問題をカンボジアだけの問題とせずに人類史の問題として捉えるべきであると提起する。

ルックイースト政策の30年間の活動を踏まえて日本とマレーシアの協力により2012年に開校したマレーシア日本国際工科院（クアラルンプール市）

もう一つは心の修復である。紛争ではコミュニティの成員が分断されるため、復興過程では成員の社会関係の修復も必要となる。第3章で印象に残る記述は、お寺の集会に元ポル・ポト派の人物が来たとき、「あいつがいるぞ」という言い方をしたものの、その場の人々がその人物を受け入れたということである。問題の原因となった人物をコミュニティに位置づけるけれどもその人物が過去に起こしたことを忘れない、あるいは、過去に起こしたことを忘れないけれどもその人物をコミュニティに位置づけるということである。

第4章で東ティモールの内戦を扱った亀山恵理子は、復興過程における社会の再生の試みとして、対話集会や受容真実和解委員会の例や、博物館や歴史的建造物（銅像など）を町に置く試みを紹介している。社会の再生には物語が不可欠であり、そのためには話の聞き役となるよそものの存在が重要な意味を持つ。よそものというと、地元の事情に通じず、的外れな態度を取りかねないという消極的なイメージがもたれることもあるが、亀山は、東日本大震災後の福島で原発事故の話を持ち出さずに撮られた映画を紹介することで、よそものがあえて地元の事情にしばられないことの積極的な意味を提起している。これは、決して忘れはしないけれど公の場で話題には出さないという第3章のカンボジアの例にも通じるものがある。

回復力によりそうとは、自分がよそものであることを自覚した上で、自分がどのような意味において当事者であるかを考え続けることである。物理的な痛手や心理的な痛手は、その原因を探り当てて取り除くために地道な作業を必要とし、痛手を直接被っていないよそものによる支援が重要な意味を持つ。そのようなよそものによる息の長い支援を通じて生まれた新しい関係が、物理的な痛手や心理的な痛手からの回復を助けることになる。

「あそび」をもった専門性

災害が決して完全には解決しないことを認めることは、災害に対して何も対応しないことではない。第三部

マレーシアの大学ではアジア・アフリカ出身の留学生を積極的に受け入れて高等教育の機会を提供している（クアラルンプール市）

「支援力をきたえる」では、支援のさまざまな形を示すことを通じて、回復・復興や防災とは何かを考え直している。

災厄は社会に亀裂をもたらす。大小さまざまな亀裂のうちいくつかはしだいに修復されるだろうが、災厄が大きく亀裂が十分に修復しきれないと、亀裂が固着化して社会がいくつかの部分に分断されることになる。それを防ぐには、社会全体を無理に一つにまとめようとするのではなく、あえて小さな亀裂を複数作ることで一つ一つの亀裂を薄めて互いにつながりやすくする方法もあるかもしれない。そのためには、小さな亀裂を作ることを過度に恐れるよりも、よそものがその社会に関わる理由付けをきちんと与える方が肝心である。理由付けは専門性や関心の延長上にある。第5章は住宅再建、第6章は企業のリスク対応という専門性と関心によって被災地社会と関わろうとした例である。また、緊急対応と復興事業の間には犠牲者の遺体の弔いという課題がある。遺体自体の変化は地域や文化によらず等しく訪れるが、それを受け止める社会が異なると遺体の扱い方も異なってくる。防災の文脈と地域の文脈の接点が最も特徴的に現れる遺体の処理について髙田洋介が第三部コラムで取り上げている。

第5章では、インドネシアの住宅政策に関する技術協力に三〇年にわたって関わってきた小林英之が、住宅は防災の要であり、安全性が求められる一方で、住宅に人々が求める基準は時代や社会の状況で大きく異なると論じている。どのような住宅が求められるかは、資源環境、資産としての期待価値、災害経験の三つの要素によって異なり、それに応じてどのような家ならば十分に安全だと考えるかが変わってくる。住宅の安全性を画一的な方法で高めることは困難であり、住宅をめぐる人々の考え方や住宅を支える社会環境が総合されて安全な住宅がつくられる。技術支援は、直接のターゲットは特定の技術や分野に限定されたとしても、人的交流を通じてこのような周辺的な状況に関する知見を交換している。支援によって何がつくられたかも重要だが、継続的な人的交流を通じて考え方や理解の交流が進むことも重要である。

多くの分野で日本とマレーシアの研究者による共同研究が進められている（マレーシア・スランゴール州）

第6章では、自助・共助・公助そして外助を結び付ける新たな防災の担い手として役割が重要になっている企業防災について小野高宏が論じている。小野は、コミュニティを防災の単位とする考え方に対して、企業の災害対応を高めることで地域の災害対応を高めることができることを示した。企業防災のポイントは、特定の地域を拠点にしながらサプライチェーンを通じて他の地域と相互依存関係にあることである。企業は、「無駄を省く効率化」のため、ぎりぎりまでサプライチェーンの効率化を図ることが多いが、そうすることで、供給元や拠点地域が災害に見舞われた際の対応の選択肢を狭めることになる。東日本大震災では、効率化の進んだサプライチェーンほど災害に脆弱であることが明らかになった。むしろ、いざというときに多様な選択肢を残すためには平時から調達先の複数化・多様化をはかることが重要である。「無駄を省く効率化」と「冗長性や代替性」を有機的に融合することが災害に強い事業環境をつくる。企業は地域経済を支えながら地域社会の一員として大きな役割を担っており、企業の災害対応を強めることは地域の災害対応を強化することにもつながる。

支援力をきたえるには、直接の目標の達成度によってのみ事業の成果を評価するのではなく、一見すると無駄に見えるかもしれない部分を通じて背景にある考え方が伝わることを意識することが大切である。また、効率化を進めすぎて「あそび」の部分がなくなると、災害時のようないざというときに対応できなくなる。よそものが支援に関わるだけでなく、その関わり方に「あそび」を持たせることが重要である。

アジアの防災モデルを世界へ

本書を通じて、事前の防災においても災害発生直後の緊急対応においても、そして中長期にわたる復興においても、よそものの役割が重要であることが示されたものと思う。今日のアジアは、人や物や情報の移動によって互いに緊密に結びついており、ひとたび災害が起こると国境を越えて大きな被害が及ぶため、国・地域

最近ではマレーシアを修学旅行先にする日本の高校が増えている。写真は数人ずつグループになってマレーシアの大学生とディスカッションしている大阪の高校生（クアラルンプール市）

を超えた防災協力が不可欠である。このようなアジアの防災モデルでは、国内の同国民だけで完結せず、国内外のよそものと有機的につながる工夫が求められる。さらに、防災以外のつながりにおけるよそものの関わりにも目を向けることで、回復力を伴った災害に強いアジア作りが可能となる。それは、各国の公助が連携することで国を越えた地域レベルの公助を生み出すとともに、コミュニティレベルの共助を国境を越えてもたらされる外助と融通無碍に結びつけることである。

災害対応を契機とした公助どうしの連携の萌芽に関連して、ASEAN諸国の防災ネットワーク構築の試みについてふれておきたい。第6章でも紹介されているように、ASEANは、域内各国の防災分野における協力と調整を促進するとともに、国連等の国際機関との連携を図ることを目的として、二〇一一年一一月にASEAN防災人道支援調整センター（AHAセンター）を設立した。AHAセンターはインドネシアのジャカルタに本部を置き、AHAセンターとASEAN諸国をネットワークで結んで各国の自然災害に備えて情報を共有できるようにした。

また、ASEANとしての災害準備・対応能力をさらに強化するため、マレーシアに物流拠点であるASEAN緊急災害ロジスティック・システムを新設し、二〇一二年一二月に稼動を開始した。これはクアラルンプールのスバン空港近くに位置するマレーシア空軍基地の物流倉庫を間借りして支援物資の保管庫とするもので、加盟国がAHAセンターに支援を要請するとAHAセンターが救援物資の拠出を指示し、マレーシアから現地に物資が輸送される仕組みである。すでにミャンマーの地震災害（二〇一二年）やフィリピンの台風災害（二〇一三年）などで物資の輸送が行われている。

ここではASEAN域内の防災ネットワーク構築について紹介したが、ASEAN域外国である日本も積極的な役割を担っている。AHAセンターおよびASEAN緊急災害ロジスティック・システムの運営にあたっては、日・ASEAN統合基金（JAIF）や国際協力機構（JICA）を通じて日本も資金や技術を支援して

マレーシアにはインドネシア出身者が多い。インドネシア政府が開校した小学校では両国の将来を担う子どもたちが学んでいる（サバ州）

いる。また、民間企業の進出、技術協力、文化交流・学術研究による協力など、防災を直接のターゲットとしていないものを含めて、社会のさまざまな層によって国を越えた交流が盛んに行われており、ＡＳＥＡＮ諸国の防災ネットワークの構築に日本や日本人は決して無関係ではない。

　最後に、自然災害と紛争をあわせて検討することの意味を考えてみたい。物流拠点の設置場所としてマレーシアが選ばれたのは、地理的に東南アジアの中心に位置していて各国に物資を輸送しやすいことや、自然災害が比較的少ないことなども背景にあるが、かつて国内の諸勢力どうしや隣国との間で対立を抱えていたマレーシアが、災害や紛争などの災禍を経験することで互いの立場の違いをこえて共通の課題に取り組むことの重要性を認識し実践するに至り、そのことが他のＡＳＥＡＮ諸国からも受け入れられていることの現れである。ＡＳＥＡＮがＡＨＡセンターや物流拠点を持ったことは、政治や経済の分野で利害が対立する場面があるとしても、災害対応分野では共通の課題に対してまとまって取り組むことができることを示している。このことはＡＳＥＡＮ諸国に限られたことではないだろう。防災の国際協力を進めることは、どの国に生まれ育ったかにかかわらず災害で犠牲になる人を減らすだけでなく、政治・経済などの他の分野における課題の解決を側面から助け、結果として人々の生活の質の向上に繋がりうる。災害対応をきっかけに、よそものであることを恐れず、自らが果たしうる役割に気づいて互いの課題に関わりあうことを重ねることが、自然災害に限定されない災害に打たれ強い世界を作るはずである。

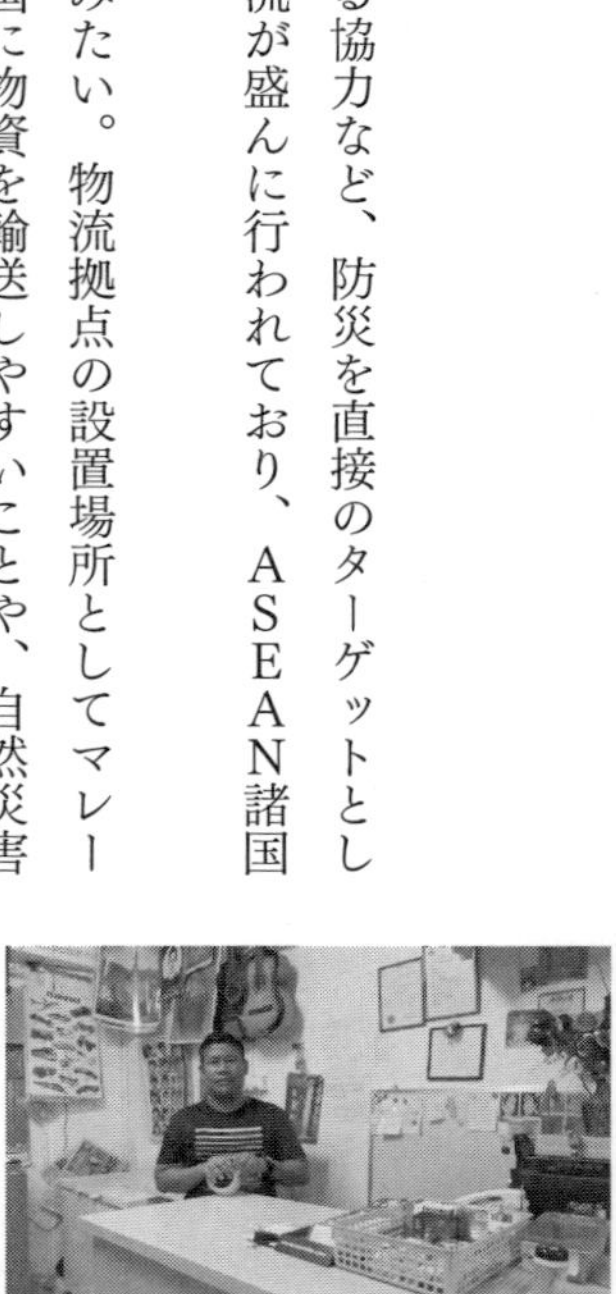

マレーシアの都市部にはミャンマー出身者が多く、ミャンマー人が経営する雑貨店や食堂がマレーシアの多文化社会に新たな色彩を添えている（クアラルンプール市）

索　引

亀山 恵理子（かめやま えりこ）

奈良県立大学地域創造学部准教授【第4章】
名古屋大学大学院国際開発研究科博士課程満期退学
研究分野：国際開発協力、地域研究（インドネシア、東ティモール）
主な著作に、「開発援助における隔たりを見つめる――東ティモールにおけるNGO活動から」（『地域創造学研究』第24巻第2号、2014）、『インドネシア九・三〇事件と民衆の記憶』（ジョン・ローサほか編、明石書店、2009、翻訳）など。

小林 英之（こばやし ひでゆき）

国土技術政策総合研究所研究官【第5章】
東京大学大学院工学系研究科博士課程満期退学
研究分野：災害史、インドネシアの住宅、情報システム
主な著作に、*Impact of Sea Level Rising on Coastal Cities: Case Studies in Indonesia*（国土技術政策総合研究所資料第194号、国土技術政策総合研究所、2004、Zubaidah Kurdiとの共著）、*Monitoring* CO_2 *Emission in Indonesian Planned Housing Complexes and Designing Alternative Future Images*（同第440号、2008）など。

小野 高宏（おの たかひろ）

三菱商事インシュアランス株式会社リスクコンサルティング室長【第6章】
研究分野：サプライチェーンリスク、企業防災
主な著作に、『大災害に立ち向かう世界と日本――災害と国際協力』（柳沢香枝編、佐伯印刷、2013、分担執筆）、『コンセンサス標準戦略　事業活用のすべて』（新宅純二郎・江藤学編著、日本経済新聞出版社、2008、分担執筆）など。

西 芳実（にし よしみ）

京都大学地域研究統合情報センター准教授【コラム2】
東京大学大学院総合文化研究科博士課程修了
研究分野：インドネシア地域研究、多言語多宗教地域の紛争・災害対応
主な著作に、『災害復興で内戦を乗り越える――スマトラ島沖地震・津波とアチェ紛争』（災害対応の地域研究2、京都大学学術出版会、2014）、『東南・南アジアのディアスポラ』（首藤もと子編著、明石書店、2010、分担執筆）など。

髙田 洋介（たかだ ようすけ）

人と防災未来センター研究員【コラム3】
神戸大学大学院保健学研究科博士課程前期課程修了
研究分野：災害医療、災害看護、国際緊急援助
主な著作に、『今日の救急治療指針 第2版』（前川和彦・相川直樹監修、杉本壽ほか編、医学書院、2011、分担執筆）、『災害看護――心得ておきたい基本的な知識』（小原真理子・酒井明子監修、南山堂、2007、分担執筆）など。

編著者略歴

編著者

牧 紀男（まき のりお）

京都大学防災研究所教授【はじめに】
京都大学大学院工学研究科博士課程修了
研究分野：復興、防災、災害とすまい
主な著作に、『復興の防災計画——巨大災害に向けて』（鹿島出版会、2013）、『災害の住宅誌——人々の移動とすまい』（鹿島出版会、2011）、『組織の危機管理入門——リスクにどう立ち向えばいいのか』（京大人気講義シリーズ、丸善、2008、共著）など。

山本 博之（やまもと ひろゆき）

京都大学地域研究統合情報センター准教授【おわりに】
東京大学大学院総合文化研究科博士課程修了
研究分野：東南アジア地域研究、災害対応と情報
主な著作に、『脱植民地化とナショナリズム——英領北ボルネオにおける民族形成』（東京大学出版会、2006）、『復興の文化空間学——ビッグデータと人道支援の時代』（災害対応の地域研究１、京都大学学術出版会、2014）など。

著　者

星川 圭介（ほしかわ けいすけ）

富山県立大学講師【第１章】
京都大学大学院農学研究科博士課程修了
研究分野：土地・水管理、地理情報分析
主な著作に、『アジア経済研究所情報分析レポート：タイ2011年大洪水——その記録と教訓』（アジア経済研究所、2013、共編著）、『タムノップ——タイ・カンボジアの消えつつある堰灌漑』（めこん、2013、共著）など。

細田 尚美（ほそだ なおみ）

香川大学インターナショナルオフィス講師【第２章、コラム１】
京都大学大学院アジア・アフリカ地域研究研究科博士課程修了
研究分野：東南アジア地域研究、文化人類学、フィリピン人移民研究
主な著作に、『湾岸アラブ諸国の移民労働者——「多外国人国家」の出現と生活実態』（明石書店、2014、編著）、『複ゲーム状況の人類学——東南アジアにおける構想と実践』（杉島敬志編、風響社、2014、分担執筆）など。

小林 知（こばやし さとる）

京都大学東南アジア研究所准教授【第３章】
京都大学大学院アジア・アフリカ地域研究研究科博士課程修了
研究分野：東南アジア地域研究、生業変容、宗教と社会
主な著作に、『カンボジア村落世界の再生』（京都大学学術出版会、2011）、『市場経済化以後のカンボジア——経済活動の多面的な展開をめぐって』（Kyoto Working Paper on Area Studies No. 115、京都大学東南アジア研究所、2011、編著）など。

国際協力と防災
——つくる・よりそう・きたえる
（災害対応の地域研究３）

2015年３月31日　初版第一刷発行

編著者　牧　紀男
山本博之
発行人　檜山爲次郎
発行所　京都大学学術出版会
京都市左京区吉田近衛町69番地
京都大学吉田南構内（〒606-8315）
電話（075）761-6182
FAX（075）761-6190
URL http://www.kyoto-up.or.jp
振替 01000-8-64677

ISBN978-4-87698-500-5
Printed in Japan

印刷・製本　亜細亜印刷株式会社
装　幀　鷺草デザイン事務所
定価はカバーに表示してあります